이 책을 천지신명과 길을 묻는 사람들께 바칩니다

주역

전용원

이 책의 특징

1. 50여 년 《주역》 공부와 이에 더해 한나라 초연수·경방·우번·순상으로부터 현대까지의 한국·중국·일본·대만 학자들의 저서와 논문 등 수백 편을 참고해서 이 책을 썼다.
2. 괘사와 효사 해석을 새롭게 하고, 384효 아래 점괘해석을 분야별로 나누어 상세히 달았다.
3. 점치는 법을 상세히 설명해 누구나 점을 칠 수 있게 했다.
4. 〈계사전〉·〈설괘전〉·〈서괘전〉·〈잡괘전〉은 문장 번역이 아닌 《주역》의 원리를 들어 친절하게 설명했다.

진산

천지신명과 사람들께 바치는 주역

초판 인쇄 | 2019년 9월 1일
개정증보판 인쇄 | 2024년 4월 20일
　　지은이 | 전용원
　　펴낸곳 | 진산
출판등록 2004.2.13. 제2-3924호

진산 · 월간역학(1990년 창간된 국내 유일의 동양학 전문지)
　　서울 중구 퇴계로 88길 20 대신빌딩 104호
　　전화 | 02)2264-0258
　　이메일| 21myjin@naver.com
홈페이지 | www.kbs.cc

ISBN 978-89-93392-16-6

| 내용 및 구입 문의 |
| 월간역학 02)2264-0258 |

　　값 39,000원

역저자의 허락없이 이 책의 일부 또는 전부를 복제, 전재, 발췌할 수 없습니다. 유통 중 파손된 책은 구입처에서 교환하실 수 있습니다.

Printed in Republic of Korea, 2024.

서문

《주역》은 본래 점괘를 해설한 점복서였다. 위진시기 왕필(王弼)이 의리학(義理學)을 개창한 후 점복서의 기능이 지하로 스며들었을 뿐 점치는 기능을 상실한 적은 없었다. 지금도 학자들 나름대로 점을 치고 있으면서도 표면적으로는 의리역을 주장하고 있을 뿐이다. 필자는 점치는 기능을 무시하는 것이야말로 《주역》 본래의 기능을 왜곡하는 것이며 복서(卜筮)를 이해하지 못하면 《주역》의 원리를 이해할 수 없다고 생각하기에 본서에 점괘해석을 달게 되었다.

　필자는 오래전 《월간역학》에 《주역》을 연재한 바 있고 2019년 단행본으로 초판을 간행했으며 이번에 개정증보판을 내게 되었다. 50여 년 《주역》 공부를 통해 얻은 지식과 이에 더해 한나라 초연수·비직·우번·경방으로부터 송나라의 소옹·주돈이·장재·정호·정이 등 북송의 유학자들과 주자·육상산, 그리고 명·청·중화민국·대만·일본·중국 등의 역대 학자 수백 명의 저서와 논문을 읽고 참고했다. 그렇게 해서 괘와 효가 지닌 의미를 추정하여 해석하고 384효에 점괘해석을 달아 독자가 활용할 수 있도록 했다. 특히 〈계사전〉·〈설괘전〉·〈서괘전〉·〈잡괘전〉은 번역이 아닌 《주역》의 원리를 들어 친절하게 설명했다고 자부한다. 그러나 괘상과 효상에 대한 설명은 달지 않았다. 《주역》을 공부하는 이들에겐 자신만의 관점이 있을 수 있기 때문이다.

　《주역》을 함께 연구하고 격려해주신 조병철 선생님과 김종익 박사, 교정에 힘써주신 서울상공회의소 김현수 국장과 《월간역학》 편집장 장영순 이사, 편집에 도움 주신 김준숙 선생께 감사드린다.

　부족한 점은 독자들의 질정을 바라며 이 책을 천지신명과 사람들께 바친다.

2024년 4월　전 용 원 지(識)

목차

천지신명과 사람들께 바치는

주역

서문 3
易(역)의 연원과 종류 6
易을 지은이와 三易 7
易의 뜻 10
易이라는 글자의 뜻 11
주역의 체례 12
주역의 체례와 십익 18
점의 용도와 복금원칙 23
점치는 방법(서의) 24

상경

1. 건위천(乾爲天) 30
2. 곤위지(坤爲地) 50
3. 수뢰준(水雷屯) 59
4. 산수몽(山水蒙) 63
5. 수천수(水天需) 68
6. 천수송(天水訟) 72
7. 지수사(地水師) 76
8. 수지비(水地比) 80
9. 풍천소축(風天小畜) 85
10. 천택리(天澤履) 89
11. 지천태(地天泰) 93
12. 천지비(天地否) 98
13. 천화동인(天火同人) 102
14. 화천대유(火天大有) 106
15. 지산겸(地山謙) 110
16. 뇌지예(雷地豫) 114

17. 택뢰수(澤雷隨) 118
18. 산풍고(山風蠱) 122
19. 지택림(地澤臨) 126
20. 풍지관(風地觀) 130
21. 화뢰서합(火雷噬嗑) 134
22. 산화비(山火賁) 138
23. 산지박(山地剝) 142
24. 지뢰복(地雷復) 146
25. 천뢰무망(天雷无妄) 150
26. 산천대축(山天大畜) 154
27. 산뢰이(山雷頤) 158
28. 택풍대과(澤風大過) 162
29. 감위수(坎爲水) 166
30. 이위화(離爲火) 170

하경

31. 택산함(澤山咸) 174
32. 뇌풍항(雷風恒) 178
33. 천산돈(天山遯) 182
34. 뇌천대장(雷天大壯) 186
35. 화지진(火地晋) 190
36. 지화명이(地火明夷) 194
37. 풍화가인(風火家人) 198
38. 화택규(火澤睽) 202
39. 수산건(水山蹇) 206
40. 뇌수해(雷水解) 210
41. 산택손(山澤損) 214
42. 풍뢰익(風雷益) 218

43. 택천쾌(澤天夬) 223
44. 천풍구(天風姤) 227
45. 택지췌(澤地萃) 231
46. 지풍승(地風升) 235
47. 택수곤(澤水困) 239
48. 수풍정(水風井) 244
49. 택화혁(澤火革) 248
50. 화풍정(火風鼎) 252
51. 진위뢰(震爲雷) 256
52. 간위산(艮爲山) 261
53. 풍산점(風山漸) 265
54. 뇌택귀매(雷澤歸妹) 269
55. 뇌화풍(雷火豊) 273
56. 화산려(火山旅) 278
57. 손위풍(巽爲風) 282
58. 태위택(兌爲澤) 286
59. 풍수환(風水渙) 290
60. 수택절(水澤節) 294
61. 풍택중부(風澤中孚) 298
62. 뇌산소과(雷山小過) 302
63. 수화기제(水火旣濟) 307
64. 화수미제(火水未濟) 311

계사상전 316
계사하전 342
설괘전 370
서괘전 385
잡괘전 394

易의 연원과 종류

易의 기원

《주역》은 주(周)나라 시대에 사용되던 易이라는 뜻이다. 동양에서 가장 오래된 경전으로 《역경(易經)》이라고도 한다. 《역경》은 본래 점괘를 해설한 복서서였다. 점을 친 것이 언제부터 시작되었는지 분명치는 않지만, 인류가 자연의 운행에 따른 재해에 공포와 경외를 갖기 시작하면서 미래의 길흉을 신의(神意)를 통해 예견하려 점을 치게 되었을 것이다. 이러한 필요에 의해 《역경》은 상(象)과 수(數)로써 점친 결과를 해석해 왔다.

《역경》의 기본적 구성 요소인 팔괘와 효에는 이미 점괘를 해석하는 원시적 내용이 담겨있으나 후대의 복잡해지는 사회에 맞춰 점괘를 더 정확히 해석하려는 목적에서 오늘날의 《주역》이 완성되었을 것이다.

《역경》이 실제로 점을 치는데 사용된 시점에 관해 분명한 기록은 없다. 그러나 1928년 중국 하남성 안양시 은허(殷墟)에서 출토된 구갑(龜甲)과 수골(獸骨)의 갑골문에서 점을 친 시기와 점을 친 사람의 이름·점을 친 내용과 점괘·해당 사안의 결과 등을 기록한 내용이 발견됨으로써 상대(商代)에 점괘를 《역경》으로 해석했음이 확인되었다. 이후 1934년 산동반도 동쪽 해안에서 발굴된 용산문화유지(龍

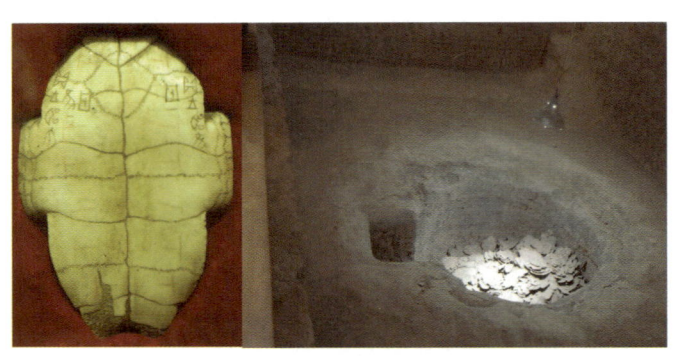

갑골과 은허의 갑골 수장고

山文化遺址)에서 점괘가 새겨진 수골이 발견되어 전설적 국가인 하대(夏代)에도 이미 《역경》이 점괘의 해석에 쓰였음도 확인되었다. 따라서 《역경》이 사용된 시기는 지금으로부터 대략 4천 1백여 년 전까지 거슬러 올라가게 되었다.

갑골문은 하·상조의 궁정 내에서 사안에 따른 점례를 기록한 것이므로 복사(卜辭)라고도 부른다. 갑골에서의 甲은 거북껍질로 점을 칠 때는 주로 거북의 배 껍질인 복갑(腹甲)을 사용한 것이 대부분이다. 거북의 등껍질인 배갑(背甲)은 두껍고 평평하지 않으므로 가공이 쉽지 않기 때문이다. 골(骨)은 점에 쓰인 짐승의 뼈인 수골(獸骨)로 소의 어깨뼈가 주류를 이루지만 그 외에도 양이나 사슴·돼지 뼈가 사용되기도 했다.

기록된 내용에 의하면 점을 친 사안과 사용된 재료에도 관계가 있다. 제사와 관계된 일에는 대부분 구갑(龜甲)을 사용하고 기타의 사안에는 수골을 사용했으며, 수렵에 관한 것은 짐승의 정강이뼈인 경골(脛骨)을, 타국을 정벌할 때에는 어깨뼈인 견갑골(肩胛骨)을 사용했다. 은허에서 출토된 갑골 가운데 90%는 수골이며 구갑은 10% 정도이다.

《역경》을 지은이와 三易

지은이

《역경》이 언제 어디서 누구에 의해 어떤 경로를 통해 지어졌는지는 분명한 기록이 없다. 통설에 의하면 복희가 지은 易 가운데 19경(經)이 신농씨에게 전해졌으며, 그가 이를 바탕으로 역상(易象)의 운용법을 고안했는데 음양·승강(升降)·소장지상(消長之象)과 수리(數理) 등 현재까지 전래하는 이론이 포함되어 있었다고 하며 팔괘를 중괘하여 64괘를 만들고 《연산역(連山易)》을 지었다고도 한다.

또한 복희의 易 가운데 8경이 황제에게 전해졌으며 황제가 이로써

《역경》을 지은이와 三易

문자를 발명하고 음률·간지·오행·천문·역산(曆算)·주거(舟車)·궁실(宮室)·절구·화살과 관곽(棺槨)·의금(衣衾)을 만들었으며, 易에 근거하여 제례와 예악을 만들고 백관을 다스리고 만민을 구제했으며 팔진법을 만들어 치우(蚩尤)를 격파했다고 한다.

황제의 易은 곤괘(坤卦)를 처음에 두었는데, 坤은 땅을 상징하고 土에 속하며 지면 위의 만물은 모두 坤土의 공을 받음으로서 봄에는 탄생하고 여름에는 자라며 가을에는 거두고 겨울에는 감춘다고 하여 그의 易을 《귀장역(歸藏易)》이라고 했다고 한다.

주나라 문왕 또한 《역경》의 저작에 매우 중요한 인물로 전한다. 그는 상나라 주왕(紂王)에 의해 유리(羑里)에 갇혀있을 때 일찍이 취한 '요순이 의상을 늘어뜨려 천하를 다스린 법도'를 바탕으로 易의 天과 人에 대한 이치를 연구하여 복희가 만든 팔괘를 겹쳐 64괘를 만들고 괘사와 효사를 지었다고 한다. 효사에 관해서는 문왕이 지었다는 설과 주공이 지었다는 설이 있다. 또는 주공이 《역경》에 정통하여 효사를 지었다고 하며 그에 관한 기록은 《상서》에 보인다.

《역경》을 어떻게 만들었는지에 대해 《주역》·〈계사전〉에는 다음과 같이 수록되어 있다.

첫째, '易에 태극이 있고, 이것이 양의(━ ━━)를 낳고 양의가 사상(═ ═══ ══ ══)을 낳았으며, 사상이 팔괘를 낳았다.'라고 하여 태극을 易의 본원이라고 했다.

둘째, '하늘이 신물을 내니 성인이 그것을 본받고, 천지 변화를 성인이 배웠으며, 하늘이 상을 드리워 길흉을 나타내니 성인이 그 모양을 본떴으며, 황하에서 그림이 나오고 낙수에서 그림이 나오니 성인이 그것을 본떴다.'라고 하여 하도와 낙서를 易의 기원이라고 했다.

셋째, '옛날 포희씨가 천하를 다스릴 때 우러러 하늘의 상을 살피고 구부려 땅의 법도를 관찰하고, 새와 짐승의 발자국(문양)과 땅의 마땅함을 살피고, 가깝게는 사람의 몸에서 취하고 멀게는 여러 사물에서 취하여 이로써 처음 팔괘를 지었다.'라고 하여 포희씨가 하늘과 땅·짐승과 인체의 조화를 살펴 팔괘를 지었다고 했는데, 고문학의 시조이며 공자의 11대손으로 서한 무제(재위BC141-BC87) 때 오경박사였던 공안국(?-?)이 포희씨를 복희라고 함으로써 이후 '복희씨가 팔괘를 그렸다.'라고 전해지게 되었다.

<설괘전> 첫머리에는 '옛날 성인께서 《역경》을 지을 때 그윽하게 신명을 돕고자 시초를 만들고 천수(天數)를 3으로 지수(地數)를 2로 세우고 음양의 변화를 관찰하여 괘를 세웠다.'라고 하여 음양의 변화를 관찰하여 괘를 만들었다고 했다.

그러나 한대의 사관 사마천(BC145?-BC86?)은 《사기》에서 '복희가 황하에서 나온 용마의 등에 있는 문양인 하도를 본 따 팔괘를 만들고 우임금이 낙수에서 나온 거북의 등에 있는 문양을 본 따 팔괘를 배치하였다. 주나라 문왕이 팔괘를 겹쳐 64괘를 지었다.'고 하고, 후한 시대의 반고(班固, 32-92)는 《한서》에 '주문왕이 팔괘를 겹쳐 중괘했고 공자가 십익 열편을 엮었다.'라고 기록함으로써 이후 사람들이 '복희가

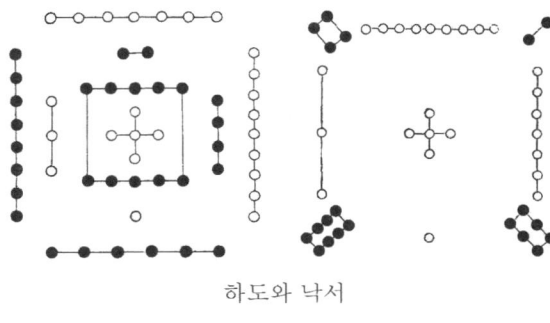

하도와 낙서

팔괘를 그리고 문왕이 팔괘를 중괘하여 64괘를 만들고 괘사를 달고 문왕의 동생인 주공이 효사를 달았으며 공자가 십익을 지었다.'라고 《주역》의 완성에 관해 전해지게 되었다.

그러나 《주역》의 저작에는 분명치 않은 점들이 있다. 그러한 예로 〈계사전〉 가운데 '子曰, 夫易何爲者也, 夫易開物成務, 冒天下之道.'와 같이 '子曰'로 시작되고 《논어》의 내용과 일맥상통하는 문장들이 많은데 이는 공자가 쓴 문장이 아니라 공자의 제자 또는 재전제자들이 공자가 언급한 대목을 〈계사전〉에 첨가한 것으로 판단된다. 지금까지 내용으로 미루어 《주역》의 경문은 공자 이전에 완성되었으며 십익의 일부분은 공자 이후에 완성된 것으로 보인다.

三易

易에는 3종류가 있었다고 전해지는데 《연산역(連山易)》·《귀장역(歸藏易)》·《주역(周易)》이다. 그러나 지금 《연산역》·《귀장역》은 전해지지 않고 《주역》만이 전해지고 있다.

《주례》에 의하면 하대에는 《연산역》이 은대에는 《귀장역》이 사용되었으며 주대에는 이 두 가지 易과 《주역》 등 三易이 모두 존재하며 주로 왕실에서 국가적 대사에 복서서로 이용되었다고 한다.

易의 뜻

易에는 크게 간역(簡易)·변역(變易)·불역(不易) 세 가지의 뜻이 있다. 첫째, 간역이란, 易은 간단하고 평이하여 알기 쉽고 따르기 쉽다는 것이다. 하늘과 땅은 자연과 사물을 포용하여 낳고 기르므로 현상과 질서가 있다. 그러나 이러한 천지의 작용은 번거롭거나 어지럽지 않고 간단하고 평이하다. 아침이 되면 해가 뜨고 저녁이면 해가 지며, 봄이 오고 여름이 오며 가을과 겨울이 오는 질서가 있다. 여름은 덥고 겨울은 추우며 천체의 운행은 차질 없이 이루어지며 사물이 생장 소멸하는 땅 위의 현상들은 부드럽고 순탄하여 간단하고 알기 쉬우니 하늘과 땅의 공덕을 말하는 것이다.

둘째, 변역이란, 본래 易은 '바뀐다'는 뜻이다. 천지의 운행과 자연의 상태는 끊임없이 변화한다. 아침에 해가 뜨면 저녁에는 해가 지며 낮과 밤이 교차한다. 봄이 다하면 여름이 오고 가을과 겨울이 온다. 사람과 사물도 생장 소멸하며 끊임없이 변화한다. 이처럼 변화하지 않는 것은 없으니 이것이 음양 두 기운이 천변하는 작용을 말하는 것이다.

셋째, 불역이란, 변하지도 바뀌지도 않는다는 뜻이다. 아침에 해가 뜨고 저녁에 지며 밤과 낮이 교대로 오는 것은 변하지 않는다. 봄 다음에 여름이 오고 가을과 겨울이 오는 자연 현상의 순서는 절대 변하지 않는다. 천지간의 만물은 태어나고 성장하며 열매 맺고 죽는 생장 소멸의 질서가 있다. 이러한 작용들에는 일정한 법칙이 있고, 이 법칙은 변화하지 않고 영원하다. 역에는 이 같은 3가지 법칙이 담겨있다.

易이라는 글자의 뜻

易의 자의설(字義說)은 몇 가지가 있는데, 첫째는 易자를 日자와 月자가 합쳐진 회의자로 보고 日은 양 月은 음을 나타내는 것이며 천지 만물의 생장 소멸 등 모든 변화가 음양의 조화에서 비롯된다고 하는 일월설(日月說)이 있다. 다음으로는 易자를 日과 勿자의 회의자로 보고 '하늘(해)을 거역하지 말라'는 뜻으로 풀이하는 관측설(觀測說)이 있으며, 易자를 도마뱀의 상형문자이며 도마뱀(카멜레온)이 보호색을 자주 바꾸는 것과 같이 천지자연 사물이 끊임없이 변화한다는 논리를 펴는 도마뱀설도 있다. 또한 易자가 日과 月의 회의자 이므로 明자와 같이 사물의 이치를 밝힌다는 뜻을 지니고 있다는 설과, 易자는 본래 질그릇으로 만든 그릇이나 주전자의 상형자에서 유래한 것이라는 설도 있다.

《주역》의 체례

《주역》의 구성

　易은 기구를 편리하게 쓰고 먹을 것 입을 것을 넉넉하게 하여 백성의 생활을 나아지게 한다는 '이용후생(利用厚生)'을 위해 복희가 천지 만물의 이치를 인간 세계에 묘사해 놓은 것이라고 한다. 그 후 시대의 변천에 따라 문왕이 팔괘를 중복하여 64괘를 만들고 괘사인 단(彖)을 지었으며 주공이 효사인 상(象)을 지었다고 한다. 易은 춘추시기 까지도 일부 학자들에 의해 지극히 제한적으로 연구가 이루어지고 연구방향 또한 국가의 중대사를 결정할 때 길흉을 점치는 점서로 이용되었다.

　그러나 공자가 《주역》의 괘사와 효사에 대하여 10편으로 나누어 자연과 인문·사회·인사 등 여러 학설의 연원을 이용하여 이론적이고 철학적으로 해석한 것이 십익(十翼)이다. 십익의 '翼'이란 조리 있게 펼치고 해설하여 경문의 해석을 돕는다는 뜻이며 십익의 각 편은 전(傳)자를 붙여 괘사인 단사(彖辭)나 효사인 상사(象辭)와 구별하도록 〈단전(彖傳)〉·〈상전(象傳)〉 등으로 쓴다.

　십익의 구성은 상·하편으로 구성된 〈단전〉과 〈상전〉·〈계사전〉 외에 〈문언전〉·〈설괘전〉·〈서괘전〉·〈잡괘전〉 등 모두 10편으로 되어 있다. 따라서 《주역》은 경전과 십익으로 구성되어 있다.

효와 사상

　효는 양효—와 음효--로 나뉘는데 이를 양의(兩儀)라고 한다. 〈계사상〉에 '易에 태극이 있고 이것이 양의를 낳으며 양의가 사상을 낳고 사상이 팔괘를 낳는다.'라고 하였고 '가깝게는 사람의 몸에서 취했다(近取諸身).'는 구절에 따라 '태극으로부터 탄생했다.'는 설과 '사람의 생식기 모양을 본뜬 것.'이라는 설 등이 있다.

사상(四象)은 각기 2개의 효로써 이루어지며 노양(老陽⚏)·소음(少陰⚎)·소양(少陽⚍)·노음(老陰⚌)이다.

팔괘

괘는 팔괘와 육십사괘가 있는데 팔괘는 각각 3개의 효로서 이루어지며 건乾☰(天하늘)·태兌☱(澤연못)·이離☲(火불)·진震☳(雷우뢰)·손巽☴(風바람)·감坎☵(水물)·간艮☶(山산)·곤坤☷(地땅) 등 8개이다.

팔괘 가운데 건乾☰·곤坤☷은 우주 구성의 기본적 요소 가운데 공간(space)이며, 태兌☱·손巽☴·간艮☶은 물질(matter), 이離☲·감坎☵은 음양에너지(energy), 진震☳은 작용(action)을 뜻한다.

현재 동양에서 쓰이고 있는 방위와 사물·인물 등은 문왕팔괘에서 기인한 것이므로 문왕팔괘를 실용의 팔괘라고도 하며 팔괘의 뜻·성질 등은 다음과 같다.

괘형	괘명	형태	성질	방위	계절	인물	신체	사물	동물
☰	乾	하늘 天	강건	서북	늦가을	아버지	머리	대평원	말
☱	兌	연못	기쁨	서	가을	소녀	입	골짜	양

《주역》의 체례

								기	
☲	離	澤 불 火	아름다움	남	여름	중녀	눈	문서	꿩
☳	震	우뢰 雷	결단	동	봄	장남	발	나무	용
☴	巽	바람 風	들어감	동남	늦봄·초여름	장녀	다리	초목	닭
☵	坎	물 水	정착	북	겨울	중남	귀	술·약	돼지
☶	艮	산 山	멈춤	동북	초봄	소남	손	집·성	개
☷	坤	땅 地	유순	서남	늦여름	어머니	배	마루·음식	소

선천팔괘와 후천팔괘

선천팔괘

선천팔괘는 복희시기의 팔괘라고 해서 복희팔괘(伏羲八卦)라고도 하며 팔괘가 태극으로부터 양의와 사상이 계속 음양으로 발전하는 과정을 거쳐 탄생한다.

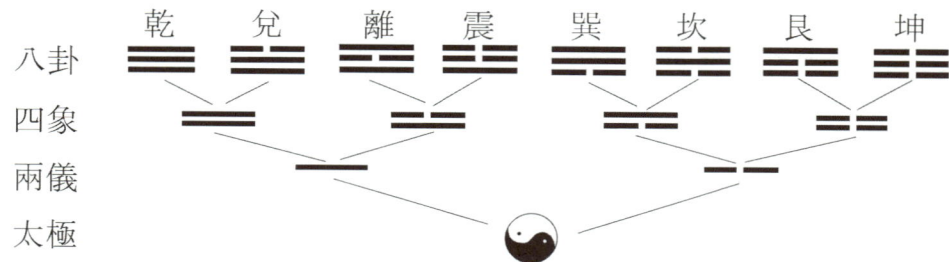

- 14 -

《주역》의 체례

선천팔괘 차서와 방위

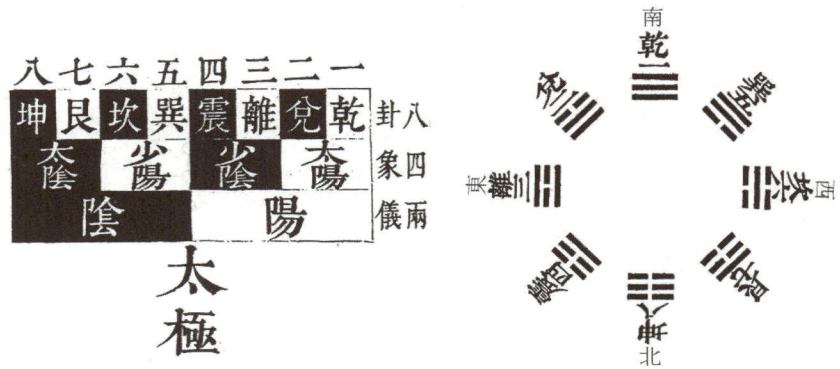

후천팔괘

후천팔괘는 주문왕시기의 팔괘라고 해서 문왕팔괘라고도 하며 팔괘가 아버지인 乾卦(☰)와 어머니인 坤卦(☷)로부터 탄생한다.

위 도표는 팔괘의 탄생과 방위를 설명한 것으로 乾卦(父)와 卦(母)로부터 震(☳ 장남)·坎(☵ 중남)·艮(☶ 소남)·巽(☴ 장녀)·離(☲ 중녀)·兌(☱ 소녀)가 탄생한다. 복희팔괘에서는 乾·坤·離·坎이 남·북·동·서의 정방(正方)을 맡았던데 비해 문왕팔괘에서는 離·坎·震·兌가 남·북·동·서의 정방을 맡는다는 점이 다르다.

- 15 -

《주역》의 체례

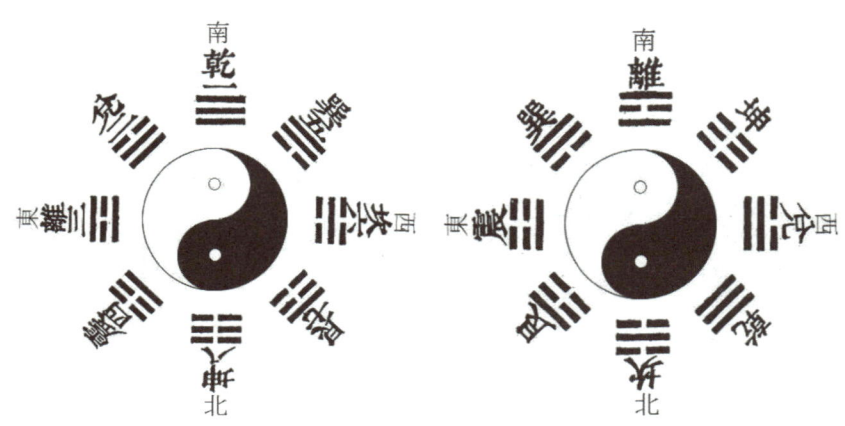

<태극 + 선천팔괘와 후천팔괘>

육십사괘

팔괘를 소성괘(小成卦)라고 하는데 이를 서로 2개씩 겹치면 8 × 8 = 64괘가 되고 이를 대성괘(大成卦)라고 한다. 팔괘는 각기 형태와 물질을 뜻하므로 이를 겹친 64괘에는 형태와 성질·위치·작용이 있게 된다. 또한 대성괘는 각 효의 위치에 따라 개성이 생기고 개성에 따라 이름이 붙여지며 각 괘에는 논리가 있으므로 그 논리에 따라 길흉이 설명되고 그에 대처할 마음의 자세가 담겨있다. 64괘 각 괘에는 괘 전체의 뜻을 설명하는 괘사가 있고 여섯 개의 효에 대하여 하나씩 그 작용을 설명하는 효사가 붙여져 있으므로 《주역》에는 64개의 괘사와 384개의 효사가 있다. 이 괘사와 효사에는 천지자연의 이치와 인간의 모든 경우가 포함되어 있다.

8괘와 64괘

팔괘	건乾	태兌	이離	진震	손巽	감坎	간艮	곤坤
건乾	건위	천택	천화	천뢰	천풍	천수	천산	천지

《주역》의 체례

	건	태	이	진	손	감	간	곤
(건)	천	리	동인	무망	구	송	돈	비
태兌	택천쾌	태위택	택화혁	택뢰수	택풍대과	택수곤	택산함	택지췌
이離	화천대유	화택규	이위화	화뢰서합	화풍정	화수미제	화산려	화지진
진震	뇌천대장	뇌택귀매	뇌화풍	진위뢰	뇌풍항	뇌수해	뇌산소과	뇌지예
손巽	풍천소축	풍택중부	풍화가인	풍뢰익	손위풍	풍수환	풍산점	풍지관
감坎	수천수	수택절	수화기제	수뢰준	수풍정	감위수	수산건	수지비
간艮	산천대축	산택손	산화비	산뢰이	산풍고	산수몽	간위산	산지박
곤坤	지천태	지택림	지화명이	지뢰복	지풍승	지수사	지산겸	곤위지

십익

십익

　《주역》을 공부하려면 먼저 체례와 십익에 대하여 알고 있어야 하므로 다시 간단한 설명을 곁들인다.

경전: 괘 · 괘사 · 효사.
십익: 〈단전〉·〈상전〉·〈계사전〉은 각기 상하편으로 구성되어 있고 그 외에 〈문언전〉·〈설괘전〉·〈서괘전〉·〈잡괘전〉 등 모두 10편으로 구성되어 있다.

십익 각 편의 주요내용

(1) 단전(彖傳): 64괘 각 괘의 괘사에 대한 총체적인 내용을 통론한 해설문으로 구성되어 있다.

(2) 상전(象傳): 괘상과 효상을 해석한 것으로 괘체에 따라 나타나는 괘상에 기초하여 인간 행동의 표본을 추출한 〈대상전〉과 384효에 대한 구체적인 해설을 담은 〈소상전〉이 있다.

(3) 문언전(文言傳): 乾卦와 坤卦에만 있으며 乾卦의 〈문언전〉은 하늘이 만물을 낳는 크나큰 덕성을 찬탄하고 하늘이 운행하는 법칙이 곧 인간의 법칙임을 밝힌 내용으로 괘사는 2번 효사는 4번에 걸쳐 반복 해설하였다. 또한 坤卦의 〈문언전〉은 유순하고 부드러우며 무한한 포용력

을 지닌 땅의 덕성과 작용을 반복하여 해설한 내용으로 구성되어 있다.

(4) 계사전(繫辭傳): '계사'는 '첨가한 말'이라는 뜻으로 본래 문왕이 괘에 담긴 뜻을 해설한 괘사와 주공이 효에 담긴 뜻을 해설한 효사를 일컫는 말이다. <계사전>은 공자의 저작으로 전해지며 상하 양편으로 나뉘어 있고 각각 12장으로 구성되어 있으며 易의 기원과 쓰임·괘와 효에 대한 부연 설명이 담겨있다. 전체적 내용은 존엄하고 성실하고 밝고 신비로운 우주론과 인자하고 정의롭고 분명하고 지혜로운 인생론이 담겨있다. 그뿐만 아니라 정신과 물질이 결합하고 흩어지는 합리적인 생사론이 전개되어 있고, 만물의 근원은 수(數)에 있으며 그 변수는 무한하다는 발전적 역사관이 담겨 있다. 또한 도덕정치에 의한 태평성대와 문명한 사회 건설, 공동선을 통한 복지사회 건설 등이 핵심을 이룬다.

이 가운데 <계사상>은 《주역》의 내용을 총체적으로 서술했으며 <계사하>는 역사와 인사·실례를 인용해 기술함으로써 독자가 《주역》을 이해하는 데 큰 도움이 되게 하였다.

(5) 설괘전(說卦傳): 11장으로 구성되어 있으며 성인이 易을 창안한 목적, 선천팔괘와 후천팔괘의 배열순서, 고대로부터 전래하는 서의(점치는 법)와 괘의 순서와 위치·성질·형상·사물 등을 설명함으로써 복서를 가능케 했다. 또한 우주와 만물의 탄생 순서가 담겨있기도 하다.

(6) 서괘전(序卦傳): 대성괘 64괘의 배열순서를 인사와 사물의 발전 과정을 대입하여 필연적 관계로 분석하였다.

《주역》의 용어

(7) 잡괘전(雜卦傳): 64괘에 담긴 의미를 괘의 성질에 따라 유사한 괘와 상반되는 괘·모순되는 괘·뒤바뀐 괘 등으로 묶어 설명하였다.

《주역》은 위와 같은 체례로 이루어져 있으며 공자가 64괘를 상하경으로 나눔에 따라 건괘(건위천)부터 이괘(이위화)까지 30괘는 상경에, 함괘(택산함)부터 미제(화수미제)까지 34괘는 하경에 속하게 되고 이에 따라 <단전>과 <상전>도 상하로 나뉘게 되었다. 《주역》 원전의 글자 수는 24,207자이다.

《주역》의 용어

(1) 획(劃): 고대에는 문자가 없었으므로 ▬ ▬ ▬로 음양을 상징하였다. 획으로 그었다고 해서 획이라고 하고 획으로써 괘를 그렸다고 해서 획괘라고도 한다.

(2) 괘(卦):
고대에는 문자가 없었으므로 획으로 그은 그림으로 뜻을 나타낸 것이 괘이다. 괘에는 삼획괘로 이루어진 팔괘가 있고, 육획괘로 이루어진 것이 64괘이다. 대성괘에서 아래에 있는 소성괘를 하괘 또는 내괘라고 하고 위에 있는 소성괘를 상괘 또는 외괘라고 한다.

상괘/외괘
하괘/내괘

(3) 효(爻): 소성괘나 대성괘를 구성하는 획들을 爻라고 하며 양효 ▬와 음효 ▬ ▬가 있다. 대성괘에서는 아래로부터 위로 올라가며 初爻·二爻·三爻·四爻·五爻·上爻라고 부른다.

《주역》의 용어

(4) 태양/태음(太陽/太陰): 양이 강성한 ⚌를 태양이라고 하고 음이 강성한 ⚏를 태음이라고 하는데, 극에 도달하면 노쇠하고 변하게 되는 것이 만물의 이치이므로 변화할 시기에 이르렀다는 뜻에서 태양을 노양이라고 하고 태음을 노음이라고도 한다.

(5) 소양/소음(少陽/少陰): 양기가 처음 생한 ⚎를 소양이라고 하고 음기가 처음 생한 ⚍를 소음이라고 한다.

(6) 순양/순음(純陽/純陰): 괘가 양효 만으로 이루어진 것을 순양(純陽)이라고 하고, 음효 만으로 이루어진 것을 순음(純陰)이라고 한다. 순양한 괘는 건위천이고 순음한 괘는 곤위지이다.

(7) 정위/부정위(正位/不正位): 대성괘의 6효에서 초효·3효·5효는 양효의 자리이며 2효·4효·상효의 자리는 음효의 자리이다. 양효가 양효의 자리에 있거나 음효가 음효의 자리에 있는 것을 바른 자리에 있다 하여 정위(正位)라고 하고, 양효가 음효의 자리에 있거나 음효가 양효의 자리에 있는 것을 바르지 않은 자리에 있다하여 부정위(不正位)라고 한다.

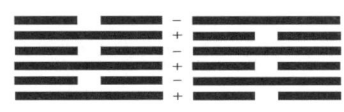

정위한 괘와 부정위한 괘

(8) 득중/부중(得中/不中): 대성괘의 상괘와 하괘에서 각각 중앙의 위치인 제 2효와 제 5효의 자리에 있는 효가 가운데를 차지하여 때를 얻었다하여 득중(得中)이라고 하고, 가운데 자리를 차지하지 못한 초효·3효·4효·상효를 때를 얻지 못했다는 뜻으로 부중(不中)이라고 한다.

(9) 정응/불응/적응(正應/不應/敵應): 대성괘에서 양효와 음효가 정당한 위치에 있으면서 서로 음양관계로 응하는 것을 정응이라고 한다. 초효와 4효, 2효와 5효, 3효와 상효는 서로 대응하는 위치에 있다. 상괘와 하괘의 서로 대응하는 효가 하나는 음, 하나는 양인 경우에는 음양상응이라고 하여 서로 호응하고 협력하는 상태라고 본다. 그러나 반대로 둘 다 같은 양효이거나 음효인 경우에는 서로 대립하고 반발하는 상태로 본다. 이렇게 음양이 서로

상응관계에 있는 것을 응(應)이라고 하고 대립관계에 있는 것을 불응 혹은 적응이라고 한다. 특히 5효와 2효가 상응관계에 있는 것을 가장 소중하게 여긴다. 또 대응하는 두 효가 각각 정당한 위치, 즉 양효가 홀수의 위치에 있고 음효가 짝수의 위치에 있으면서 서로 상응의 관계를 나타내는 것을 정응이라고 하여 더욱 대견한 것으로 본다.

(10) 친비/불비(親比.不比): 대성괘에서 위아래의 효가 음양 상생관계로 만난 것을 친근하다고 하여 친비라고 하고, 양과 양, 음과 음으로 만나는 것을 서로 소원한 관계로 보아 불비라고 한다.

(11) 승강/승강(乘剛/承剛): 음효 바로 아래가 양효이면 그 음효가 강한 기운을 타고 있다 하여 승강(乘剛)이라고 하는데 위치가 불안하다. 그리고 위의 효가 양효이고 아래 효 또한 양효이면 剛을 계승했다고 하여 승강(承剛)이라고 하며 영향력이 크다.

(12) 호괘/본괘/지괘(互卦/本卦/之卦): 점괘를 해설할 때 괘사나 효사뿐만 아니라 대성괘에서 호괘와 지괘를 함께 참고한다. 호괘는 대성괘에

서 초효와 상효를 제외하고 2·3·4효로써 하괘를 만들고 3·4·5효로써 상괘를 만드는 방법이다. 지괘는 대성괘에서 동효를 구한 다음 그 동효가 음양이 변화하여 다른 괘로 변화되는 것이다. 이때 변화하기 전의 괘를 본괘라고 하여 현재의 상태로 보고 지괘를 미래의 상태로 판단한다.

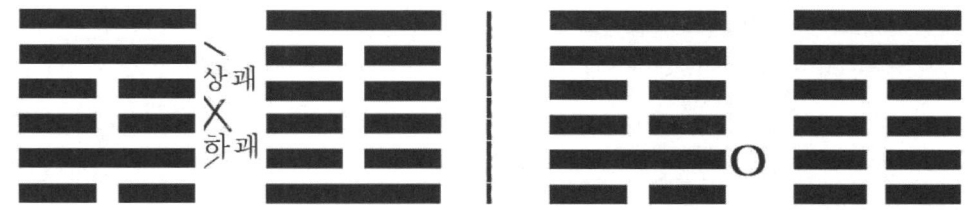

(왼쪽) 풍수환에서 상효와 초효를 버리고 호괘를 만들면 산뢰이가 된다. (오른쪽) 풍수환에서 2효가 변하면 지괘는 풍지관이 된다.

(13) 효의 순서와 지위: 효의 순서는 초효로부터 2효·3효·4효·5효·상효 순으로 위로 올라갈수록 사물이나 상태가 점점 발전하거나 상승하는 것을 상징한다. 어떤 일의 시작이 초효라면 상효는 일의 그 완성을 의미한다. 또한 사회적 신분을 상징하기도 하는데, 위의 효일수록 존귀한 계급이 되고 아래의 효일수록 비천한 계급이 된다. 초효는 서인, 2효는 士, 3효는 大夫, 4효는 공경(公卿), 5효는 군주, 상효는 上王 또는 은자의 지위가 된다. 특히 5효의 지위는 존위(尊位)가 되고 제왕의 지위를 상징한다. 따라서 九五의 지위라고 하여 5효의 자리에 양효가 있으면 제왕의 지위에 덕과 능력을 겸비한 인물이 있는 것과 같다. 상효는 높기는 하지만 실권을 갖지 못한 상왕과 같은 지위이다.

점의 용도와 복금원칙

점치는 방법은 복(卜)과 서(筮)로 나뉘는데 卜은 갑골을 사용해 치는 점이고 筮는 들쑥의 일종인 시초(蓍草) 줄기나 대나무 가지인 서죽(筮竹)으로 치는 점이다. 卜이라는 글자는 점을 치기 위해 거북껍질이나 짐승의 뼈를 불에 구울 때 갈라진 금을 표현한 것이며, 그때 '뽁'하고 나는 소리를 음으로 딴 글자이다. 筮자는 대나무를 뜻하는 竹과 점치는 것을 뜻하는 무(巫)자가 합쳐진 글자이다.

점은 해당 사안의 내용·경중, 예단할 시간의 장단에 따라 卜과 筮로 분리되어 사용되었다. 구갑으로 점을 치는 구복(龜卜)은 국가적 대사인 도읍 건설이나 출정·제사·천자나 제후와 같은 중요한 인물의 결혼이나 중신의 기용 등에 사용되었다. 이러한 내용은 《주례》에 "무릇 국가의 대사에는 먼저 복서를 하고 다음으로 점복을 한다."라고 한 것에서 보인다.

점에는 몇 가지 금기사항인 복금원칙이 전해왔다. 첫째, 동일한 사안에 대해 두 번 이상 점치거나 점의 결과가 본인의 희망과 다르다하여 다시 卜筮하는 것을 금하는 '복서불상습(卜筮不相襲)'과, 둘째, 중대사에는 卜을 사용하고 경소사에는 筮를 사용하는 '대사복소사서(大事卜小事筮)'·'서경구중(筮經龜重)', 셋째, 사안의 장구함에는 卜을 사용하고 길지 않은 미래는 筮를 사용하는 '서단구장(筮短龜長)', 넷째, 복서에서 신명이 발하는 시기를 중시하여 戌亥子시에는 점을 치지 않는 것 등이 있는데 이는 모두 현재까지도 지켜지는 보편적 내용이다.

점치는 방법(서의)

사람은 자기의 힘으로 타개할 수 없는 어려운 일에 직면했을 때 어떤 위대한 절대자에게 의지하려고 한다. 알 수 없는 운명 또는 앞의 일을 조금이라도 알고 싶은 마음에서 인간 이상의 큰 힘에 의지하여 그로부터 앞일에 대한 계시 받기 원하는 것이 인간의 공통된 마음이다. 그러므로 점치는 일이 원시사회에서 있었던 지나간 사실이 아니라 물질문명이 고도로 발달한 현대에도 여전히 성행하고 있는 것을 볼 수 있다. 현재가 만족스럽고 행복하다면 그 행복이 더 커지고 오래 지속되기를 바라고, 현재가 불행한 사람은 그 불행에서 벗어나 행복이 찾아오는 시기를 알고 싶은 마음에서 점을 치게 되며, 어떤 사람은 단순한 호기심에서 점을 치게 된다. 따라서 고대로부터 점치는 방법은 헤아릴 수 없이 많았지만 여기 소개하는 방법은 주자가 〈계사전〉의 내용에 근거하여 정리한 방법으로《주역본의·서의》편에 있는 방법을 옮긴 것이다.

점치기 전의 마음가짐

占을 치는 자세는 지극히 정성스러워야 한다. 자신의 지혜를 다하여 추리하고 연구하여도 판단을 내리지 못할 때만 쳐야 한다. 지혜를 다하지 않고 안이한 마음가짐으로 점을 치면 정확한 답을 얻기 어려우며, 사악한 마음이나 장난삼아 점을 쳐서도 안 된다. 부정한 일을 위해 점을 쳐서도 안 된다. 易은 천지자연의 정도를 본받아 그 이치에 순응함으로써 계시를 얻는 것이므로 부정한 일을 위해 점을 친다는 것은 易의 원리에 반하는 것이기 때문이다.

같은 일로 두 번 세 번 점 쳐서도 안 된다. 점의 결과를 의심하거나 마음에 들지 않는다고 하여 두 번 세 번 되풀이 하는 것은 易의 신성함을 모독하는 것이므로 바른 계시를 얻을 수 없다.

십팔변법(정서법)

서죽을 사용한다. 서죽은 본래 50개인데, 그 가운데 한 개는 태극을 상징하므로 빼어놓고 49개만 사용한다. 태극은 천지만유의 가장 근원으로서 변동하지 않는 것이라고 하여 빼어놓는 것이다.

1) 엄숙하고 차분한 마음으로 서죽 49개를 두 손으로 모아 쥐고 점치고자 하는 사안에 대해 몰입한다. 서죽 49개를 무심한 마음으로 둘로 나누어 양쪽 손에 쥔다. 이때 좌측 손에 있는 서죽을 천책이라고 하고 우측 손에 있는 서죽을 지책이라고 한다.

2) 우측 손에 있는 서죽을 책상 위에 놓고 그중에서 한 개를 뽑아 무명지와 새끼손가락 사이에 끼운다. 이것을 인책이라고 한다.

3) 좌측 손에 있는 서죽을 4개씩 덜어낸다. 그리고 4개 미만의 나머지 서죽을 좌측 손 무명지와 새끼손가락 사이에 끼운다. 이것을 륵(扐)이라고 한다.

4) 책상에 내려놓았던 서죽을 들고 4개씩 덜어낸다. 그리고 나머지 서죽을 역시 손가락 사이에 끼운다.

5) 손가락 사이에 끼어있는 서죽의 수를 합한 수는 5 아니면 9가 된다.

지금까지의 절차를 제1변이라고 한다.

6) 이미 손가락 사이에 끼었던 서죽을 제외한 나머지 서죽을 가지고 1-5까지의 절차를 되풀이 한다. 두 번째 수는 4 아니면 8이 된다. 이것을 제2변이라고 한다.

7) 1변, 2변, 그리고 위와 같은 절차를 되풀이하여 3변을 얻어 수를 비교하여 다음과 같이 노양·노음·소음·소양을 정한다.

세 번의 수가 모두 많은 9나 8이면 노음이다.
세 번의 수가 모두 적은 5나 4이면 노양이다.
세 번 중 두 번이 적은 수, 한 번은 많은 수이면 소음이다.
세 번 중 두 번은 많은 수, 한 번은 적은 수이면 소양이다.

8) 이렇게 하여 노양 또는 소양이면 양효(—), 노음 또는 소음이면 음효(--)가 된다. 이렇게 초효를 정한다. 이와 같이 한 효를 정하는데 3변의 절차로 정한다.

초효를 정하고 나면 다시 위와 같은 순서를 되풀이하여 2효·3효·4효·5효·상효를 정한다. 따라서 한 괘(6효)를 얻기까지는 18변을 거듭하게 된다.

약서법

18변법을 완성하는 데는 긴 시간이 소요되고 마음의 동요가 생길 수 있다. 이에 비해 약서법은 간단하고 긴 시간이 필요치 않으므로 정신을 집중할 수 있는 장점이 있다. 그러나 간단하고 쉬우면 정성이 적어질 우려가 있으므로 더 많은 정성을 들여야 한다.

1) 50개의 서죽에서 1개를 뽑아내어 태극을 삼는다. 태극은 신령이 머무는 곳이므로 별도로 놓아둔다. 나머지 49개의 서죽을 가는 부분이 아래로 향하도록 하여 두 손으로 함께 잡고 점치고자하는 사안에 대하여 집중하며 서죽을 이마에 댄다.

2) 서죽을 부채살처럼 옆으로 펴고 숨을 참는다. 정신이 하나로 집중되는 순간 두 손으로 서죽을 나눈다. 이때 공간의 영의(靈意)가 서죽에 감응한다.

3) 둘로 나눈 서죽 가운데 우측 손의 서죽을 책상에 놓는다. 이때 좌측 손에 있는 것이 천책이고, 책상에 내려 놓은 것이 지책이다. 지책에서 서죽 1개를 취해 좌측 손의 약지와 새끼손가락 사이에 끼우는데 이것이 인책이다. 이렇게 해서 天地人 삼재를 나타낸다.

4) 좌측 손의 서죽을 우측 손으로 여덟 개씩 덜어내고 새끼손가락에 끼었던 서죽을 보태 남는 수로 하괘를 정한다. 남은 서죽의 수에 따른 괘는 다음과 같다.

서죽의 수	1	2	3	4	5	6	7	8
괘	乾	兌	離	震	巽	坎	艮	坤

5) 다시 1-4와 같이 해서 상괘를 정한다.

6) 다시 1-3과 같이 한 후 이번에는 6개씩 덜어내고 남는 수로 동효를 정하여 아래로부터 초효 · 2효 · 3효 · 4효 · 5효 · 상효의 순으로 올라간다. 즉, 6개씩 덜어내고 마지막에 1개가 남았으면 초효, 2개는 2효…6개는 상효가 된다.

서죽의 수	1	2	3	4	5	6
동효	초효	2효	3효	4효	5효	상효

척전법/주사위법

서죽이 준비되지 않은 상황에서 점을 쳐야할 때 사용하는 방법이다.

적천법

1) 100원이나 5백 원짜리 동전 5개와 다른 동전 1개를 준비한다.

2) 음양은 동전의 세종대왕이나 학 그림이 있는 면을 양으로, 그 반대쪽 숫자가 있는 면을 음으로 정한다.

3) 6개 동전을 두 손안에 모아 흔들면서 점치는 주제에 몰입한다.

4) 동전을 왼쪽 손안에 모아 쥐고 하나씩 꺼내 아래에서 위로 늘어놓는다.

5) 아래의 3개는 하괘, 위는 3개는 상괘가 되고 그 가운데 다른 동전이 동효가 된다.

주사위 사용법

《주역》 점용 주사위는 3개가 한 세트이다. 이 가운데 2개는 8면 주사위로 한 면에 괘가 하나씩 그려져 있고 주사위 하나는 붉은 글씨, 하나는 검은 글씨로 그려져 있다. 또 다른 주사위 하나는 6면 주사위로서 한 면당 숫자가 하나씩 一·二·三·四·五·六이 쓰여 있다.
3개의 주사위를 높이 20센티 정도 던져 나오는 것으로 괘를 잡는데, 붉은 글씨로 쓰인 팔괘를 하괘로, 검은 글씨로 쓰인 팔괘로 상괘를 세우고 6면 주사위로서 爻를 삼는다.

《주역》상경

1. 乾爲天 건위천

건 . 원 형 이 정 .
乾, 元亨利貞.

하늘의 도는 크게 형통하지만 바르고 곧아야 이롭다.
하늘에 크게 제사를 올리고 점을 쳐야 이롭다.

'元亨利貞'에 대해 살펴보자. 주자는 이에 대해 '元亨, 利貞(크게 형통하니 貞해야 이롭다.).'라고 했는데, 필자의 견해는 다음과 같다. 亨은 '형통하다'의 뜻이지만, 고대에는 제사를 올리는 享(향), 음식을 익히는 烹(팽)의 뜻으로도 쓰였다. 즉, 이 세 글자는 모두 제사와 관련이 있는 글자이다. 享은 제사를 올리는 것이며 烹은 제사 올린 제물을 솥에 넣고 삶는 것, 亨은 삶은 음식을 나누어 먹고 복을 받아 형통하는 것이다. 따라서 元亨은 '크게 제사를 올림'이 된다.

다음으로 貞에 대해 살펴보자. 貞자는 점을 친다는 卜(복)과 貝(패)로 이루어진 글자이다. 貝는 고대의 돈이고 卜은 점을 치기 위해 거북껍질을 불로 지질 때 거북껍질에 균열이 생긴 것을 본뜬 형태이고 그때 나는 '뽁~'소리를 음으로 삼은 글자이다. 즉, 돈을 가지고 점을 치러간다는 글자가 貞이다. 그래서 《설문해자》에서는 貞자에 대해 '貞은 점으로 묻는 것이다(貞, 卜問也.).'라고 했다. 고대에는 신에게 제사를 지낸 후 길흉을 물었고 이때는 곧은 마음으로 임해야 했다. 利貞은 '점을 쳐야 이롭다.'라는 뜻이며, 元亨利貞은 '크게 제사를 올리고 점을 쳐야 이롭다.'라고 해석해야 할 것이다. 특히 건위천괘는 《주역》의 첫 괘이기도 하지만 하늘과 군왕을 뜻하는 괘이므로 하늘에

1. 건위천

큰 제사를 올리고 점을 쳐야 이롭다는 뜻이다.

초구, 잠룡물용.
初九, 潛龍勿用.

물에 잠긴 용이니 쓰지 말라.

龍은 바람을 불어 구름을 만들며 이를 타고 하늘에 올라 비를 내린다. 그러나 이 효는 가장 아래의 초효이다. 아직 물속에서 자라고 있는 새끼용이므로 그 힘을 드러낼 수 없고 오히려 다른 짐승으로부터 해를 당할까 봐 숨어 있는 상이며, 이제 움트기 시작한 양기가 땅 아래에 있는 상이기도 하다. 사람에 비유하면 아직 세상에 나가 자신의 현재(賢才)를 드러내려 할 때가 아니라 은둔하여 학문을 연마하고 실력을 기르며 때가 오기를 기다려야 하는 것이다.

> **시기가 이르니 함부로 움직이지 말고 때를 기다려라.**
> **재운**: 봄 겨울 小利, 여름 가을 不利. **관운**: 봄여름 남쪽이 유리. **학업**: 본인은 무난, 타인은 不吉. **결혼**: 初九가 변한 천풍구(天風姤)의 괘사에 '여자가 억세니 여자를 취하지 말라(女壯, 勿用取女)'. 不吉. **질병**: 근래의 병은 치유, 오랜 병은 더디다. **매매**: 小事吉, 大事不吉. **관재송사**: 서둘지 말라. 여름 가을이 吉.

구이, 현룡재전, 이견대인.
九二, 見龍在田, 利見大人.

용이 땅에 올랐으니 대인(九五)을 만남에 이롭다.

'見龍'에서의 見은 '現(나타날 현)'과 같은 뜻이므로 '현'으로 읽는다. 이것은 물속에서 자라난 初九의 새끼용이 이제 비로소 땅으로 기어 올라온 형상이다. 땅 위로 올라온 용이 태양 빛을 쪼이고 먹이를 취하며 천지의 덕으로 성장하

1. 건위천

게 된다. 대인이란 이 같은 천지 자연적 환경을 말한다.

팔괘에서는 중앙에 위치한 효가 힘이 강하고 대성괘에서는 상괘의 중앙인 5효가 군왕의 위치로서 가장 강한 힘과 영향력을 갖는다. 여기서 大人은 군왕인 九五를 말하는데, 九二와 九五는 모두 양효이므로 서로 정응하지는 못하지만 九二가 강건한 양효로 하괘의 중앙을 차지하고 있으므로 굳센 힘을 가지고 있다. 그러므로 자신보다 더욱 크고 밝은 덕성을 지닌 九五의 대인을 만남에 이롭다는 것이다.

적덕이 발전의 근원이니 적덕하고 파벌과 시비 주의하라.
재운: 무난, 봄여름 겨울 吉. **관운**: 위 사람의 도움을 구하라. 여름 남쪽이 吉. **학업**: 부진, 수준을 낮추거나 더욱 노력하라. **결혼**: 신랑이 귀한 가문. 大吉. **질병**: 근래의 병은 쾌유, 오래된 병 부모의 병은 더디다. **매매**: 신속 추진하면 성사, 늦으면 실패. **관재송사**: 귀인을 찾으면 유리, 가을이 吉.

구 삼 , 군 자 종 일 건 건 , 석 척 약 , 여 무 구 .
九三, 君子終日乾乾, 夕惕若, 厲无咎.

군자가 종일 힘써 노력하고 저녁에는 두려운 듯 처신하면 위태롭지만 허물이 없으리라.

이 효는 양기로써 양효의 자리에 있으나 가운데 자리를 차지하지는 못해 위치가 불안하다. 이것은 마치 새끼용이 땅 위에 올라온 후 힘을 기르기 위해 종일토록 노력하지만, 한편으로는 두려운 듯 형세를 살펴야 다른 짐승들로부터 해를 당하지 않고 살아남을 수 있는 것과 같다. 그러나 왜 하필 君子라는 말을 썼는지 의문스럽다. 이에 대해 당나라의 학자 최경(崔憬)은 '군자란 문왕을 이른다(君子, 喩文王也.).'라고 하고, 북송의 정자는 '三은 사람의 위치로써 하체(아래 괘)의 위에 그치긴 했으나 아래를 떠나지 않았으므로 존귀함이

1. 건위천

드러난 자이다(三雖人位, 已在下體之上, 未離於下而尊顯者也.).'라고 했으며 주자는 '군자란 점치는 사람을 가리켜 말한 것이다(君子, 指占者而言.).'라고 했다. 그러나 초효부터 상효까지가 모두 용의 행동과 관계가 있고 〈단전〉에 '時乘六龍, 以御天'라고 한 점으로 미루어 이 君子라는 말은 혹시 고대에 문장이 일실 된 것을 후대에 보완한 것이 아닐까 생각된다.

행운이 멀지 않았으니 교만치 말고 아랫사람에게 겸손하라.
재운: 小事有利, 大事와 가을은 不利. **관운**: 퇴보하는 운, 분수를 지키라. **학업**: 불리, 목표를 낮추거나 더욱 노력하라. **결혼**: 처음은 좋아도 후일 후회가 있다. **질병**: 여름 가을 사이에 효험, 부모는 不吉. **매매**: 소득 없고 관재구설을 주의. **관재송사**: 합의가 가능, 상대의 감정을 자극하지 말라.

구 사, 혹 약 재 연, 무 구.
九四, 或躍在淵, 无咎.

혹은 뛰어오르다 연못에 빠져도 허물이 없으리라.

용이 성장하면서 힘을 기르기 위해 뛰어오르다가 연못에 빠지지만, 다시 땅에 올라올 힘이 있으므로 크게 잘못됨은 없게 된다. 九四는 양효로써 음위에 있고 아래의 초효도 양효이므로 정응하지 못해 불안한 위치에 있다. 또한 九四와 응하는 초효의 효사에 潛龍(물에 잠긴 용)이 있고, 九四가 음효로 변하면 풍천소축(風天小畜 ☴)이 되고, 호괘(互卦)는 화택규(火澤睽 ☲)가 되어 하괘에 연못을 상징하는 兌가 있으므로 아래의 연못에 빠지는 상이 있다.

I. 건위천

시기상조, 작은 실수가 있을지라도 우환은 없으니 인내하며 기다리라.
재운: 연초와 가을은 小吉, 기타 不利. **관운**: 大事不利, 수평 이동에 吉. **학업**: 금년은 不利, 명년은 吉. **결혼**: 서둘지 않아야 좋은 배우자를 만날 수 있다. **질병**: 속히 치료하면 속효, 형제는 치료가 더디다. **매매**: 연초와 가을, 東南이 吉. **관재송사**: 귀인을 만나 봄여름에 吉, 가을은 不吉.

구 오, 비 룡 재 천, 이 견 대 인.
九五, 飛龍在天, 利見大人.

용이 하늘을 나니 대인(九二)을 만남에 이롭다.

물속에 잠겼던 초九의 새끼용이 성장하여 땅 위로 올라온 후, 끊임없이 영양을 섭취하고 힘을 기르고 노력한 결과 드디어 하늘에 날아올랐다. 용은 하늘에 오르면 천하를 내려다보며 자유자재한 능력을 지닌다. 기를 불어 구름을 만들어 타고 비를 내려 사물을 적신다. 인사(人事)에 비하면 경륜과 도덕을 겸비한 큰 인물이 드디어 천시와 지리·인화를 얻어 천하를 경영하게 된 상이다. 그러나 모든 사안을 혼자서만 처리할 수 있는 것은 아니므로 자신의 의지를 파악하여 세밀하게 보필해줄 수 있는 인물을 얻어야 천하를 경영할 수 있다. 그러므로 여기서 말하는 대인이란 九五 자신보다 낮은 지위의 대인인 九二를 말한다.

괘상으로 보면 九五는 위아래에 모두 양기만 있고 자신과 친비해줄 음기가 없으며 九二도 정응하지 못한다. 따라서 이 점괘는 군왕의 자리에 오른 자에게만 이롭고 그 외 사람에게는 불리한 것이다.

I. 건위천

교만한 마음을 버리고 배신이 두려우니 사람을 믿지 말라.
재운: 손재수, 배신에 주의하라. 여름 不吉. **관운**: 성사 어렵다. 근신해야 무사하리라. **학업**: 용이 하늘에 오르는 격, 일심으로 노력하라. **결혼**: 길하지만 서로 자존심을 줄여야 한다. **질병**: 근래의 병은 쾌차, 부인의 병은 不利. **매매**: 소득 없으니 자중하라. **관재송사**: 경비를 써야 해결, 늦가을과 겨울 吉.

상구, 항룡, 유회.
上九, 亢龍, 有悔.

끝까지 오른 용이니 후회가 있으리라.

이 효는 양효로써 음위에 있고 乾卦의 극에 이르렀으므로 아래의 九五에게 힘을 빼앗기고 있다. 왕성한 기운으로 하늘에 날던 용이 노쇠하여 땅으로 내려와야 하는 형상이다. 왕위에 있던 사람이 물러나 상왕이 되어 더부살이나 하는 상이다. 上九가 변하면 상괘가 兌가 되고 방통괘가 산지박(䷖)이 되어 마지막 남은 양효가 무너져 내리려는 순간이다. 차면 기우는 것이 우주의 법칙이므로 이 현상을 탈피하기란 불가능하다. 그럼에도 내려오고 물러가야할 시기를 인정치 않고 위치를 고수하려다 천하의 웃음거리가 되므로 후회가 있게 되는 것이다.

허욕을 버리고 우두머리가 되지 말라.
재운: 형세가 이롭지 않다. 사람을 믿지 말라. **관운**: 퇴보하는 운, 근신하라. **학업**: 정신 산만으로 기대에 미치지 못한다. **결혼**: 不吉. **질병**: 치료가 빠르지 않으니 주거나 병원을 옮겨보라. **매매**: 소득 없으니 상대를 믿지 말라. **관재송사**: 화해의 기미가 있으니 중간에 사람을 넣어보라.

I. 건위천

용구, 현군룡, 무수, 길.
用九, 見群龍, 无首, 吉.

여러 용이 나타났으니 우두머리가 없어야 길하다.

初九로부터 上九까지 여섯 용이 모두 나타났으니 이 가운데 우두머리를 세우는 것은 의미가 없다. 用九는 18변법으로 점을 쳐 건위천괘에서 6효가 모두 동했을 때의 점괘이다. 그러나 약서법으로 점을 쳤을 때는 하나의 효만 변효되므로 점괘로 쓸 수 없다.

단왈, 대재건원, 만물자시, 내통천. 운행우시, 품물유형.
象曰, 大哉乾元, 萬物資始, 乃統天. 雲行雨施, 品物流形,
대명종시, 육위시성, 시승육룡, 이어천. 건도변화, 각정
大明終始, 六位時成, 時乘六龍, 以御天. 乾道變化, 各正
성명, 보합태화, 내이정. 수출서물, 만국함녕.
性命, 保合大和, 乃利貞. 首出庶物, 萬國咸寧.

단왈, 위대하도다. 乾卦의 근원적 도여! 만물이 이를 바탕으로 시작되니 하늘의 도와 합하였다. 구름이 운행하고 비를 내려 만물이 흘러 형상을 갖추게 되었다. 처음과 끝을 크게 밝히니 여섯 위가 시기에 맞게 이루어지며 그때 여섯 용을 타고 하늘을 어거 하듯 점괘를 살핀다. 하늘의 도는 변화로써 사물의 성정과 천명을 바르게 하고 크게 화합하게 하니 바르고 곧아서 이롭다. 우두머리가 만물에서 나오게 되어 만국이 두루 평안하다.

상왈, 천행건, 군자이 자강불식.
象曰, 天行健, 君子以自彊不息.

상왈, 하늘의 운행은 굳세니 군자는 이를 본받아 스스로 힘써 노력하

1. 건위천

며 그치지 않는다.

잠룡물용, 양재하야.
潛龍勿用, 陽在下也.

물에 잠긴 용이니 쓰지 말라는 것은 양기가 아래에 있기 때문이다.

현룡재전, 덕시보야.
見龍在田, 德施普也.

용이 땅에 오름은 덕을 널리 베풂이다.

종일건건, 반복도야.
終日乾乾, 反復道也.

종일 힘써 노력함은 도를 반복함이다.

혹약재연, 진무구야.
或躍在淵, 進无咎也.

혹은 뛰어오르다 연못에 빠지는 것은 나아감에 잘못이 없는 것이다.

비룡재천, 대인조야.
飛龍在天, 大人造也.

용이 하늘을 나는 것은 대인의 일이다.

항룡유회, 영불가구야.
亢龍有悔, 盈不可久也.

끝까지 올라간 용이니 후회가 있음은 가득 차면 오래갈 수 없음이다.

용구, 천덕, 불가위수야.
用九, 天德, 不可爲首也.

1.건위천

用九는 하늘의 가르침은 우두머리가 될 수 없다는 것이다.

문언왈, 원자, 선지장야. 형자, 가지회야. 이자, 의지화야.
文言曰, 元者, 善之長也. 亨者, 嘉之會也. 利者, 義之和也.
정자, 사지간야.
貞者, 事之幹也.

문언왈, 元은 모든 善의 으뜸이고 亨은 아름답게 모임이며, 利는 마땅하게 조화함이고 貞은 처세의 中正 견고함이다.

군자체인족이장인, 가회족이합례, 이물족이화의, 정고
君子體仁足以長人, 嘉會足以合禮, 利物足以和義, 貞固
족이간사, 군자행차사덕자, 고왈건원형이정.
足以幹事, 君子行此四德者, 故曰乾元亨利貞.

군자는 仁을 체득함이 족해야 남의 우두머리가 될 수 있고, 아름답게 모임이 족해야 禮에 부합되며, 사물을 이롭게 함이 족해야 義에 조화되고, 바르고 굳건함이 족해야 처세의 中正 견고함이 되니, 군자는 이 네 가지 덕(四德)을 행하는 자이다. 그러므로 乾卦의 괘사에 元·亨·利·貞이라고 한 것이다.

초구왈, 잠룡물용, 하위야. 자왈, 용덕이은자야, 불역호
初九曰, 潛龍勿用, 何謂也. 子曰, 龍德而隱者也, 不易乎
세, 불성호명, 둔세무민, 불현시이무민, 낙즉행지, 우즉
世, 不成乎名, 遯世无悶, 不見是而无悶. 樂則行之, 憂則
위지, 확호기불가발, 잠룡야.
違之, 確乎其不可拔, 潛龍也.

I. 건위천

初九에서 말하는 물에 잠긴 용이니 쓰지 말라는 것은 무엇을 이른 것입니까? 공자께서 말씀하셨다. "용덕을 지니고도 은둔해있는 자이다. 세태에 따라 변치 않으며 이름을 이루려 하지 않으니 세상으로부터 은둔해도 번민이 없고, 자신을 드러내지 않아도 번민이 없다. 즐거운 세상이면 나아가 道를 행하고 근심스러우면 세상을 벗어나니 그 뜻이 확고하여 뽑을 수 없는 것이 잠룡이다."

구이왈, 현룡재전이견대인, 하위야. 자왈, 용덕이정중자야,
九二曰, 見龍在田利見大人, 何謂也. 子曰, 龍德而正中者也,
용언지신, 용행지근, 한사존기성, 선세이불벌, 덕박이화,
庸言之信, 庸行之謹, 閑邪存其誠, 善世而不伐, 德博而化,
역왈, 현룡재전, 이견대인, 군덕야.
易曰, 見龍在田, 利見大人, 君德也.

九二에서 말하는 龍이 땅에 올랐으니 대인을 만나 봄에 이롭다는 것은 무엇을 이른 것입니까? 공자께서 말씀하셨다. "용의 덕성을 갖추고 중정의 도를 바르게 지키고 있는 자이다. 말에 신의가 있고 행동을 삼가며, 삿됨을 물리치고 정성스러운 마음을 보존하여 세상을 훌륭하게 하고도 공적을 자랑하지 않으며 덕을 넓혀 교화하는 자이다. 易에 '용이 땅에 올랐으니 대인을 만나 봄에 이롭다'라고 한 것은 군자가 갖춰야 할 덕성을 말한 것이다."

구삼왈, 군자종일건건, 석척약려, 무구. 하위야. 자왈, 군자
九三曰, 君子終日乾乾, 夕惕若厲, 无咎. 何謂也. 子曰, 君子
진덕수업, 충신, 소이진덕야. 수사입기성, 소이거업야. 지지
進德修業, 忠信, 所以進德也. 修辭立其誠, 所以居業也. 知至
지지, 가여기야. 지종종지, 가여존의야. 시고, 거상위이불교,

1. 건위천

至之, 可與幾也. 知終終之, 可與存義也. 是故, 居上位而不驕,
재하위이불우, 고건건, 인기시이척, 수위, 무구의.
在下位而不憂, 故乾乾, 因其時而惕, 雖危, 无咎矣.

九三에서 말한 군자가 종일 힘써 노력하고도 저녁이면 두려운듯하니 위태로워도 허물이 없다는 것은 무엇을 이른 것입니까? 공자께서 말씀하셨다. "군자는 德을 기르고 業을 닦으니, 忠과 信이 德을 기르는 것이며, 말을 바르게 하고 그 뜻을 성실히 세우는 것이 業을 닦는 것이다. 이를 바를 알아 그에 이르니 기미와 함께할 수 있고, 마칠 바를 알아 그에 마치니 義에 함께할 수 있다. 그러므로 윗자리에 있어도 교만하지 않고 아랫자리에 있어도 근심치 않는다. 그러므로 힘써 노력하고도 때에 맞게 두려워하면 비록 위태롭지만 허물이 없게 되는 것이다."

구사왈, 혹약재연무구, 하위야. 자왈, 상하무상, 비위사야,
九四曰, 或躍在淵无咎, 何謂也. 子曰, 上下无常, 非爲邪也,
진퇴무항, 비리군야. 군자진덕수업, 욕급시야, 고무구.
進退无恒, 非離群也. 君子進德修業, 欲及時也, 故无咎.

九四에서 말한 혹은 뛰어오르다 연못에 빠져도 허물이 없다는 것은 무엇을 이른 것입니까? 공자께서 말씀하셨다. "오르고 내림에 일정함이 없으나 간사한 짓을 하려함이 아니며 나아가고 물러감에 항구함이 없으나 무리를 떠남이 아니다. 군자가 德을 기르고 業을 닦음은 때에 알맞게 이르고자 함이므로 허물이 없는 것이다."

구오왈, 비룡재천이견대인, 하위야. 자왈, 동성상응, 동기상
九五曰, 飛龍在天利見大人, 何謂也. 子曰, 同聲相應, 同氣相
구, 수류습, 화취조, 운종룡, 풍종호. 성인작이만물도, 본호

1. 건위천

求, 水流濕, 火就燥, 雲從龍, 風從虎. 聖人作而萬物覩, 本乎
천자, 친상, 본호지자, 친하, 즉각종기류야.
天者, 親上, 本乎地者, 親下, 則各從其類也.

九五에서 龍이 하늘을 나니 대인을 만나봄에 이롭다고 한 것은 무엇을 이른 것입니까? 공자께서 말씀하셨다. "같은 소리는 서로 응하고 같은 기운은 서로 구하며, 물은 습한 곳으로 흐르고 불은 마른 것에 붙으며, 구름은 용을 따르고 바람은 범을 따르는 것처럼 성인이 출현하면 만인이 우러러 본다. 근본을 하늘에 둔 것은 위로 친애하고 근본을 땅에 둔 것은 아래로 친애한다. 이는 각기 본류를 따르는 것이다."

상구왈, 항룡유회, 하위야. 자왈, 귀이무위, 고이무민, 현인
上九曰, 亢龍有悔, 何謂也. 子曰, 貴而无位, 高而无民, 賢人
재하위이무보. 시이동이유회야.
在下位而无輔. 是以動而有悔也.

上九에서 말한 높이 오른 용이니 후회가 있다는 것은 무엇을 이른 것입니까? 공자께서 말씀하셨다. "귀하지만 지위가 없고 높이 있어도 백성이 없으며, 어진 이가 아랫자리에 있지만 도와주는 이가 없다. 그러므로 움직이면 뉘우침이 있게 되는 것이다."

잠룡물용, 하야.
潛龍勿用, 下也.

물에 잠긴 용이니 쓰지 말라는 것은 아래 위치에 있기 때문이다.

현룡재전, 시사야.
見龍在田, 時舍也.

I. 건위천

용이 땅에 오름은 때가 성숙지 않은 것이다.

종일건건, 행사야.
終日乾乾, 行事也.

종일 힘써 노력함은 일을 수행하는 것이다.

혹약재연, 자시야.
或躍在淵, 自試也.

뛰어오르다 연못에 빠짐은 스스로의 능력을 시험하는 것이다.

비룡재천, 상치야.
飛龍在天, 上治也.

용이 하늘을 나는 것은 윗자리에서 다스리는 도이다.

항룡유회, 궁지재야.
亢龍有悔, 窮之災也.

높이 올라간 용이 후회가 있음은 궁극에 이른 재앙이라는 것이다.

건원용구, 천하치야.
乾元用九, 天下治也.

乾元의 用九는 천하를 다스리는 도리를 설명한 것이다.

잠룡물용, 양기잠장.

1. 건위천

潛龍勿用, 陽氣潛藏.

물에 잠긴 용이니 쓰지 말라는 것은 양기가 잠기어 감추어져 있기 때문이다.

현룡재전, 천하문명.
見龍在田, 天下文明.

용이 땅에 오름은 천하가 문명해지는 것이다.

종일건건, 여시해행.
終日乾乾, 與時偕行.

종일 힘써 노력함은 때에 알맞게 굳세게 일을 수행하는 것이다.

혹약재연, 건도내혁.
或躍在淵, 乾道乃革.

뛰어오르다 연못에 빠짐은 乾의 도가 변혁하는 것이다.

비룡재천, 내위호천덕.
飛龍在天, 乃位乎天德.

용이 하늘을 나는 것은 하늘의 덕을 본받아 천하를 다스릴 지위에 오른 것이다.

항룡유회, 여시해극.
亢龍有悔, 與時偕極.

I. 건위천

높이 올라간 용이니 후회가 있음은 시기가 극한에 이르렀기 때문이다.

건원용구, 내현천칙.
乾元用九, 乃見天則.

乾元의 用九는 하늘의 법칙이 나타난 것이다.

건원자, 시이형자야.
乾元者, 始而亨者也.

乾元은 시작이며 형통함이다.

이정자, 성정야.
利貞者, 性情也.

利와 貞은 하늘이 부여한 성정이다.

건시능이미이이천하, 불언소리, 대의재.
乾始能以美利利天下, 不言所利, 大矣哉.

乾卦는 만물을 시초할 수 있는 아름답고 이로운 공덕으로 천하를 이롭게 하지만 이롭게 한 바를 자랑하지 않으니 위대하도다!

대재, 건호. 강건중정순수정야.
大哉, 乾乎. 剛健中正純粹精也.

위대하다. 乾이여! 강건하고 중정하며 순수함의 정화(精華)로다.

육효발휘, 방통정야. 시승육룡, 이어천야, 운행우시, 천하평야.

1. 건위천

六爻發揮, 旁通情也. 時乘六龍, 以御天也, 雲行雨施, 天下平也.

여섯 효로써 가리키어 널리 일의 정황에 통하게 하니, 시기에 알맞게 여섯 용의 변화를 살펴 하늘의 계시를 맞는 것이 마치 구름의 운행으로 비가 내려 천하가 태평해지는 것과 같다.

이것은 《주역》의 복서적 기능을 찬미한 것이다. 六爻의 변화를 살펴 하늘의 기미(계시)를 맞아 사정에 통하는 것이 마치 구름이 운행하여 비를 내려주어 천하를 태평케 해주는 것과 같다는 찬미이다. 그러나 고대로부터 학자들은 이 구절을 효위와 연관지어 설명하거나 글자의 뜻으로 설명해왔으나 필자는 많은 학자들과 견해를 달리하여 '여섯 효로써 가리키어 널리 일의 정황에 통하게 하니, 때에 알맞게 여섯 용의 변화를 살펴 하늘의 계시를 맞는 것이 마치 구름의 운행으로 비가 내려 천하가 태평해지는 것과 같다.'라고 하였는데 그 근거는 다음과 같다.

첫째, 〈문언전〉에서 설명하고 있는 효사의 설명이 대부분 점괘에 대한 부연 설명이라는 점이다. 예를 들어, 初九의 '물에 잠긴 용이니 쓰지 말라(潛龍勿用)'에 대하여는 '물에 잠긴 용을 쓰지 말라는 것은 아래에 있기 때문이다(潛龍勿用, 下也)'라고 하고 다시 '양기가 잠기어 감추어져 있기 때문이다(陽氣潛臧)'라고 하였으며, 九三의 '종일토록 힘써 노력한다(終日乾乾)'에 대하여는 '종일토록 힘써 노력한다는 것은 일을 수행함이다(終日乾乾, 行事也)'라고 하고 다시 '때에 알맞게 굳세게 행한다는 것이다(與時偕行)'라고 한 것과 같이 점괘에 대한 부연 설명을 담고 있다. 그러므로 '六爻發揮, 旁通情也. 時乘六龍, 以御天也, 雲行雨施, 天下平也.' 또한 점에 대한 찬양적 내용일 수밖에 없다.

둘째, '時乘六龍'의 '乘'과 '御'자를 살펴보자. '乘'자는 갑골문에는 ☒☒☒ 로 쓰였으며 금문에는 ☒☒로 나무 위에 사람이 올라가 있는 형상이다. 이에 대

1. 건위천

해 왕국유(1877-1927)는 《전수당소장갑골문자고석》에서 '사람이 나무 위에 올라있는 형태를 상징하였다(象人乘木之形.).'라고 하고, 이효정(1918-1997)은 《갑골문자집석》에서 '승(乘)의 본래 뜻은 승(升)이고 등(登)이다(乘之本義爲升爲登.).'라고 했다. 그러므로 이 글자의 본래 뜻은 '(수레 등을)타다'의 뜻이 아니라 나무 위에 사람이 올라가 적의 동태를 살피는 것에서 인신(引伸)되어 수레 따위를 탄다는 뜻이 된 것이다. 따라서 '乘'은 乾卦 여섯 효의 변화를 살피는 것이다. 또한 '御'자는 彳+午+止+卩이 합하여 이루어진 글자이다. 彳은 行과 같이 도로이며 午는 성부(聲部), 止는 발을 멈춤, 卩(절)은 사람이 무릎을 꿇고 있는 모양으로 길에서 무릎을 꿇고 귀인을 맞는 뜻이다. 존경을 나타내는 의미를 지닌 글자로 많이 쓰이며 특히 임금과 관계된 용어에 붙여서 사용하는 예가 많은데, 임금이 타는 수레를 어가(御駕)라고 하고 임금의 외출을 출어(出御), 임금의 죽음을 붕어(崩御)로 표현하는 것 등이 모두 그러한 예이다. 따라서 '以御天'은 '수레를 어거하다'가 아니라 '하늘을 맞음' 즉 하늘의 계시를 받는 것이므로 '六爻發揮, 旁通情也. 時乘六龍, 以御天也, 雲行雨施, 天下平也.'는 '여섯 효로써 가리키어 널리 일의 정황에 통하게 하니, 때에 알맞게 여섯 용의 변화를 살펴 하늘의 계시를 맞는 것이 마치 구름이 운행하여 비를 내려줌으로 천하가 태평해지는 것과 같다'라고 해석해야 한다.

군자이성덕위행, 일가견지행야. 잠지위언야, 은이미현, 행이
君子以成德爲行, 日可見之行也. 潛之爲言也, 隱而未見, 行而
미성. 시이군자불용야.
未成. 是以君子弗用也.

군자는 덕을 이루는 것을 행동으로 삼으므로 날로 그 실행하는 것을 볼 수 있다. 물에 잠겨있다는 말은 숨어서 드러내지 않고 행하여도 성취할 수 없는 것이다. 그러므로 군자가 쓰지 않는 것이다.

군자학이취지, 문이변지, 관이거지, 인이행지, 역왈현룡재전

1. 건위천

君子學以聚之, 問以辨之, 寬以居之, 仁以行之, 易曰見龍在田
이견대인, 군덕야.
利見大人, 君德也.

군자는 배움으로써 학문을 쌓고 물어서 옳고 그름을 분별하며, 도량을 넓혀 그에 거하고 仁으로써 행한다. 易에서 말한 용이 땅위에 올랐으니 대인을 만나 봄에 이롭다는 것은 군자의 덕성을 말한 것이다.

구삼, 중강이부중, 상부재천, 하부재전, 고건건, 인기시이척,
九三, 重剛而不中, 上不在天, 下不在田, 故乾乾, 因其時而惕,
수위, 무구의.
雖危, 无咎矣.

九三은 중강 하였으나 가운데 자리에 있지 못하니 위로는 하늘에 있을 수 없고 아래로는 땅에 있을 수 없다. 그러므로 힘써 노력하고도 시기에 따라 두려워하는 것이니, 비록 위태롭지만 허물이 없는 것이다.

중강(重剛)은 양효가 양효의 자리에 있는 것이다. 3효는 양효의 자리(양위 陽位)이다. 九三은 양효로서 陽位에 있으므로 重剛이다. 그러나 하괘의 중앙인 二爻의 자리에 있지 못한 것이 '不中'이고, 天位인 5효·상효의 자리에 있지 못한 것이 '上不在天'이며, 초효·2효의 자리에 있지 못한 것이 '下不在田'이다.

구사, 중강이부중, 상부재천, 하부재전, 중부재인, 고혹지, 혹
九四, 重剛而不中, 上不在天, 下不在田, 中不在人, 故或之, 或
지자, 의지야, 고무구.
之者, 疑之也, 故无咎.

九四는 중강 하였으나 가운데 자리에 있지 못하니 위로는 하늘에 있지

I. 건위천

못하고 아래로는 땅에 있지 못하며 가운데로는 사람에게 있지도 못하다. 그러므로 或이라고 하였는데, 或이란 의심하는 것이므로 허물이 없는 것이다.

九四의 重剛에 대해 주자는 '九四는 重剛이 아니니 重字는 잘못된 글자인 듯하다(九四非重剛, 重字疑衍.).'라고 했으나 이는 착오인 듯하다. 九四는 모든 효가 양효인 乾卦의 하괘를 떠나 상괘에 있고 강효(剛爻: 양효)가 중첩(重疊)되어 있다는 뜻에서 重剛이다. 상괘의 중앙 5효의 자리를 얻지 못해 '不中'이고, 5효·상효의 자리에 있지 못해 '上不在天'이며, 초효·2효의 자리에 있지 못해 '下不在田'이다. 인위(人位)인 3효·4효에서 4효에 있으므로 人位의 가장 윗자리에 있으므로 '中不在人'이다.

부대인자, 여천지합기덕, 여일월합기명, 여사시합기서, 여귀
夫大人者, 與天地合其德, 與日月合其明, 與四時合其序, 與鬼
신합기길흉, 선천이천불위, 후천이봉천시, 천차불위, 이황어
神合其吉凶, 先天而天弗違, 後天而奉天時, 天且弗違, 而況於
인호, 황어귀신호.
人乎, 況於鬼神乎.

무릇 대인은 천지와 더불어 그 덕이 합하며 일월과 더불어 그 밝음이 합하며 사시와 더불어 그 순서가 합하며 귀신과 더불어 그 길흉이 합한다. 하늘보다 앞서 행해도 하늘이 어긋나지 않으며 하늘보다 뒤에 행해도 천도 변화와 운행이 그 법칙을 받든다. 하늘도 어긋남이 없거늘 하물며 사람에게 있어서랴. 하물며 귀신에게 있어서랴.

항지위언야, 지진이부지퇴, 지존이부지망, 지득이부지상, 기
亢之爲言也, 知進而不知退, 知存而不知亡, 知得而不知喪, 其
유성인호, 지진퇴존망이부실기정자, 기유성인호.

1. 건위천

唯聖人乎, 知進退存亡而不失其正者, 其唯聖人乎.

높이 올랐다는 말은, 나아가는 것만 알고 물러가는 것을 모르며 생존하는 것만 알고 멸망하는 것을 모르며, 얻는 것만 알고 잃는 것을 모르는 것이다. 오직 성인뿐인가. 나아가고 물러가며, 생존하고 멸망하는 이치를 알아 그 바른 이치를 잃지 않는 사람은 오직 성인뿐일 것이다.

2. 坤爲地 곤위지

곤, 원형, 이빈마지정. 군자유유왕, 선미후득, 주리. 서남득붕,
坤, 元亨, 利牝馬之貞. 君子有攸往, 先迷後得, 主利. 西南得朋,
동북상붕, 안정길.
東北喪朋, 安貞吉.

땅의 도는 크게 형통하니 암말이 굳게 정절을 지킴에 이롭다. 군자는 갈 곳이 있게 되니 앞서가면 길을 잃어 헤매고 뒤따라가면 목적을 이룰 수 있어 이롭게 된다. 서남쪽으로 가면 벗을 얻고 동북쪽으로 가면 벗을 잃으니 마음을 편안히 하고 정도를 지켜야 길하리라.

이 괘는 상하가 모두 坤卦로 구성되어 있는데, 乾卦의 乾元은 만물을 탄생시키는 하늘의 기본 법칙인 강건한 힘이지만 坤元의 기운은 만물을 낳고 기르는 땅의 덕성을 지닌 것이다. 그러므로 乾卦가 강건한 힘을 지닌 龍을 빌어 설명한 것과 달리, 坤卦는 정절을 지니고 유순한 마음으로 자신의 도리를 지키는 암말을 빌어 괘의 뜻을 설명하고 있다.

본래 말은 영물에 속한다. 고대로부터 인류와 가장 가깝게 살아온 짐승으로 다른 짐승에 비해 뇌가 크고 사람의 명령에 유순하게 잘 따른다. 임신 기간이 사람과 같은 280일로 1마리의 새끼를 낳으며 기억력과 지능이 뛰어나고 질투나 신뢰, 애정 표현을 한다. 사람은 어린 시기에 헤어진 부모나 형제, 친척을 장성한 후 만나면 서로 알아보지 못한다. 그러나 말은 처음 마주쳐도 대략 8촌 이내 정도를 본능적으로 알게 되므로 교배시키려 해도 실패한다는 것이다. 고대에 《주역》의 괘사를 단 사람은 이러한 사실에 근거하여 암말의 정절과 유순함· 굳셈이 대지의 본성과 부합하므로 암말로써 坤卦가 지닌 괘

2. 곤 위 지

의와 괘덕을 설명한 것이다.

貞은 점을 치는 것이므로 '利牝馬之貞, 君子有攸往.'은 '암말의 점괘에 이롭고 군자에게는 갈 곳이 있게 된다'이다. '牝馬'는 암말이지만, 인간에게 순종하여 따르는 짐승이므로 모든 암컷을 이르는 대명사격이다. 그러므로 이 점괘를 얻으면 여성이나 음성적인 것에 이롭다. 그러나 남성에게는 어디론가 갈 곳이 생기거나 추진할 일이 생기게 되는데 '往'자는 '가다'외에 정벌을 뜻하는 '征'자의 의미로도 쓰였기 때문이다. '先迷後得'은 앞서지 말라는 뜻으로, 말은 자신의 주장대로 가는 것이 아니라 주인의 의사를 따라가는 것이며, 더구나 온순한 암말이니 더욱 그럴 것이다. '主利'는 이익이 있게 되는 것이다. '서남에서 벗을 얻고 동북에서 벗을 잃는다'는 것은, 문왕팔괘방위에서 坤은 서남방에 해당하고 艮은 동북방에 해당한다. 그러므로 坤이 서남방으로 가면 같은 坤을 만나게 되지만, 동북방으로 가면 艮을 만나 산지박(山地剝 ䷖)괘가 되는데, '剝'은 '벗겨지다'·'상하다'의 뜻이므로 동북으로 가면 벗을 잃게 되는 것이다. '安貞吉'은 '마음을 편안히 하고 정도를 지켜야 길하리라'이다. 그러므로 이것을 점괘에 관해 재구성하면 다음과 같다.

땅을 뜻하는 괘이다. 형통하기 시작한다. 암컷에 관해 점쳤으면 이롭고, 군자는 갈 곳이 있게 된다. 앞서 헤매게 되고 뒤에는 목표에 도달하여 이롭게 된다. 서남방에서 벗을 얻고 동북방에서는 벗을 잃는다. 편안하게 생각하고 정도를 지켜야 길하리라.

단왈, 지재곤원, 만물자생, 내순승천. 곤후재물, 덕합무강, 함
象曰, 至哉坤元, 萬物資生, 乃順承天. 坤厚載物, 德合无疆, 含
홍광대, 품물함형. 빈마지류, 행지무강, 유순이정. 군자유행,
弘光大, 品物咸亨. 牝馬地類, 行地无疆, 柔順利貞. 君子攸行,

2. 곤위지

선미실도, 후순득상, 서남득붕, 내여류행, 동북상붕, 내종유경. 안정지길, 응지무강.
先迷失道, 後順得常, 西南得朋, 乃與類行, 東北喪朋, 乃終有慶. 安貞之吉, 應地无疆.

단왈, 지극하다. 땅의 원기여! 만물이 이를 바탕으로 탄생하니 이것이 순종하여 천도를 계승하는 것이다. 땅은 두터워 만물을 얹고 덕이 드넓어 끝이 없으며, 널리 포용하고 두루 빛나니 만물이 모두 형통한다. 암말은 땅과 같은 부류이니 땅을 감에 끝이 없고 유순하고 바르고 곧아서 이롭다. 군자에겐 갈 곳이 생기는데, 앞서가면 미혹되어 길을 잃으나 뒤따라가면 떳떳한 도를 얻게 된다. 서남에서 벗을 얻는다는 것은 동류와 함께 행하게 됨이며, 동북에서 벗을 잃는다는 것은 마침내 경사가 있게 된다는 것이다. 편안하고 바르고 곧아야 길하다는 것은 끝없는 대지에 순응하는 것이다.

상왈, 지세곤, 군자이후덕재물.
象曰, 地勢坤, 君子以厚德載物.

상왈, 땅의 형세를 나타내는 것이 坤卦이니 군자는 이를 본받아 두터운 덕으로 만인을 포용한다.

초육, 이상, 견빙지. 상왈, 이상견빙, 음시응야, 순치기도, 지견빙야.
初六, 履霜, 堅氷至. 象曰, 履霜堅氷, 陰始凝也, 馴致其道, 至堅氷也.

서리가 밟히니 굳은 얼음이 얼게 되리라. 상왈, 서리가 밟히니 굳은 얼음이 얼게 됨은 음기가 응결되기 시작함이니, 점차 그 도로 나아가 얼

2. 곤위지

음이 얼게 되는 것이다.

일에는 순서가 있으니 매사를 조급하지 않게 천천히 진행하라.
재운: 서둘면 불리, 때를 기다리라. **관운**: 서서히 추진하면 小事에 吉.
학업: 순탄, 가을 겨울에 吉. **결혼**: 순음한 괘로 양기가 없으니 不吉.
질병: 타인은 쾌유, 부인은 서쪽이 吉. **매매**: 소득 없으나 小事는 가을 겨울 吉. **관재송사**: 위기에서 벗어나고 봄 不吉, 가을 겨울은 吉.

_{육이, 직방대. 불습무불리. 상왈, 육이지동, 직이방야. 불습무}
六二, 直方大. 不習无不利. 象曰, 六二之動, 直以方也. 不習无
_{불리, 지도광야.}
不利, 地道光也.

곧고 바르고 위대하다. 익히지 않아도 이롭지 않음이 없다. 상왈, 六二의 동함이 곧고 바른 것이며, 익히지 않아도 이롭지 않음이 없음 땅의 도가 빛남이다.

행운의 시기, 부근보다 먼 곳이 더 길하다.
재운: 허욕 버리고 자신의 처지를 파악하라. **관운**: 시기가 이롭지 않으니 자중하라. **학업**: 순탄치 않으니 더욱 노력하라. **결혼**: 直方大는 땅의 도이며 처의 도이다. 吉. **질병**: 북쪽에서 치료하라. **매매**: 욕심을 버리고 때를 기다리라. **관재송사**: 봄여름 불리, 가을 겨울 吉.

_{육삼, 함장가정. 혹종왕사, 무성유종. 상왈, 함장가정, 이시발}
六三, 含章可貞. 或從王事, 无成有終. 象曰, 含章可貞, 以時發
_{야. 혹종왕사, 지광대야.}
也. 或從王事, 知光大也.

2. 곤위지

아름다운 문채를 품었으니 바르고 곧을 수 있다. 王事를 따를지라도 유종의 미를 거둘 수 없으리라. 상왈, 아름다운 문채를 품었으니 바르고 곧을 수 있음은 때에 알맞게 발한다는 것이며, 왕사에 따름은 지혜가 밝고 큼이다.

큰일에 욕심내지 말라. 소득 없고 해될 사람만 많으니 주의하라.
재운: 小事 가능, 大事 불가. **관운**: 때가 아니니 욕심내지 말라. **학업**: 본인은 순탄, 자녀는 불리하니 노력하라. **결혼**: 왕사를 따라도 안 되니 끝내 不吉. **질병**: 타인은 무사, 남편은 남쪽을 알아보라. **매매**: 소문만 무성, 실익 없으니 守分하라. **관재송사**: 시간이 지날수록 有利, 가을부터 吉.

육사, 괄낭, 무구무예. 상왈, 괄낭무구, 신불해야.
六四, 括囊, 无咎无譽. 象曰, 括囊无咎, 愼不害也.

주머니를 졸라매라. 허물도 영예도 없으리라. 상왈, 주머니를 졸라매야 허물이 없음은 삼가면 해를 입지 않는다는 것이다.

계란으로 바위 치는 격이니 지출을 줄이고 겸손 자중하라.
재운: 소득 없으니 현상 유지에 힘쓰라. **관운**: 시기도 여건도 맞지 않으니 守分하라. **학업**: 노력만큼 성과, 더욱 노력하라. **결혼**: 행동을 조심하라. 不吉. **질병**: 서서히 회복된다. **매매**: 성사 없이 비용만 낭비. 특히 東南이 不吉. **관재송사**: 재물을 많이 써야 유리하다.

육오, 황상, 원길. 상왈, 황상원길, 문재중야.
六五, 黃裳, 元吉. 象曰, 黃裳元吉, 文在中也.

황색 치마를 입었으니 크게 길하리라. 상왈, 황색 치마를 입었으니 크

2. 곤위지

게 길함은 문채가 중도에 있음이다.

坤은 땅(土)을 뜻하는 괘로서 土는 오행에서 중앙과 황색을 나타낸다. 六五는 음효로서 坤爲地괘의 군위(君位)인 5효의 자리에 득중(得中)하고 있는데, 음효이므로 치마가 된다. 따라서 황색 치마를 입고 바른 위치에 있는 상이 있다. 六五의 효사는 주(周)나라 문왕의 넷째 아들 주공(周公) 단(旦)에 관한 역사를 인용해 효상(爻象)을 설명한 것이다. 旦은 강상(姜尙: 강태공)과 함께 상나라 폭군 주왕(紂王)을 멸하고 주나라를 창건한 공신 가운데 한 사람으로 주나라 지역에 봉해졌으므로 주공으로 불리게 되었다. 그는 이복형 무왕(武王)에 이어 군위에 오른 조카 성왕(成王)을 보좌하여 섭정(攝政)이 되었다. 당시 주나라 임금의 관복은 황색 상의와 치마였다. 주공은 자신의 본분을 지키기 위해 황색 상의는 입지 않고 황색 치마만 입고 천하를 다스렸으나 천하가 잘 다스려졌으므로 이 사실(史實) 인용한 것이다.

기대만큼 실익 없으니 때를 기다리라. 재운: 不利, 자중하라. 특히 봄 가을이 不吉. **관운:** 성사 어렵다. 현상 유지에 힘쓰라. **학업:** 본인은 곤란, 子女는 吉. **결혼:** 고집스럽지 않은 상대는 吉, 고집이 세면 凶. **질병:** 어려움이 예상되니 서쪽에서 치료하라. **매매:** 대상이 내게 적합한지 다시 살피라. **관재송사:** 有利, 시간이 오래 걸린다.

상육, 용전우야, 기혈현황. 상왈, 용전우야, 기도궁야.
上六, 龍戰于野, 其血玄黃. 象曰, 龍戰于野, 其道窮也.

용이 들에서 싸우니 그 피가 검붉고 누르다. 상왈, 용이 들에서 싸움은 그 도가 궁극에 이른 것이다.

2. 곤위지

이로움은 없고 해치려는 사람뿐이니 시비를 주의하고 근신하라.
재운: 봄여름은 소득 없고 가을 겨울이 吉. **관운**: 경쟁자가 강하니 처지를 파악하라. **학업**: 길해도 심한 경쟁을 피해 진행하라. **결혼**: 不吉. **질병**: 시간이 걸린다. 북쪽에서 치료하라. **매매**: 여럿이 다투니 관재구설 주의하라. **관재송사**: 상대의 음모를 주의하라. 가을이 유리.

용육, 이영정. 상왈, 용육영정, 이대종야.
用六, 利永貞. 象曰, 用六永貞, 以大終也.

길이 바르고 곧아야 이로우리라. 상왈, 用六이 길이 바르고 곧다는 것은 크게 마침이다.

用六은 18변법으로 점을 쳐 6효가 모두 동했을 때의 점괘 해설이다.

문언왈, 곤, 지유이동야강, 지정이덕방, 후득주리이유상, 함만
文言曰, 坤, 至柔而動也剛, 至靜而德方, 後得主利而有常, 含萬
물이화광, 곤도기순호, 승천이시행.
物而化光, 坤道其順乎, 承天而時行.

문언왈, 坤은 지극히 유순하지만 동하는 것은 강건하며, 지극히 고요하지만 덕이 넓으니 뒤에 얻고 이로우며 떳떳한 도가 있으리라. 만물을 포용하고 진화하여 빛나게 한다. 坤의 도는 유순하여 하늘의 도를 계승하여 때에 알맞게 행한다.

적선지가, 필유여경, 적불선지가, 필유여앙. 신시기군, 자시기
積善之家, 必有餘慶, 積不善之家, 必有餘殃. 臣弑其君, 子弑其
부, 비일조일석지고. 기소유래자점의, 유변지부조변야. 역왈,
父, 非一朝一夕之故. 其所由來者漸矣, 由辯之不早辯也. 易曰,

2. 곤위지

이상견빙지, 개언순야.
履霜堅氷至, 蓋言順也.

善을 쌓은 집안에는 반드시 다가올 경사가 있고, 不善을 쌓은 집안에는 반드시 다가올 재앙이 있다. 신하가 임금을 시해하고 자식이 아비를 시해하는 일은 하루아침 하루저녁에 이루어지는 변고가 아니다. 그 유래한 바가 점차로 그리된 것이니 분변할 것을 일찍 분변하지 않은 데서 비롯된 것이다. 易에 말한 서리가 밟히면 굳은 얼음이 얼게 된다는 것은 무릇 순차적으로 이루어짐을 말한 것이다.

직, 기정야. 방, 기의야. 군자경이직내, 의이방외, 경의립이덕
直, 其正也. 方, 其義也. 君子敬以直內, 義以方外, 敬義立而德
불고, 직방대불습무불리, 즉불의기소행야.
不孤, 直方大不習无不利, 則不疑其所行也.

直은 바른 것이며 方은 義에 맞는 것이다. 군자는 공경심으로 안을 바르게 하고 義에 맞음으로 밖을 넓히니, 공경과 의가 바로 서면 덕이 외롭지 않게 된다. 바르고 넓고 크니 익히지 않아도 이롭지 않음이 없다는 것은 그 행하는 바에 의심이 없는 것이다.

음수유미, 함지, 이종왕사, 불감성야, 지도야, 처도야, 신도야.
陰雖有美, 含之, 以從王事, 弗敢成也, 地道也, 妻道也, 臣道也.
지도, 무성이대유종야.
地道, 无成而代有終也.

陰에 비록 아름다움이 있지만, 그것을 품고 왕사에 종사하여도 감히 이루려 하지 말아야 한다. 이것이 땅의 도이며, 처의 도이며, 신하의 도이다. 땅의 도는 이루는 것은 없으나 그 대신 마침이 있는 것이다.

2. 곤위지

천지변화, 초목번, 천지폐, 현인은, 역왈, 괄낭무구무예, 개언
天地變化, 草木蕃, 天地閉, 賢人隱. 易曰, 括囊无咎无譽, 蓋言
근야.
謹也.

천지가 변화하면 초목이 우거지고, 천지의 도가 닫히면 현인이 숨는다. 易에서 말한 주머니를 졸라매면 허물도 영예도 없다는 것은 무릇 삼갈 것을 말한 것이다.

군자, 황중통리, 정위거체, 미재기중이창어사지, 발어사업, 미
君子, 黃中通理, 正位居體, 美在其中而暢於四支, 發於事業, 美
지지야.
之至也.

군자가 황색이 중앙에 있는 이치에 통하여 바른 지위에 스스로를 거하면 아름다움은 그 가운데 있고, 또한 사지에 퍼져 사업에 나타나니 아름다움이 지극하다.

음의어양, 필전, 위기혐어무양야. 고칭용언, 유미리기류야. 고
陰疑於陽, 必戰, 爲其嫌於无陽也. 故稱龍焉, 猶未離其類也. 故
칭혈언, 부현황자, 천지지잡야, 천현이지황.
稱血焉, 夫玄黃者, 天地之雜也, 天玄而地黃.

陰이 陽과 같아지면 반드시 싸우게 되니, 陽이 없는 것처럼 의심할까봐 龍이라고 한 것이다. 또한 아직 그 동류를 떠나지 않았으므로 피라고 칭한 것이다. 무릇 검붉고 누르다는 것은 천지가 섞여 있는 것이니 하늘은 검붉고 땅은 누르다.

3. 水雷屯 수뢰준

준, 원형이정, 물용유유왕, 이건후.
屯, 元亨利貞, 勿用有攸往, 利建侯.

처음은 어려워도 크게 형통하니 바르게 지켜야 이롭다. 갈 곳이 있어도 가지 말라. 제후를 세움에 이롭다.

단왈, 준, 강유시교이난생, 동호험중, 대형정. 뇌우지동, 만영.
象曰, 屯, 剛柔始交而難生, 動乎險中, 大亨貞. 雷雨之動, 滿盈.
천조초매, 의건후이불영.
天造草昧, 宜建侯而不寧.

단왈, 屯은 剛柔가 처음 교류한 후 태어날 때의 어려움이다. 험한 가운데서 움직이니 크게 형통하려면 바르게 지키고 있어야 한다. 우레와 비의 요동침이 가득하니 천지가 처음 우매한 백성을 창조할 때는 마땅히 제후를 세워야 하고 편히 여기지 말아야 한다.

상왈, 운뢰준, 군자이경륜.
象曰, 雲雷屯, 君子以經綸.

상왈, 구름과 우레가 함께 오는 것이 屯卦의 상징이니 군자는 이러한 정황 중에 있게 되면 포부를 가지고 천하를 다스린다.

초구, 반환, 이거정, 이건후. 상왈, 수반환, 지행정야. 이귀하천, 대득민야.
初九, 磐桓, 利居貞, 利建侯. 象曰, 雖磐桓, 志行正也. 以貴下賤, 大得民也.

3. 수뢰준

賤, 大得民也.

머뭇거리고 나아가지 못하니 그대로 있는 것이 이롭고 제후를 세움에 이롭다. 상왈, 비록 머뭇거리고 나아가지 못하지만 뜻을 행하는 것이 바르다. 귀한 신분으로 천한 사람에게 몸을 낮추니 크게 백성을 얻는다.

새로운 일에 착수하지 말고 아랫사람에게 겸손히 대해야 길하리라.
재운: 소득 없으니 守分하라. 서쪽이 不吉. **관운**: 성사 어려우니 허욕을 버리라. **학업**: 점차 발전하고 성과도 있다. **결혼**: 부귀하고 길하다. **질병**: 타인은 쾌차, 형제자매는 북쪽이 吉. **매매**: 不利, 시비구설을 주의하라. **관재송사**: 봄여름 유리, 가을은 不利. 대비를 하라.

육이, 준여전여, 승마반여, 비구혼구, 여자정부자, 십년내자.
六二, 屯如邅如, 乘馬班如, 匪寇婚媾, 女子貞不字, 十年乃字.
상왈, 육이지난, 승강야. 십년내자, 반상야.
象曰, 六二之難, 乘剛也. 十年乃字, 反常也.

어렵게 여기고 머뭇거리며, 말을 탔다가 내려오니 도적이 아니라 구혼하는 것이다. 여자가 10년 내내 결혼하지 않다가 10년이 되어서야 결혼한다. 상왈, 六二의 어려움은 승강했기 때문이며 10년 되어 결혼하는 것은 상정(常情)에 어긋나는 것이다.

행운, 이사나 건물의 신축 개축도 吉. 대인관계를 잘하면 이로우리라.
재운: 봄여름 유리, 東南이 吉. **관운**: 때가 불리, 근신하라. **학업**: 본인은 곤란, 자녀 吉, 재수(再修)에도 吉. **결혼**: 조금 시간이 걸리더라도 吉. **질병**: 타인은 쾌유, 남편은 남쪽을 알아보라. **매매**: 원칙 지키면 승산, 겨울 봄이 吉. **관재송사**: 여름이 不吉, 기타는 유리.

3. 수뢰준

육삼, 즉록무우, 유입우림중, 군자기, 불여사, 왕린. 상왈, 즉
록무우, 이종금야. 군자사지, 왕린궁야.
六三, 卽鹿無虞, 惟入于林中, 君子幾, 不如舍, 往吝. 象曰, 卽
鹿無虞, 以從禽也. 君子舍之, 往吝窮也.

사슴을 잡으려 안내자도 없이 홀로 숲속으로 들어간다. 군자는 기미를 알아서 버리는 것만 못하니 가면 안타깝게 되리라. 상왈, 사슴을 잡으려는데 안내자가 없음은 짐승을 탐내어 따라가기 때문이며, 군자가 버려야 함은 가면 안타깝게 곤궁함을 당하기 때문이다.

곤란이 앞에 있으니 허욕을 버리고 근신해야 화가 없으리라.
재운: 허상뿐, 실체를 파악하라. **관운**: 소득 없으나 봄여름 小吉. **학업**: 봄여름 不吉, 겨울은 吉. **결혼**: 빈틈 파고들어 결혼을 꾀하면 그 道가 막히리라. **질병**: 타인은 무사, 부모는 서서히 회복, 형제는 서쪽이 吉. **매매**: 시비 구설뿐, 허욕 버리고 守分하라. **관재송사**: 손재수, 교섭을 알아보라.

육사, 승마반여, 구혼구, 왕길, 무불리. 상왈, 구이왕, 명야.
六四, 乘馬班如, 求婚媾, 往吉, 无不利. 象曰, 求而往, 明也.

말을 탔다가 내려와 혼인하기를 구한다. 가면 길하여 이롭지 않음이 없으리라. 상왈, 구하여 감은 현명한 것이다.

불리, 활동 자제하고 먼 곳이 不吉. 가내 우환을 주의하라.
재운: 전혀 소득이 없고 우환을 주의하라. **관운**: 허명(虛名)은 可하고 실익은 없다. **학업**: 예상 밖의 우환을 주의하라. **결혼**: 서둘지 말고 기다려 결혼하면 매우 길하다. **질병**: 타인은 무사, 자녀는 북쪽에서 치료하라. **매매**: 실체가 없으니 실물이나 서류를 살피라. **관재송사**: 좌절될 수 있으니 서류 조심하고 함부로 증거 제시하지 말라.

3. 수뢰준

구오, 준기고, 소정길, 대정흉. 상왈, 준기고, 시미광야.
九五, 屯其膏, 小貞吉, 大貞凶. 象曰, 屯其膏, 施未光也.

은혜를 베풀기 어려우니 작게 베풀면 길하고 크게 베풀면 흉하리라. 상왈, 은혜를 베풀기 어렵다는 것은 베푸는 것이 빛나지 않음이다.

大事는 불가하니 서둘지 말라. 놀랄 일이 생겨도 피해는 적으리라.
재운: 소득 없고 특히 먼 곳을 조심하리. **관운**: 수평 이동은 가능, 南北이 吉. **학업**: 호운(好運)이나 분수를 넘으면 후회. **결혼**: 처음은 곤란하고 6년 지나야 평안하리라. **질병**: 타인은 무사. 부모는 쾌유, 형제는 동쪽에서 치료하라. **매매**: 후환이 두려우니 시작을 분명히 하라. **관재송사**: 서류나 증거를 철저히 준비하면 승리하리라.

상육, 승마반여, 읍혈연여. 상왈, 읍혈연여, 하가장야.
上六, 乘馬班如, 泣血漣如. 象曰, 泣血漣如, 何可長也.

말을 탔다가 내려와서 눈물과 피를 흘린다. 상왈, 눈물과 피를 흘리니 어찌 오래갈 수 있으랴.

시운이 부족하니 욕심을 버리면 곤란이 닥쳐도 위기를 넘기리라.
재운: 장기적 부동산투자는 吉, 기타는 不吉. **관운**: 현상 유지가 최선이니 수분(守分)하라. **학업**: 서둘지 말고 점진(漸進)하면 성사. **결혼**: 不吉. **질병**: 쾌유. 부인의 병은 시간이 걸린다. **매매**: 교환은 가능 기타는 무소득. **관재송사**: 사람의 도움을 받아야 유리하리라.

4. 山水蒙 산수몽

몽, 형. 비아구동몽, 동몽구아, 초서곡, 재삼독, 독즉불곡, 이정.
蒙, 亨. 匪我求童蒙, 童蒙求我, 初筮告, 再三瀆, 瀆則不告, 利貞.

몽매하면 형통하게 해야 한다. 내가 몽매한 사람에게 구하는 것이 아니라 몽매한 사람이 나에게 구하는 것이다. 처음 점을 쳤을 때는 일러주지만 두 번 세 번 점을 쳐달라면 어지러워진다. 어지러워지면 가르쳐 주지 않아야 한다. 굳게 지켜야 이롭다.

단왈, 몽, 산하유험, 험이지, 몽. 몽형, 이형행시중야. 비아구
象曰, 蒙, 山下有險, 險而止, 蒙. 蒙亨, 以亨行時中也. 匪我求
동몽, 동몽구아, 지응야. 초서곡, 이강중야. 재삼독, 독즉불곡,
童蒙, 童蒙求我, 志應也. 初筮告, 以剛中也. 再三瀆, 瀆則不告,
독몽. 몽이양정, 성공야.
瀆蒙. 蒙以養正, 聖功也.

단왈, 蒙卦는 산 아래 험함이 있으니 험하여 그치는 것이 蒙이다. 蒙卦가 형통하는 것은 몽매함이 트여 행하는 것이 때에 알맞은 것이다. 내가 몽매한 사람에게 구하는 것이 아니라 몽매한 사람이 내게 구함은 뜻이 응해야 하는 것이다. 처음 점을 쳤을 때 일러줌은 마음속의 뜻이 굳셈이다. 두세 번 물으면 어지럽히는 것이니 어지럽히면 일러주지 않는 것은 버릇없고 몽매하기 때문이다. 몽매함을 깨우쳐 바르게 기르는 것은 성인의 공덕이다.

4. 산수몽

상왈, 산하출천, 몽. 군자이과행육덕.
象曰, 山下出泉, 蒙. 君子以果行育德.

상왈, 산 아래 샘물이 솟는 것이 蒙卦의 상징이다. 군자는 이러한 현상을 살펴 바른 도를 과감히 실천하고 덕을 기른다.

초육, 발몽, 이용형인, 용탈질곡, 이왕린. 상왈, 이용형인, 이 정법야.
初六, 發蒙, 利用刑人, 用說桎梏, 以往吝. 象曰, 利用刑人, 以正法也.

몽매함을 계발하기 위해서는 사람에게 형벌을 사용하여 질곡에서 벗어나게 하는 것이 이롭다. 그대로 두고 가면 안타깝게 되리라. 상왈, 사람에게 형벌을 사용하는 것은 법도를 바르게 함이다.

> **욕심 버리고 正道를 지키라. 특히 공과 사를 분명히하라.**
> **재운**: 소득이 없으니 허욕 버리고 근신하라. **관운**: 움직이면 불리, 현상 유지에 힘쓰라. **학업**: 미흡하니 더욱 노력하라. **결혼**: 효사에 '發蒙'이라고 한 것으로 보아 조혼(早婚)의 조짐이 있다. 파혼도 가능하다. **질병**: 본인은 무사, 가족은 서둘러 치료하라. **매매**: 이롭지 않고 움직이면 손해. **관재송사**: 예상보다 크지 않으니 큰 해로움이 없다.

구이, 포몽, 길. 납부, 길. 자극가. 상왈, 자극가, 강유접야.
九二, 包蒙, 吉, 納婦, 吉. 子克家. 象曰, 子克家, 剛柔接也.

몽매함을 포용함이 좋고 며느리를 맞음에 좋다. 아들이 집안을 잘 다스린다. 상왈, 아들이 집안을 잘 다스림은 剛柔가 접하기 때문이다.

4. 산수몽

남과 협력하면 크게 유리하고 자손 문제에 길하리라.
재운: 귀인이 도와 길하고 봄여름에 실익이 있다. **관운:** 시기도 이롭지 않고 귀인도 없으니 자중하라. **학업:** 발전 운, 吉. **결혼:** 효사에 吉이 두 번, 훌륭한 배필을 얻어 훌륭한 자식을 두리라. **질병:** 타인은 무사, 남편은 서쪽에서 치료하라. **매매:** 점차 호전되며 가을이면 유리하다. **관재송사:** 큰 문제라도 내게 유리하게 해결된다.

육삼, 물용취녀, 견금부, 불유궁, 무유리. 상왈, 물용취녀, 행불순야.
六三, 勿用取女, 見金夫, 不有躬, 无攸利. 象曰, 勿用取女, 行不順也.

여자를 취하지 말라. 돈 있는 사내를 보면 그 몸을 지키지 못하리니 이로운 바가 없으리라. 상왈, 여자를 취하지 말라는 것은 행동이 불순하기 때문이다.

헛된 욕심은 화를 부르니 다시 생각하고 남의 말을 믿지 말라.
재운: 시기가 이롭지 않으니 욕심을 버리라. **관운:** 퇴보하는 운이니 사람을 믿지 말라. **학업:** 순탄하니 더욱 분발하라. **결혼:** 반드시 헤어지게 되니 중단하라. **질병:** 타인은 무사, 부인은 북쪽에서 치료하라. **매매:** 허욕이 손재를 부르니 자숙하라. **관재송사:** 귀인이 도와 화를 면하고 여름이면 길하리라.

육사, 곤몽, 린. 상왈, 곤몽지린, 독원실야.
六四, 困蒙, 吝. 象曰, 困蒙之吝, 獨遠實也.

괴롭고 몽매하니 안타깝다. 상왈, 괴롭고 몽매하니 안타깝다는 것은 홀

4. 산수몽

로 실질적인 것에서 멀어짐이다.

불리하니 내것이 아니면 탐내지 말고 正道를 행하라.
재운: 봄여름은 不利, 가을 겨울은 小吉. **관운**: 퇴보하는 운이니 사람을 믿지 말라. **학업**: 길하니 더욱 노력하라. **결혼**: 不吉. 추진하지 말라. **질병**: 타인은 쾌유, 남편은 서쪽에서 치료하라. **매매**: 사람을 믿지 말고 서류를 잘 살피라. 가을과 서쪽이 유리하다. **관재송사**: 점차 내게 유리해져 손해가 없게 된다.

육오, 동몽, 길. 상왈, 동몽지길, 순이손야.
六五, 童蒙, 吉. 象曰, 童蒙之吉, 順以巽也.

어린아이 같은 몽매함이니 좋다. 상왈, 어린아이 같은 몽매함이 좋음은 순종하며 겸손하기 때문이다.

시운이 막혔으니 움직이지 말고, 먼 곳도 운행하지 말라.
재운: 소득 없으니 움직이지 말고 守分하라. **관운**: 허사. 남을 믿지 말라. **학업**: 가까운 곳이 吉, 먼 곳은 不利. **결혼**: 상괘 간(艮)은 어린 남자(少男)이므로 조혼의 상이 있다. 吉. **질병**: 타인은 무사, 형제는 동쪽에서 치료하라. **매매**: 무소득, 관재구설이나 주의하라. **관재송사**: 겨울은 이롭지 않고 기타는 유리하다.

상구, 격몽, 불리위구, 이어구. 상왈, 이용어구, 상하순야.
上九, 擊蒙, 不利爲寇, 利禦寇. 象曰, 利用禦寇, 上下順也.

몽매함을 깨우치는 데는 도적처럼 여기면 이롭지 않고 도적을 막아주 듯해야 이롭다. 상왈, 도적을 막아줌이 이로움은 상하가 순리를 따름이다.

4.산수몽

도적을 만나는 격이니 근신하고 손해를 최소화하라.
재운: 손재수, 사람을 믿지 말고 투자도 하지 말라. **관운**: 시기가 불리하니 허욕을 버리라. **학업**: 예상 밖의 난관에 대처할 준비를 하라. **결혼**: 아름다운 짝이다. 吉. **질병**: 타인은 쾌유, 부모는 북쪽에서 치료하라. **매매**: 처음은 유리해 보여도 중간에 불길하니 주의하라. **관재송사**: 유리하지만, 겨울은 불리하다.

5. 水天需 수천수

수, 유부, 광형, 정길. 이섭대천.
需, 有孚, 光亨, 貞吉. 利涉大川.

기다림에 성심이 있으면 빛나고 형통하리니 바르게 지켜야 길하며, 큰 냇물을 건너는데 이롭다.

단왈, 수수야, 험재전야, 강건이불함, 기의불곤궁의. 수유부광
象曰, 需須也, 險在前也, 剛健而不陷, 其義不困窮矣. 需有孚光
형, 정길, 위호천위, 이정중야, 이섭대천, 왕유공야.
亨, 貞吉, 位乎天位, 以正中也, 利涉大川, 往有功也.

단왈, 需는 기다림이니 험함이 앞에 있기 때문이다. 강건하여 빠지지 않으니 그 뜻이 곤궁하게 되지 않는다. 기다림에 성심이 있으면 빛나고 형통하며, 바르게 지키면 길함은 위치가 天位에 거하고 바르게 중도를 지키기 때문이다. 큰 냇물을 건너는데 이로움은 가면 공이 있음이다.

상왈, 운상어천, 수, 군자, 이음식연락.
象曰, 雲上於天, 需, 君子, 以飮食宴樂.

상왈, 구름이 하늘에 있는 것이 需卦의 현상이니 군자는 이 괘상을 살펴 먹고 마시며 편안하고 즐겁게 여긴다.

초구, 수우교, 이용항, 무구. 상왈, 수우교, 불범난행야. 이용
初九, 需于郊, 利用恒, 无咎. 象曰, 需于郊, 不犯難行也. 利用

5. 수천수

항무구, 미실상야.
恒无咎, 未失常也.

들에서 기다린다. 항구한 마음을 가져야 이롭고 허물이 없으리라. 상왈, 들에서 기다림은 함부로 움직여 어려움에 처하게 되지 말라는 것이며, 항구한 마음을 가져야 이롭고 허물이 없음은 평상의 도를 잃지 않음이다.

사람을 가리지 말고 남과 협력해야 위기를 넘기리라.
재운: 가을 이후 小吉. 장기적 투자에 吉. **관운**: 경제적 허비만 많고 성사가 어렵다. **학업**: 여름 가을은 순탄, 겨울은 불리. **결혼**: 서둘지 말고 다시 한번 검토하는 것이 좋다. **질병**: 큰 해는 없으나 부모의 병환은 동쪽에서 치료하라. **매매**: 험난하지만, 가을부터 유리. **관재송사**: 준비를 철저히 하면 승리하리라.

구이, 수우사. 소유언, 종길. 상왈, 수우사, 연재중야. 수소유언, 이길종야.
九二, 需于沙. 小有言, 終吉. 象曰, 需于沙, 衍在中也. 雖小有言, 以吉終也.

모래밭에서 기다린다. 다소 말썽이 있지만 마침내는 길하리라. 상왈, 모래밭에서 기다림은 여유롭게 가운데 있음이니 비록 다소 말썽이 있지만 길하게 마치게 되는 것이다.

正道를 지키면 문제가 생겨도 자연히 풀리리라.
재운: 무소득, 방해자를 주의하라. **관운**: 허명(虛名)은 가능, 실리(實利)는 없다. 현상 유지에 힘쓰라. **학업**: 과욕을 버리고 기대 수준을 낮추라. **결혼**: 처음엔 말썽이 있지만 원만하게 해결된다. 吉. **질병**: 자신과 가족은 서쪽에서, 형제는 남쪽에서 치료하라. **매매**: 大事 불가, 小事는 吉. **관재송사**: 봄여름은 불리하고 가을부터 유리해진다.

5.수천수

구삼, 수우니, 치구지. 상왈, 수우니, 재재외야. 자아치구, 경
九三, 需于泥, 致寇至. 象曰, 需于泥, 災在外也. 自我致寇, 敬
신불패야.
愼不敗也.

진흙밭에서 기다리니 도적을 불러오게 되리라. 상왈, 진흙밭에서 기다림은 재앙이 밖에 있음이다. 스스로 도적을 불렀으니 근신하고 경계하면 실패하지 않으리라.

해로움이 많으니 사람을 믿지 말고 근신하라.
재운: 소득이 없다. 허욕 버리고 내 것을 지키라. **관운**: 시기도 사람도 돕지 않으니 수분(守分)하라. **학업**: 봄여름 불리, 가을 이후 길하다. **결혼**: 이루어지기 어렵고 不吉. **질병**: 자신과 가족은 서쪽에서, 형제는 남쪽에서 치료하라. **매매**: 무소득, 허욕 버리고 근신하라. **관재송사**: 봄 여름은 절약하며 근신하라. 가을 이후 길하리라.

육사, 수우혈, 출자혈. 상왈, 수우혈, 순이청야.
六四, 需于血, 出自穴. 象曰, 需于血, 順以聽也.

피 밭에서 기다리다가 구멍에서 나온다. 상왈, 피 밭에서 기다림은 순종하여 듣는 것이다.

험난에 빠져도 천운이 도우리니 正道를 잃지 말라.
재운: 노력하면 가을에 소득이 있다. **관운**: 뜻은 궁궐에 있으나 거리가 멀어 불가. **학업**: 순탄하니 더욱 정진하라. **결혼**: 오래 사귄 사이일 수가 많고, 吉. **질병**: 자신과 슬하는 차도, 남편은 북쪽에서 구하라. **매매**: 연초는 불리, 가을 겨울은 순조롭다. **관재송사**: 처음은 곤란하지만 가을에 길하리라.

5.수천수

구오, 수우주식, 정길. 상왈, 주식정길, 이중정야.
九五, 需于酒食, 貞吉. 象曰, 酒食貞吉, 以中正也.

술과 밥이 있는 데서 기다리니 정도를 지켜야 길하리라. 상왈, 술과 밥이 있으니 정도를 지켜야 길함은 중정했기 때문이다.

남과 시비가 있으면 반드시 불길하니 주의하고 사심을 버리라.
재운: 지출이 많으니 守分하라. 가을부터 吉. **관운**: 무소득, 허욕을 버리라. **학업**: 가족은 순탄, 형제나 타인은 불리. **결혼**: 5효가 변한 태괘(泰卦)의 六五에 '제을이 여동생을 시집 보낸다. 복을 받으니 크게 길하리라(帝乙歸妹, 以祉, 元吉.)'라고 했다. 吉. **질병**: 타인은 곧 치유, 부인의 병은 서쪽에서 치료하라. **매매**: 손재수, 사람을 믿지 말고 자중하라. **관재송사**: 비용을 많이 써야 가을 이후 길하리라.

상육, 입우혈, 유불속지객삼인래, 경지종길. 상왈, 불속지객래
上六, 入于穴, 有不速之客三人來, 敬之終吉. 象曰, 不速之客來
경지종길, 수부당위, 미대실야.
敬之終吉, 雖不當位, 未大失也.

구멍으로 들어간다. 청하지 않은 손님 셋이 오리니 그들을 공경하면 마침내 길하리라. 상왈, 청하지 않은 손님 셋이 오리니 그들을 공경하면 마침내 길하다는 것은 비록 위치가 부당하지만 큰 잘못이 없음이다.

해로운 사람이 많으니 집이나 사업장을 이사하는 것도 좋다.
재운: 봄여름 추진한 일이 가을 이후 성사. **관운**: 봄 겨울은 유리, 먼 곳이 길하다. **학업**: 순탄치 않으나 노력하면 반은 회복된다. **결혼**: 평생 함께할 수 있으니 길하다. **질병**: 자신과 가족의 병은 서쪽에서, 부모의 병은 동쪽을 알아보라. **매매**: 연초는 불리하고 여름 이후 길하리라. **관재송사**: 증거와 서류를 완벽히 하면 유리하리라.

6. 天水訟 천수송

송, 유부질, 척중길, 종흉. 이견대인, 불리섭대천.
訟, 有孚窒, 惕中吉, 終凶. 利見大人, 不利涉大川.

송사는 성심이 있어도 막히게 되니 두려워하고 중간에 그쳐야 길하며 끝까지 하면 흉하다. 대인을 만남에 길하고 큰 냇물을 건넘에 불리하다.

단왈, 송, 상강하험, 험이건, 송, 송유부질, 척중길, 강래이득 중야. 종흉, 송불가성야. 이견대인, 상중정야. 불리섭대천, 입 우연야.
彖曰, 訟, 上剛下險, 險而健, 訟, 訟有孚窒, 惕中吉, 剛來而得中也. 終凶, 訟不可成也. 利見大人, 尙中正也, 不利涉大川, 入于淵也.

단왈, 訟卦는 위는 강하고 아래는 험하다. 험하고 굳건하니 訟이라고 한 것이다. 송사는 성심이 있어도 막힐 수 있으니 두려워하고 중간에 그쳐야 길함은 剛이 와서 가운데를 차지했기 때문이다. 끝까지 하면 흉함은 송사는 끝까지 해서는 안 되는 것이다. 대인을 만남에 길함은 中正을 숭상함이며, 큰 냇물을 건넘에 불리함은 연못으로 들어가기 때문이다.

상왈, 천여수위행, 송. 군자이작사모시.
象曰, 天與水違行, 訟. 君子以作事謀始.

상왈, 하늘과 물이 서로 어긋나 운행하는 현상이 訟卦이다. 군자는 이 괘상을 살펴 일함에 시작을 신중히 한다.

6. 천수송

초육, 불영소사, 소유언, 종길. 상왈, 불영소사, 송불가장야.
初六, 不永所事, 小有言, 終吉. 象曰, 不永所事, 訟不可長也.
수소유언, 기변명야.
雖小有言, 其辯明也.

송사를 오래 끌지 않으면 말썽은 좀 있지만 마침내는 길하리라. 상왈, 송사를 오래 끌지 않음은 송사는 길게 하면 안 됨이며, 비록 좀 말썽이 있음은 그 분변함이 현명한 것이다.

부당한 이득을 탐하지 말고 시비나 송사하면 후회가 있으리라.
재운: 손재수, 움직이지 말라. **관운**: 大小事 모두 불리, 돈을 쓰면 명예는 봄에 가능. **학업**: 순탄 대길. **결혼**: 처음은 지루해도 마침내 吉. **질병**: 타인은 무난, 자녀는 서쪽에서 치료하라. **매매**: 성사돼도 실익 부족. **관재송사**: 시간이 걸려도 내게 이롭고 가을이 더욱 유리하다.

구이, 불극송, 귀이포, 기읍인삼백호, 무생. 상왈, 불극송, 귀
九二, 不克訟, 歸而逋, 其邑人三百戶, 无眚. 象曰, 不克訟, 歸
이포찬야, 자하송상, 환지철야.
而逋竄也, 自下訟上, 患至掇也.

송사에 이길 수 없어 돌아와 도망하니 그 읍인 삼백호에 재앙이 없으리라. 상왈, 송사에서 이기지 못하여 돌아와 도망하여 숨음은 아랫사람이 위 사람과 쟁송함이니 환란을 주워 담는 것이다.

윗사람과 시비를 주의하고 남을 평하는 말을 하지 말라.
재운: 노력만큼 이익이 따르고 가을 겨울이 길하다. **관운**: 大事는 불가, 小事는 여름이 유리하다. **학업**: 길운이니 더욱 노력하라. **결혼**: 서로 격차가 많아 파혼하는 것이 이롭다. **질병**: 타인은 무난, 남편은 서쪽에서 치료하라. **매매**: 구설이 있으나 성사되며 봄가을이 길하다. **관재송사**: 서서히 내게 유리하고 여름 이후 길하다.

6. 천수송

육삼, 식구덕, 정, 려종길. 혹종왕사, 무성. 상왈, 식구덕, 종
六三, 食舊德, 貞, 厲終吉. 或從王事, 无成. 象曰, 食舊德, 從
상길야.
上吉也.

옛 덕으로 인해 먹으니 바르고 곧아도 위태롭지만 마침내는 길하리라. 왕의 일에 종사해도 이루어짐이 없으리라. 상왈, 옛 덕으로 먹음은 위를 따라야 길함이다.

해오던 것을 하고 새로운 것은 착수하지 말라. 의견을 널리 수렴하라. 재운: 진전 없으니 분수를 지키라. 관운: 실체가 없으니 자중하라. 학업: 노력하면 大成. 결혼: 不吉. 질병: 타인은 무난, 부인은 북쪽에서 치료하라. 매매: 손재수, 자중하라. 관재송사: 비용이 많이 들고 실익이 없으니 서로 원만히 해결해보라.

구사, 불극송, 복즉명, 투, 안정, 길. 상왈, 복즉명투안정, 부
九四, 不克訟, 復卽命, 渝, 安貞, 吉. 象曰, 復卽命渝安貞, 不
실야.
失也.

송사에 이길 수 없으면 돌아오는 것이 천명이니 마음을 바꿔 안정하면 길하리라. 상왈, 돌아오는 것이 천명이니 마음을 바꿔 안정함은 정도를 잃지 않음이다.

사심을 버리고 正道를 지키면 해가 없으리라.
재운: 억지로 구하면 실패. 근신하라. 관운: 움직이면 퇴보, 자중하라. 학업: 점차 순탄해진다. 결혼: 이혼하게 될 수 있다. 不吉. 질병: 타인은 무사, 부인은 西北이 길하다. 매매: 무소득, 사람을 조심하고 특히 동남쪽을 주의하라. 관재송사: 비용을 많이 써야 이롭다.

6. 천수송

구오, 송, 원길. 상왈, 송원길, 이중정야.
九五, 訟, 元吉. 象曰, 訟元吉, 以中正也.

송사에 크게 길하다. 상왈, 송사에 크게 길함은 中正했기 때문이다.

편치 않을 때이다. 正道를 행해야 문제가 해결되리라.
재운: 연초부터 노력이 여름 이후 성사. **관운**: 순리를 따라야 유리하고 봄여름이 吉. **학업**: 곤란하니 더욱 노력하라. **결혼**: 大吉. **질병**: 타인은 무사, 부모는 북쪽에서 치료하라. **매매**: 먼 곳의 일이 이롭고 가을과 서쪽이 길하다. **관재송사**: 승패가 반복되니 원만히 합의하라.

상구, 혹석지반대, 종조삼치지. 상왈, 이송수복, 역부족경야.
上九, 或錫之鞶帶, 終朝三褫之. 象曰, 以訟受服, 亦不足敬也.

관복을 하사받더라도 마침내 하루아침에 세 번 빼앗기리라. 상왈, 송사로 관복을 받음은 또한 존경받기에 부족한 것이다.

억지나 사심으로 얻지 말고 자중하라.
재운: 무소득, 허욕을 버리라. **관운**: 쉬울듯해도 불리하니 守分하라. **학업**: 기대 이하의 결과. 수준을 낮춰라. **결혼**: 不吉. **질병**: 본인은 쾌유, 남편은 점차 회복, 자녀는 남쪽이 吉. **매매**: 계약해도 실익이 적다. 문서를 잘 챙기라. **관재송사**: 속히 정리해야 후환이 적고, 가을 겨울은 불리하다.

7. 地水師 지수사

사, 정, 장인, 길, 무구.
師, 貞, 丈人, 吉, 无咎.

군사를 일으키는 일은 명분이 바르고 곧아야 하니 어른과 같은 덕성을 지녀야 길하여 허물이 없으리라.

단왈, 사, 중야, 정, 정야, 능이중정, 가이왕의. 강중이응, 행
象曰, 師, 衆也, 貞, 正也, 能以衆正, 可以王矣. 剛中而應, 行
험이순, 이차독천하이민종지, 길우하구의.
險而順, 以此毒天下而民從之, 吉又何咎矣.

단왈, 군사는 군중이며 곧음은 올바름이니 군중을 올바르게 할 수 있다면 천하를 다스릴 수 있다. 剛이 중도를 지키고 이에 응하니 험난한 일을 행해도 순종하는 것이다. 이와 같은 자세로 천하의 흉함과 사악함을 다스린다면 백성이 그를 따르게 되어 길할지니 무슨 허물이 있으랴.

상왈, 지중유수사, 군자이용민축중.
象曰, 地中有水師, 君子以容民畜衆.

상왈, 땅 가운데 물이 있는 것이 師卦의 현상이니 군자는 이를 살펴 백성을 용납하고 무리를 기른다.

초육, 사출이율, 부장흉. 상왈, 사출이율, 실율흉야.

7. 지수사

初六, 師出以律, 否臧凶. 象曰, 師出以律, 失律凶也.

군대의 출동은 엄격한 군율로 이뤄져야 한다. 그렇지 않으면 좋은 일도 흉해지리라. 상왈, 군대의 출동이 엄격한 군율로 이뤄져야 함은 군율을 잃으면 흉하기 때문이다.

법에 저촉될 일을 삼가고 正道를 행하라.
재운: 행운, 여름이 吉. **관운**: 시기가 일러 불리, 小事는 여름이 吉.
학업: 경사가 있으리니 더욱 노력하라. **결혼**: 상응하는 4효의 효사에 후퇴하는 상이 있다. 不吉. **질병**: 타인은 무난, 남편은 남쪽에서 치료하라. **매매**: 남과 협력하면 더욱 유리하고 1·5월이 길하다. **관재송사**: 순탄하게 풀려 근심이 없게 되리라.

구이, 재사중길, 무구, 왕삼석명. 상왈, 재사중길, 승천총야,
九二, 在師中吉, 无咎, 王三錫命. 象曰, 在師中吉, 承天寵也,
왕삼석명, 회만방야.
王三錫命, 懷萬邦也.

군대의 통솔이 중도에 맞으니 길하여 허물이 없으리니 왕께서 영예로운 명령을 세 번 내리시리라. 상왈, 군대의 통솔이 중도에 맞아 길함은 하늘의 뜻을 계승함이며 왕께서 영예로운 명령을 내림은 여러 나라를 회유함이다.

上下가 도우니 행운, 남에게 겸손하라.
재운: 절약하라. 1·5월이 吉. **관운**: 귀인이 돕고 여름에 실익이 있다.
학업: 본인은 吉, 타인은 노력 부족으로 저조. **결혼**: 九二가 변하여 坤이 되니 처도(妻道)의 상이 있다. 吉. **질병**: 타인은 무사, 형제는 서둘러 치료하라. **매매**: 여름이 유리, 관청 관계의 일에 吉. **관재송사**: 연초는 불리, 가을부터 유리해진다.

7. 지수사

육삼, 사혹여시, 흉. 상왈, 사혹여시, 대무공야.
六三, 師或輿尸, 凶. 象曰, 師或輿尸, 大无功也.

전쟁에 나가서 혹은 수레에 시체를 싣고 돌아오니 흉하리라. 상왈, 전쟁에 나가 혹은 수레에 시체를 싣고 돌아옴은 공을 세우지 못하는 것이 큼이다.

시기가 맞지 않고 판단도 미숙하니 자중해야 재난이 없으리라.
재운: 사람을 믿지 말라. 小事는 여름에 유리. **관운**: 귀인이 도와 봄에 길하다. **학업**: 불리, 과욕을 버리고 작게 행하라. **결혼**: 흉하다. **질병**: 타인은 무사, 부모는 북쪽이 吉. **매매**: 순탄하고 東南이 吉. **관재송사**: 점차 불리하니 빨리 매듭짓거나 서류 준비를 철저히 하라.

육사, 사좌차, 무구. 상왈, 좌차무구, 미실상야.
六四, 師左次, 无咎. 象曰, 左次无咎, 未失常也.

군대가 후퇴하여 머무니 허물이 없으리라. 상왈, 후퇴하여 머무니 허물이 없음은 아직 떳떳한 도를 잃지 않은 것이다.

시운(時運)이 돌아오니 두루 평온하리라.
재운: 무소득, 1·5월이 吉. **관운**: 귀인이 도와 봄여름에 우리. **학업**: 순탄하나 더욱 노력하면 수확이 크다. **결혼**: 남자가 여자 집에 들어가 살게 될 수도 있다. 잘못됨이 없다. **질병**: 타인은 무난, 형제는 서쪽에서 치료하라. **매매**: 구설 주의, 여름 가을에 吉. **관재송사**: 시간 끌면 어려워지니 빨리 매듭짓거나 준비를 철저히 하라.

육오, 전유금, 이집언, 무구. 장자수사, 제자여시, 정흉.
六五, 田有禽, 利執言, 无咎. 長子帥師, 弟子輿尸, 貞凶.
상왈, 장자수사, 이중행야, 제자여시, 사부당야.

7. 지수사

象曰, 長子帥師, 以中行也, 弟子輿尸, 使不當也.

들에 짐승이 있으니 말을 하고 잡으면 이롭고 허물이 없으리라. 장자에게 군대를 거느리게 하라. 작은아들에게 군대를 맡기면 수레에 시체를 싣게 되니 그대로 하면 흉하리라. 상왈. 장자가 군대를 통솔함은 중도에 맞게 행함이며, 작은아들이 수레에 시체를 실음은 마땅하지 않은 것을 시켰기 때문이다.

합당한 일을 하고 사심 버리고 正道를 행해야 후회가 없으리라.
재운: 장기적 부동산투자는 吉, 먼 곳은 不吉. **관운**: 자녀는 1·10월이 吉, 형제는 不吉. **학업**: 기대 이하, 자녀는 겨울에 吉. **결혼**: 장남 장녀는 더욱 吉. **질병**: 타인은 무사, 부인은 동쪽에서 치료하라. **매매**: 小事는 吉, 大事는 不吉. **관재송사**: 점차 불리하니 속히 매듭지어라.

상육, 대군유명, 개국승가, 소인물용. 상왈, 대군유명, 이정공
上六, 大君有命, 開國承家, 小人勿用. 象曰, 大君有命, 以正功
야, 소인물용, 필난방야.
也, 小人勿用, 必亂邦也.

대군의 명령이 있어 나라를 열고 집안을 계승한다. 소인은 쓰지 말라. 상왈, 대군의 명이 있음은 공에 따라 포상을 공정히 하는 것이며 소인을 쓰지 말라는 것은 소인배는 반드시 나라를 어지럽히기 때문이다.

正道로 행하면 새로운 일이나 건물의 신축 개축, 이사에 吉하다.
재운: 무소득, 허욕을 부리지 말라. **관운**: 불리, 수평 이동은 吉. **학업**: 점차 호전, 자녀는 가까운 곳이 길하다. **결혼**: 매우 길하고 흥성한 가문이 되리라. **질병**: 타인은 무난, 자녀는 북쪽에서 치료하라. **매매**: 노력보다 이익이 적으니 과욕은 금물. **관재송사**: 일진일퇴(一進一退)니 적당히 화해하라.

8. 水地比 수지비

비, 길, 원서원영정, 무구, 불영방래, 후부흉.
比, 吉, 原筮元永貞, 无咎, 不寧方來, 後夫凶.

친근히 해야 길하다. 원조(原兆)와 복서(卜筮)를 비교하니 만물의 본원과 영원히 바르고 곧은 덕성을 지녔으므로 허물이 없다. 편안치 않아야 비로소 찾아온다. 늦으면 굳센 사나이라도 흉하리라.

*原筮: 고대 점법의 일종으로 《주례·춘관종백하》에 '태복은 삼조의 법을 장악했다... 세 번째가 原兆이다(大卜掌三兆之灋...三曰原兆.)'라고 했는데, 兆는 고대의 점법 가운데 하나이며, 筮도 복서(卜筮)의 점법이므로 原筮는 점을 쳐서 두 가지 점법으로 비교하는 것이다.

단왈, 비, 길야, 비, 보야, 하순종야. 원서원영정무구, 이강중야, 불영방래, 상하응야, 후부흉, 기도궁야.
彖曰, 比, 吉也, 比, 輔也, 下順從也, 原筮元永貞无咎, 以剛中也, 不寧方來, 上下應也, 後夫凶, 其道窮也.

단왈, 比는 길함이고 比는 보필하는 것이며, 아래에서 순종하는 것이다. 원조와 복서를 비교하니 모두 만물의 본원과 영원히 바르고 곧은 덕성을 지녔으므로 허물이 없음은 剛이 가운데 있기 때문이며 편안치 않아야 비로소 오는 것은 상하가 응했기 때문이다. 늦으면 굳센 사나이라도 흉한 것은 그 도가 궁극에 이르렀기 때문이다.

8. 수지비

상왈, 지상유수비, 선왕이건만국, 친제후.
象曰, 地上有水比, 先王以建萬國, 親諸侯.

상왈, 땅에 물이 있는 것이 比괘의 상징이니 옛날의 성왕은 이 괘상을 살펴 만국을 세우고 제후들에게 친근히 하셨다.

초육, 유부비지, 무구, 유부영부, 종래유타길. 상왈, 비지초육, 유타길야.
初六, 有孚比之, 无咎, 有孚盈缶, 終來有他吉. 象曰, 比之初六, 有他吉也.

성심으로 남과 친근히 해야 허물이 없다. 성심이 항아리에 가득 찬 듯하면 마침내 다른 길함이 있으리라. 상왈, 比괘의 初六은 다른 길함이 있음이다.

되지 않을 일을 억지로 하지 말고 때를 기다리라.
재운: 초반 손해, 봄가을이 吉. **관운**: 서서히 추진하면 小事에 유리.
학업: 점차 발전, 봄이 吉. **결혼**: 吉, 허물이 없으리라. **질병**: 타인은 무난, 부인은 가을 겨울에 호전된다. **매매**: 지장될 일이 있다. 귀인이 도와 봄가을에 吉. **관재송사**: 불리하지만, 사람을 잘 쓰고 서류 준비를 잘하면 가을 이후 유리하다.

육이, 비지자내, 정길. 상왈, 비지자내, 부자실야.
六二, 比之自內, 貞吉. 象曰, 比之自內, 不自失也.

친근함이 마음속에서 비롯되어야 하며 바르게 지켜야 길하리라. 상왈, 친근함이 마음속에서 비롯된다는 것은 스스로 잃지 않음이다.

8. 수지비

남에게 친밀하게 대하고 正道를 행하면 행운이 오리라.
재운: 이롭지 않으니 허욕을 버리라. **관운**: 무소득, 명예는 돈으로 살 수 있다. **학업**: 부진하지만 西北이 유리. **결혼**: 부모 간 유대가 있거나 처가와 겹 결혼이면 더욱 吉. **질병**: 타인은 무사, 자녀는 서쪽이 유리하고 가을이 이롭다. **매매**: 성사돼도 실익이 적고 남쪽을 주의하라. **관재송사**: 승리해도 실익이 없으니 먼저 공격하지 말라.

육삼, 비지비인. 상왈, 비지비인, 불역상호.
六三, 比之匪人. 象曰, 比之匪人, 不亦傷乎.

바르지 않은 사람과 친근히 한다. 상왈, 바르지 않은 사람을 친근히 하면 또한 상함이 있지 않겠는가?

감언이설로 접근하는 자를 믿지 말고 악인을 조심하라.
재운: 무소득, 관재구설과 건강을 주의하라. **관운**: 퇴보하는 운, 각별 근신하라. **학업**: 답보상태, 노력으로 개척하라. **결혼**: 여자가 정결하고 남자는 재주가 뛰어나도 인륜의 正道가 아니면 평생을 그르친다. 不吉. **질병**: 북쪽을 알아보라. **매매**: 상대가 진실하지 않으니 기대하지 말라. **관재송사**: 처음은 불리, 마침내 길하고 가을이면 더욱 좋다.

육사, 외비지, 정길. 상왈, 외비어현, 이종상야.
六四, 外比之, 貞吉. 象曰, 外比於賢, 以從上也.

밖에서 사람과 친근히 하니 마음이 바르면 길하리라. 상왈, 밖에서 어진 이와 친근히 함은 윗사람을 따름이다.

8.수지비

가족이나 타인과 협력하면 길하리라.
재운: 구하면 얻고 가을 겨울 西北이 吉. **관운**: 이롭지 않다. 사람을 믿지 말라. **학업**: 순탄하고 가을부터 吉. **결혼**: 길하다. **질병**: 북쪽에서 치료하라. **매매**: 순조롭고 여름은 불길, 가을 겨울은 吉. **관재송사**: 불리한듯해도 점차 호전되며, 여름은 不吉, 가을 이후 吉.

구오, 현비, 왕용삼구, 실전금, 읍인불계, 길. 상왈, 현비지길,
九五, 顯比, 王用三驅, 失前禽, 邑人不誡, 吉. 象曰, 顯比之吉,
위중정야. 사역취순, 실전금야, 읍인불계, 상사중야.
位正中也. 舍逆取順, 失前禽也, 邑人不誡, 上使中也.

친근함을 구현하기 위해 王께서 三驅의 예를 행하여 앞면의 짐승을 잃으니 읍사람이 경계하지 않는다. 길하리라. 상왈, 친근함을 구현함에 길한 것은 위치가 바르게 가운데 있기 때문이며, 거역하는 자를 버리고 순종하는 자를 취함은 앞면의 짐승을 잃음과 같다. 읍사람이 경계치 않음은 위에서 백성을 부림이 중도에 맞기 때문이다.

가는 사람은 버리고 오는 사람을 취하며 경중을 판단하라.
재운: 손재수, 허욕을 버리라. **관운**: 불리, 자중하라. **학업**: 성과를 얻지 못하니 불리하다. 자녀는 순탄. **결혼**: 상대가 주장이 강한 사람이면 택하지 않는 것이 좋다. **질병**: 남편은 북쪽, 부인은 서쪽이 길하다. **매매**: 불길하니 상대를 파악하라. **관재송사**: 처음 고난이 후일 해소된다. 가을부터 이롭다.

상육, 비지무수, 흉. 상왈, 비지무수, 무소종야.
上六, 比之无首, 凶. 象曰, 比之无首, 无所終也.

8.수지비

친근히 해도 우두머리를 할 수 없으니 흉하리라. 상왈, 친근히 해도 우두머리를 할 수 없음은 끝내 이루는 것이 없음이다.

남보다 앞서거나 나서면 흉하니 근신하라.
재운: 기밀을 엄수하라. 가을 겨울 西北이 吉. **관운**: 귀인이 도와 봄가을에 성사. **학업**: 성적이 저조하니 수준을 낮추고 가까운 곳이 유리. **결혼**: 뭔가 분명치 않은 점이 있다. 凶. **질병**: 타인은 무난, 부모는 동쪽을 알아보라. **매매**: 순조롭고 여름은 불길, 가을 겨울은 길하다. **관재송사**: 상대가 인맥과 자금을 동원하고 있다. 대적할 방법을 준비하면 가을 이후 승산있다.

9. 風天小畜 풍천소축

소축, 형, 밀운불우, 자아서교.
小畜, 亨, 密雲不雨, 自我西郊.

작게 비축해야 형통한다. 구름이 짙으나 비가 내리지 않으니 우리의 서쪽 교외에서 시작될 것이다.

단왈, 소축, 유득위이상하응지, 왈소축. 건이손, 강중이지행,
象曰, 小畜, 柔得位而上下應之, 曰小畜. 健而巽, 剛中而志行,
내형. 밀운불우, 상왕야. 자아서교, 시미행야.
乃亨. 密雲不雨, 尙往也. 自我西郊, 施未行也.

단왈, 小畜은 柔가 자리를 얻고 상하가 그에 응하니 소축이라고 한 것이다. 굳세고 공손하며 剛이 중도에 맞고 뜻을 행하니 형통하는 것이다. 구름이 짙으나 비가 내리지 않음은 아직도 가고 있기 때문이다. 우리의 서쪽 교외에서 시작됨은 베푸는 것이 아직 시행되지 않음이다.

상왈, 풍행천상, 소축, 군자이의문덕.
象曰, 風行天上, 小畜, 君子以懿文德.

상왈, 바람이 하늘에서 부는 것이 小畜卦의 현상이니 군자는 이를 살펴 문채와 덕을 아름답게 한다.

9. 풍천소축

초구, 복자도, 하기구, 길. 상왈, 복자도, 기의길야.
初九, 復自道, 何其咎, 吉. 象曰, 復自道, 其義吉也.

자신의 정도로 돌아오니 무슨 허물이 있으랴. 길하리라. 상왈, 자신의 정도로 돌아옴은 그 의의가 길함이다.

正道를 행하면 주위에서 도와 형통하리라.
재운: 행운. 결실 있고 봄과 남쪽이 吉. **관운**: 大事 불가, 小事는 봄 여름이 吉. **학업**: 노력만큼 성과를 얻으니 더욱 노력하라. **결혼**: 해로하기 어렵다. 凶. **질병**: 약물과 음식을 절제하지 않아서 생긴 병일 수 있다. 부모는 서쪽에서 치료하라. **매매**: 신속히 추진하라. 여름이 길하다. **관재송사**: 쌍방 모두 답답한 상태이니 화해를 주선해보라.

구이, 견복, 길. 상왈, 견복재중, 역부자실야.
九二, 牽復, 吉. 象曰, 牽復在中, 亦不自失也.

이끌려 돌아오니 길하리라. 상왈, 이끌려 돌아와 중앙에 있음은 또한 자신의 정도를 잃지 않음이다.

전반에 곤란하고 후반에 이로우니 꾸준히 노력하라.
재운: 손재수, 타인을 믿고 부화뇌동하지 말라. **관운**: 남을 믿지 말고 현상 유지에 힘쓰라. **학업**: 점차 발전, 일심으로 정진하라. **결혼**: 견해차가 크다. 不吉. **질병**: 부모의 병은 불길하고 자녀는 속효. 부인은 남쪽에서 치료하라. **매매**: 욕심이 화가 되니 정도를 행하라. **관재송사**: 괴롭지만 결국은 유리하고 여름이 길하다.

구삼, 여탈복, 부처반목. 상왈, 부처반목, 부능정실야.

9. 풍천소축

九三, 輿說輻, 夫妻反目. 象曰, 夫妻反目, 不能正室也.

수레 바퀴통이 빠진다. 부부간에 반목하리라. 상왈, 부부간에 반목함은 집안을 바르게 할 수 없음이다.

가정불화 또는 밖에서 사람과 반목하면 백사무성이니 주의하라.
재운: 손재수, 내 것이나 잘 지키라. **관운**: 사람을 믿지 말고 지출을 줄이라. **학업**: 노력이 부족하여 불리, 자녀는 먼 곳이 이롭다. **결혼**: 不吉. **질병**: 약물 과다나 생활을 절제하지 않아서 온 병일 가능성이 크다. 부인은 남쪽에서 치료하라. **매매**: 사람도 물건도 이로움이 없다. **관재송사**: 시간을 끌면 더욱 불리하니 적당히 타협하라.

육사, 유부, 혈거척출, 무구. 상왈, 유부척출, 상합지야.
六四, 有孚, 血去惕出, 无咎. 象曰, 有孚惕出, 上合志也.

성심이 있으면 피가 제거되고 위태로움에서 벗어나리니 허물이 없으리라. 상왈, 성심이 있어 위태로움에서 벗어남은 위와 뜻을 합함이다.

어려움이 물러가고 매사가 순조로우며 가정도 화목하다.
재운: 봄여름은 小吉, 가을 겨울은 大吉. **관운**: 점차 호전, 가을에 길하다. **학업**: 순탄치 않으니 더욱 노력하라. 자녀는 유리하다. **결혼**: 처음은 곤란, 중년 이후 吉. 재혼에 吉. **질병**: 타인은 무난, 부모는 남쪽을 알아보라. **매매**: 순조롭고 西南이 길하다. **관재송사**: 시간을 끌면 불리하니 서둘러 타협하라.

구오, 유부연여, 부이기린. 상왈, 유부연여, 부독부야.
九五, 有孚攣如, 富以其隣. 象曰, 有孚攣如, 不獨富也.

9. 풍천소축

성심이 있어 이끄니 이웃에 부를 베풀리라. 상왈, 성심이 있어 이끄는 것은 혼자 부를 누리지 않음이다.

가정이나 밖에서 남을 이해하고 배려하면 모두 평안하리라.
재운: 남과 협력하면 유리하고 여름이 길하다. **관운**: 감언이설을 경계하고 근신하라. **학업**: 노력이 부족하다. 더욱 노력하라. **결혼**: 길하다. **질병**: 타인은 무사, 자녀는 동쪽에서 치료하라. **매매**: 매사 불길, 특히 여자와 구설을 주의하라. **관재송사**: 봄여름은 유리하고, 가을겨울은 불길하니 근신하라.

상구, 기우기처, 상덕재, 부정려. 월기망, 군자정, 흉.
上九, 旣雨旣處, 尙德載, 婦貞厲. 月幾望, 君子征, 凶.
상왈, 기우기처, 덕적재야, 군자정흉, 유소의야.
象曰, 旣雨旣處, 德積載也, 君子征凶, 有所疑也.

비가 내려 땅에 고였으니 덕을 숭상하여 싣고 있는 것이다. 부인의 정절이 바르더라도 위태롭다. 달이 보름에 가까우니 군자가 정벌하면 흉하리라. 상왈, 비가 내려 땅에 고임은 덕을 쌓은 것이 가득한 것이며, 군자가 정벌하면 흉함은 의심스러운 바가 있기 때문이다.

이동할 운이 있다. 正道를 행하고 깊이 생각한 후 행동하라. **재운**: 지출이 많고 구설을 주의하라. **관운**: 욕심이 시기와 불합하니 자중하라. **학업**: 순탄치 않으나 가을부터 점차 발전한다. **결혼**: 凶. **질병**: 불길하다. 부인은 서쪽을 알아보라. **매매**: 감언이설 주의. 서북과 가을이 不吉. **관재송사**: 봄여름이 길하지만, 비용이 많이 든다.

10. 天澤履 천택리

이호미, 부질인, 형.
履虎尾, 不咥人, 亨.

범의 꼬리를 밟아도 사람을 물지 않으니 형통하리라.

단왈, 이, 유리강야, 열이응호건, 시이리호미부질인형. 강중
象曰, 履, 柔履剛也, 說而應乎乾, 是以履虎尾不咥人亨. 剛中
정, 이제위이불구, 광명야.
正, 履帝位而不疚, 光明也.

단왈, 履는 柔가 剛 위에 있고, 기뻐 乾에 응하므로 범의 꼬리를 밟았어도 사람을 물지 않는 것과 같아 형통하는 것이다. 剛이 중정하였으므로 제위에 올라도 부족함이 없고 밝은 덕이 빛나리라.

상왈, 상천하택, 이, 군자이변상하, 정민지.
象曰, 上天下澤, 履, 君子以辨上下, 定民志.

상왈, 위에 하늘이 있고 아래 못이 있는 것이 履卦의 현상이다. 군자는 이러한 현상을 본받아 상하를 분별하여 백성들의 뜻을 안정시킨다.

초구, 소리, 왕무구. 상왈, 소리지왕, 독행원야.
初九, 素履, 往无咎. 象曰, 素履之往, 獨行願也.

10.천택리

평소대로 나아간다면 가도 허물이 없으리라. 상왈, 평소대로 나아감은 원하는 바를 홀로 실행함이다.

해오던 바를 행하고 집이나 사업장 터가 불안하니 다시 살피라. 재운: 소득이 없으니 자중하라. **관운:** 현재는 불안하고, 먼 곳이 吉. **학업:** 정신이 산만하니 집중하고 더욱 노력하면 가을부터 성과가 있다. **결혼:** 오래 사귀어온 사이는 吉. 새사람은 시일이 걸린다. **질병:** 형제는 쾌유, 타인은 西北에서 치료하라. **매매:** 손재수, 시비를 주의하라. **관재송사:** 봄여름은 불리, 가을 겨울은 유리하다.

구이, 이도탄탄, 유인정길. 상왈, 유인정길, 중부자란야.
九二, 履道坦坦, 幽人貞吉. 象曰, 幽人貞吉, 中不自亂也.

나아가는 길이 평탄하니 은거(隱居)한 사람이 곧은 마음을 가져야 길하리라. 상왈, 隱居한 사람이 곧은 마음을 가져야 길함은 중도에 스스로를 어지럽히지 않아야 함이다.

탄탄대로를 가는 격, 재앙이 가고 기쁨 오니 길하리라.
재운: 무소득, 허욕을 버리라. **관운:** 퇴보하는 운, 현상 유지에 힘쓰라. **학업:** 점차 호전, 여름부터 吉. 동쪽은 불리. **결혼:** 길하다. **질병:** 타인은 무난, 남편은 주거를 옮기거나 북쪽에서 치료하라. **매매:** 허명만 요란하고 실익이 없으니 자중하라. **관재송사:** 초여름부터 평안해진다.

육삼, 묘능시, 파능리, 이호미, 질인흉, 무인위우대군. 상왈,
六三, 眇能視, 跛能履, 履虎尾, 咥人凶, 武人爲于大君. 象曰,

10.천택리

묘능시，부족이유명야．파능리，부족이여행야．질인지흉，위부
眇能視, 不足以有明也. 跛能履, 不足以與行也. 咥人之凶, 位不
당야．무인위우대군，지강야．
當也. 武人爲于大君, 志剛也.

애꾸눈이 잘 볼 수 있다고 하고 절름발이가 잘 걸을 수 있다고 한다. 범 꼬리를 밟아 사람을 무니 흉하다. 무인이 대군이 되려는 것이다. 상왈, 애꾸눈으로 보는 것은 분명하게 보기에 부족한 것이며, 절름발이로 걷는 것은 남과 함께 걸을 수 없음이다. 사람을 무니 흉한 것은 위치가 부당하기 때문이며, 무인이 대군이 되려고 함은 뜻만 강한 것이다.

함정에 빠지는 격, 사람 믿지 말고 배우자 건강을 유의하라. **재운**: 손재수, 감언이설을 주의하라. **관운**: 경쟁자가 강해 불리하다. **학업**: 순탄하니 더욱 노력하라. **결혼**: 서로 균형이 맞지 않아 不吉. **질병**: 타인은 차도가 있고, 부인은 서쪽에서 치료하라. **매매**: 손재수, 현상유지에 힘쓰라. **관재송사**: 유리하지만 지출이 많다.

구사，이호미，색색，종길．상왈．색색종길，지행야．
九四, 履虎尾, 愬愬, 終吉. 象曰, 愬愬終吉, 志行也.

범의 꼬리를 밟더라도 두려워하고 조심해야 마침내 길하리라. 상왈, 두려워하고 조심해야 마침내 길함은 뜻이 행해짐이다.

범의 꼬리를 밟는 격이니 상황분석을 잘해야 화가 없으리라.
재운: 무소득, 여름과 동쪽이 不吉. **관운**: 매사 불리, 근신하라. **학업**: 태만한 경향이 있다. 정신을 집중하라. 형제는 吉. **결혼**: 不吉. **질병**: 타인은 곧 쾌유, 자녀는 서쪽에서 치료하라. **매매**: 매사 불길, 허욕을 버리고 守分하라. **관재송사**: 교활한 사람을 주의하면 유리하다.

10. 천택리

구오, 쾌이, 정려. 상왈, 쾌이정려, 위정당야.
九五, 夬履, 貞厲. 象曰, 夬履貞厲, 位正當也.

과감(果敢)하게 나아가면 바른 일도 위태로우리라. 상왈, 果敢하게 나아가면 바른 일도 위태로움은 위치가 정당하다고 생각하기 때문이다.

행운이 다가오니 가문의 경사가 있으리라.
재운: 여름은 불리, 가을 겨울은 소득이 있다. **관운:** 매사 불리, 분수를 지키라. **학업:** 순탄하고 가을 겨울은 길하다. **결혼:** 길하지만, 서로 자세히 알아보라. **질병:** 타인은 무난, 남편은 동쪽에서 치료하라. **매매:** 남에게 의존하지 말고 내 힘으로 성사하라. **관재송사:** 순탄하게 풀리고 가을 이후가 길하다.

상주, 시리고상, 기선, 원길. 상왈, 원길재상, 대유경야.
上九, 視履考祥, 其旋, 元吉. 象曰, 元吉在上, 大有慶也.

나아가는 것을 보아 길흉을 고찰한다. 그 생각을 돌린다면 크게 길하리라. 상왈, 위에 있으니 크게 길함은 큰 경사가 있음이다.

행운을 만났으니 점차 유리하고 기쁨이 있으리라.
재운: 小事에 吉, 大事는 不吉. 봄여름은 더욱 불길하다. **관운:** 이롭지 않으니 진퇴를 결정하라. **학업:** 가족이나 자녀는 순탄, 다른 사람은 불리. **결혼:** 상대에 대해 다시 파악하고 결정하라. **질병:** 타인은 무난, 형제는 남쪽에서 치료하라. **매매:** 소득이 없으니 욕심을 버리라. **관재송사:** 원만하게 풀리고 여름부터 길하리라.

11. 地天泰 지천태

泰, 小往大來, 吉亨.

통하려고 작은 것이 가고 큰 것이 오니 길하여 형통하리라.

象曰, 泰小往大來吉亨, 則是天地交而萬物通也, 上下交而其志同也. 內陽而外陰, 內健而外順, 內君子而外小人, 君子道長, 小人道消也.

단왈, 통하려고 작은 것이 가고 큰 것이 오니 길하여 형통함은 天地가 교합하여 만물이 통하고, 상하가 교합하여 뜻이 같아지는 것이다. 내괘는 陽이며 외괘는 陰이니 안의 뜻은 강건하고 외적으로는 유순하며, 안에는 군자가 있고 밖에는 소인이 있는 것이다. 군자의 도는 자라나고 소인의 도는 소멸하는 것이다.

象曰, 天地交泰, 后以財成天地之道, 輔相天地之宜, 以左右民.

상왈, 천지 교합이 泰卦의 현상이니 임금이 이러한 현상을 살펴 재물로써 천지의 도를 마름질하며, 천지의 마땅함을 보좌로 삼아 백성을 좌우한다.

11. 지천태

초구, 발모여, 이기휘, 정길. 상왈, 발모정길, 지재외야.
初九, 拔茅茹, 以其彙, 征吉. 象曰, 拔茅征吉, 志在外也.

띠풀의 뿌리가 엉겨있는 것을 뽑았으니 그 무리와 함께 정벌하면 길하리라. 상왈, 띠풀을 뽑았으니 정벌함이 길함은 뜻이 밖에 있음이다.

길운으로 번성하며 먼 곳의 일에 기쁨이 있다.
재운: 큰 소득은 불가, 교환에 길하다. **관운**: 불리하나 귀인을 활용해 보라. **학업**: 답보상태, 노력으로 극복하라. **결혼**: 음양이 합하여 大吉.
질병: 시일이 걸린다. 부인은 서쪽에서 치료하라. **매매**: 결국 무소득, 과욕을 버리라. **관재송사**: 가을부터 유리, 그 이전에 해결이 최선.

구이, 포황, 용빙하, 불하유, 붕망, 득상우중행. 상왈, 포황득 상우중행, 이광대야.
九二, 包荒, 用馮河, 不遐遺, 朋亡, 得尙于中行. 象曰, 包荒得
尙于中行, 以光大也.

팔방을 포용하여 맨몸으로 황하를 건너간다. 멀리 있는 사람을 버리지 않으면 친구를 잃더라도 중도로 행함을 얻으리라. 상왈, 팔방을 포용하며 중도로 행함을 얻음은 그것으로 인해 빛남이 큰 것이다.

행운, 노력한 것이 기대 이상의 성과를 얻고 두루 기쁨이 있다.
재운: 내 것이 되기 어려우니 허욕을 버리라. **관운**: 성사되지만, 근심이 생기니 미리 조심하라. **학업**: 노력하는 중이므로 소득이 있다. **결혼**: 吉. **질병**: 시간이 오래 걸리니 서쪽에서 치료하라. **매매**: 신속히 진행하라. 늦으면 방해가 생긴다. **관재송사**: 처음에는 어렵고 반년 정도 지나야 이롭지만 소득은 적다.

11.지천태

구삼, 무평불피, 무왕불복, 간정무구, 물휼기부, 우식유복.
九三, 无平不陂, 无往不復, 艱貞无咎, 勿恤其孚, 于食有福.
상왈, 무왕불복, 천지제야.
象曰, 无往不復, 天地際也.

평탄하기만 하고 기울지 않는 것은 없고, 가기만 하고 돌아오지 않는 것은 없다. 어려운 가운데서도 바르고 곧다면 허물이 없으리니 그 성심을 근심치 말라. 식복이 있으리라. 상왈, 가기만 하고 돌아오지 않는 것은 없다는 것은 천지가 교제함이다.

이익도 손해도 없으나 사람에게 겸손하고 근면하라.
재운: 이득도 손해도 없으니 마음을 비우라. 관운: 퇴보하는 운, 근신하라. 학업: 기대 이하, 과욕 버리고 더욱 노력하라. 결혼: 지속되기 어렵다. 不吉. 질병: 남쪽이 吉. 자녀는 무난. 매매: 견해차로 소득도 없다. 관재송사: 내게 불리하니 최대한 빨리 해결하라.

육사, 편편, 불부이기린, 불계이부. 상왈, 편편불부, 개실실야,
六四, 翩翩, 不富以其隣, 不戒以孚. 象曰, 翩翩不富, 皆失實也,
불계이부, 중심원야.
不戒以孚, 中心願也.

활달하고 경쾌하며 富로서 그 이웃을 대하려 하지 않으니 경계하지 않고 성심이 있으리라. 상왈, 활달하고 경쾌하며 부유하지 않음은 모두 실질적인 것을 잃음이며, 경계하지 않고 성심이 있음은 속마음의 원함이다.

소문만 무성하고 실익이 없으니 움직이지 않는 것만 못하리라.
재운: 때가 아니다. 허욕을 버리라. 관운: 성사되는 듯하다 무산. 학업: 성과가 크고 자녀는 경사. 결혼: 상대를 더 파악하고 결정하라. 질병: 타인은 무난, 부인은 서쪽에서 치료하라. 매매: 불확실, 소득 없으니 도모치 말라. 관재송사: 시간 지나 유리, 가을 이후 불리하다.

11.지천태

육오, 제을귀매, 이지, 원길. 상왈, 이지원길, 중이행원야.
六五, 帝乙歸妹, 以祉, 元吉. 象曰, 以祉元吉, 中以行願也.

제을이 여동생을 시집보낸다. 복을 받으니 크게 길하리라. 상왈, 복을 받으니 크게 길함은 중도로써 원하는 것을 행함이다.

帝乙(제을, ?-BC1076): 성이 子, 이름은 이(羨). 상(商)나라 30대 군주로 BC1076년까지 26년간 재위했다. 그가 즉위한 후 국세가 몰락했으며 사후 그의 아들 제신(帝辛) 즉위 후 폭정으로 나라가 멸망했다.

욕심으로 화를 당하는 격이니 守分하며 正道를 잃지 말라.
재운: 손재수, 감언이설을 주의하라. **관운**: 퇴보하고 손재수, 분수를 지켜라. **학업**: 시운이 부족하니 노력하며 때를 기다리라. **결혼**: 吉. 여성편에서 점을 쳤으면 더욱 吉. **질병**: 타인은 점차 회복, 부인은 서쪽에서 치료하라. **매매**: 허욕을 버리고 재난과 배우자 근심에 대비하라. **관재송사**: 불리함뿐이니 최대한 빨리 수습하라.

상육, 성복우황, 물용사, 자읍고명, 정린. 상왈, 성복우황, 기명란야.
上六, 城復于隍, 勿用師, 自邑告命, 貞吝. 象曰, 城復于隍, 其命亂也.

성이 무너져 다시 해자(垓字)가 되니 군대를 쓰지 말라. 서울로부터 내리는 명령이 바르더라도 안타깝게 되리라. 상왈, 성이 다시 해자가 됨은 그 명령이 어지러움이다.

11.지천태

운이 점차 약해지니 진퇴의 시기를 살피고 함부로 움직이지 말라.

재운: 소득 없으나 가을부터 유리하다. **관운**: 퇴보하는 운, 근신하고 현상유지에 힘쓰라. **학업**: 시운이 부족하나 노력하면 가을 겨울에 성과가 있다. **결혼**: 오래 지속이 어렵다. 不吉. **매매**: 허사가 많으나 가을부터 다소 호전되리라. **관재송사**: 대체적으로 유리하고 귀인이 도와 가을이면 길하리라.

12. 天地否 천지비

비지비인, 불리군자정, 대왕소래.
否之匪人, 不利君子貞, 大往小來.

막혀 통하지 않는 것은 사람의 길이 아니니 군자의 正道에 이롭지 않다. 큰 것이 가고 작은 것이 오리라.

단왈, 비지비인, 불리군자정, 대왕소래, 즉시천지불교이만물불통야. 상하불교이천하무방야. 내음이외양, 내유이외강, 내소인이외군자, 소인도장, 군자도소야.
象曰, 否之匪人, 不利君子貞, 大往小來, 則是天地不交而萬物不通也. 上下不交而天下无邦也. 內陰而外陽, 內柔而外剛, 內小人而外君子, 小人道長, 君子道消也.

단왈, 막혀 통하지 않는 것은 사람의 길이 아니니 군자의 正道에 이롭지 않다. 큰 것이 가고 작은 것이 옴은 천지가 교합하지 않아 만물이 통하지 않고 상하가 교류치 않으니 천하에 나라가 없는 것이다. 안은 陰이며 밖은 陽이니 안으로 유순하고 밖으로 강건하며, 안에 小人이 있고 밖에 군자가 있는 것이다. 소인의 도가 자라나고 군자의 도는 소멸하는 것이다.

상왈, 천지불교비, 군자이검덕피난, 불가영이록.
象曰, 天地不交否, 君子以儉德辟難, 不可榮以祿.

상왈, 하늘과 땅이 교합하지 않는 것이 否卦의 상징이니 군자는 이런 시

12.천지비

기에는 검소한 덕으로 어려움을 피하며 영화와 봉록을 구하지 않는다.

초육, 발모여, 이기휘, 정길형. 상왈, 발모정길, 지재군야.
初六, 拔茅茹, 以其彙, 貞吉亨. 象曰, 拔茅貞吉, 志在君也.

띠풀의 뿌리가 엉겨있는 것을 뽑았으니 그 무리와 함께 굳게 지키면 길하고 형통하리라. 상왈, 띠풀의 뿌리가 엉겨있는 것을 뽑아 굳게 지켜 길함은 뜻이 군주에게 있음이다.

실체가 없으니 허상을 따르지 말고 대인관계에 신중하라.
재운: 불리. 봄은 小吉, 여름 이후 不吉. **관운**: 무소득, 비용 쓰면 명예는 가능하다. **학업**: 좋은 운이니 적극으로 노력하면 성취된다. **결혼**: 결별하는 상. **질병**: 타인은 쾌차, 자녀는 동쪽에서 치료하라. **매매**: 될 듯해도 끝내 불발. **관재송사**: 시일이 걸려도 유리하게 되리라.

육이, 포승, 소인길, 대인비형. 상왈, 대인비형, 불란군야.
六二, 包承, 小人吉, 大人否亨. 象曰, 大人否亨, 不亂群也.

포섭되어 계승하니 소인에겐 길하고, 대인은 비색 해지지만 형통하리라. 상왈, 대인은 비색 해지지만 형통함은 무리를 어지럽히지 않음이다.

도움 될 사람과 해될 사람을 구분하고 신중히 처신하라.
재운: 무소득, 서류를 주의하라. **관운**: 小事는 유리, 大事는 불리하니 근신하라. **학업**: 타인은 순탄, 형제는 불리하다. **결혼**: 불합리한 상대다. 不吉. **질병**: 타인은 쾌유, 형제 자녀는 서둘러 치료하라. **매매**: 기대하지 않던 일이 늦게 성사된다. **관재송사**: 매우 불리하니 대비를 철저히 하라.

12. 천지비

육삼, 포수. 상왈, 포수, 위부당야.
六三, 包羞. 象曰, 包羞, 位不當也.

수치를 포용한다. 상왈, 수치를 포용함은 그 지위가 부당하기 때문이다.

> 욕심을 부리면 수치 당할 운수, 근신하며 한가한 듯 지내라.
> **재운**: 손재수, 건강을 유의하라. **관운**: 능력 부족, 분수를 지켜라. **학업**: 실력이 부족하다. 더 노력하고 적게 성취하라. **결혼**: 중도에 무산된다. 不吉. **질병**: 타인은 쾌유, 부인은 남쪽에서 치료하라. **매매**: 파는 것은 吉, 사는 것은 不吉. **관재송사**: 시간 끌면 손해가 크니 이로운 바를 따르라.

구사, 유명, 무구, 주이지. 상왈, 유명무구, 지행야.
九四, 有命, 无咎, 疇離祉. 象曰, 有命无咎, 志行也.

천명이 있으니 허물이 없으며, 그 무리가 모두 복을 받으리라. 상왈, 천명이 있어 허물이 없음은 뜻이 행해짐이다.

> 때와 주위 환경을 살펴 허욕을 버리고 분수를 넘지 말라.
> **재운**: 지출만 많고 실익이 적다. 1월과 10월은 조금 길하다. **관운**: 노력만큼 성과, 봄여름이 길하다. **학업**: 본인은 대길하고 기타 사람은 불리. **결혼**: 길하다. **질병**: 대체적으로 불리하니 서둘러 치료하라. **매매**: 노력하면 늦봄과 가을에 결실이 있다. **관재송사**: 봄여름은 불리하고 가을 겨울은 유리하다.

구오, 휴비, 대인길, 기망기망, 계우포상. 상왈, 대인지길, 위
九五, 休否, 大人吉, 其亡其亡, 繫于苞桑. 象曰, 大人之吉, 位

12. 천지비

정당야.
正當也.

비색(否塞)한 운이 그치니 대인에게 길하며 망할까 망할까 하여 뽕나무 밑동에 매어놓으리라. 상왈, 대인이 길함은 지위가 정당하기 때문이다.

> 행운으로 향한다. 과거를 생각하고 타인에게 겸손 근검하라.
> **재운**: 무소득, 먼 곳의 일과 서쪽이 불리. **관운**: 경쟁자에게 유리하니 자중하라. **학업**: 본인은 무소득, 형제 자녀는 吉. **결혼**: 길하며, 길게 끌어온 사이면 더욱 좋다. **질병**: 타인은 무난, 부인은 남쪽에서 치료하라. **매매**: 파는 것은 吉, 사는 것은 불리. **관재송사**: 시일이 걸리고 경제적 손실이 크다. 겨울이 조금 길하고 기타는 불리하다.

상구, 경비, 선비후희. 상왈, 비종즉경, 하가장야.
上九, 傾否, 先否後喜. 象曰, 否終則傾, 何可長也.

비색 함이 기우니 먼저는 비색 하지만 뒤에는 기쁘리라. 상왈, 비색 함이 종극에 이르면 기우니 어찌 오래갈 수 있으랴.

> 고난이 끝나가니 용기를 가지라. 머지않아 기쁨이 있으리라.
> **재운**: 大事는 불리, 小事는 유리, 겨울이 吉. **관운**: 소득이 없으니 분수를 지켜라. **학업**: 먼 곳을 피하고 작게 추진하라. **결혼**: 처음은 불안, 시간이 지나면 길하다. **질병**: 타인은 무난, 부모는 서둘러 치료하라. **매매**: 노력이 허사가 되니 과욕을 버리라. **관재송사**: 시간이 지나면 불리하니 화해를 추진하라. 가을은 불길하다.

13. 天火同人 천화동인

동인우야, 형, 이섭대천, 이군자정.
同人于野, 亨, 利涉大川, 利君子貞.

들에서 사람들과 함께하면 형통하리니 큰 냇물을 건너는데 이롭고 군자가 바른 도를 지킴에 이롭다.

**단왈, 동인, 유득위득중이응호건, 왈동인. 동인왈, 동인우야형
이섭대천, 건행야. 문명이건, 중정이응, 군자정야, 유군자, 위**
象曰, 同人, 柔得位得中而應乎乾, 曰同人. 同人曰, 同人于野亨
利涉大川, 乾行也. 文明以健, 中正而應, 君子正也, 唯君子, 爲
능통천하지지.
能通天下之志.

단왈, 同人은 柔가 바른 지위를 얻고 가운데 자리를 얻어 하늘에 응하므로 同人이라 한 것이다. 同人卦에서 말한 들에서 사람들과 함께하면 형통하여 큰 냇물을 건너는데 이롭다는 것은 하늘의 도가 행해짐이다. 문명하고 건실하며 중정의 자리에서 호응하는 것은 군자의 정도이니 오직 군자만이 천하 모든 사람의 뜻에 통할 수 있다.

상왈, 천여화동인, 군자이유족변물.
象曰, 天與火同人, 君子以類族辨物.

상왈, 하늘과 불의 밝음이 서로 합하는 것이 同人卦의 괘상이다. 군자는 이처럼 종족 대동(大同) 정신으로 만물 동근(同根)의 이치를 밝힌다.

13. 천화동인

초구, 동인우문, 무구. 상왈, 출문동인, 우수구야.
初九, 同人于門, 无咎. 象曰, 出門同人, 又誰咎也.

문밖에서 사람과 함께하니 허물이 없으리라. 상왈, 문을 나가 사람과 함께하니 또한 무슨 허물이 있겠는가.

편 가르기를 하지 말고 사람을 두루 용납하며 공정하라.
재운: 무소득, 근신하라. **관운**: 가을 겨울 吉, 봄여름은 불리. **학업**: 본인은 吉, 형제 자녀는 서쪽으로 학교나 거처를 옮겨보라. **결혼**: 吉.
질병: 타인은 쾌유, 자녀는 서쪽에서 치료하라. **매매**: 小事는 가을 겨울에 吉, 봄과 東南을 주의하라. **관재송사**: 빨리 매듭짓는 것이 이롭고 늦으면 재물을 많이 쓰게 된다.

육이, 동인우종, 린. 상왈, 동인우종, 린도야.
六二, 同人于宗, 吝. 象曰, 同人于宗, 吝道也.

종족과 함께 붕당을 이루니 수치스러우리라. 상왈, 종족과 함께 붕당을 이룸은 수치스런 도이다.

正道를 행하고 당파를 짓지 않아야 화가 없으리라.
재운: 욕심이 화가 되니 수분하라. **관운**: 결과가 불순하니 자중하라.
학업: 불리하니 서쪽으로 옮겨보라. **결혼**: 不吉. **질병**: 타인은 무난, 자녀는 서쪽에서 치료하라. **매매**: 불리하니 손대지 않는 것이 좋다.
관재송사: 봄여름은 내게 이롭고, 가을 겨울은 상대가 유리하다.

구삼, 복융우망, 승기고릉, 삼세불흥. 상왈, 복융우망, 적강야, 삼세불흥, 안행야.
九三, 伏戎于莽, 升其高陵, 三歲不興. 象曰, 伏戎于莽, 敵剛也, 三歲不興, 安行也.

13.천화동인

三歲不興, 安行也.

군사를 풀 속에 잠복시키고 높은 언덕에 오른다. 삼 년이 되어도 일으키지 못하리라. 상왈, 군사를 풀 속에 잠복시키는 것은 적이 강하기 때문이며 삼 년 동안 일으키지 못하니 어찌 행할 수 있겠는가?

성사가 어려우니 근신하며 때를 기다리라.
재운: 손재운, 구설을 주의하라. **관운:** 움직일수록 불길하니 자중하라. **학업:** 불리하니 과욕을 삼가라. **결혼:** 不吉. **질병:** 서쪽에서 치료하라. **매매:** 손재수, 관재구설 주의. **관재송사:** 재물 손해가 필연이니 범위를 작게 하라.

구사, 승기용, 불극공, 길. 상왈, 승기용, 의불극야, 기길, 즉
九四, 乘其墉, 弗克攻, 吉. 象曰, 乘其墉, 義弗克也, 其吉, 則
곤이반칙야.
困而反則也.

담을 타고도 공격하지 못하니 길하리라. 상왈, 담을 타고도 공격하지 못함은 뜻이 이기려 하지 않음이며, 길하다는 것은 곤궁하여 다시 법칙으로 돌아옴이다.

감정을 억제하고 시비 조심하며 正道로 행해야 잘못됨이 없다.
재운: 도움도 소득도 없으니 욕심내지 말라. **관운:** 소용없으니 현상 유지에 노력하라. **학업:** 점차 발전, 노력하면 유리하다. **결혼:** 삼각관계일 수 있다. 不吉. **질병:** 아내는 서쪽에서 치료하라. 자녀는 곧 호전된다. **매매:** 손재수, 움직이지 말라. **관재송사:** 괴로움이 커도 끝은 순해진다.

13. 천화동인

구오, 동인선호도이후소, 대사극, 상우. 상왈, 동인지선, 이중
九五, 同人先號咷而後笑, 大師克, 相遇. 象曰, 同人之先, 以中
직야, 대사상우, 언상극야.
直也, 大師相遇, 言相克也.

함께한 사람들이 처음에는 울부짖고 뒤에는 웃는다. 큰 군사로 이겨야 서로 만나리라. 상왈, 함께한 사람들이 처음에 울부짖음은 중심이 바른 것이며, 큰 군사로 이겨야 서로 만날 수 있음은 살펴서 이김을 말한 것이다.

큰 노력이나 큰 자본을 써야 결실이 따른다.
재운: 큰 노력으로 소득 있고 가을이 유리. **관운**: 봄여름은 노고가 크고 가을 이후 길하다. **학업**: 본인은 실력 부족, 자녀는 길하다. **결혼**: 어렵게 살아도 후일 화평하리라. **질병**: 타인은 무난, 부모는 북쪽을 알아보라. **매매**: 가을과 西北이 길, 봄여름과 東南은 불리. **관재송사**: 재물을 많이 써야 유리해진다.

상구, 동인우교, 무회. 상왈, 동인우교, 지미득야.
上九, 同人于郊, 无悔. 象曰, 同人于郊, 志未得也.

들에서 동지를 만나니 후회가 없으리라. 상왈, 들에서 동지를 만남은 뜻을 얻지 못함이다.

사심을 버리고 적을 만들지 않아야 후회가 없다. 공정하라.
재운: 여러 곳 다니면 손해가 크니 분수를 지키라. **관운**: 어렵다. 이동, 먼 곳으로 가는 것은 吉. **학업**: 봄여름 불리, 가을 겨울 유리. **결혼**: 不吉. **질병**: 타인은 회복, 자녀는 남쪽을 알아보라. **매매**: 이롭지 않고 관재구설 주의하라. **관재송사**: 서둘러 해결해야 손실이 적다.

14. 火天大有 화천대유

대유, 원형.
大有, 元亨.

크게 소유함이니 크게 형통하리라.

단왈, 대유, 유득존위, 대중, 이상하응지, 왈대유, 기덕, 강건
象曰, 大有, 柔得尊位, 大中, 而上下應之, 曰大有, 其德, 剛健
이문명, 응호천이시행, 시이원형.
而文明, 應乎天而時行, 是以元亨.

단왈, 大有는 柔가 존위를 얻고 크게 중도를 지키며 상하가 그에 응하므로 大有라고 한 것이다. 그 덕이 강건하고 문명하여 천도에 응하며 때에 알맞게 시행하므로 크게 형통하는 것이다.

상왈, 화재천상, 대유. 군자이알악양선, 순천휴명.
象曰, 火在天上, 大有. 君子以遏惡揚善, 順天休命.

상왈, 불이 하늘에 있는 것이 大有괘의 상징이니 군자는 이와 같이 빛나고 밝게 천하를 비추는 것을 본받아 악을 억누르고 선을 드높이며 하늘에 순응하고 천명을 아름답게 한다.

초구, 무교해, 비구. 간즉무구. 상왈, 대유초구, 무교해야.
初九, 无交害, 匪咎. 艱則无咎. 象曰, 大有初九, 无交害也.

14. 화천대유

해로운 일에 연관되지 않으니 허물이 아니다. 곤란해도 조심하면 허물이 없으리라. 상왈, 大有의 初九는 해로운 일에 연관됨이 없음이다.

행운, 집안에 경사가 있으리라. 일이나 사람의 선악을 잘 살피라.
재운: 봄 여름에 東北이 吉. 관운: 봄여름은 유리, 가을은 길하다. 학업: 순탄하고 자녀는 가을 겨울에 성과가 크리라. 결혼: 길하다. 질병: 시간이 걸려 치료가 된다. 매매: 서두르면 실패, 늦어야 이롭다. 관재송사: 초반에는 고통스러워도 돕는 사람을 찾으면 결말이 유리하다.

구이, 대거이재, 유유왕, 무구. 상왈, 대거이재, 적중불패야.
九二, 大車以載, 有攸往, 无咎. 象曰, 大車以載, 積中不敗也.

큰 수레에 싣는 것은 갈 곳이 있음이니 허물이 없으리라. 상왈, 큰 수레에 실음은 가운데 쌓았으므로 무너지지 않는 것이다.

성의와 겸손으로 남을 대하면 매사 길하리라.
재운: 大小事 모두 유리, 봄이 吉. 관운: 귀인이 도와 봄 여름이 吉, 東南이 유리. 학업: 더욱 노력하고 먼 곳을 택하라. 결혼: 번성할 가문이 된다. 질병: 타인은 무사, 부모는 서쪽에서 치료하라. 매매: 유리, 봄여름이 吉. 관재송사: 서로 입장이 대등하니 화해하는 것이 이롭다.

구삼, 공용향(향)우천자, 소인불극. 상왈, 공용향우천자, 소인해야.
九三, 公用亨(享)于天子, 小人弗克. 象曰, 公用亨于天子, 小人

14. 화천대유

害也.

왕공이 하느님께 제사를 올리는 점괘이니 소인은 감당할 수 없으리라. 상왈, 왕공이 하느님께 제사를 올리는 점괘는 소인에겐 해로운 것이다.

운이 비색하니 근신하라. 이동수가 있다.
재운: 大事 불리, 小事는 東北이 吉. 관운: 허욕 버리고 현상 유지에 힘쓰라. 학업: 후퇴 운, 노력으로 극복하라. 결혼: 不吉. 질병: 병원이나 주거를 옮겨보라. 부모의 병은 불안하다. 매매: 이로운 듯해도 무소득이니 분수를 지키라. 관재송사: 상대를 자극하지 않고 타협을 모색하면 원만히 해결될 수 있다.

구사, 비기방, 무구. 상왈, 비기방, 무구, 명변석야.
九四, 匪其彭, 无咎. 象曰, 匪其彭, 无咎, 明辨晳也.

드러내어 뽐내지 않으면 허물이 없으리라. 상왈, 드러내어 뽐내지 않으면 허물이 없음은 분변하는 지혜가 밝음이다.

허세를 삼가고 지출을 줄이며 현실을 정확히 파악하라.
재운: 소득이 없으니 특히 봄여름에 사람을 믿지 말라. 관운: 이롭지 않으니 감언이설을 주의하라. 학업: 순탄하나 과신하지 말고 노력하라. 결혼: 不吉. 질병: 타인은 무난, 부인은 남쪽이 吉. 매매: 손재수, 허욕을 버려라. 관재송사: 봄여름은 불리, 가을 겨울은 길하다.

육오, 궐부교여, 위여길. 상왈, 궐부교여, 신이발지야.
六五, 厥孚交如, 威如吉. 象曰, 厥孚交如, 信以發志也.

14. 화천대유

그가(포로가) 성심으로 사귀려는 듯 하니 위엄이 있으면 길하리라. 상왈, 그가(포로가) 성심으로 사귀려는 듯함은 신의로써 뜻을 나타냄이다.

> 서둘면 불리, 천천히 진행하면 大吉.
> **재운**: 서둘면 손해, 봄 겨울은 小吉, 가을은 不吉. **관운**: 경쟁자가 강하니 근신하라. **학업**: 성과를 거둔다. 더욱 힘쓰라. 자녀는 불리 과욕을 삼가라. **결혼**: 서둘지 말고 순서대로 진행하라. **질병**: 타인은 무난, 자녀는 서쪽에서 치료하라. **매매**: 이롭지 않으니 욕심을 버리라. **관재송사**: 서류 준비가 철저하면 유리해진다.

상구, 자천우지, 길무불리. 상왈, 대유상길, 자천우야.
上九, 自天祐之, 吉无不利. 象曰, 大有上吉, 自天祐也.

하늘이 도우니 길하여 이롭지 않음이 없으리라. 상왈, 大有의 상효가 길함은 하늘이 돕기 때문이다.

> 하늘이 도와 매사가 유리, 특히 건강을 유의하라.
> **재운**: 처음은 곤란, 귀인이 도와 봄 겨울이 吉. **관운**: 서둘지 말라. 봄 여름에 吉. **학업**: 점차 호전되어 대길. **결혼**: 大吉. **질병**: 타인은 쾌유, 형제 자녀는 북쪽에서 치료하라. **매매**: 순조롭고 연초의 노력이 여름에 열매를 맺는다. **관재송사**: 귀인이 도와 점차 유리해진다.

15. 地山謙 지산겸

겸, 형, 군자유종.
謙, 亨, 君子有終.

겸손하면 형통하니 군자에겐 유종의 미가 있으리라.

단왈, 겸형, 천도하제이광명, 지도비이상행, 천도휴영이익겸,
象曰, 謙亨, 天道下濟而光明, 地道卑而上行, 天道虧盈而益謙,
지도변영이류겸, 귀신해영이복겸, 인도오영이호겸, 겸, 존이
地道變盈而流謙, 鬼神害盈而福謙, 人道惡盈而好謙, 謙, 尊而
광, 비이불가유, 군자지종야.
光, 卑而不可踰, 君子之終也.

단왈, 謙卦는 형통함이다. 하늘의 도는 아래로 널리 구제하여 빛을 발하고 땅의 도는 낮은 데서 위로 행해진다. 天道는 가득 찬 것을 덜어 겸손한 데 보태주고 地道는 가득 찬 것을 변화시켜 겸손한 데로 흐르게 한다. 귀신은 가득 찬 것을 해롭게 하고 겸손한 것에 복을 주고 人道는 가득 찬 것을 미워하고 겸손한 것을 좋아한다. 겸손은 존귀하고 빛나며, 낮지만 넘을 수 없으니 군자의 마침인 것이다.

상왈, 지중유산, 겸. 군자이부다익과. 칭물평시.
象曰, 地中有山, 謙. 君子以裒多益寡. 稱物平施.

상왈, 땅속에 산이 있는 것이 謙卦의 현상이다. 군자는 이러한 현상을 살펴 많은 데서 취해 적은데 보태되 사물의 양을 측량하여 평등하고

15. 지산겸

고르게 베푼다.

초육, 겸겸군자, 용섭대천, 길. 상왈, 겸겸군자, 비이자목야.
初六, 謙謙君子, 用涉大川, 吉. 象曰, 謙謙君子, 卑以自牧也.

겸손하고 겸손한 군자이니 큰 냇물을 건넌다면 길하리라. 상왈, 겸손하고 겸손한 군자란 자신을 낮춤으로써 스스로 수양을 기른다.

> **겸손하면 복이 스스로 오리라. 냇물을 건너 길하니 사업도 이롭다.**
> **재운**: 大事 불리, 먼 곳이나 해외·물 건너 일은 겨울에 유리하다. **관운**: 움직이지 말고 현상 유지에 노력하라. 명예는 얻을 수 있다. **학업**: 내실이 부족하니 더욱 노력하라. **결혼**: 吉. **질병**: 배우자는 무난, 부모는 남쪽 자녀는 서쪽을 알아보라. **매매**: 쌍방의 뜻이 달라 무소득. **관재송사**: 正道를 지키면 가을부터 유리해진다.

육이, 명겸, 정길. 상왈, 명겸정길, 중심득야.
六二, 鳴謙, 貞吉. 象曰, 鳴謙貞吉, 中心得也.

겸손하여 동성으로 상응하니 바르고 곧아야 길하리라. 상왈, 겸손하여 동성으로 상응하니 바르고 곧아야 길함은 중심을 얻었기 때문이다.

> **곤란했던 때를 생각하여 남에게 겸손하고 인정을 베풀라.**
> **재운**: 과욕 버리고 판단을 잘하라. **관운**: 시기가 불리, 현상유지가 길하다. **학업**: 학문이 진척되지 않아 결과가 불순하다. **결혼**: 大吉. **질병**: 타인은 서쪽, 남편은 동쪽에서 치료하라. **매매**: 지출만 많고 소득이 없다. **관재송사**: 봄여름은 불리하고 가을 겨울은 유리하다.

15. 지산겸

구삼, 노겸, 군자유종, 길. 상왈, 노겸군자, 만민복야.
九三, 勞謙, 君子有終, 吉. 象曰, 勞謙君子, 萬民服也.

공로가 있고도 겸손하니 군자는 유종의 미가 있어 길하리라. 상왈, 공로가 있고도 겸손한 군자이니 만민이 복종하는 것이다.

겸손하고 화합하면 많은 사람이 도우리라.
재운: 사심을 버리고 정도를 지켜야 해가 없다. **관운:** 불리, 후환을 근심하라. **학업:** 지금까지 노력이 결실을 거두며, 가을부터 길하다. **결혼:** 효사에 '君子有終'이라고 했다. 不吉. **질병:** 타인은 무사, 부인은 북쪽에서 치료하라. **매매:** 과욕이 화를 부르니 자중하라. **관재송사:** 낙심치 말라. 가을 겨울이면 이롭다.

육사, 무불리, 휘겸. 상왈, 무불리, 휘겸, 불위칙야.
六四, 无不利, 撝謙. 象曰, 无不利, 撝謙, 不違則也.

이롭지 않음이 없으니 겸양의 덕이 드러나리라. 상왈, 이롭지 않음이 없으니 겸양의 덕이 드러남은 법칙에 어긋남이 없음이다.

正道를 지키고 겸손하면 복이 오리라. 교만치 말라.
재운: 불길한 운이니 욕심을 버려야 화를 면한다. **관운:** 성사가 어려우니 사람을 믿지 말라. **학업:** 노력에 비해 저조하니 목표를 낮추라. 형제는 길하다. **결혼:** 不吉. **질병:** 타인은 무난, 자녀는 서쪽에서 치료하라. **매매:** 욕심을 버려라. 여름에는 손해를 예방하라. **관재송사:** 손해뿐이니 가능하면 화해하라.

육오, 불부이기린, 이용침벌, 무불리. 상왈, 이용침벌, 정불복야.

15.지산겸

六五, 不富以其隣, 利用侵伐, 无不利. 象曰, 利用侵伐, 征不服也.

부유함만을 누리지 않고 이웃과 함께하니 적을 침벌 함에 이로워 이롭지 않음이 없으리라. 상왈, 적을 침벌 함에 이로움은 복종하지 않는 세력을 정벌함이다.

남의 것을 탐하지 말고 내 것을 남에게 베풀면 행운이 오리라.
재운: 떠도는 재물은 내 것이 아니니 욕심을 버리라. **관운**: 화를 주의하고 근신하라. **학업**: 내실 부족, 불리하니 더욱 노력하라. **결혼**: 가까운 사이의 혼인이면 더욱 吉. **질병**: 자신은 서쪽, 자녀는 북쪽에서 치료하라. **매매**: 무소득, 본분을 지켜야 손해가 없다. **관재송사**: 후일 곤란해지니 초기에 수습하라.

상육, 명겸, 이용행사, 정읍국. 상왈, 명겸, 지미득야. 가용행사, 정읍국야.
上六, 鳴謙, 利用行師, 征邑國. 象曰, 鳴謙, 志未得也. 可用行師, 征邑國也.

겸손하여 동성으로 상응하니 군대를 동원하여 읍국을 정벌함에 이롭다. 상왈, 겸손하여 동성으로 상응함은 아직 뜻을 얻지 못한 것이므로 군대를 동원하여 읍국이나 정벌하는 것이 가능한 것이다.

시기가 불리하고 기회를 얻기 어려우니 허욕을 버리라.
재운: 무소득, 지출 줄이고 자중하라. **관운**: 불리, 허욕을 버리라. **학업**: 大吉. 기회를 살려라. **결혼**: 利用行師는 전쟁의 상, 不吉. **질병**: 타인은 무난. 본인은 서쪽, 부인은 북쪽을 알아보라. **매매**: 사람을 믿지 말라. 가을에 손해가 있다. **관재송사**: 귀인이 도와 여름부터 유리.

16. 雷地豫 뇌지예

예, 이건후행사.
豫, 利建侯行師.

예비함은 제후를 세우고 군대를 동원함이 이롭다.

단왈, 예, 강응이지행, 순이동, 예. 예순이동, 고천지여지, 이
象曰, 豫, 剛應而志行, 順以動, 豫. 豫順以動, 故天地如之, 而
황건후행사호. 천지이순동, 고일월불과이사시불특, 성인이순
況建侯行師乎. 天地以順動, 故日月不過而四時不忒, 聖人以順
동, 즉형벌청이민복, 예지시의대의재.
動, 則刑罰淸而民服, 豫之時義大矣哉.

단왈, 豫卦는 剛이 응하여 뜻이 행해지며 순하게 움직여 예비하는 것이다. 예비함은 순하게 움직이는 것이므로 天地도 그와 같거늘 하물며 제후를 세우고 군대를 동원함에 있어서랴! 天地가 순하게 움직이므로 해와 달의 운행이 잘못되지 않고 四時가 어긋나지 않는다. 성인이 순하게 움직인즉 형벌을 시행하는 것이 바르고 깨끗하여 백성이 복종하니 예비하는 때와 뜻이 크도다.

상왈, 뇌출지분, 예. 선왕이작악숭덕, 은천지상제, 이배조고.
象曰, 雷出地奮, 豫. 先王以作樂崇德, 殷薦之上帝, 以配祖考.

16. 뇌지예

상왈, 우레가 땅을 떨치고 나오는 것이 豫卦의 현상이니, 선왕이 이와 같이 떨쳐 오르는 정신을 본받아 음악을 만들고 덕을 숭상하였으며 제례를 성대히 하여 상제께 올리고 역대 조상을 배향하였다.

초육, 명예, 흉. 상왈, 초육명예, 지궁흉야.
初六, 鳴豫, 凶. 象曰, 初六鳴豫, 志窮凶也.

미리 울리니 흉하리라. 상왈, 初六이 미리 울림은 뜻이 막혀 흉한 것이다.

겸손 근신하고 매사를 속히 처리하라.
재운: 늦으면 손해가 따르니 빨리 진행하라. 관운: 불리, 명예는 여름에 길하다. 학업: 예상보다 결과가 불순, 가을부터 진전. 결혼: 끝내는 不吉. 질병: 타인은 무난, 부모는 서둘러 치료하라. 매매: 봄에 남쪽이 유리, 서둘러 처리하라. 관재송사: 재정을 써야 이롭게 된다.

육이, 개우석, 부종일, 정길. 상왈, 부종일정길, 이중정야.
六二, 介于石, 不終日, 貞吉. 象曰, 不終日貞吉, 以中正也.

바윗돌에 막혀있으나 하루도 못 가리니 굳게 지켜야 길하리라. 상왈, 하루도 못가니 굳게 지켜야 길함은 中正했기 때문이다.

곤란해도 운이 열리게 되리니 먼저 나의 기본이 어떤지를 살피라.
재운: 大吉, 貴人이 돕는다. 관운: 이롭지 않고, 명예는 可. 학업: 지구력 부족으로 不利. 봄여름은 吉, 가을 겨울은 不利. 결혼: 해로하기 어렵다. 不吉. 질병: 타인은 무난, 남편은 북쪽에서 치료하라. 매매: 봄여름 남쪽이 길하다. 관재송사: 마음이 바르면 화가 복이 되리라.

16.뇌지예

육삼, 우예회, 지유회. 상왈, 우예유회, 위부당야.
六三, 盱豫悔, 遲有悔. 象曰, 盱豫有悔, 位不當也.

미리 근심해도 후회가 있고 늦게 대비해도 후회가 있으리라. 상왈, 미리 근심해도 후회가 있음은 위치가 마땅치 않기 때문이다.

시운이 불순하니 득실을 면밀히 계산하고 시기를 기다리라.
재운: 수입보다 지출 많으니 절약하라. 관운: 근본이 부실해 불리. 학업: 본인은 불리, 자녀는 가을 겨울이 吉. 결혼: 不吉. 질병: 타인은 무난, 형제 자녀는 빨리 동쪽에서 치료하라. 매매: 손재수, 허욕 버리고 근신하라. 관재송사: 지출이 많고 시간이 걸리니 장기적 대비를 하라.

구사, 유예, 대유득, 물의, 붕합잠. 상왈, 유예대유득, 지대행야.
九四, 由豫, 大有得, 勿疑, 朋盍簪. 象曰, 由豫大有得, 志大行也.

예정대로 따르니 큰 소득이 있으리라. 의심치 말라. 벗이 모두 모여 머리에 비녀를 끼고 서로 기쁨을 나누게 되리라. 상왈, 예정대로 따라 큰 소득이 있음은 뜻이 크게 행해짐이다.

행운이니 망설이지 말고 추진하면 소득이 크리라.
재운: 소득 크고 봄부터 초가을까지 吉. 관운: 불리, 분수를 지키라. 명예는 可. 학업: 노력한 만큼 결실. 자녀는 기쁨, 겨울에 음식을 주의하라. 결혼: 大吉. 질병: 어려움은 없으나 오래된 병은 시일이 걸린다. 매매: 소득 크지만 正道를 행하라. 여자와 남쪽을 주의하라. 관재송사: 가까운 시일 내에 기쁜 소식이 있으리라. 여름이 특히 길하다.

16. 뇌지예

육오, 정질, 항불사. 상왈, 육오정질, 승강야, 항불사, 중미망야.
六五, 貞疾, 恒不死. 象曰, 六五貞疾, 乘剛也, 恒不死, 中未亡也.

바르게 지켰어도 병에 걸렸으나 영원히 죽지 않으리라. 상왈, 六五의 바르게 지켰어도 병에 걸림은 승강했기 때문이며, 영원히 죽지 않음은 가운데 위치를 잃지 않았기 때문이다.

욕심과 사심을 버리고 언행을 조심하라. 특히 남의 말을 조심하라.
재운: 외화내빈, 수분(守分)하라. 관운: 貴人이 도와 봄여름이 길하다. 명예도 可. 학업: 위치나 전공이 불안하고 노력만큼 성과를 얻기 어렵다. 특히 먼 곳이 불길하다. 결혼: 不吉. 질병: 빨리 북쪽에서 치료하라. 매매: 관재구설이 있을 수니 正道를 행하라. 관재송사: 불리해지니 적당한 선에서 타협할 수 있을지 알아보라.

상육, 명예, 성유투, 무구. 상왈, 명예재상, 하가장야.
上六, 冥豫, 成有渝, 无咎. 象曰, 冥豫在上, 何可長也.

몰래 즐거워하니 이루었다면 변화해야 허물이 없으리라. 상왈, 위에서 몰래 즐거워하니 어찌 오래 갈 수 있으랴.

사심과 욕심을 버리고 正道를 지키면 무사하리라.
재운: 과욕 없으면 매사 순조롭다. 봄가을 有利. 관운: 小事에 유리, 봄가을이 吉. 학업: 성과가 나지 않아 괴롭다. 남편은 겨울부터 전진한다. 결혼: 不吉. 질병: 타인은 점차 회복, 부모는 서쪽에서 치료하라. 매매: 유리, 과욕은 후환이 두려우니 守分하라. 관재송사: 빨리 해결하지 않으면 복잡해지니 서류와 증거를 잘 챙기라. 가을은 不利.

17. 澤雷隨 택뢰수

수, 원형, 이정, 무구.
隨, 元亨, 利貞, 无咎.

때에 알맞게 따르면 크게 형통하리니 그대로 해야 이롭고 허물이 없으리라.

단왈, 수, 강래이하유, 동이열, 수, 대형정무구, 이천하수시,
彖曰, 隨, 剛來而下柔, 動而說, 隨, 大亨貞无咎, 而天下隨時,
수시지의, 대의재.
隨時之義, 大矣哉.

단왈, 隨卦는 剛이 와서 柔의 아래에 있고 움직여 기뻐한다. 따라야 크게 형통하니 그대로 해야 허물이 없다. 천하가 때를 따르니 때를 따르는 뜻이 크도다.

상왈, 택중유뢰, 수, 군자이향회입연식.
象曰, 澤中有雷, 隨, 君子以嚮晦入宴息.

상왈, 연못 속에 우레가 있는 것이 隨卦의 현상이니 군자는 이러한 뜻을 본받아 어두워지는 때를 만나면 집 안으로 들어가 편히 쉰다.

초구, 관유투, 정길, 출문교, 유공. 상왈, 관유투, 종정길야,
初九, 官有渝, 貞吉, 出門交, 有功. 象曰, 官有渝, 從正吉也,

17. 택뢰수

출문교유공, 부실야.
出門交有功, 不失也.

주관하는 자리에 변함이 있으니 그대로 따라야 길하다. 문밖으로 나가 교제하면 공이 있으리라. 상왈, 주관하는 자리에 변함이 있음은 정도를 따르면 길한 것이며 문밖으로 나가 교제하면 공이 있음은 잃지 않는 것이다.

변동하는 운, 나보다 못한 사람이라도 그를 따르고 正道를 지키라.
재운: 손재수, 욕심을 버리고 분수를 지키라. **관운**: 현상 유지에 힘쓰고 허욕을 버리라. **학업**: 진전이 부족,. 더욱 노력하라. **결혼**: 여자가 연상이면 더욱 좋다. 吉. **질병**: 타인은 쾌차, 부모의 병환은 서쪽을 알아보라. **매매**: 성사도 안 되고 실익도 없으니 자중하라. **관재송사**: 서로 득실이 없으니 자만심을 버리고 속히 매듭짓는 것이 좋다.

육이, 계소자, 실장부. 상왈, 계소자, 불겸여야.
六二, 係小子, 失丈夫. 象曰, 係小子, 弗兼與也.

소인에게 얽매이면 장부를 잃게 되리라. 상왈, 소인에게 얽매임은 더불어 함께 할 수 없음이다.

감언이설을 조심하고 욕심을 버리지 않으면 피해가 크리라.
재운: 허욕을 버리면 가을부터 小吉. **관운**: 경쟁자가 강해 不利, 후환을 주의하라. **학업**: 가까운 곳이 有利, 형제 자녀는 순탄. **결혼**: 정상적 인연이 아닐 수 있다. 不吉. **질병**: 타인은 북쪽, 부인은 서쪽에서 치료하라. **매매**: 大事 불가, 小事는 가능. 여름은 불길하니 주의하라. **관재송사**: 문제가 크고 손해도 크다. 가을부터 호전되리라.

17.택뢰수

육삼, 계장부, 실소자, 수유구득, 이거정. 상왈, 계장부, 지사
六三. 係丈夫, 失小子, 隨有求得, 利居貞. 象曰, 係丈夫, 志舍
하야.
下也.

장부에게 얽매이면 소인을 잃게 된다. 따르면 구하는 것을 얻게 되니 그대로 하고 있으면 이로우리라. 상왈, 장부에게 얽매임은 뜻이 아래를 버림이다.

매사에 공정하고 正道를 행하며 시비를 주의하라.
재운: 노력만큼 결실, 봄여름 吉. **관운**: 수평 이동에는 吉. **학업**: 불순, 여름 이후 전진한다. **결혼**: 좋은 인연이다. 吉. **질병**: 부인의 병은 시간 걸리고, 부모는 서쪽을 알아보라. **매매**: 서둘지 않으면 허사. 남쪽이 吉. **관재송사**: 봄여름 유리, 가을 이후 불리. 속히 결말지으라.

구사, 수유획, 정흉, 유부재도이명, 하구. 상왈, 수유획, 기의
九四, 隨有獲, 貞凶, 有孚在道以明, 何咎. 象曰, 隨有獲, 其義
흉야, 유부재도, 명공야.
凶也, 有孚在道, 明功也.

따라가서 얻음이 있으나 그대로 하면 흉하리니 성심이 道에 있고 밝게 처리하면 무슨 허물이 있겠는가. 상왈, 따라가서 얻음이 있음은 그 뜻이 흉함이며 성심이 道에 있음은 공덕이 밝음이다.

과욕으로 얻으면 반드시 재앙이 오리니 욕심내지 말고 근신하라.
재운: 손재수뿐이니 근신하라. **관운**: 실익 없고 재물 쓰면 후환이 생기니 주의하라. **학업**: 순탄하니 더욱 노력하라. **결혼**: 不吉. **질병**: 화병인 경향이 있다. 자녀는 동쪽에서 치료하라. **매매**: 실익이 적고 가을이 小吉. **관재송사**: 돕는 사람이 나타난다. 합의해보라.

17.택뢰수

구오, 부우가, 길. 상왈, 부우가길, 위정중야.
九五, 孚于嘉, 吉. 象曰, 孚于嘉吉, 位正中也.

아름다운 경사에 성심이 있으니 길하리라. 상왈, 아름다운 경사에 성심이 있어 길함은 지위가 바르고 중도를 행함이다.

고난이 끝나고 호운이나 먼 곳의 일을 탐하지 말라.
재운: 실익이 없고 욕심내면 재앙이 된다. **관운**: 움직이면 퇴보, 현상 유지에 노력하라. **학업**: 내실이 부족하니 처음부터 다시 시작하라. **결혼**: 백년해로 大吉. **질병**: 남쪽을 알아보고, 남편의 병은 서쪽에서 치료하라. **매매**: 성공해도 실익이 적다. 자중하라. **관재송사**: 천운으로 해결, 여름 이후 길하리라.

상육, 구계지, 내종유지, 왕용향우서산. 상왈, 구계지, 상궁야.
上六, 拘係之, 乃從維之, 王用亨于西山. 象曰, 拘係之, 上窮也.

붙잡아 매고 밧줄로 묶어놓고 왕(周文王)이 서산(岐山기산)에서 제사를 올린다. 상왈, 붙잡아 맴은 올라감이 극에 달한 것이다.

행운. 해오던 일은 발전, 새로운 일은 불길. 건물의 신개축은 불길.
재운: 먼 곳이 有利, 여름과 남쪽의 일이 길하다. **관운**: 貴人이 도와 봄가을에 길하다. **학업**: 정신이 산란하니 주거를 옮겨보라. **결혼**: 천상배필 大吉. **질병**: 타인은 차도, 부모의 병은 급히 서쪽을 알아보라. **매매**: 순탄하다. 가을 겨울에 성과가 크다. **관재송사**: 시간을 끌면 불리하니 서둘러 매듭지으라.

18. 山風蠱 산풍고

고, 원형, 이섭대천, 선갑삼일, 후갑삼일.
蠱, 元亨, 利涉大川, 先甲三日, 後甲三日.

변고가 있은 후 크게 형통하니 큰 냇물을 건너는데 이롭다. 甲日의 3일 전과 甲日의 3일 후가 중요하다.

단왈, 고, 강상이유하, 손이지, 고. 고원형, 이천하치야. 이섭대천, 왕유사야. 선갑삼일, 후갑삼일, 종즉유시, 천행야.
象曰, 蠱, 剛上而柔下, 巽而止, 蠱. 蠱元亨, 而天下治也. 利涉大川, 往有事也. 先甲三日, 後甲三日, 終則有始, 天行也.

단왈, 蠱는 剛이 올라가고 柔가 내려감이며, 겸손하고 그침이 蠱이다. 변고가 있음은 크게 형통하여 천하가 다스려짐이다. 큰 냇물을 건너는데 이로움은 가면 일이 있음이며 甲日의 삼일 전과 甲日의 삼일 후는 마치면 다시 시초가 있게 됨이니 천도의 운행이다.

상왈, 산하유풍, 고, 군자이진민육덕.
象曰, 山下有風, 蠱, 君子以振民育德.

상왈, 산 아래 바람이 있는 것이 蠱卦의 현상이니 군자는 이와 같은 뜻을 본받아 백성을 진작시키고 덕성을 기른다.

18. 산풍고

초육, 간부지고, 유자, 고무구, 여종길. 상왈, 간부지고, 의승고야.
初六, 幹父之蠱, 有子, 考无咎, 厲終吉. 象曰, 幹父之蠱, 意承
考也.

아버지의 일을 주관한다. 훌륭한 아들이 있으면 아버지의 허물이 없어지리니 위태로워도 끝내는 길하리라. 상왈, 아버지의 일을 주관함은 뜻이 아버지를 계승함이다.

독선적으로 움직이면 괴로우리니 상급자나 연장자의 뜻을 따르라.
재운: 大事 불가, 小事는 성사. 봄여름·남쪽이 유리하다. **관운**: 매사 유리하고 여름과 가을이 길하다. **학업**: 정신집중이 안 되니, 마음을 가다듬고 다시 시작하라. **결혼**: 아름다운 인연이다. 吉. **질병**: 타인은 곧 차도가 있으나 부모의 병은 서쪽을 알아보라. **매매**: 시운이 들어와 늦어도 성사. **관재송사**: 감언이설을 믿지 말고 빨리 수습하라.

구이, 간모지고, 불가정. 상왈, 간모지고, 득중도야.
九二, 幹母之蠱, 不可貞. 象曰, 幹母之蠱, 得中道也.

어머니의 일을 주관하니 바르게 지킬 수 없으리라. 상왈, 어머니의 일을 주관함은 중용의 도를 얻었기 때문이다.

매사 불리, 구설을 조심하고 겸손하며 편당을 만들지 말라.
재운: 수입보다 지출이 많으니 절약하라. **관운**: 불리하니 현상 유지에 노력하라. **학업**: 유종의 미가 아쉬우니 일심으로 노력하라. **결혼**: 아름다운 처를 얻는다. 吉. **질병**: 타인은 차도가 있겠고, 자녀의 병은 남쪽에서 치료하라. **매매**: 소득이 없으니 구설을 주의하라. **관재송사**: 봄여름은 유리하고 가을 겨울은 불리하며 시간이 걸린다.

18. 산풍고

구삼, 간부지고, 소유회, 무대구. 상왈, 간부지고, 종무구야.
九三, 幹父之蠱, 小有悔, 无大咎. 象曰, 幹父之蠱, 終无咎也.

아버지의 일을 주관한다. 작은 후회가 있으나 큰 허물은 없으리라. 상왈, 아버지의 일을 주관함은 마침내 허물이 없게 됨이다.

운수불길, 근신하고 수액(水厄)·태풍·전기·교통사고 등에 주의하라.
재운: 이익보다 건강이나 사고를 주의하라. 관운: 매사가 불리하니 구설을 주의하라. 학업: 실력이 부족하니 더욱 근면하라. 결혼: 서둘면 후회, 천천히 생각한 후 결정하라. 질병: 부모나 부인은 곧 차도가 있고, 자녀는 서쪽에서 치료하라. 매매: 결실이 없으니 감언이설을 주의하라. 관재송사: 대비를 철저히 하면 여름부터 이롭다.

육사, 유부지고, 왕견린. 상왈, 유부지고, 왕미득야.
六四, 裕父之蠱, 往見吝. 象曰, 裕父之蠱, 往未得也.

아버지의 일을 너그럽게 처리하니 그대로 가면 부끄러움을 당하리라. 상왈, 아버지의 일을 너그럽게 처리함은 가서 얻지 못함이다.

남을 간섭말고 자신의 입지를 지켜 中道라야 손해가 없으리라.
재운: 여름 이후 길하고 女子의 도움을 얻으면 성공할 수 있다. 관운: 귀인이 도와 봄가을이 유리하다. 학업: 노력하면 전화위복이 되리라. 결혼: 不吉. 질병: 타인은 곧 차도가 있고, 형제는 서쪽을 알아보라. 매매: 성공해도 실익이 없으니 사람에게 관대하라. 관재송사: 재물을 쓰고 사람을 교섭해야 유리하다.

18. 산풍고

육오, 간부지고, 용예. 상왈, 간부용예, 승이덕야.
六五, 幹父之蠱, 用譽. 象曰, 幹父用譽, 承以德也.

아버지의 일을 주관하여 영예로우리라. 상왈, 아버지의 일을 주관하여 영예로움은 덕을 계승함이다.

평소 쌓은 덕망으로 타인의 도움으로 난관을 면하리라.
재운: 소득이 없으니 허욕을 버리라. **관운**: 매사 불리하니 욕심을 버리고 현상 유지에 힘쓰라. **학업**: 중간수준의 결과, 더욱 근면하라. **결혼**: 틀림없이 명문 가문이다. 吉. **질병**: 타인은 쾌차, 자손은 서둘러 전문 병원에서 치료하라. **매매**: 결국 허사가 되니 허욕을 버리라. **관재송사**: 봄여름부터 유리해진다.

상구, 불사왕후, 고상기사. 상왈, 불사왕후, 지가칙야.
上九, 不事王侯, 高尙其事. 象曰, 不事王侯, 志可則也.

왕후를 섬기지 않고 그 일을 고상히 여긴다. 상왈, 왕후를 섬기지 않음은 뜻이 법칙이 될 수 있음이다.

시기 질투로 훼방하는 사람을 주의하고, 온순히 달래야 화가 없다.
재운: 소득은 없고 손해만 있으니 허욕을 버리라. **관운**: 움직이면 도리어 손해가 되니 자숙하라. **학업**: 순탄치 않으니 더욱 근면하라. 자녀는 동남쪽이 유리하다. **결혼**: 천상배필 吉. **질병**: 시간이 걸려야 치유된다. 형제는 북쪽에서 치료하라. **매매**: 비용만 쓰고 허사가 되니 지출을 줄이라. **관재송사**: 재물을 쓰면 서서히 유리해진다.

19. 地澤臨 지택림

임, 원형이정, 지우팔월유흉.
臨, 元亨利貞, 至于八月有凶.

양기가 임하여 크게 형통하니 바르게 지켜야 이롭다. 8월에 이르면 흉함이 있으리라.

단왈, 임, 강침이장, 열이순, 강중이응. 대형이정, 천지도야.
象曰, 臨, 剛浸而長, 說而順, 剛中而應. 大亨以正, 天之道也.
지우팔월유흉, 소불구야.
至于八月有凶, 消不久也.

단왈, 臨卦는 강건한 기운이 점점 자라나고 기뻐하고 순종하며 剛이 중앙을 차지하여 서로 응한다. 크게 형통하고 바르니 하늘의 도이다. 8월에 이르면 흉함이 있음은 사그라질 날이 머지않았음이다.

상왈, 택상유지, 임, 군자이교사무궁, 용보민무강.
象曰, 澤上有地, 臨, 君子以敎思无窮, 容保民无疆.

상왈, 연못 위에 땅이 있는 것이 臨卦의 현상이다. 군자는 이와 같은 뜻을 본받아 바르게 교화하려는 생각이 끝없고 넓고 두터운 덕성으로 백성을 보호하여 끝없이 편안케 하려 한다.

19. 지택 림

초구, 함임, 정길. 상왈, 함임정길, 지행정야.
初九, 咸臨, 貞吉. 象曰, 咸臨貞吉, 志行正也.

감동되어 임하니 바르게 지켜야 길하리라. 상왈, 감동되어 임하니 바르게 지켜야 길함은 뜻이 정도를 행함이다.

동상이몽, 감언이설을 조심하고 상황판단을 분명히 하라.
재운: 시기가 지나 억지로 구함은 불가하다. **관운**: 사람 말을 믿지 말고 억지로 구하지 말라. **학업**: 본인은 순탄, 자녀는 저조. **결혼**: 양가 수준이 알맞고 아름다운 짝이다. **질병**: 타인은 곧 차도가 있으나 자녀는 북쪽에서 치료하라. **매매**: 끝내 허사니 허욕을 버리라. **관재송사**: 시간이 가야 길하다. 봄여름은 불리하고 가을 겨울은 유리하다.

구이, 함임, 길, 무불리. 상왈, 함임길무불리, 미순명야.
九二, 咸臨, 吉, 无不利. 象曰, 咸臨吉无不利, 未順命也.

감동되어 임하니 길하여 이롭지 않음이 없으리라. 상왈, 감동되어 임하니 길하여 이롭지 않음이 없음은 아직 천명에 순종하지 않음이다.

운이 서서히 풀려나가니 서둘지 말고 순리를 따르면 길하리라.
재운: 성사되기 어렵다. 허욕을 버리라. **관운**: 퇴보하거나 사직하는 운이니 근신하라. **학업**: 기대 이하 결과가 염려되니 근면으로 돌파하라. **결혼**: 吉. 특히 양띠는 더욱 좋다. **질병**: 타인은 무난, 남편의 병은 북쪽을 알아보라. **매매**: 성사되기 어렵고, 小事는 가을 겨울이 유리하다. **관재송사**: 천운으로 해결되며 가을부터 근심이 줄어든다.

육삼, 감임, 무유리, 기우지, 무구. 상왈, 감임, 위부당야, 기
六三, 甘臨, 无攸利, 旣憂之, 无咎. 象曰, 甘臨, 位不當也, 旣

19. 지택림

우지, 구부장야.
憂之, 咎不長也.

감언이설로 임하니 이로울 바가 없다. 처음부터 근심하면 허물이 없으리라. 상왈, 감언이설로 임함은 위치가 부당하기 때문이며, 처음부터 근심하면 허물이 오래가지 않는다.

사심을 버리고 자신이 하려는 일이 正道에 맞는지 다시 살피라.
재운: 손재수뿐이니 감언이설을 주의하라. **관운**: 이롭지 않으니 사람을 믿지 말라. **학업**: 본인은 불리, 子女나 형제는 순탄. **결혼**: 不吉.
질병: 타인은 점차 회복, 부인의 병은 서쪽에서 치료하라. **매매**: 성사 불가, 문서와 물건을 다시 살피라. **관재송사**: 처음은 불리, 점차 유리해지나 서둘지는 말라.

육사, 지임, 무구. 상왈, 지임무구, 위당야.
六四, 至臨, 无咎. 象曰, 至臨无咎, 位當也.

지성으로 임하니 허물이 없으리라. 상왈, 지성으로 임해 허물이 없음은 위치가 정당하기 때문이다.

자신이 하는 일이 正道에 맞으면 모두 도와 함께 성공하리라.
재운: 운이 비색하니 허욕을 버리고 자중하라. **관운**: 무소득, 현상유지에 힘쓰라. **학업**: 본인은 결과가 불리, 형제 子女는 성과가 크다. **결혼**: 잘 조화되고 양가 수준도 알맞다. **질병**: 타인은 무난, 부인은 서쪽에서 치료하라. **매매**: 소득이 전혀 없으니 사람 믿지 말라. **관재송사**: 비용을 많이 써야 유리하고 가을부터 길하다.

19.지택 림

육오, 지임, 대군지의, 길. 상왈, 대군지의, 행중지위야.
六五, 知臨, 大君之宜, 吉. 象曰, 大君之宜, 行中之謂也.

지혜롭게 임함이 대군의 마땅함이니 길하리라. 상왈, 대군의 마땅함이란 중도로 행함을 이른다.

운이 약하니 주위를 살펴 상황을 파악하고 그에 알맞게 행동하라.
재운: 처음은 유리해도 소득이 없다. 의외의 일로 곤란하리라. 관운: 귀인이 돕지만, 재물을 써야 성사. 학업: 정신이 산만하고 체력도 부족하니 심기일전하고 건강을 도롭라. 결혼: 大吉. 질병: 타인은 차도가 있고, 부인은 서쪽을 알아보라. 매매: 不吉, 허욕을 버리고 守分하라. 관재송사: 처음은 불리, 시간이 지나면 유리하니 준비를 잘하라.

상육, 돈임, 길, 무구. 상왈, 돈임지길, 지재내야.
上六, 敦臨, 吉, 无咎. 象曰, 敦臨之吉, 志在內也.

돈독하게 임하니 길하여 허물이 없으리라. 상왈, 돈독하게 임해 길하다는 것은 뜻이 안에 있음이다.

곤란했던 일이 해결되고 평안한 시기가 오니 길하리라.
재운: 구하면 얻고 가을과 西北이 유리하다. 관운: 불리하고 명예도 얻기 어려우니 守分하라. 학업: 이성(異性)을 주의하고 여름 가을을 주의하라. 결혼: 大吉. 질병: 타인은 차도가 있고, 남편은 북쪽, 자녀는 서쪽에서 치료하라. 매매: 늦게 이루어지며 가을 이후 吉. 관재송사: 어려움이 물러가고 기쁨이 온다. 가을이면 편안하다.

20. 風地觀 풍지관

관, 관이불천, 유부, 옹약.
觀, 盥而不薦, 有孚, 顒若.

관찰하여 보니 손을 씻고 아직 제사를 올리지 않았으니 성심이 있으면 백성들이 공경하게 되리라.

단왈, 대관재상, 순이손, 중정이관천하, 관관이불천유부옹약, 하
象曰, 大觀在上, 順而巽, 中正以觀天下, 觀盥而不薦有孚顒若, 下
관이화야. 관천지신도이사시불특, 성인이신도설교이천하복의.
觀而化也. 觀天之神道而四時不忒, 聖人以神道設教而天下服矣.

단왈, 위에서 크게 관찰하니, 순하고 겸손함으로 중정의 자리에서 천하를 통찰한다. 관찰하여 보니 손을 씻고 아직 제사를 올리지 않았으니 성심이 있으면 백성들이 공경하게 됨은 아랫사람이 관찰하고 감화됨이다. 하늘의 신묘한 도를 관찰하니 四時가 틀리지 않으며, 성인께서 신묘한 도를 세워 교화하니 천하가 복종한다.

상왈, 풍행지상, 관, 선왕이성방관민, 설교.
象曰, 風行地上, 觀, 先王以省方觀民, 設教.

상왈, 바람이 땅 위를 가는 것이 觀卦의 현상이니 선왕은 이러한 뜻을 본받아 여러 지방을 살피고 민정(民情)을 관찰하여 교화하는 규범을

20. 풍지관

세웠다.

초육, 동관, 소인무구, 군자린. 상왈, 초육동관, 소인도야.
初六, 童觀, 小人无咎, 君子吝. 象曰, 初六童觀, 小人道也.

어린아이처럼 보는 것은 소인에겐 허물이 되지 않지만 군자에겐 부끄러운 일이다. 상왈, 初六의 어린아이처럼 보는 것은 소인의 도이다.

불운이니 허욕을 버리고 자숙하라. 서쪽이 不吉, 동쪽은 小吉.
재운: 西南은 불리하고 東北이 유리. 1·6·10월이 길하다. 관운: 노력하면 성사, 기밀을 유지하라. 학업: 행운, 더욱 노력하면 빛나리라. 결혼: 일찍 사귄 사이일 가능성이 있다. 吉. 질병: 타인은 무난, 자녀는 시일이 걸린다. 매매: 실익이 적고 지출이 많으니 큰 희망은 무리. 관재송사: 타협하는 것이 좋고 서로 솔직한 대화를 나누면 해결된다.

육이, 규관, 이여정. 상왈, 규관여정, 역가추야.
六二, 闚觀, 利女貞. 象曰, 闚觀女貞, 亦可醜也.

틈으로 엿보니 여자가 바르게 지켜야 이로우리라. 상왈, 틈으로 엿보니 여자가 바르게 지켜야 한다는 것은 더욱 추하다 할 것이다.

욕심은 화가 되니 허욕을 버리고 正道를 행하면 하늘이 도우리라.
재운: 大事는 소득이 작고, 小事에 길하다. 관운: 귀인이 도와 봄여름에 길하리라. 학업: 지금처럼 순서대로 진행하면 공이 크다. 결혼: 不吉. 질병: 부모의 병은 점차 차도가 있으나, 형제 자녀는 서둘러 치료하라. 매매: 주위에서 도와 성사되고 소득도 크다. 관재송사: 귀인의 도움으로 점차 유리해진다.

20.풍지관

육삼, 관아생, 진퇴. 상왈, 관아생진퇴, 미실도야.
六三, 觀我生, 進退. 象曰, 觀我生進退, 未失道也.

내 생애를 살피고 진퇴를 결정하라. 상왈, 내 생애를 살피고 진퇴를 결정하라는 것은 아직 도를 잃지 않았기 때문이다.

남을 따르지 말고 자신의 처지를 살펴 전진과 후퇴를 스스로 결정하라. **재운**: 손재수가 동했으니 움직이지 말라. **관운**: 성사되기 어렵고 재물만 허비, 근신하라. **학업**: 일시적 저조함, 다시 노력하면 성공하리라. **결혼**: 不吉. **질병**: 타인은 점차 회복, 부인의 병은 북쪽에서 치료하라. **매매**: 재물만 소비하고 성사가 어렵다. 守分하라. **관재송사**: 이로움은 없고 재물만 허비하니 사태를 파악하여 진퇴를 결정하라.

육사, 관국지광, 이용빈우왕. 상왈, 관국지광, 상빈야.
六四, 觀國之光, 利用賓于王. 象曰, 觀國之光, 尙賓也.

나라의 형편을 관찰하니 임금의 손님 됨이 이롭다. 상왈, 나라의 형편을 관찰하라는 것은 손님을 숭상하기 때문이다.

행운이 오니 남과 협력에 길하고 두루 평안하리라. **재운**: 시종일관 순탄하고 실익도 크다. **관운**: 일취월장, 봄여름에 길하다. **학업**: 순탄하니 노력을 배가(倍加)하라. **결혼**: 여자가 억세면 不吉, 온순하면 吉. **질병**: 시간이 걸려서 치유된다. **매매**: 성사되고 봄여름이 더욱 길하다. **관재송사**: 때도 사람도 이로워 유리하리라.

구오, 관아생, 군자무구. 상왈, 관아생, 관민야.
九五, 觀我生, 君子无咎. 象曰, 觀我生, 觀民也.

20.풍지관

내 생애를 살펴야 군자에게 허물이 없으리라. 상왈, 내 생애를 살핌은 민생(民生)을 살핌이다.

正道를 행하면 크게 길하여 막힘이 없으리라.
재운: 봄여름 순조롭고 가을 겨울은 守分하라. **관운**: 봄여름 유리하고, 가을 겨울은 불리하다. **학업**: 여건에 맞추면 성과가 있고 가을 겨울 북쪽은 不吉. **결혼**: 吉. **질병**: 타인은 쾌유, 남편은 서쪽을 알아보라. **매매**: 성사돼도 소득이 없으니 욕심을 버리라. **관재송사**: 지금 곤란해도 시일이 걸리면 유리하게 해결되리라.

상구, 관기생, 군자무구. 상왈, 관기생, 지미평야.
上九, 觀其生, 君子无咎. 象曰, 觀其生, 志未平也.

그 생애를 살펴야 군자에게 허물이 없으리라. 상왈, 그 생애를 살펴야 함은 뜻이 평안치 않음이다.

행운이 오니 현실을 파악하면 고난이 물러가고 기쁨이 가득하리라.
재운: 소득이 크고 봄여름과 東北이 吉. **관운**: 점차 유리해지고 봄여름에 기쁨이 있다. **학업**: 결과가 기대에 미치기 어려우니 허욕을 버리고 더욱 노력하라. **결혼**: 상대를 잘 파악하라. 不吉. **질병**: 남편은 곧 치유, 부모는 치료를 서둘라. **매매**: 사방에서 순조롭고 겨울이면 유익하다. **관재송사**: 봄여름은 불리해도 가을 겨울이면 유리하다.

21. 火雷噬嗑 화뢰서합

서합, 형, 이용옥.
噬嗑, 亨, 利用獄.

씹어서 입이 다물어져야 형통한다. 형벌을 사용함이 이롭다.

단왈, 이중유물, 왈서합. 서합이형, 강유분, 동이명, 뇌전합이 장, 유득중이상행, 수부당위, 이용옥야.
象曰, 頤中有物, 曰噬嗑. 噬嗑而亨, 剛柔分, 動而明, 雷電合而章, 柔得中而上行, 雖不當位, 利用獄也.

단왈, 턱 속에 음식물이 있는 것이 噬嗑卦이니 씹어서 입이 다물어져야 형통하리라. 剛과 柔가 나뉘고 움직여 밝아지니 우레와 번개가 합하여 빛나는 것이다. 柔가 가운데 자리를 얻어 위로 올라가니 비록 지위가 마땅치 않으나 형벌을 사용하는 것이 이롭다.

상왈, 뇌전, 서합, 선왕이명벌칙법.
象曰, 雷電, 噬嗑, 先王以明罰勅法.

상왈, 우레와 번개가 噬嗑卦의 현상이니 선왕이 이러한 현상을 살펴 형벌을 밝게 하고 법률을 공포하였다.

초구, 구교멸지, 무구. 상왈, 구교멸지, 불행야.

21. 화뢰서합

初九, 屨校滅趾, 无咎. 象曰, 屨校滅趾, 不行也.

차꼬를 채워 발꿈치가 상하게 해야 허물이 없으리라. 상왈, 차꼬를 채워 발꿈치가 상하게 함은 가지 못하게 함이다.

작은 일을 겪는다. 분수를 지켜야 하니 부화뇌동하면 화가 있으리라. **재운**: 무소득, 正道를 행하라. 여름에 小吉. **관운**: 퇴보운, 현상 유지에 노력하라. **학업**: 실력 발휘가 안 되니 정신을 집중하라. **결혼**: 不吉. **질병**: 타인은 무난, 부모는 서쪽에서 치료하라. **매매**: 성사도 어렵고 소득도 없으니 자중하라. **관재송사**: 행동을 자제하고 기다리면 서서히 풀린다. 가을이 불길하다.

육이, 서부멸비, 무구. 상왈, 서부멸비, 승강야.
六二, 噬膚滅鼻, 无咎. 象曰, 噬膚滅鼻, 乘剛也.

살을 깨물고 코를 없애니 허물이 없으리라. 상왈, 살을 깨물고 코를 없앰은 승강했기 때문이다.

매사가 불리하니 근신하고 건강을 주의하라.
재운: 손재수, 자중하고 인내하라. **관운**: 남을 믿지 말라. 후환을 주의하라. **학업**: 집중력이 부족해 저조하다. 자녀는 순탄하다. **결혼**: 한쪽이 순종하면 흥성할 가문이다. 吉. **질병**: 타인은 무난, 자신과 부인의 병은 남쪽을 알아보라. **매매**: 손재수, 허욕을 버리라. **관재송사**: 시간 끌면 손해가 커지니 재물로써 속히 매듭지으라.

육삼, 서석육, 우독, 소린, 무구. 상왈, 우독, 위부당야.
六三, 噬腊肉, 遇毒, 小吝, 无咎. 象曰, 遇毒, 位不當也.

21. 화뢰서합

마른고기를 씹다가 독한 맛을 보았으니 조금 부끄러우나 허물은 없으리라. 상왈, 독한 맛을 본 것은 위치가 부당하기 때문이다.

자신의 위치를 지키고 守分해야 화가 없다.
재운: 무익하니 욕심내지 말라. 여름과 가을은 小利. **관운**: 수평 이동에 유리하며 봄이 길하다. **학업**: 진전이 안 돼 괴로울 때, 더욱 근면하라. **결혼**: 不吉. **질병**: 부모의 병은 서쪽에서, 남편의 병은 속히 치료하라. **매매**: 大事 불리, 小事는 여름 가을 西南이 이롭다. **관재송사**: 감정을 억제하고 인내하면 순탄하게 해결된다.

구사, 서건자, 득금시, 이간정, 길. 상왈, 이간정길, 미광야.
九四, 噬乾胏, 得金矢, 利艱貞, 吉. 象曰, 利艱貞吉, 未光也.

마른고기를 씹다가 쇠화살을 얻었으니 괴로워도 바르게 지켜야 이로우리라. 상왈, 괴로워도 바르게 지켜야 길함은 뜻이 빛나지 않기 때문이다.

조급하면 불리하니 모든 일을 천천히 행하며 때를 기다리라.
재운: 먼저는 곤란하고 여름부터 이롭다. **관운**: 성심으로 행하면 여름 가을에 길하다. **학업**: 노력만큼 진전, 가을 겨울이 吉. **결혼**: 근검한 집안이 된다. 吉. **질병**: 타인은 쾌유, 형제는 남쪽을 알아보라. **매매**: 성사돼도 구설을 주의하라. 여름부터 吉. **관재송사**: 시간이 갈수록 손해니 속히 매듭지으라.

육오, 서건육, 득황금, 정려, 무구. 상왈, 정려무구, 득당야.
六五, 噬乾肉, 得黃金, 貞厲, 无咎. 象曰, 貞厲无咎, 得當也.

마른고기를 씹다가 황금을 얻었으니 마음을 바르게 갖고 위태롭게 여겨야 허물이 없으리라. 상왈, 마음을 바르게 갖고 위태롭게 여겨야 허

21. 화뢰서합

물이 없음은 정당함을 얻는 것이다.

행운을 만났으니 형통하리라. 남에게 겸손하고 교만하지 말라.
재운: 먼 곳과 西南이 이롭고 여름 가을이 길하다. **관운**: 귀인이 도와 봄여름에 길하다. **학업**: 여름은 불길하니 근신하고, 가을부터 풀려 겨울에 길하다. **결혼**: 大吉. **질병**: 타인은 곧 치유되지만, 부모의 병은 서쪽을 알아보라. **매매**: 남의 것이 내게 오니 이롭고 가을이 길하다. **관재송사**: 곤란해도 여름 이후 해결되지만 소득은 없으리라..

상구, 하교멸이, 흉. 상왈, 하교멸이, 총불명야.
上九, 何校滅耳, 凶. 象曰, 何校滅耳, 聰不明也.

목에 칼을 쓰고 귀를 없애니 흉하리라. 상왈, 목에 칼을 쓰고 귀를 없앤다는 것은 듣는 것이 밝지 않다는 것이다.

조급히 행동하면 해가 있으니 느긋하게 서서히 행동하라.
재운: 소득이 이어지고 봄부터 가을까지 吉. **관운**: 자숙하라. 성공하면 후환이 두렵다. **학업**: 자녀는 부족하고, 자신은 성과가 크다. **결혼**: 不吉. **질병**: 타인은 곧 쾌유, 남편의 병은 속히 서쪽에서 치료하라. **매매**: 노력해야 성사되고 여름부터 길하다. **관재송사**: 서서히 해결되지만 봄여름은 길하고 가을 겨울은 불리하다.

22. 山火賁 산화비

비, 형, 소리유유왕.
賁, 亨, 小利有攸往.

꾸며 형통하니 갈 곳이 있으면 조금 이롭다.

단왈, 비형, 유래이문강, 고형, 분강상이문유, 고소리유유왕, 천문야. 문명이지, 인문야. 관호천문, 이찰시변, 관호인문, 이화성천하.
彖曰, 賁亨, 柔來而文剛, 故亨, 分剛上而文柔, 故小利有攸往, 天文也. 文明以止, 人文也. 觀乎天文, 以察時變, 觀乎人文, 以化成天下.

단왈, 賁卦가 형통함은 柔가 와서 剛을 장식하므로 형통하는 것이다. 剛이 나뉘어 올라가 柔를 장식하므로 갈 곳이 있으면 조금 형통하는 것이니 하늘의 문채이다. 문명함으로 그쳐야 할 때 알맞게 그치니 사람의 문채이다. 천문을 관찰하여 때의 변화를 살피고 인문을 관찰하여 천하의 교화를 이룬다.

상왈, 산하유화비, 군자이명서정, 무감절옥.
象曰, 山下有火賁, 君子以明庶政, 无敢折獄.

상왈, 산 아래 불이 있어 산을 비춰 빛나고 아름답게 꾸며지는 것이 賁卦의 상징이다. 군자는 이처럼 덕성을 체득하여 내면의 문명함으로

22.산화비

정사를 밝게 하고 옥사를 과감하게 처결하지 않는다.

초구, 비기지, 사거이도. 상왈, 사거이도, 의불승야.
初九, 賁其趾, 舍車而徒. 象曰, 舍車而徒, 義弗乘也.

발걸음을 꾸미려고 수레를 버리고 걷는다. 상왈, 수레를 버리고 걸음은 뜻으로 타지 않음이다.

유혹이 있으면 뿌리치고 분수를 지키며 正道를 행해야 떳떳하리라.
재운: 허욕을 버리고 正道를 지켜야 편안하리라. 관운: 업무나 위치에 변동 있을 듯. 성과는 작다. 학업: 타인은 불리하나 먼 곳이 유리, 자녀는 겨울에 小吉. 결혼: 서둘지 말라. 시기가 이르다. 질병: 부인은 북쪽, 형제는 서쪽에서 치료하라. 매매: 가능할 듯해도 소득이 적고 특히 북쪽이 不吉. 관재송사: 곤란해도 여름부터 풀리고 해소되리라.

육이, 비기수. 상왈, 비기수, 여상흥야.
六二, 賁其須. 象曰, 賁其須, 與上興也.

수염을 꾸민다. 상왈, 수염을 꾸밈은 윗사람과 함께 움직이는 것이다.

남에게 의지하려는 생각을 버리고 자신의 주관으로 正道를 행하라.
재운: 소득이 적으나 여름부터 점차 순탄해지다. 관운: 본인은 불리, 남편을 점쳤으면 봄가을이 길하다. 학업: 정신이 산란하여 진전이 어려우니 집중하라. 결혼: 서둘지 말고 기다리라. 질병: 서둘러 서쪽에서 치료하는 것이 좋다. 매매: 실익이 없으니 손대지 않는 것이 이롭다. 관재송사: 매우 복잡하고 괴롭지만 참고 견디는 길밖에 없다.

22. 산화비

구삼, 비여유여, 영정길. 상왈, 영정지길, 종막지능야.
九三, 賁如濡如, 永貞吉. 象曰, 永貞之吉, 終莫之陵也.

꾸미고 덧칠하니 영원히 정도를 지켜야 길하리라. 상왈, 영원히 정도를 지켜야 길함은 마침내 능멸할 사람이 없게 됨이다.

싫은 사람이나 일을 만나리니 문제를 일으키지 말고 공손하고 근신하라.
재운: 손재수가, 허욕을 버려라. 봄이 불길하다. **관운**: 불리하니 때를 기다리고 절약하라. **학업**: 불리하니 근면으로 돌파하라. 겨울과 북쪽이 불길하다. **결혼**: 백년해로 吉. **질병**: 타인은 무난, 부인의 병은 속히 서쪽을 알아보라. **매매**: 실익이 없고 봄에는 시비를 주의하라. **관재송사**: 재물을 써야 시간이 지나 순탄해진다.

육사, 비여파여, 백마한여, 비구혼구. 상왈, 육사, 당위의야,
六四, 賁如皤如, 白馬翰如, 匪寇婚媾. 象曰, 六四, 當位疑也,
비구혼구, 종무우야.
匪寇婚媾, 終无尤也.

머리를 하얗게 꾸민다. 백마가 나는 듯 달려간다. 도둑이 아니라 청혼하는 것이다. 상왈, 六四는 처한 위치가 의심스러우며, 도둑이 아니라 청혼하는 것은 끝내 원망이 없게 됨이다.

매사에 욕심을 버리고 분수를 지켜야 후회가 없으리라.
재운: 소득이 없으니 분수를 지키라. 봄가을이 불길하다. **관운**: 불가하니 현상 유지에 힘쓰라. **학업**: 노력만큼 성과가 있으나 가을에는 먼 곳이 불길하다. **결혼**: 서로 상대를 파악하고 서서히 진행하라. 吉. **질병**: 타인은 쾌유, 부인은 서쪽을 알아보라. **매매**: 이로움이 없고 특히 가을과 먼 곳이 불리하다. **관재송사**: 복잡하고 불편해도 가을부터 순탄해진다.

22. 산화비

육오, 비우구원, 속백잔잔, 린, 종길. 상왈, 육오지길, 유희야.
六五, 賁于丘園, 束帛戔戔, 吝, 終吉. 象曰, 六五之吉, 有喜也.

언덕과 동산을 꾸민다. 한 묶음 비단이 재단되니 아깝지만 끝내 길하리라. 상왈, 六五의 길함은 기쁨이 있음이다.

正道를 행하면 행운이 오리니 안과 밖이 모두 평안하리라.
재운: 소득이 이어져 여름부터 유리하고 西北이 吉. **관운**: 귀인이 도와 성사되고 東北과 가을이 吉. **학업**: 성과 부족, 더욱 노력하고 북쪽의 일을 삼가라. **결혼**: 大吉. **질병**: 부모는 동쪽에서 치료하고 남편과 자녀도 건강을 점검해보라. **매매**: 순조롭고 교환에 더욱 길하다. **관재송사**: 서류와 증거 준비를 철저히 하라. 겨울과 봄은 불길하다.

상구, 백비, 무구. 상왈, 백비무구, 상득지야.
上九, 白賁, 无咎. 象曰, 白賁无咎, 上得志也.

희게 꾸미니 허물이 없으리라. 희게 꾸미니 허물이 없음은 위에서 뜻을 얻음이다.

변동하는 운으로 이사나 전직 가능성이 있다. 正道를 잃지 말라.
재운: 무소득, 시비와 구설을 주의하라. **관운**: 결국은 허사, 관재구설을 주의하라. **학업**: 겨울이 유리하고 자녀는 먼 곳이 불길하다. **결혼**: 不吉. **질병**: 타인은 쾌유, 남편은 북쪽을 알아보라. 특히 가을이 불길하다. **매매**: 실체는 없고 구설만 생긴다. 봄여름은 불리, 가을 겨울이 吉. **관재송사**: 처음은 불길해도 가을부터 유리해진다.

23. 山地剝 산지박

박, 불리유유왕.
剝, 不利有攸往.

벗겨지고 떨어지니 갈 곳이 있는 것이 이롭지 않다.

단왈, 박, 박야. 유변강야, 불리유유왕, 소인장야, 순이지지,
彖曰, 剝, 剝也. 柔變剛也, 不利有攸往, 小人長也, 順而止之,
관상야. 군자상소식영허, 천행야.
觀象也. 君子尙消息盈虛, 天行也.

단왈, 剝卦는 벗겨지고 떨어지는 것이니 柔가 剛을 변화시킨다. 갈 곳이 있으면 이롭지 않음은 소인의 세력이 자라나기 때문이다. 순종하여 그칠 때 그침은 象을 관찰하기 때문이다. 군자는 사그라지고 늘어나며 차고 비는 것을 숭상하니 하늘의 운행이기 때문이다.

상왈, 산부어지박, 상이후하안택.
象曰, 山附於地剝, 上以厚下安宅.

상왈, 산이 땅에 붙어있어서 벗겨지고 떨어지는 상징이 있으니 윗자리에 있는 사람은 이런 현상을 살펴 아랫사람에게 후하게 대하며 집안을 편안케 하여 벗겨지고 떨어지는 것을 방지한다.

23.산지박

초육, 박상이족, 멸정흉. 상왈, 박상이족, 이하멸야.
初六, 剝牀以足, 蔑貞凶. 象曰, 剝牀以足, 以下滅也.

상 깎아 먹기를 다리부터 하니 굳은 마음이 없으면 흉하리라. 상왈, 상 깎아 먹기를 다리부터 함은 아래를 없애는 것이다.

애쓴 보람없이 결국 무소득, 허욕을 버리고 때를 기다리라.
재운: 실익이 없는 일이니 무리하지 말라. **관운**: 이롭지 않으니 현상유지에 힘쓰라. **학업**: 계속 노력하면 성과가 있다. **결혼**: 不吉. **질병**: 타인은 쾌차, 자녀는 서둘러 치료하라. **매매**: 헛된 약속을 믿지 말라. 실익은 없으리라. **관재송사**: 여름은 불리하고 겨울부터 봄 사이는 이로우나 만용을 삼가라.

육이, 박상이변, 멸정흉. 상왈, 박상이변, 미유여야.
六二, 剝牀以辨, 蔑貞凶. 象曰, 剝牀以辨, 未有與也.

상 깎아 먹기를 다리 위쪽에서 한다. 굳은 마음이 없으면 흉하리라. 상왈, 상 깎아 먹기를 다리 위쪽에서 함은 함께할 사람이 없음이다.

운수가 불길하니 갈수록 곤란에 처한다. 사람 조심하고 근신하라.
재운: 외화내빈. 소득이 없으니 守分하라. **관운**: 봄여름은 매우 길하고, 겨울은 허사. **학업**: 실체가 부족. 가까운 곳, 작은 것을 택해야 실패를 면한다. **결혼**: 속임수를 주의하라. 不吉. **질병**: 타인은 쾌차, 형제는 북쪽에서 치료하라. **매매**: 성사돼도 이익이 없으니 正道를 행하라. **관재송사**: 시간 끌수록 불리하니 서둘러 해결함이 이롭다.

육삼, 박지무구. 상왈, 박지무구, 실상하야.
六三, 剝之无咎. 象曰, 剝之无咎, 失上下也.

23. 산지박

상을 깎아 먹어도 원망할 수 없으리라. 상왈, 상을 깎아 먹어도 원망할 수 없음은 상하를 잃음이다.

사람과 화합이 안 되니 분수와 법을 지키고 부인의 건강을 주의하라.
재운: 손재수니 자중하라. 가을이 不吉. **관운:** 효과가 전무(全無)하리니 근신하라. **학업:** 정서 불안으로 진전이 없으니 심기일전하면 효과가 있다. **결혼:** 不吉. **질병:** 타인은 속효, 부인의 병은 속히 남쪽을 알아보라. **매매:** 성사가 어려우니 사람을 믿지 말라. **관재송사:** 갈수록 불리하니 속히 매듭짓는 것이 이롭다.

육사, 박상이부, 흉. 상왈, 박상이부, 절근재야.
六四, 剝牀以膚, 凶. 象曰, 剝牀以膚, 切近災也.

상 깎아 먹기를 껍질에서 한다. 흉하리라. 상왈, 상 깎아 먹기를 껍질에서 함은 재앙이 절박한 것이다.

산이나 도로·물가에서 사고를 주의하고 건강을 점검해보라.
재운: 손재수. 사람을 믿지 말라. 여름 가을이 不吉. **관운:** 목표를 이루려면 재물을 쓰되 비밀을 엄수하라. **학업:** 실력이 부족하니 더욱 힘쓰라. 형제는 이롭다. **결혼:** 不吉. **질병:** 타인은 쾌유, 자녀는 서쪽에서 치료하라. **매매:** 손재수, 사람을 믿지 말라. **관재송사:** 빠른 해결이 제일이니 고집하지 말고 타협하라.

육오, 관어이궁인총, 무불리. 상왈, 이궁인총, 종무우야.
六五, 貫魚以宮人寵, 无不利. 象曰, 以宮人寵, 終无尤也.

물고기를 잡아 꿰어 궁인의 총애를 받으니 이롭지 않음이 없으리라.

23. 산지박

상왈, 궁인의 총애를 받음은 끝내 허물이 없음이다.

분수를 넘지 말고 남에게 이끌려 부화뇌동하지 말라.
재운: 겨울에 성과가 있고 東北이 길하다. **관운**: 움직이면 해가 되니 허욕을 버리라. **학업**: 정신이 산란하지 않도록 일심으로 노력하면 성과를 얻는다. **결혼**: 시간이 걸리지만 길하다. **질병**: 타인은 무난, 자녀는 서쪽을 알아보라. **매매**: 西南은 불리하니 東北의 일을 추진하라. **관재송사**: 복잡하고 괴로우나 겨울이 이롭고 여름은 불리하다.

상구, 석과불식, 군자득여, 소인박려. 상왈, 군자득여, 민소재
上九, 碩果不食, 君子得輿, 小人剝廬. 象曰, 君子得輿, 民所載
야, 소인박려, 종불가용야.
也, 小人剝廬, 終不可用也.

큰 과일이 먹히지 않으니 군자는 수레를 얻고 소인은 오두막마저 헐리리라. 상왈, 군자가 수레를 얻음은 백성에게 추대되어 수레에 태워지는 것이며 소인이 오두막마저 헐림은 끝내 쓰일 수 없음이다.

욕심이 크면 후회가 있으니 正道를 지키고 근신하라.
재운: 이익이 없으니 분수를 지키면 손해는 면한다. **관운**: 욕심이 화가 되니 움직이지 말라. **학업**: 순조롭지 않지만, 가을 겨울은 길하니 더욱 노력하라. **결혼**: 정상적 결혼은 길하다. **질병**: 타인은 속효, 부인의 병은 동쪽을 알아보라. **매매**: 이로움이 없고 여름은 더욱 주의하라. **관재송사**: 재물을 쓰더라도 빨리 해결함이 이롭다.

24. 地雷復 지뢰복

복형, 출입무질, 붕래무구, 반복기도, 칠일래복, 이유유왕.
復亨, 出入无疾, 朋來无咎, 反復其道, 七日來復, 利有攸往.

돌아와 형통한다. 출입해도 잘못됨이 없고 벗이 와도 허물이 없으리라. 그 도를 반복하여 7일 만에 돌아오니 갈 곳 있는 것이 이로우리라.

단왈, 복형, 강반, 동이이순행, 시이출입무질붕래무구. 반복기
象曰, 復亨, 剛反, 動而以順行, 是以出入无疾朋來无咎. 反復其
도칠일래복, 천행야. 이유유왕, 강장야, 복기견천지지심호.
道七日來復, 天行也. 利有攸往, 剛長也, 復其見天地之心乎.

단왈, 돌아와 형통함은 剛이 돌아옴이며, 움직여 이치에 따라 순행하므로 출입해도 잘못됨이 없고 벗이 와도 허물이 없는 것이다. 그 道를 반복하여 7일 만에 돌아옴은 天道의 운행이며, 갈 곳 있는 것이 이로움은 剛이 자라나기 때문이니 돌아오는 것에서 천지의 뜻을 볼 수 있다.

상왈, 뇌재지중복, 선왕이지일, 폐관, 상여불행, 후불성방.
象曰, 雷在地中復, 先王以至日, 閉關, 商旅不行, 后不省方.

상왈, 우레가 땅속에서 있는 것이 復卦의 상징이다. 선왕은 이러한 현상을 살펴 동짓날 관문을 닫았으니 상인과 여행자도 다니지 않고 임금은 지방을 시찰하지도 않았다.

24. 지뢰복

초구, 불원복, 무지회, 원길. 상왈, 불원지복, 이수신야.
初九, 不遠復, 无祗悔, 元吉. 象曰, 不遠之復, 以修身也.

머지않아 돌아오므로 후회하는 일이 없고 크게 길하리라. 상왈, 머지않아 돌아옴은 자신을 수양하기 위해서다.

일이 중간에 막히고 원점으로 돌아오니 사고를 조심하라.
재운: 손재수, 허욕을 버리고 각별 근신하라. **관운**: 욕심이 화가 되니 현상 유지에 힘쓰라. **학업**: 집중력 부족, 점차 안정되어 吉하리라. **결혼**: 돌아오게 되니 不吉. **질병**: 타인은 괘차, 자신이나 부인의 병은 서쪽에서 치료하라. **매매**: 남의 것을 탐하지 말고 내 것을 지킴이 이롭다. **관재송사**: 시간 끌면 손해가 크니 속히 매듭짓거나 타협하라.

육이, 휴복길. 상왈, 휴복지길, 이하인야.
六二, 休復吉. 象曰, 休復之吉, 以下仁也.

아름답게 돌아오니 길하리라. 상왈, 아름답게 돌아와 길함은 어진 이에게 몸을 낮춤이다.

正道를 행하라. 남에게 불리하게 하면 반드시 큰 손해를 보리라.
재운: 正道를 지키고 허욕을 버려야 해가 없다. **관운**: 귀인이 도와 봄가을에 吉. **학업**: 본인은 점차 유리, 형제는 不吉. **결혼**: 不吉. **질병**: 타인은 무난, 형제는 남쪽에서 치료하라. **매매**: 소득이 있어도 시비를 조심하라. 봄은 不吉. **관재송사**: 갈수록 불리, 타협해보라.

육삼, 빈복려, 무구. 상왈, 빈복지려, 의무구야.
六三, 頻復厲, 无咎. 象曰, 頻復之厲, 義无咎也.

24. 지뢰복

자주 돌아오니 위태로우나 허물이 없으리라. 상왈, 자주 돌아와 위태로움은 도의상 허물이 없음이다.

> **사심과 욕심을 버리고 남을 배려하는 마음을 가져야 길하리라.**
> **재운**: 大事는 불리, 小事는 가을이 길하다. **관운**: 불리, 계속 추진하면 후환이 두렵다. **학업**: 자녀는 吉, 본인은 불길. **결혼**: 불화가 심하다. 不吉. **질병**: 타인은 무난, 자신과 부인의 병은 서쪽을 알아보라. **매매**: 소득이 없으니 상황을 분명히 파악하라. **관재송사**: 봄여름이 불길하고 손해도 따르니 피해를 최소화할 방도를 찾아라.

육사, 중행독복. 상왈, 중행독복, 이종도야.
六四, 中行獨復. 象曰, 中行獨復, 以從道也.

함께 가다가 홀로 돌아온다. 상왈, 함께 가다가 홀로 돌아옴은 道를 따름이다.

> **난관을 만나도 결과는 순탄하리라.**
> **재운**: 자금 조달이 어려우니 미리 대비책을 세우라. **관운**: 불리하니 욕심을 버리고 사람을 믿지 말라. **학업**: 본인은 고생스럽고 형제 자녀는 吉. **결혼**: 不吉. **질병**: 타인은 쾌유, 자신과 부인의 병은 서쪽에서 치료하라. **매매**: 사람을 믿으면 실망하리니 자중하라. **관재송사**: 갈수록 불리해지고 손해도 크니 빨리 화해를 모색하라.

육오, 돈복무회. 상왈, 돈복무회, 중이자고야.
六五, 敦復无悔. 象曰, 敦復无悔, 中以自考也.

돈독하게 돌아오니 후회가 없으리라. 상왈, 돈독하게 되돌아와 후회가

24. 지뢰복

없음은 중도로써 스스로를 살핌이다.

해도 없고 득도 없으니 허욕을 버리고 마음을 편히 하라.
재운: 뜻과 현실이 다르니 욕심을 버리고 자숙하라. **관운**: 이로움이 없으니 지출이나 줄이라. **학업**: 노력이 부족하니 더욱 힘쓰라. **결혼**: 不吉. **질병**: 타인은 점차 회복, 부인의 병은 속히 서쪽을 알아보라. **매매**: 무소득, 손재수 뿐이니 자중하라. **관재송사**: 승부와 관계없이 손해뿐이니 타협을 모색하라.

상육, 미복흉, 유재생, 용행사, 종유대패, 이기국군흉, 지어십
上六, 迷復凶, 有災眚, 用行師, 終有大敗, 以其國君凶, 至於十
년, 불극정. 상왈, 미복지흉, 반군도야.
年, 不克征. 象曰, 迷復之凶, 反君道也.

돌아오는 길을 잃으니 흉하여 재앙이 있으리라. 군사를 동원하면 마침내 크게 패하여 그 나라 임금에게 흉한 일이 있으리라. 십 년에 이르러도 정벌할 수 없으리라. 상왈, 돌아오는 길을 잃어 흉함은 임금의 도에 위반되기 때문이다.

창업보다 수성이 유리하니 새로운 일은 착수치 말고 굳게 지키라.
재운: 봄여름은 불리하고 가을 겨울/ 서쪽이 길하다. **관운**: 불리하니 현상 유지가 최선이다. **학업**: 심신이 지쳤으나 가을부터는 성과가 있겠다. **결혼**: 不吉. **질병**: 타인은 쾌차, 남편은 남쪽을 알아보라. **매매**: 봄여름은 불리, 가을부터 순탄해진다. **관재송사**: 점차 풀리겠고, 봄은 불길하고 가을은 길하다.

25. 天雷无妄 천뢰무망

무망, 원형이정, 기비정유생, 불리유유왕.
无妄, 元亨利貞, 其匪正有眚, 不利有攸往.

망령됨이 없어야 크게 형통하니 굳게 지켜야 이롭다. 바르지 않으면 재앙이 있고 갈 곳이 있는 것이 이롭지 않다.

단왈, 무망, 강자외래, 이위주어내, 동이건강중이응, 대형이
彖曰, 无妄, 剛自外來, 而爲主於內, 動而健剛中而應, 大亨以
정, 천지명야. 기비정유생, 불리유유왕, 무망지왕, 하지
正, 天之命也. 其匪正有眚, 不利有攸往, 无妄之往, 何之
의. 천명불우, 행의재.
矣. 天命不右, 行矣哉.

단왈, 无妄은 剛이 밖으로부터 와서 내괘의 주체가 된 것이다. 움직여 굳세고 剛이 가운데 자리를 차지하고 응하며 바른 도로써 크게 형통하니 하늘의 명이다. 바르지 않으면 재앙이 있고 갈 곳이 있으면 이롭지 않음은 망령됨이 없어야 함에도 가는 것이니 어디로 가겠는가? 천명이 돕지 않는데 갈 수 있겠는가?

상왈, 천하뢰행, 물여무망, 선왕이무대시육만물.
象曰, 天下雷行, 物與无妄, 先王以茂對時育萬物.

상왈, 하늘 아래 우레가 움직여 만물이 모두 망령됨이 없도록 해주었으니 선왕이 이러한 현상을 관찰하여 시기에 순응하여 행하고 백성과

25. 천뢰무망

만물이 무성하게 생육하도록 했다.

초구, 무망왕길. 상왈, 무망지왕, 득지야.
初九, 无妄往吉. 象曰, 无妄之往, 得志也.

망령됨이 없으면 가도 길하리라. 상왈, 망령됨이 없이 감은 뜻을 얻음이다.

행운으로 크게 유리하고 매사가 길하리라.
재운: 먼 곳의 일, 여름이 길하고 북쪽은 불길하다. **관운**: 이롭지 않으니 움직이지 말라. **학업**: 결과 불리. 노력하고 근신하라. **결혼**: 吉. 데릴사위·맏사위는 더욱 吉. **질병**: 타인은 곧 치유, 부모는 서쪽에서 치료하라. **매매**: 성사돼도 소득이 없으니 욕심을 줄이라. **관재송사**: 겨울은 不吉, 다른 계절은 근심이 사라지리라.

육이, 불경확, 불치여, 즉리유유왕. 상왈, 불경확, 미부야.
六二, 不耕穫, 不菑畬, 則利有攸往. 象曰, 不耕穫, 未富也.

밭을 갈고도 수확하지 않으며 밭을 개간하여 3년 되면 좋은 밭이 되리라 생각지도 않으니 갈 곳이 있는 것이 이롭다. 상왈, 밭을 갈고도 수확하지 않음은 부유하지 않은 것이다.

노력하지 않고 되는 일은 없으니 근면해야 부족함이 없으리라.
재운: 이롭지 않고, 연초와 동쪽이 불길하다. **관운**: 손재수에 허사, 분수를 지키라. **학업**: 본인은 보통, 子女는 大吉. 특히 겨울이 이롭다. **결혼**: 不吉. **질병**: 타인은 곧 쾌유, 부인은 남쪽을 알아보라. **매매**: 소득이 없고, 겨울·봄·동북쪽을 주의하라. **관재송사**: 봄여름이 이롭지만 재물을 써야 한다.

25. 천뢰무망

육삼, 무망지재, 혹계지우, 행인지득, 읍인지재. 상왈, 행인득
六三, 无妄之災, 或繫之牛, 行人之得, 邑人之災. 象曰, 行人得
우, 읍인재야.
牛, 邑人災也.

无妄의 재앙이니 누군가 매어놓은 소가 행인에게는 얻음이 되고 읍사람
에게는 재앙이 되리라. 상왈, 행인이 소를 얻음은 읍사람의 재앙이다.

감당하기 어려운 고난이 오리니 인내와 노력으로 극복하라.
재운: 처음은 어렵고 봄부터 가을까지 무난하다. **관운**: 쉽지 않으나 겨울 봄은 유리하다. **학업**: 정체되어 괴로워도 점차 호전된다. **결혼**: 不吉. 먼 지방·외국인과 결혼은 吉. **질병**: 타인은 쾌유, 부모의 병은 시간이 걸린다. **매매**: 경쟁자가 많다. 속히 결단하라. **관재송사**: 강한 상대를 만났다. 여름 가을이 이롭다.

구사, 가정무구. 상왈, 가정무구, 고유지야.
九四, 可貞无咎. 象曰, 可貞无咎, 固有之也.

바르게 지킬 수 있어야 허물이 없으리라. 상왈, 바르게 지킬 수 있어야
허물이 없음은 굳게 지키고 있어야 함이다.

正道로 남을 대하면 화가 가고 복이 절로 오리라. 남쪽이 이롭다.
재운: 고난이 행운되어 봄부터 가을까지 유리. **관운**: 시기가 늦었으니 큰 욕심을 버리고 재정을 아끼라. **학업**: 점차 유리해져 유종의 미를 거두리라. **결혼**: 시기가 아니다. 不吉. **질병**: 타인은 쾌유, 남편은 북쪽을 알아보라. **매매**: 처음은 불리해도 노력하면 끝은 유리해진다. **관재송사**: 난관이 있어도 점차 유리하고 봄 여름이 길하다.

25. 천뢰무망

구오, 무망지질, 물약유희. 상왈, 무망지약, 불가시야.
九五, 无妄之疾, 勿藥有喜. 象曰, 无妄之藥, 不可試也.

无妄의 병이니 약을 쓰지 않아도 기쁨이 있으리라. 상왈, 无妄의 약은 시험할 수 없다.

시간이 지나면 서서히 운이 풀리니 조급히 생각하지 말라.
재운: 소득이 없으니 시비와 관재구설을 주의하라. **관운**: 승진은 쉽지 않고 먼 곳 이동은 길하다. **학업**: 초지일관하면 반드시 공이 있다. **결혼**: 서둘지 말고 천리(天理)를 따르라. **질병**: 타인은 속효, 형제의 병은 동쪽에서 치료하라. **매매**: 진퇴양난이 되리니 특히 근신하라. **관재송사**: 복잡해도 점차 호전된다. 특히 여름이 불길하다.

상구, 무망, 행유생, 무유리. 상왈, 무망지행, 궁지재야.
上九, 无妄, 行有眚, 无攸利. 象曰, 无妄之行, 窮之災也.

망령됨이 없어야 하니 가면 재앙이 있고 이로움이 없으리라. 상왈, 망령됨이 없어야 함에도 간다면 궁극에 재앙이 있게 됨이다.

분수를 알고 굳게 지켜야 화가 없고, 먼 곳 여행이나 일을 삼가라.
재운: 이로움이 없으니 욕심치 말고 특히 3·6·9월을 조심하라. **관운**: 큰일은 불가하고 이동은 봄에 길하다. **학업**: 다사다난이니 극복해야 무난하리라. **결혼**: 不吉. **질병**: 부모나 부인의 병은 어려움이 많으니 주의하라. **매매**: 이로움은 없고 손해가 따르니 허욕을 버리라. **관재송사**: 점차 유리해지지만, 지출이 많으리라.

26. 山天大畜 산천대축

대축, 이정, 불가식길, 이섭대천.
大畜, 利貞, 不家食吉, 利涉大川.

크게 쌓음은 바르게 지켜야 이롭고 집에서 먹지 않아야 길하며 큰 냇물을 건넘에 이롭다.

단왈, 대축강건, 독실휘광, 일신기덕, 강상이상현, 능지건, 대
彖曰, 大畜剛健, 篤實輝光, 日新其德, 剛上而尙賢, 能止健, 大
정야. 불가식길, 양현야. 이섭대천, 응호천야.
正也. 不家食吉, 養賢也. 利涉大川, 應乎天也.

단왈, 大畜괘는 강건 독실하고 빛나서 날로 그 덕이 새롭다. 剛이 올라가 현인을 숭상하니 건실하게 머물 수 있어 크게 바른 것이다. 집에서 먹지 않아야 길함은 현인을 봉양함이며 큰 냇물을 건너는데 이로움은 하늘에 응함이다.

상왈, 천재산중, 대축. 군자이다식전언왕행, 이축기덕.
象曰, 天在山中, 大畜. 君子以多識前言往行, 以畜其德.

상왈, 하늘이 산속에 있어서 크게 쌓이는 현상이다. 군자는 이러한 현상을 관찰하고 뜻을 본받아 옛날 성현의 말씀과 행실을 많이 알아 자신의 덕행을 쌓는다.

26. 산천대축

초구, 유려이이. 상왈, 유려이이, 불범재야.
初九, 有厲利已. 象曰, 有厲利已, 不犯災也.

위태로움이 있으니 그만둠이 이롭다. 상왈, 위태로움이 있으니 그만둠이 이로움은 재앙을 범하지 말라는 것이다.

내 공적을 빼앗으려는 사람을 만나도 다투지 말고 근신하라.
재운: 봄여름은 불리, 가을 겨울은 小事에 吉. 관운: 귀인이 도와 겨울과 봄이 이롭지만 겸손하라. 학업: 노력하면 가을 겨울에 기본은 얻을 수 있다. 결혼: 아내가 강하지만 결혼에는 길하다. 질병: 타인은 무사, 부모는 여름이 염려되고 부인은 가을에 효험이 있다. 매매: 소득 없고, 가을은 小利. 관재송사: 손실이 클테니 적당히 타협하라.

구이, 여탈복. 상왈, 여탈복, 중무우야.
九二, 輿說輹. 象曰, 輿說輹, 中无尤也.

수레 바퀴통이 빠졌다. 상왈, 수레 바퀴통이 빠짐은 중도를 지켜야 허물이 없음이다.

나아갈 때와 물러설 때를 알고 겸허하면 귀인이 도우리라.
재운: 가을 겨울에 소득 있고 西北이 吉. 관운: 귀인이 도와 가을 겨울에 성사. 학업: 노력한 만큼 성과를 얻으니 더욱 노력하라. 결혼: 2효는 5효와 정응, 귀한 신랑감이다. 大吉. 질병: 타인은 쾌차, 형제는 서쪽에서 치료하라. 매매: 소득 있으나 서류를 살피고 시비를 주의하라. 관재송사: 시간이 갈수록 손해가 크니 타협점을 찾으라.

구삼, 양마축, 이간정, 일한여위, 이유유왕. 상왈, 이유유왕,
九三, 良馬逐, 利艱貞, 日閑輿衛, 利有攸往. 象曰, 利有攸往,

26. 산천대축

상합지야.
上合志也.

좋은 말을 타고 쫓으니 어렵게 여기고 바르게 지켜야 이롭다. 날마다 수레 몰기와 방비하기를 익혀야 하고 갈 곳이 있는 것이 이롭다. 상왈, 갈 곳이 있는 것이 이로움은 위와 뜻을 합함이다.

> 경쟁자를 조심하고 시비를 멀리하며 正道를 지키면 행운이 오리라. **재운**: 소득이 없으니 억지로 구하지 말라. 가을부터 길하리라. **관운**: 승진은 곤란, 이동은 가능하며 봄이 吉. **학업**: 노력하면 성과가 있다. 형제는 건강을 유의하라. **결혼**: 남녀가 뜻을 합하니 大吉. **질병**: 타인은 점차 회복, 형제는 西南이 유리. **매매**: 소득 없으니 때를 기다리라. **관재송사**: 손해가 작을 때 빨리 타협함이 이롭다.

육사, 동우지곡, 원길. 상왈, 육사원길, 유희야.
六四, 童牛之牿, 元吉. 象曰, 六四元吉, 有喜也.

송아지 뿔에 가로나무를 댔으니 크게 길하리라. 상왈, 六四가 크게 길함은 기쁨이 있음이다.

> 복잡한 문제가 생길 수 있으나 피해는 크지 않다. 미리 대비하라. **재운**: 불리하니 절약하라. 가을은 조금 이롭다. **관운**: 허욕을 버리고 근신하라. **학업**: 본인은 성과가 작고, 자녀는 성과가 이어진다. **결혼**: 조혼(早婚)일 가능성이 있고, 大吉. **질병**: 타인은 쾌유, 부인은 서쪽에서 치료하라. **매매**: 사는 것은 불리, 파는 것은 유리. **관재송사**: 서류와 증거를 철저히 준비하면 유리하다.

26. 산천대축

육오, 분시지아, 길. 상왈, 육오지길, 유경야.
六五, 豶豕之牙, 吉. 象曰, 六五之吉, 有慶也.

거세한 돼지의 어금니니 길하리라. 상왈, 六五의 길함은 경사가 있음이다.

귀인이 도와 운이 열리니 주위에 겸손하면 인심이 후덕하리라.
재운: 귀인이 도와 소득 있고 겨울 북쪽이 吉. 관운: 주위의 도움으로 성사, 봄 겨울이 吉. 학업: 처음은 곤란해도 갈수록 성과, 더욱 노력하라. 결혼: 水木 상생격 大吉. 질병: 타인은 쾌유, 부모는 동쪽에서 치료하라. 매매: 순조롭게 성사, 봄 겨울이 이롭다. 관재송사: 화해나 송사 모두 이로우나 속히 매듭짓는 것이 좋다.

상구, 하천지구, 형. 상왈, 하천지구, 도대행야.
上九, 何天之衢, 亨. 象曰, 何天之衢, 道大行也.

하늘의 넓은 거리이니 형통하리라. 상왈, 하늘의 넓은 거리란 道가 크게 행해짐이다.

예상치 못한 곤경에 처할 수 있으니 미리 살피고 건강을 유의하라.
재운: 소득 없으니 근신하라. 겨울은 小吉. 관운: 움직이면 역효과, 자중하라. 학업: 노력만큼 성과, 더욱 근면하라. 결혼: 천생배필, 大吉. 질병: 타인은 무사, 남편과 형제는 동쪽에서 치료하라. 매매: 봄 여름은 불리, 가을 겨울은 성과. 관재송사: 처음은 불리해도 시간이 지나면 유리하게 전개되리라.

27. 山雷頤 산뢰이

이, 정길, 관이, 자구구실.
頤, 貞吉, 觀頤, 自求口實.

頤卦에는 바르게 길러야 길하고 이로운 상징이 있다. 기르는 도리를 관찰해보니 스스로 입으로 음식을 먹어 기르는 도리를 구하고 있다.

단왈, 이정길, 양정즉길야. 관이, 관기소양야, 자구구실, 관기 자양야. 천지양만물, 성인양현이급만민, 이지시의대의재.
象曰, 頤貞吉, 養正則吉也. 觀頤, 觀其所養也, 自求口實, 觀其自養也. 天地養萬物, 聖人養賢以及萬民, 頤之時義大矣哉.

단왈, 頤貞吉은 기르는 것이 바르면 길하다는 것이다. 턱을 관찰함은 그 기르는 道를 관찰하는 것이며, 自求口實은 턱이 음식을 먹어 기르는 도를 관찰하는 것이다. 天地가 만물을 길러 만물이 생장하고 성인이 현인을 길러 그 도가 만민에게 미치게 하니 頤卦의 때와 뜻이 크도다!

상왈, 산하유뢰, 이, 군자이신언어, 절음식.
象曰, 山下有雷, 頤, 君子以愼言語, 節飮食.

상왈, 산 아래 우레가 있어서 산은 위에 머물고 우레는 아래서 움직이는 것이 頤卦의 괘상이니, 군자는 이 괘상을 살펴 말을 신중히 하고 먹고 마심에 절도가 있게 한다.

초구, 사이영귀, 관아타이, 흉. 상왈, 관아타이, 역부족귀야.

27. 산뢰이

初九, 舍爾靈龜, 觀我朶頤, 凶. 象曰, 觀我朶頤, 亦不足貴也.

너(初九)는 신령스런 거북점괘를 버리고 나를 보고 턱을 늘어뜨리고 있는 상징이니 흉하다. 상왈, 나를 보고 턱을 늘어뜨리고 있음은 또한 귀하기에 부족한 것이다.

운이 약하니 근신하고 사고를 주의하라.
재운: 뜬구름은 잡을 수 없으니 허욕을 버려라. **관운**: 불리, 현상 유지에 힘쓰라. **학업**: 작게 행하라. 북쪽 吉, 남쪽 不吉. **결혼**: 예물로 인한 논쟁이 염려된다. 不吉. **질병**: 타인은 차도, 부모는 서쪽에서 치료하라. 화상을 주의하라. **매매**: 소용없는 일에 매달리고 있다. 자중하라. **관재송사**: 시간 만큼 비용이 들게 되니 빨리 매듭지으라.

육이, 전이. 불경우구이, 정흉. 상왈, 육이정흉, 행실류야.
六二, 顚頤. 拂經于丘頤, 征凶. 象曰, 六二征凶, 行失類也.

아래턱(六二)이 길러짐은 위턱(丘頤)이 길러지는 법칙에 어긋난다. 그대로 가면 흉하리라. 상왈, 六二의 가면 흉함은 행하면 동류(初九)를 잃음이다.

도움도 없고 때도 불리하니 공연한 일에 매달리지 말고 근신하라.
재운: 손해될 사람뿐, 조심하라. **관운**: 내 노력이 남의 공이 되니 욕심내지 말라. **학업**: 전진하는 운, 더욱 노력하라. **결혼**: 서로 자가 위주, 凶. **질병**: 타인은 무난, 부인의 병은 남쪽에서 치료하라. **매매**: 주위에 해될 사람뿐이니 욕심을 버리라. **관재송사**: 비용을 많이 써야 이기지만 실익은 없다.

육삼, 불이, 정흉, 십년물용, 무유리. 상왈, 십년물용, 도대패야.
六三, 拂頤, 貞凶, 十年勿用, 无攸利. 象曰, 十年勿用, 道大悖也.

27. 산뢰이

턱이 기르는 상도에 위배되니 그대로 하면 흉하여 십 년 동안 쓰지 못해 이로울 바가 없다. 상왈, 십 년 동안 쓰지 못함은 道가 크게 어그러짐이다.

범이 집안으로 들어오듯 큰 문제가 생길 운, 모두 힘껏 방비하라.
재운: 재물의 출입이 빈번하며 봄은 불리, 여름 유리. **관운**: 노력하면 봄가을 성사. **학업**: 성과 작고 봄 여름 불리, 가을 겨울 유리. **결혼**: 10년 동안 쓸 수 없다. 不吉. **질병**: 타인은 쾌차, 부모의 병환은 서쪽에서 치료하라. **매매**: 귀인이 도와 봄가을에 성공, 남쪽이 吉. **관재송사**: 재물을 써야 유리하게 진행된다.

육사, 전이길, 호시탐탐, 기욕축축, 무구. 상왈, 전이지길,
六四, 顚頤吉, 虎視耽耽, 其欲逐逐, 无咎. 象曰, 顚頤之吉,
상시광야.
上施光也.

아래(初九)가 길러주니 길하리라. 범이 노리고 있으니 그 하고자 하는 바를 따르면 허물이 없으리라. 상왈, 아래가 길러주어 길하다는 것은 위에서 베푸는 것이 빛남이다.

범이 노리고 있다. 살얼음 밟듯 주의하고 공사(公私)를 분명히 하라.
재운: 일의 순서가 맞으니 봄·가을에 결실. **관운**: 귀인이 도와 순조롭고 西北이 吉. **학업**: 작게 행하라. 西北 유리 東南 불리. **결혼**: 상대가 더 뛰어나다. 吉. **질병**: 타인은 속효. 부모는 서쪽, 부인은 남쪽에서 치료하라. **매매**: 봄의 노력이 여름 가을에 결실. **관재송사**: 재정 소비가 많아야 유리하다.

27. 산뢰이

육오, 불경, 거정길, 불가섭대천. 상왈, 거정지길, 순이종상야.
六五, 拂經, 居貞吉, 不可涉大川. 象曰, 居貞之吉, 順以從上也.

아래에서 길러주지 않아 頤卦의 도에 어긋나니 바르고 곧게 있어야 길하며 큰 냇물을 건널 수 없으리라. 상왈, 바르고 곧게 있어야 길함은 순종하여 위(上九)를 따름이다.

법을 지키고 윗사람을 따르며 수재와 사고를 조심하라.
재운: 소득보다 지출이 많다. 절약하라. **관운**: 소용이 없으니 현상 유지에 힘쓰라. **학업**: 남쪽이 흄하고 가까운 곳을 택하라. **결혼**: 중매이면 속임수를 경계하라. 오래 사귄 사이는 吉. **질병**: 타인은 속효, 자녀는 남쪽에서 치료하라. **매매**: 속임수일 수 있다. 사기를 조심하라. **관재송사**: 시간이 지나 유리해도 재정 손실이 크니 속히 매듭지으라.

상구, 유이, 여길, 이섭대천. 상왈, 유이려길, 대유경야.
上九, 由頤, 厲吉, 利涉大川. 象曰, 由頤厲吉, 大有慶也.

이 턱(上九)으로 말미암아 아래 모두가 길러지니 괴롭지만 길하며 큰 냇물을 건너는데 이로우리라. 상왈, 이 턱으로 말미암아 아래 모두가 길러지니 괴롭지만 길함은 크게 경사가 있음이다.

처음부터 일을 꼼꼼히 살펴야 후회가 없으리니 세심하라.
재운: 봄여름 불리하고 가을 이후 그만큼 회복되니 소득은 없다. **관운**: 불리하니 처음부터 감언이설을 주의하라. **학업**: 실력 부족, 작게 행하고 남쪽을 택하라. **결혼**: 여자가 어리면 吉. **질병**: 타인은 무난, 형제는 남쪽에서 치료하라. **매매**: 결국 손해니 욕심을 버리라. **관재송사**: 실상을 파악하여 대처하라. 재정 손실이 많고 여름이 小吉.

28. 澤風大過 택풍대과

대과, 동요, 이유유왕, 형.
大過, 棟橈, 利有攸往, 亨.

크게 지나감은 집의 용마루가 휘어지니 갈 곳이 있는 것이 이로워 형통하리라.

단왈, 대과, 대자과야. 동요, 본말약야. 강과이중, 손이열행,
象曰, 大過, 大者過也. 棟橈, 本末弱也. 剛過而中, 巽而說行,
이유유왕, 내형. 대과지시의대의재.
利有攸往, 乃亨. 大過之時義大矣哉.

단왈, 大過는 큰 것이 지나감이며, 용마루가 휘어짐은 밑동과 끝이 약하기 때문이다. 剛이 지나치지만 중도를 얻었으며 겸손하고 기쁘게 행하니 갈 곳이 있는 것이 이로워 형통하는 것이다. 큰 것이 지나가는 때의 뜻은 크도다!

상왈, 택멸목, 대과. 군자이독립불구, 둔세무민.
象曰, 澤滅木, 大過. 君子以獨立不懼, 遯世無悶.

상왈, 나무가 연못에 가라앉는 것이 大過卦의 상징이다. 군자는 이 괘상을 살펴 홀로 서도 두려워하지 않고 세상으로부터 은둔해도 근심하지 않는다.

28. 택풍대과

초육, 자용백모, 무구. 상왈, 자용백모, 유재하야.
初六, 藉用白茅, 无咎. 象曰, 藉用白茅, 柔在下也.

흰 띠풀로 깔개를 했으니 허물이 없으리라. 상왈, 흰 띠풀로 깔개를 했음은 柔가 아래에 있음이다.

띠풀은 하찮으나 소중히 쓰이듯 분수에 만족하면 근심이 없으리라. **재운**: 봄은 소득이 적고 여름부터 유리. **관운**: 주위에서 도와 봄여름에 성과. **학업**: 정신이 산만하니 노력하면 가을부터 호전된다. **결혼**: 吉. 나이 든 사람들이면 大吉. **질병**: 타인은 점차 회복, 부모의 병환은 서쪽에서 치료하라. **매매**: 순탄하고 여름 吉. 女子와 북쪽을 조심하라. **관재송사**: 이로운 듯해도 상대가 우세하니 준비를 철저히 하라.

구이, 고양생제, 노부득기여처, 무불리. 상왈, 노부여처, 과이상여야.
九二, 枯楊生稊, 老夫得其女妻, 无不利. 象曰, 老夫女妻, 過以相與也.

마른 버드나무에 새싹이 돋고 늙은 지아비가 젊은 여자를 처로 얻었으니 이롭지 않음이 없으리라. 상왈, 늙은 지아비가 젊은 여자를 처로 얻음은 함께 더불어 지냄이다.

근신해야 해가 없고 이성 문제를 주의하라. **재운**: 小事에 유리하나 女子를 주의하라. **관운**: 실익 없고 명예는 가능. **학업**: 순탄. 노력한 만큼 성과가 크리라. **결혼**: 吉. 나이 든 남자의 재혼은 大吉. **질병**: 타인은 곧 쾌유, 자녀의 질병은 동쪽을 알아보라. **매매**: 소득이 작으니 과욕과 허세를 버려라. **관재송사**: 가을은 불리, 봄여름은 근심이 해소되나 기밀을 유지하라.

28. 택풍대과

구삼, 동요, 흉. 상왈, 동요지흉, 불가이유보야.
九三, 棟橈, 凶. 象曰, 棟橈之凶, 不可以有輔也.

용마루가 휘어지니 흉하리라. 상왈, 용마루가 휘어져 흉함은 도움을 받을 수 없음이다.

뜻밖의 일이 생겨도 당황하지 말고 신중하게 차근차근 진행하라.
재운: 욕심을 버리라. 小事 유리, 大事 불리. 관운: 불리하니 때를 기다리라. 학업: 불순하나 노력하면 가을부터 진전이 있다. 결혼: 방해자가 많다. 不吉. 질병: 타인은 서서히 치유, 남편의 병은 서쪽에서 치료하라. 매매: 큰 욕심은 화가 되고 작은 일은 속히 진행하라. 관재송사: 증거와 대비책을 세우면 봄부터 유리하다.

구사, 동륭, 길, 유타린. 상왈, 동륭지길, 불요호하야.
九四, 棟隆, 吉, 有它吝. 象曰, 棟隆之吉, 不橈乎下也.

용마루가 높아 길하니 다른 뜻이 있으면 안타깝게 되리라. 상왈, 용마루가 높아 길함은 아래로 휘어지지 않음이다.

매사를 신속히 진행하고 正道에 따르면 길하리라.
재운: 正道로 공정해야 뒤탈이 없다. 관운: 내 수준에 알맞게 구하면 귀인이 도와 상사. 학업: 노력만큼 성과, 더욱 힘쓰라. 결혼: 서로 뜻이 일관되면 吉. 질병: 타인은 점차 회복, 자녀의 병은 동쪽에서 치료하라. 매매: 실익이 적다. 과욕 버려라. 관재송사: 여름은 곤란하고 가을 이후 편안하다.

구오, 고양생화, 노부득기사부, 무구무예. 상왈, 고양생화, 하

28. 택풍대과

九五, 枯楊生華, 老婦得其士夫, 无咎无譽. 象曰, 枯楊生華, 何
가구야. 노부사부, 역가추야.
可久也. 老婦士夫, 亦可醜也.

마른 버드나무에 꽃이 피고 늙은 부인이 젊은 남자를 얻어 남편으로 삼았으니 허물도 없고 영예도 없으리라. 상왈, 마른 버드나무에 핀 꽃이 어찌 오래갈 수 있겠으며, 늙은 부인이 젊은 남자를 얻어 남편으로 삼음은 더욱 추한 것이다.

근본이 약하니 이치에 맞지 않는 일은 강행하지 말라.
재운: 大事는 실패, 小事는 여름 이후 吉. **관운**: 시기가 지났으니 근신하며 때를 기다려라. **학업**: 더욱 노력하고 목표를 낮추면 가을부터 吉. **결혼**: 不吉. **질병**: 타인은 무난, 부모는 시간이 걸리고 남편은 서쪽을 알아보라. **매매**: 결국 허사, 자숙해야 손해가 없다. **관재송사**: 여름부터 호운, 겨울이 길하다.

상육, 과섭멸정, 흉, 무구. 상왈, 과섭지흉, 불가구야.
上六, 過涉滅頂, 凶, 无咎. 象曰, 過涉之凶, 不可咎也.

깊은 물을 무리하게 건너다 정수리까지 빠졌으니 흉하지만 허물은 없으리라. 상왈, 깊은 물을 무리하게 건너 흉함은 남을 탓할 수 없음이다.

새로운 일은 착수치 말고 해오던 일은 속히 추진해야 결과를 보리라.
재운: 서둘러야 유리하고 봄이 吉. **관운**: 귀인의 도움으로 봄가을에 성사. **학업**: 성과가 작으나 노력하면 진전이 있겠다. **결혼**: 不可 不吉. **질병**: 타인은 쾌유, 부모의 병환은 속히 서쪽에서 치료하라. **매매**: 순탄하게 진행되고 여름이 吉. **관재송사**: 여름부터 유리하고 가을이 吉.

29. 坎爲水 감위수

습감, 유부, 유심형, 행유상.
習坎, 有孚, 維心亨, 行有尙.

험난이 거듭되니 성실함이 있으면 오직 마음이 형통하리라. 행하면 높임 받게 되리라.

단왈, 습감, 중험야, 수류이불영, 행험이부실기신, 유심형, 내
象曰, 習坎, 重險也, 水流而不盈, 行險而不失其信, 維心亨, 乃
이강중야. 행유상왕유공야. 천험불가승야. 지험산천구릉야. 왕
以剛中也. 行有尙往有功也. 天險不可升也. 地險山川丘陵也. 王
공설험이수기국, 험지시용대의재.
公設險以守其國, 險之時用大矣哉.

단왈, 習坎은 험난이 겹친 것이다. 물이 흘러도 가득 차지 않듯 험난으로 가도 그 신실함을 잃지 않으며 오직 마음이 형통하는 것은 剛이 가운데 있기 때문이다. 행하면 높임을 받는 것은 가면 공이 있음이다. 하늘이 험한 것은 오를 수 없기 때문이며 땅이 험한 것은 산천과 구릉이기 때문이다. 왕공이 험한 것을 설치하여 그 나라를 지키니 험함의 때와 쓰임이 크도다!

상왈, 수천지, 습감, 군자이상덕행, 습교사.
象曰, 水洊至, 習坎, 君子以常德行, 習敎事.

상왈, 물이 끊임없이 흘러오고 험함에 빠진 것이 習坎卦의 상징이다. 군자는 물이 끊임없이 흐르는 것을 본받아 항상 덕행을 실천하고 남을

29. 감위수

교화하는 일을 익힌다.

초육, 습감, 입우감담흉. 상왈, 습감입우감실도흉야.
初六, 習坎, 入于坎窞凶. 象曰, 習坎入于坎失道凶也.

험난이 거듭되어 깊은 구덩이 속으로 들어가니 흉하리라. 상왈, 험난이 거듭되어 구덩이 속으로 들어감은 道를 잃어 흉함이다.

> 행운이 들어오니 매사가 길하여 근심이 없으리라.
> **재운**: 순탄하고 봄여름과 東南이 吉. **관운**: 때가 아니니 자중하며 기다려라. **학업**: 타인은 순탄치 않고 子女는 吉. **결혼**: 사기당할 우려가 있고 바르지 않은 결혼일 수 있다. 不吉. **질병**: 점차 회복, 원래 있던 병은 재발 우려가 있으니 주의하라. **매매**: 처음은 곤란, 뒤에 순탄. **관재송사**: 환경을 살펴 알맞게 처신하고 특히 봄을 조심하라.

구이, 감유험, 구소득. 상왈, 구소득, 미출중야.
九二, 坎有險, 求小得. 象曰, 求小得, 未出中也.

험한 구덩이 속에 있으나 구하면 조금 얻으리라. 상왈, 구하면 조금 얻음은 그 속에서 아직 나오지 못한 것이다.

> 해로운 사람이 있어도 박대하지 말고 공경해 보내라.
> **재운**: 大事 불리, 小事는 유리, 봄여름이 吉. **관운**: 작은 소망은 성취, 큰 욕심은 화가 되니 守分하라. **학업**: 성과가 나지 않아 답답할 때, 노력하며 작게 진행하라. **결혼**: 서두르면 不吉. 시기를 기다리라. **질병**: 타인은 점차 회복, 형제의 병은 동쪽에서 치료하라. **매매**: 小事는 봄여름이 吉. **관재송사**: 전망이 밝지 않으니 근신해야 화가 적다.

29.감위수

육삼, 내지감감, 험차침, 입우감담, 물용. 상왈, 내지감감, 종
六三, 來之坎坎, 險且枕, 入于坎窞, 勿用. 象曰, 來之坎坎, 終
무공야.
无功也.

험난이 다가오고 뒤에도 험난에 빠지며 깊은 구덩이로 들어가게 되니 쓰지 말라. 상왈, 험난이 다가옴은 끝내 공이 없음이다.

허황된 욕심을 내면 남에게 속을 운이니 감언이설을 주의하라.
재운: 봄여름 小事 가능 이익은 작다. **관운**: 처음은 곤란, 후반에 유리. 봄이 吉. **학업**: 곤란하지만 노력하며 작게 진행하라. **결혼**: 감(坎)은 남자. 남자가 구혼하는 상. 不吉. **질병**: 타인은 점차 회복, 부모의 병은 북쪽에서 치료하라. **매매**: 서둘러 추진하면 성사, 늦으면 허사. **관재송사**: 시간이 지나면서 점차 근심이 사라진다.

육사, 준주궤이용부, 납약자유, 종무구. 상왈, 준주궤이, 강유
六四, 樽酒簋貳用缶, 納約自牖, 終无咎. 象曰, 樽酒簋貳, 剛柔
제야.
際也.

한 통의 술과 두 그릇의 음식을 항아리에 담아 줄에 묶어 창문으로 들여보내니 끝내 허물이 없으리라. 상왈, 한 통 술과 두 그릇의 음식이란 剛과 柔가 서로 만남이다.

놀랄 일이 있게 되리니 마음이 흔들리지 않으면 무사하리라.
재운: 허욕을 버리고 근신하면 화를 면한다. **관운**: 소득이 없다. 인허가 종류는 가능하다. **학업**: 순탄하고 행운. **결혼**: 吉. **질병**: 치료를 계속하면 회복된다. **매매**: 예상보다 실익이 적으니 욕심치 말라. **관재송사**: 서로 곤란하니 타협도 가능하다. 알아보라.

29.감위수

구오, 감불영, 저기평, 무구. 상왈, 감불영, 중미대야.
九五, 坎不盈, 祗旣平, 无咎. 象曰, 坎不盈, 中未大也.

구덩이에 물이 가득 차지 않았고 땅이 평평해졌으니 허물이 없으리라. 상왈, 구덩이에 물이 가득 차지 않음은 중도가 아직 크지 않음이다.

어려움이 많으나 서둘지 말고 지나가기를 기다리라.
재운: 小事와 인근의 일은 유리하고 大事와 먼 곳은 불리. **관운**: 때가 맞지 않아 불리. 관재구설을 예방하라. **학업**: 곤란. 적성에 맞게 노력하면 길하다. **결혼**: 양가 수준이 알맞다. 吉. **질병**: 타인은 회복, 형제 자녀의 병은 동쪽에서 치료하라. **매매**: 구설뿐 실익이 없으니 욕심을 버리라. **관재구설**: 강공(强攻)은 화가 되니 타협점을 찾으라.

상육, 계용휘묵, 치우총극, 삼세부득, 흉. 상왈, 상육실도, 흉
上六, 係用徽纆, 寘于叢棘, 三歲不得, 凶. 象曰, 上六失道, 凶
삼세야.
三歲也.

오랏줄로 묶어 가시덤불 속에 버려두어 삼 년간 벗어나지 못하니 흉하리라. 상왈, 上六이 도를 잃음은 흉함이 3년간 이어짐이다.

법과 正道를 지키지 않으면 화가 있으니 주의하라.
재운: 소득 없고 특히 가을 겨울 西北이 不吉. **관운**: 손해뿐, 근신하라. **학업**: 근면하라. 형제 자녀는 성과를 거둔다. **결혼**: 서둘지 말고 시간에 맡겨라. **질병**: 타인은 쾌유, 부인은 동쪽을 알아보라. **매매**: 손재수. 움직이지 말라. **관재송사**: 재물을 써야 승리하지만 이익은 없으리라. 타협점이 있는지 알아보라.

30. 離爲火 이위화

이, 이정형, 축빈우길.
離, 利貞亨, 畜牝牛吉.

자리 잡음은 정도에 맞아야 이롭고 형통하니 암소를 기름에 길하리라.

단왈, 이, 여야. 일월여호천, 백곡초목여호토, 중명이여호정,
彖曰, 離, 麗也. 日月麗乎天, 百穀草木麗乎土, 重明以麗乎正,
내화성천하, 유여호중정, 고형. 시이축빈우길야.
乃化成天下, 柔麗乎中正, 故亨. 是以畜牝牛吉也.

단왈, 離는 자리 잡음이다. 해와 달이 하늘에 자리를 잡고, 온갖 곡식과 초목은 땅에 자리를 잡는다. 중첩된 밝음으로 정당한 자리에 있으니 곧 천하의 교화를 이룬다. 유순한 덕성으로 중정의 자리에 있음으로 형통하는 것이니 그러므로 암소의 유순함을 기르는 것이 길한 것이다.

상왈, 명양작이, 대인이계명조우사방.
象曰, 明兩作離, 大人以繼明照于四方.

상왈, 두 개의 밝음으로 이루어진 것이 離卦의 괘상이니 대인이 이 괘상을 살펴 밝은 덕성을 계승하여 사방을 비춘다.

초구, 이착연, 경지무구. 상왈, 이착지경, 이피구야.
初九, 履錯然, 敬之无咎. 象曰, 履錯之敬, 以避咎也.

30. 이위화

발걸음이 착잡하지만 공경하면 허물이 없으리라. 상왈, 발걸음이 착잡해도 공경함은 허물을 피함이다.

능력에 맞게 추진하고 허세를 버려야 길하리라.
재운: 때가 아니니 욕심내지 말라. **관운**: 소득도 없고 도울 사람도 없으니 자중하라. **학업**: 순탄하여 공이 있다. 자녀는 저조하다. **결혼**: 서로 진실 부족, 不吉. **질병**: 최근의 병은 오래 걸리고, 오래된 병은 곧 차도가 있다. 서쪽이 吉. **매매**: 곤란하고 시일이 지나면 小事는 길하다. **관재송사**: 서로 나쁜 감정이 없으니 타협을 모색해보라.

육이, 황이원길. 상왈, 황이원길득중도야.
六二, 黃離元吉. 象曰, 黃離元吉得中道也.

황색으로 밝으니 크게 길하리라. 상왈, 황색으로 밝아 크게 길함은 중도를 얻었기 때문이다.

황색이 중도를 얻었으니 마땅하며 먼 곳도 이롭다.
재운: 小事는 가능하나 大事는 불리하다. **관운**: 이동이나 변동하는 운, 가을이 吉. **학업**: 자녀는 곤란. 東北不吉, 西南吉. **결혼**: 아름다운 짝이다. 吉. **질병**: 타인은 점차 회복, 자녀는 남쪽에서 치료하라. **매매**: 실물에 결함이 있고, 성사도 어렵다. **관재송사**: 처음은 복잡해도 준비를 장하면 점차 호전되어 여름이면 길하리라.

구삼, 일측지이, 불고부이가, 즉대질지차, 흉. 상왈, 일측지이, 하가구야.
九三, 日昃之離, 不鼓缶而歌, 則大耋之嗟, 凶. 象曰, 日昃之離, 何可久也.

30. 이 위 화

해가 기울 때의 밝음이다. 질장구도 치지 않고 노래 부르는 것은 늙은 이의 탄식이다. 흉하리라. 상왈, 해가 기울 때의 밝음이니 어찌 오랠 수 있으랴.

남을 신용치 말고 새로운 일을 착수치 말며 근신하라.
재운: 사기나 절도·분실에 주의하라. **관운**: 소득이 없으니 근신하라.
학업: 성과부진, 특히 건강을 살피라. **결혼**: 해로하기 어렵다. 凶. **질병**: 타인은 점차 회복, 남편은 서쪽, 형제는 동쪽에서 치료하라. **매매**: 관재수가 있다. 물건과 실상을 미리 확인하라. **관재송사**: 유리하게 진전되며 여름이 유리하고 가을은 불리하다.

구사, 돌여기래여, 분여, 사여, 기여. 상왈, 돌여기래여, 무소
九四, 突如其來如, 焚如, 死如, 棄如. 象曰, 突如其來如, 无所
용야.
容也.

갑자기 오는 듯하고 불타는 듯하고, 죽는 듯하고 버려지는 듯하다. 상왈, 갑자기 오는 듯함은 용납할 바가 없음이다.

밖으로 드러난 일은 불리하니 은밀히 진행하면 성공을 거두리라.
재운: 봄부터 추진한 일이 가을에 성사. **관운**: 봄여름은 부족하고 가을에 성과가 있다. **학업**: 본인과 자녀는 순조롭고 남쪽이 吉. **결혼**: 大凶. **질병**: 타인은 곧 쾌유. 남편은 西北이 이롭다. **매매**: 수익이 크고 가을과 서쪽이 吉. **관재송사**: 준비를 철저히 서둘러야 유리하고 여름이 길하다.

30. 이 위 화

육오, 출체타약, 척차약, 길. 상왈, 육오지길, 이왕공야.
六五, 出涕沱若, 戚嗟若, 吉. 象曰, 六五之吉, 離王公也.

눈물을 줄줄 흘리며 근심하고 탄식하지만 길하리라. 상왈, 六五의 길함은 왕공의 자리에 있기 때문이다.

> **正道를 지키고 남에게 공정하게 대하면 복을 받으리라.**
> **재운**: 순탄하고 먼 곳도 길하며 가을이 이롭다. **관운**: 때와 자리가 나와 맞지 않으니 守分하라. **학업**: 순탄. 성과도 크니 더욱 노력하라. **결혼**: 처음은 어렵고 후에 크게 번성한다. 吉. **질병**: 타인은 곧 쾌유, 남편은 서쪽에서 치료하라. **매매**: 가을과 서쪽이 길하고 북쪽과 돼지 띠는 해롭다. **관재송사**: 재물을 많이 써야 결과가 길하리라.

상구, 왕용출정, 유가절수, 획비기추, 무구. 상왈, 왕용출정, 이정방야.
上九, 王用出征, 有嘉折首, 獲匪其醜, 无咎. 象曰, 王用出征, 以正邦也.

왕이 출정하면 우두머리를 베는 기쁨이 있지만, 그 무리를 잡지 않아야 허물이 없으리라. 상왈, 왕이 출정함은 나라를 바로잡음이다.

> **사람들과 관계를 분명히 해야 길하다.** **재운**: 만용을 삼가고 시세를 관망하라. **관운**: 움직이면 역풍, 자중하라. **학업**: 자녀는 경사. 가을은 불리하다. **결혼**: 吉. 남자에게 더욱 吉. **질병**: 타인은 곧 쾌유, 형제는 시간이 걸린다. 부인의 병은 서쪽을 알아보라. **매매**: 노력이 허사니 불리하다. **관재송사**: 재물 손해가 많으나 결과는 빠르리라.

《주역》하경
31. 澤山咸 택산함

함, 형, 이정, 취녀길.
咸, 亨, 利貞, 取女吉.

느껴 형통하니 정도를 지켜야 이롭고 여자를 취함에 길하리라.

단왈, 함, 감야. 유상이강하, 이기감응이상여. 지이열, 남하
象曰, 咸, 感也. 柔上而剛下, 二氣感應以相與. 止而說, 男下
여, 시이형이정, 취여길야. 천지감이만물화생, 성인감인심이
女, 是以亨利貞, 取女吉也. 天地感而萬物化生, 聖人感人心而
천하화평. 관기소감, 이천지만물지정가견의.
天下和平. 觀其所感, 而天地萬物之情可見矣.

단왈, 咸은 느끼는 것이다. 柔가 올라가고 剛이 내려와 두 기운이 감응하여 서로 함께한다. 머물고 기뻐하며 남자가 여자에게 몸을 낮추므로 형통하니 그대로 해야 이롭고 여자를 얻는데 길하리라. 天地가 교감하여 만물이 화생하고 성인이 사람의 마음을 감동시켜 천하가 화평하니 그 교감하는 바를 살핌으로써 천지 만물의 정황을 알 수 있다.

상왈, 산상유택, 함. 군자이허수인.
象曰, 山上有澤, 咸. 君子以虛受人.

상왈, 산 위에 못이 있는 것이 咸卦의 상징이니 군자는 이러한 현상을 살펴 자신의 마음을 비워 사람을 받아들인다.

31. 택산함

초육, 함기무, 상왈, 함기무, 지재외야.
初六, 咸其拇. 象曰, 咸其拇, 志在外也.

엄지발가락에서 느낀다. 상왈, 엄지발가락에서 느낌은 뜻이 밖에 있음이다.

때가 아니니 함부로 움직이거나 이동하면 후회하리라.
재운: 이사나 이동은 손해, 자중하라. **관운**: 허상을 버리고 근신하라. **학업**: 운 부족으로 성과가 없다. 자녀는 西北이 유리. **결혼**: 初六이 九四와 응하니 吉. **질병**: 부모의 병환은 서쪽, 자녀는 북쪽에서 치료하라. **매매**: 뜻과 실체가 맞지 않아 실익이 없다. **관재송사**: 시간이 걸리나 유리하고 가을이 길하다.

육이, 함기비, 흉, 거길. 상왈, 수흉, 거길, 순불해야.
六二, 咸其腓, 凶, 居吉. 象曰, 雖凶, 居吉, 順不害也.

장딴지에서 느끼니 흉하며 그대로 있어야 길하리라. 상왈, 비록 흉하지만 그대로 있어야 길함은 이치에 따라야 해롭지 않음이다.

움직일수록 해로우니 안정하고 이치에 맞게 행동하라.
재운: 지출이 많으니 절제하라. **관운**: 움직이면 말썽, 자중하라. **학업**: 남과 시간을 허비하니 불리. 자녀도 저조하다. **결혼**: 미혼은 상대에게 이끌려 결혼하게 되고, 기혼자는 변동수가 있으나 잘 지켜야 이롭다. **질병**: 타인은 서쪽에서, 남편은 동쪽에서 치료하라. **매매**: 불리. 시비와 송사 주의하라. **관재송사**: 가을 겨울이면 유리해진다.

구삼, 함기고, 집기수, 왕린. 상왈, 함기고, 역불처야, 지재수인, 소집하야.
九三, 咸其股, 執其隨, 往吝. 象曰, 咸其股, 亦不處也, 志在隨人, 所執下也.

31. 택산함

넓적다리에서 느낀다. 그 따르는 바에 집착하여 가면 부끄럽게 되리라. 상왈, 넓적다리에서 느낌은 또한 그대로 있을 수 없는 것이며, 뜻이 남을 따름에 있음은 하천한 것에 집착함이다.

진퇴양난, 감언이설을 따르지 말고 자신의 위치를 지키라.
재운: 正道를 지키고 관망하라. **관운**: 자중해야 구설이 없다. **학업**: 기쁨이 있고, 자녀는 행운. **결혼**: 관계가 깊고, 짝을 못 이룰까 두렵다. **질병**: 타인은 서쪽, 부인의 병은 북쪽을 알아보라. **매매**: 소득이 없으니 때를 기다려라. **관재송사**: 상대도 같은 감정이니 타협을 주선하면 여름부터 순탄하다.

구사, 정길, 회망, 동동왕래, 붕종이사. 상왈, 정길회망, 미감
九四, 貞吉, 悔亡, 憧憧往來, 朋從爾思. 象曰, 貞吉悔亡, 未感
해야. 동동왕래, 미광대야.
害也. 憧憧往來, 未光大也.

正道를 지키면 길하여 후회가 없어지리라. 마음이 안정되지 않아 왔다 갔다 하니 행하는 바가 있으면 벗이 너의 생각을 따르리라. 상왈, 正道를 지켜야 길하여 후회가 없어짐은 감응함이 해롭지 않은 것이며, 왔다 갔다 함은 빛남이 크지 않은 것이다.

허욕 버리고 正道를 잃지 않으면 손해가 없다.
재운: 봄여름은 소득이 작고 가을 겨울 東北이 吉. **관운**: 성사 곤란. 때를 기다리라. **학업**: 집중력 부족, 자녀는 吉. **결혼**: 여자의 규범이 단정치 못할 수 있다. 不吉. **질병**: 타인은 쾌유, 부모의 병환은 동쪽에서 치료하라. **매매**: 봄부터 순조롭고 겨울이 吉. **관재송사**: 여름은 불리하고 가을 겨울은 유리하다.

31. 택산함

구오, 함기매, 무회. 상왈, 함기매, 지말야.
九五, 咸其脢, 无悔. 象曰, 咸其脢, 志末也.

등골에서 느끼니 후회가 없으리라. 상왈, 등골에서 느낌은 뜻이 끝에 이름이다.

내 뜻대로 되지 않으니 욕심을 버리고 양보해야 후회가 없다.
재운: 억지로 구하지 말고 서쪽을 주의하라. **관운**: 움직이면 막히는 운이니 자중하라. **학업**: 성과가 적으니 작게 추진하라. 자녀는 吉. **결혼**: 관계가 깊고, 성사된다. 吉. **질병**: 부인은 북쪽에서, 자녀는 서쪽에서 치료하라. **매매**: 서로 뜻이 달라 성사가 어렵다. **관재송사**: 이롭지 않다. 사건을 분명히 파악하고 임하라.

상육, 함기보협설. 상왈, 함기보협설, 등구열야.
上六, 咸其輔頰舌. 象曰, 咸其輔頰舌, 滕口說也.

광대뼈와 뺨과 혀에 감동한다. 상왈, 광대뼈와 뺨과 혀에 감동함은 변설로 기뻐하는 것이다.

남의 말에 부화뇌동하지 말고 거시적으로 생각하면 길하리라.
재운: 먼 곳의 일을 서두르지 말고 후일을 기약하라. **관운**: 귀인이 도와 봄이면 영광. **학업**: 공이 있으니 분야를 잘 선택하라. 자녀는 가까운 곳이 유리. **결혼**: 중간사람을 믿지 말고 실체를 확인하라. **질병**: 타인은 쾌유, 자녀는 서쪽에서 치료하라. **매매**: 공들인 일이 점차 이루어지니 吉. **관재송사**: 귀인의 도움으로 여름부터 이롭다.

32. 雷風恒 뇌풍항

항, 형, 무구, 이정, 이유유왕.
恒, 亨, 无咎, 利貞, 利有攸往.

항구한 도를 지녀야 형통하고 허물이 없으리라. 굳게 지켜야 이롭고 갈 곳이 있는 것이 이롭다.

단왈, 항, 구야. 강상이유하, 뇌풍상여, 손이동, 강유개응, 항.
象曰, 恒, 久也. 剛上而柔下, 雷風相與, 巽而動, 剛柔皆應, 恒.
항, 형, 무구, 이정, 구어기도야. 천지지도, 항구이불이야. 이
恒, 亨, 无咎, 利貞, 久於其道也. 天地之道, 恒久而不已也. 利
유유왕, 종즉유시야. 일월득천이능구조, 사시변화이능구성, 성
有攸往, 終則有始也. 日月得天而能久照, 四時變化而能久成, 聖
인구어기도이천하화성. 관기소항, 이천지만물지정가견의.
人久於其道而天下化成. 觀其所恒, 而天地萬物之情可見矣.

단왈, 恒은 항구함이다. 剛이 올라가고 柔가 내려오며, 우레와 바람이 서로 함께하고 겸손하고 동하며 剛柔가 모두 응하는 것이 恒이다. 항구하면 형통하고 허물이 없으며 굳게 지켜야 이로움은 그 도가 항구한 것이니 천지의 도는 항구하여 그치지 않는다. 갈 곳이 있는 것이 이로움은 마치면 시작이 있음이다. 해와 달은 하늘을 얻어 오래 비출 수 있고 四時는 변화하여 오랠 수 있으며, 성인이 그 도를 길이 하여 천하를 교화 생성하니 그 항구함을 관찰하여 천지와 만물의 정을 알 수 있다.

상왈, 뇌풍, 항. 군자이립불역방.

32. 뇌풍항

象曰, 雷風, 恒. 君子以立不易方.

상왈, 우레와 바람이 항구하게 교류함이 恒卦의 상징이니 군자는 이러한 현상을 살펴 뜻을 세우고 그 도를 바꾸지 않는다.

초육, 준항, 정흉, 무유리. 상왈, 준항지흉, 시구심야.
初六, 浚恒, 貞凶, 无攸利. 象曰, 浚恒之凶, 始求深也.

항구한 도를 깊이 구하니 그대로 하면 흉하여 이로운 바가 없으리라. 상왈, 항구한 도를 깊이 구해 흉함은 처음의 위치에서 구함이 깊은 것이다.

> 시간이 지나면 일이 무산될 수 있으니 신속히 추진하라.
> **재운**: 동쪽 귀인이 도와 봄부터 유익. **관운**: 노력이 봄에 성공. **학업**: 불순하나 정신 집중하면 가을부터 성과를 거둔다. **결혼**: 가문이나 재산을 보고 결혼하면 不吉. **질병**: 타인은 점차 호전, 부모의 병은 서쪽에서 치료하라. **매매**: 행운. 봄여름에 성사, 과욕을 삼가라. **관재송사**: 봄여름이 불리하나 대비를 철저히 하면 원만해진다.

구이, 회망. 상왈, 구이회망, 능구중야.
九二, 悔亡. 象曰, 九二悔亡, 能久中也.

뉘우침이 없어지리라. 상왈, 구이의 뉘우침이 없어짐은 중도를 오래 지킬 수 있음이다.

> 어떤 일이든 서둘지 말고 正道를 지키며 서서히 진행하라.
> **재운**: 大事不可, 小事는 여름에 吉. **관운**: 기밀을 지키고 안정적으로 서서히 진행하라. **학업**: 본인은 순탄하나 子女는 건강에 유의하라. **결혼**: 보통의 배우자이다. **질병**: 타인은 차도가 있고, 자녀는 영양 보충에 힘쓰라. **매매**: 봄가을과 가까운 곳·남쪽이 吉. 분수를 넘지 말라.

32. 뇌풍항

관재송사: 여름은 유리, 가을은 불길하니 합의 가능성을 알아보라.

구삼, 불항기덕, 혹승지수, 정린. 상왈, 불항기덕, 무소용야.
九三, 不恒其德, 或承之羞, 貞吝. 象曰, 不恒其德, 无所容也.

그 덕을 항구히 지키지 않으면 혹 수치를 당할지도 모른다. 그대로 나가면 부끄러움을 당하리라. 상왈, 그 덕을 항구히 지키지 않음은 용납할 바가 없음이다.

해오던 일을 꾸준히 하고 새롭게 시작하지 말라.
재운: 여름 가을이 吉, 남쪽이 이롭다. **관운**: 때가 맞지 않아 불발, 근신하며 기다리라. **학업**: 중간에 포기할 위험, 여름에 사고 주의하라. **결혼**: 중간에 좌절되거나 수치를 당할 수 있다. **질병**: 타인은 쾌유, 남편의 병은 북쪽, 자녀의 병은 동쪽을 알아보라. **매매**: 여름 吉, 西南 유리. 북쪽은 不吉. **관재송사**: 봄여름에는 근심이 사라지리라.

구사, 전무금. 상왈, 구비기위, 안득금야.
九四, 田无禽. 象曰, 久非其位, 安得禽也.

사냥해도 짐승을 잡지 못하리라. 상왈, 오랫동안 그 자리가 아닌 곳에 있으니 어찌 짐승을 얻겠는가.

한 가지 일에 초지일관하고 다른 뜻을 갖지 말라.
재운: 손재수. 봄여름엔 욕심을 버리라. **관운**: 소용없으니 현상 유지에 노력하라. **학업**: 점차 순탄해지며 성과가 있다. **결혼**: 두 사람 궁합이 좋지 않다. 不吉. **질병**: 타인은 호전, 남편의 병은 북쪽에서 치료하라. **매매**: 봄은 부족하고 여름부터 순탄하다. **관재송사**: 복잡해도 봄여름이면 유리하게 되리라.

32. 뇌풍항

육오, 항기덕, 정, 부인길, 부자흉. 상왈, 부인정길, 종일이종
六五, 恒其德, 貞, 婦人吉, 夫子凶. 象曰, 婦人貞吉, 從一而終
야. 부자제의, 종부흉야.
也. 夫子制義, 從婦凶也.

그 덕을 항구히 굳게 지켜야 하리니 부인은 길하고 남편은 흉하리라. 상왈, 부인이 굳게 지켜 길함은 하나를 따라서 마침이며, 남편은 의로써 제어하므로 부인을 따르면 흉한 것이다.

> **부인과 함께하면 길하고 남자와 함께하면 불길하리니 명심하라.**
> **재운**: 욕심 버리면 작은 소득, 분수 넘으면 위험. **관운**: 봄여름이 유리하고 먼 곳이 吉. **학업**: 진전이 없어 괴로우나 가을부터 호전. **결혼**: 여자 쪽에서 점쳤으면 吉, 남자 쪽에서 점쳤으면 不吉. **질병**: 타인은 시간이 걸려 치유, 형제의 병은 남쪽에서 치료하라. **매매**: 성사 불가. 여름에 관재구설 주의. **관재송사**: 불리하니 타협을 모색해보라.

상육, 진항, 흉. 상왈, 진항재상, 대무공야.
上六, 振恒, 凶. 象曰, 振恒在上, 大无功也.

항구한 도가 흔들리니 흉하리라. 상왈, 위에서 항구한 도가 흔들림은 크게 공이 없음이다.

> **처음은 곤란해도 서둘지 말고 서서히 추진하면 후일은 평안하리라.**
> **재운**: 귀인이 도와 봄부터 가을까지 남쪽이 吉. **관운**: 귀인이 도와 성취, 가을이 吉. **학업**: 근신하라. 먼 곳을 피하라. **결혼**: 재혼에 吉, 초혼에는 不吉. **질병**: 타인은 호전, 부모는 서쪽에서 치료하라. **매매**: 봄이 유리, 가을이 吉. **관재송사**: 갈수록 불리하니 속히 해결하라.

33. 天山遯 천산돈

돈, 형, 소리정.
遯, 亨, 小利貞.

세상을 피해 은둔해야 형통하며 소인은 정도를 지켜야 이롭다.

단왈, 돈형, 돈이형야. 강당위이응, 여시행야. 소리정, 침이장
象曰, 遯亨, 遯而亨也. 剛當位而應, 與時行也. 小利貞, 浸而長
야, 돈지시의대의재.
也, 遯之時義大矣哉.

단왈, 세상을 피해 은둔해야 형통함은 은둔하고 형통하는 것이다. 剛이 정당한 위치에 있고 응하며 때에 알맞게 행한다. 소인이 정도를 지켜야 이로움은 소인의 도가 번지듯 자라나기 때문이니 세상을 피해 은둔하는 때의 뜻이 크도다!

상왈, 천하유산, 돈. 군자이원소인, 불오이엄.
象曰, 天下有山, 遯. 君子以遠小人, 不惡而嚴.

상왈, 하늘 아래 산이 있어 은둔해있는 현상이니 군자는 이러한 현상을 살펴 소인을 멀리하지만 미워하지 않고 위엄을 갖춰 무례하게 대하지 못하도록 한다.

33. 천산돈

초육, 돈미, 려, 물용유유왕. 상왈, 돈미지려, 불왕하재야.
初六, 遯尾, 厲, 勿用有攸往. 象曰, 遯尾之厲, 不往何災也.

은둔이 늦어졌으니 위태로움이 있게 되리라. 나아갈 곳이 있어도 가지 말라. 상왈, 은둔이 늦어져 위태로움은 나아가지 않으면 무슨 재앙이 있겠는가.

문밖으로 나가 사람들과 교제하면 면 귀인을 만나 길하리라.
재운: 大事 불리, 小事는 吉. 과욕을 삼가라. **관운**: 貴人이 도와 봄여름이 吉. 자신의 한계를 알라. **학업**: 목적지가 눈앞, 더욱 노력하라. **결혼**: 어려움을 피하는 격 不吉. **질병**: 차도가 있으나, 부모의 병은 남쪽에서 치료하라. **매매**: 실익이 없다. 때를 기다리라. **관재송사**: 양측 모두 피곤하고 시간이 걸리니 타협점이 있는지 알아보라.

육이, 집지용황우지혁, 막지승탈. 상왈, 집용황우, 고지야.
六二, 執之用黃牛之革, 莫之勝說. 象曰, 執用黃牛, 固志也.

황소 가죽으로 잡아매어 벗어나지 못하게 하라. 상왈, 황소 가죽으로 잡아맴은 뜻이 견고한 것이다.

허욕을 버리고 해오던 일이나 계획을 확고히하고 正道로 노력하라.
재운: 성과가 작다. 봄가을이 유리하다. **관운**: 소득이 없으니 현상 유지에 노력하라. **학업**: 과욕을 버리라. 먼 곳이 유리. **결혼**: 이미 관계가 깊다. 잘 유지하라. **질병**: 자녀는 가을 겨울이 이롭고, 형제의 병은 오래 걸린다. **매매**: 실익이 없으니 허욕을 버려라. **관재송사**: 점차 유리해지며 겨울이 길하다.

구삼, 계돈, 유질려, 축신첩길. 상왈, 계돈지려, 유질패야. 축

33.천산돈

九三, 係遯, 有疾厲, 畜臣妾吉. 象曰, 係遯之厲, 有疾憊也. 畜臣妾吉, 不可大事也.

매여있는 은둔으로 질병이 있어 괴로우니 신하와 첩을 기르면 좋으리라. 상왈, 매여있는 은둔이 괴로움은 병이 있어 괴로운 것이며, 신하와 첩을 기르는 것이 좋음은 큰일을 할 수 없음이다.

운이 비색하니 새로운 일에 손대지 말고 근신, 여자를 주의하라.
재운: 손재수. 특히 여름이 不吉. 관운: 이롭지 않다. 현상 유지에 노력하라. 학업: 답보상태. 노력하면 점차 운이 열린다. 결혼: 不吉. 첩을 들이는데 吉. 질병: 차도가 있고, 부인의 병은 남쪽에서 치료하라. 매매: 손재수. 자중하라. 관재송사: 시간과 비용이 많으니 타협할 수 있는지 알아보라.

九四, 好遯, 君子吉, 小人否. 象曰, 君子好遯, 小人否也.

좋은 은둔이니 군자는 길하고 소인은 비색하리라. 상왈, 군자에겐 좋은 은둔이며 소인에겐 비색함이다.

지출이 많고 두루 성과가 있다. 만용을 삼가고 겸손하라.
재운: 봄 小吉, 이후는 不吉. 분수를 지켜라. 관운: 연초의 노력이 봄에 결실, 여름 이후는 근신하라. 학업: 성과가 날 때, 더욱 노력하라. 결혼: 이혼할 우려가 있다. 不吉. 질병: 문제없으나 형제의 병은 西北을 알아보라. 매매: 봄여름 유리, 가을 불리, 東南吉. 관재송사: 괴로운 상태, 가을 겨울 귀인이 돕는다.

33. 천산돈

구오, 가돈, 정길. 상왈, 가돈정길, 이정지야.
九五, 嘉遯, 貞吉. 象曰, 嘉遯貞吉, 以正志也.

아름다운 은둔이니 굳게 지켜야 길하리라. 상왈, 아름다운 은둔이니 굳게 지켜야 길함은 뜻을 바르게 함이다.

손재수. 머지않아 운이 풀리니 안정하고 먼 곳을 조심하라.
재운: 小事는 동쪽 吉, 서쪽·가을 不吉. **관운**: 처음은 유리, 중도에 좌절. 근신하라. **학업**: 자신은 더욱 힘쓰고 형제 자녀는 吉. **결혼**: 한쪽 뜻이 달라 다른 사람을 원한다. **질병**: 차도가 있으나, 오래된 병은 더욱 주의하라. **매매**: 지출 많고 성사가 어렵다. 분수를 지켜라. **관재송사**: 不吉. 대비를 철저히 하라. 여름 吉.

상구, 비돈, 무불리. 상왈, 비돈, 무불리, 무소의야.
上九, 肥遯, 无不利. 象曰, 肥遯, 无不利, 无所疑也.

여유있는 은둔이니 이롭지 않음이 없으리라. 상왈, 여유있는 은둔이니 이롭지 않음이 없음은 의심할 바가 없음이다.

현실에 만족하고 허영 버리고 겸손해야 화를 면한다.
재운: 겨울에 작은 소득. 불리하니 자중하라. **관운**: 不可. 움직이지 말라. **학업**: 정신집중이 안 된다. 노력하고 작게 진행하라. **결혼**: 여자가 부잣집 아들을 원하고 사치스럽다. 不吉 **질병**: 미루면 병이 커지니 빠르게 치료하라. **매매**: 무소득. 사람을 믿지 말라. **관재송사**: 시간이 지나면 귀인이 도와 유리.

34. 雷天大壯 뇌천대장

대장, 이정.
大壯, 利貞.

큰 것이 장성(壯盛)하니 바르게 지켜야 이로우리라.

단왈, 대장, 대자장야. 강이동, 고장. 대장리정, 대자정야. 정
彖曰, 大壯, 大者壯也. 剛以動, 故壯. 大壯利貞, 大者正也. 正
대이천지지정가견의.
大而天地之情可見矣.

단왈, 大壯은 큰 것이 장성함이며 강함으로 움직이므로 장성이라고 한 것이다. 큰 것이 장성하니 바르게 지켜야 이로움은 큰 것은 바르고 곧아야 하기 때문이다. 바르고 큼에서 하늘과 땅의 뜻을 볼 수 있다.

상왈, 뇌재천상, 대장, 군자이비례불리.
象曰, 雷在天上, 大壯, 君子以非禮弗履.

상왈, 우레가 하늘에 있는 것이 大壯卦의 현상이니 군자는 이러한 현상을 살펴 처세를 함에 禮가 아니면 행하지 않는다.

초구, 장우지, 정흉, 유부. 상왈, 장우지, 기부궁야.
初九, 壯于趾, 征凶, 有孚. 象曰, 壯于趾, 其孚窮也.

34. 뇌천대장

발걸음이 장성하니 가면 흉하게 됨이 확실하리라. 상왈, 발걸음이 장성함은 반드시 곤궁에 처하게 됨이다.

남을 따라 부화뇌동하면 화가 되니 주관을 가자고 근신하라.
재운: 대소사 모두 불리. 수분하라. **관운**: 사람 믿지 말고 현상 유지에 힘쓰라. **학업**: 실력 부족. 자녀는 가을 吉. **결혼**: 여자 발에 질병이 있거나 약속이 어긋날 수 不吉. **질병**: 별문제 없으나 부인의 병은 서쪽이 유리. **매매**: 실상이 없다. 자중하라. **관재송사**: 강한 상대. 정공법이 아닌 다른 방법을 모색하라.

구이, 정길. 상왈, 구이정길, 이중야.
九二, 貞吉. 象曰, 九二貞吉, 以中也.

바르고 곧아야 길하리라. 상왈, 九二가 바르고 곧아야 길한 것은 중도를 얻었기 때문이다.

자신의 중심을 지키면 곤란한 후 귀인이 돕는다.
재운: 호운. 西北 吉, 가을 겨울에 성과가 있다. **관운**: 귀인이 도와 소망 성취. **학업**: 형제 자녀는 곤란, 자신은 영광이 있다. **결혼**: 군계일학격. 吉. **질병**: 별문제 없으나 형제 자녀의 병은 서쪽을 알아보라. **매매**: 무소득. 시비와 송사 주의. 10월은 유리. **관재송사**: 귀인이 도와 순탄. 봄여름이 길하다.

구삼, 소인용장, 군자용망, 정려. 저양촉번, 이기각. 상왈, 소인용장, 군자망야.
九三, 小人用壯, 君子用罔, 貞厲. 羝羊觸藩, 羸其角. 象曰, 小人用壯, 君子罔也.

34. 뇌천대장

소인은 용맹을 쓰고 군자는 법도를 쓰나니 그대로 나가면 위태로워 숫양이 울타리를 받고 뿔이 괴롭듯 되리라. 상왈, 소인은 용맹을 쓰고 군자는 법도를 쓰기 때문이다.

대인관계에서 만용은 화가 되니 양보하고 시비를 주의하라.
재운: 허욕에 실패뿐, 움직이지 말라. **관운**: 사람 믿지 말고 분수를 지키라. **학업**: 노력 부족, 성과가 작다. 더욱 노력하라. **결혼**: 빈부 격차로 무시할 수. 不吉. **질병**: 별문제 없으나, 형제는 거처나 병원을 옮겨보라. **매매**: 무소득. 시비 관재(官災) 주의하라. **관재송사**: 점차 근심이 해소되고 가을에 길하다.

구사, 정길회망, 번결불리, 장우대여지복. 상왈, 번결불리, 상왕야.
九四, 貞吉悔亡, 藩決不羸, 壯于大輿之輹. 象曰, 藩決不羸, 尙往也.

바르게 지키면 길하여 후회가 없어지리니 울타리가 터져 뿔이 괴롭지 않듯, 큰 수레 바퀴통이 튼튼하듯 되리라. 상왈, 울타리가 터져 괴롭지 않음은 가는 것이 좋음이다.

正道를 지키고 근거없는 말과 일에 부화뇌동하지 말라.
재운: 손재수. 분수를 지켜라. **관운**: 봄이 유리. 大事 不可. **학업**: 노력만큼 성과. 자녀는 더욱 노력하라. **결혼**: 바퀴 통이 빠지듯 반목한다. 不吉. **질병**: 점차 회복, 자녀는 서쪽에서 치료하라. **매매**: 곤란. 여름부터 점차 유리. **관재송사**: 길게 끌면 불리, 속히 처리하라. 여름 가을이 吉.

34. 뇌천대장

육오, 상양우이, 무회. 상왈, 상양우이, 위부당야.
六五, 喪羊于易, 无悔. 象曰, 喪羊于易, 位不當也.

양을 쉽게 잃는다. 후회가 없으리라. 상왈, 양을 쉽게 잃음은 위치가 부당하기 때문이다.

> **노력이 결실을 얻지만, 지출을 줄이도록 노력하라.**
> **재운**: 正道를 행하면 가을에 吉. **관운**: 사람 믿지 말고 현상 유지에 노력하라. **학업**: 子女는 大吉, 가을 겨울에 공이 있다. **결혼**: 이루기 어렵다. 不吉. **질병**: 곧 치료되고, 남편의 병은 남쪽에서 치료하라. **매매**: 가을·서쪽이 이롭고 소득도 있다. **관재송사**: 귀인이 도와 점차 유리해진다.

상육, 저양촉번, 불능퇴, 불능수, 무유리, 간즉길. 상왈, 불능퇴, 불능수, 불상야. 간즉길, 구부장야.
上六, 羝羊觸藩, 不能退, 不能遂, 无攸利, 艱則吉. 象曰, 不能退, 不能遂, 不詳也. 艱則吉, 咎不長也.

숫양이 울타리를 받고 물러서지도 나아가지도 못하니 이로울 바가 없다. 어렵게 여겨야 길하리라. 상왈, 물러서지도 나아가지도 못함은 상세히 살피지 않았기 때문이며 어렵게 여겨야 길함은 허물이 길지 않음이다.

> **매사 불리. 근신해야 화를 면하리라. 재운**: 무소득. 근신하라. 여름 不吉. **관운**: 운이 없으니 수분하라. **학업**: 정진(精進)하여 성과가 크다. 더욱 힘쓰라. **결혼**: 不吉. 차후에 좋은 짝을 만난다. **질병**: 곧 치료되고, 부인은 서쪽을 알아보라. **매매**: 실체도 이득도 없다. 수분하라. **관재송사**: 화해가 유리. 가을이 吉.

35. 火地晉 화지진

진, 강후용석마번서, 주일삼접.
晉, 康侯用錫馬蕃庶, 晝日三接.

나아감은 나라를 편안하게 하는 제후가 천자로부터 말을 많이 하사받고 하루에 세 번씩 접견한다.

단왈, 진, 진야. 명출지상, 순이려호대명, 유진이상행. 시이강후용석마번서, 주일삼접야.
象曰, 晉, 進也. 明出地上, 順而麗乎大明, 柔進而上行. 是以康侯用錫馬蕃庶, 晝日三接也.

단왈, 晉은 나아감이다. 밝음이 땅위로 나와 순종하여 큰 밝음에 붙고 유순하게 나아가 위로 올라간다. 그러므로 나라를 편안하게 하는 제후가 말을 많이 하사받고 하루에 천자를 세 번 접견하는 것이다.

상왈, 명출지상, 진, 군자이자소명덕.
象曰, 明出地上, 晉, 君子以自昭明德.

상왈, 밝음이 지상으로 나오는 것이 晉괘의 상징이니 군자는 이 현상을 살펴 자신의 밝은 덕성을 밝힌다.

초육, 진여최여, 정길. 망부, 유무구. 상왈, 진여최여, 독행정
初六, 晉如摧如, 貞吉. 罔孚, 裕无咎. 象曰, 晉如摧如, 獨行正

35. 화지진

야. 유무구, 미수명야.
也. 裕无咎, 未受命也.

나아가다 물러가니 바르게 지켜야 길하며, 성심이 없더라도 너그러워야 허물이 없으리라. 상왈, 나아가다 물러감은 홀로 바르게 행함이며, 너그러워야 허물이 없음은 명령을 받지 않았음이다.

아집을 버리고 남의 의견을 존중하고 관용을 베풀어야 길하리라.
재운: 상황 파악을 잘하라. 봄 吉. 여름 不吉. **관운**: 貴人이 도와 연초와 봄에 성사. **학업**: 순탄하고 좋은 결과. **결혼**: 서로 파악 중이라면 늦어져야 이루어질 수 있다. **질병**: 큰 문제 없고, 자녀는 시간이 걸린다. **매매**: 성사돼도 소득이 늦다. **관재송사**: 덕을 베풀면 해결이 순조롭다.

육이, 진여수여, 정길. 수자개복우기왕모. 상왈, 수지개복, 이중정야.
六二, 晉如愁如, 貞吉. 受玆介福于其王母. 象曰, 受之介福, 以中正也.

나아감이 근심스러우니 정도를 지키면 길하며 이에 큰 복을 왕모로부터 받으리라. 상왈, 큰 복을 받음은 중정했기 때문이다.

곤란한 일이 있어도 현재의 노력이 후일 행운이 되리라.
재운: 천천히 진행하라. 여름 불리, 겨울 유리. **관운**: 귀인이 도와 풀리고 지출이 많다. 봄여름 吉. **학업**: 노력하면 성과가 더욱 크다. **결혼**: 길해도 3년 기다려야 성사. **질병**: 별문제 없고, 형제는 북쪽에서 치료하라. **매매**: 성사돼도 중도에 반전될 수 있다. **관재송사**: 시간 걸리고 봄여름 吉, 가을 겨울 不吉.

35. 화지진

육삼, 중윤, 회망. 상왈, 중윤지지, 상행야.
六三, 衆允, 悔亡. 象曰, 衆允之志, 上行也.

많은 사람이 믿어주니 후회가 없으리라. 상왈, 많은 사람이 믿어주는 뜻은 위로 올라감이다.

매사 서둘지 말고 사람들이 믿어줄 때까지 기다리라.
재운: 손재수, 봄여름 불리. **관운**: 사람 믿지 말고 지출을 줄여라. **학업**: 성과가 적으니 사람과 시간 관리하라. **결혼**: 모두 원만하고 吉. **질병**: 부모나 자녀는 곧 치유, 자신과 배우자는 북쪽에서 치료하라. **매매**: 손해뿐, 서쪽이 不吉. **관재송사**: 시간 끌면 불리하니 화해하라.

구사, 진여석서, 정려. 상왈, 석서정려, 위부당야.
九四, 晉如鼫鼠, 貞厲. 象曰, 鼫鼠貞厲, 位不當也.

다람쥐처럼 나아가니 그대로 나아가면 위태로우리라. 상왈, 다람쥐처럼 나아가 위태로움은 위치가 부당하기 때문이다.

대인관계나 재물에서 사심 버리고 正道 지켜야 화가 없다.
재운: 허사가 되는 것은 과욕 때문. **관운**: 재물을 쓰면 봄여름에 小吉. **학업**: 여름과 겨울이 吉. 더욱 노력하라. **결혼**: 허상이다. 不吉. **질병**: 별일 없고, 자녀는 서쪽에서 치료하라. **매매**: 소득 없으니 자중하고 서쪽을 주의하라. **관재송사**: 주위에서 도와 큰 해는 면한다.

육오, 회망, 실득물휼, 왕길, 무불리. 상왈, 실득물휼, 왕유경야.
六五, 悔亡, 失得勿恤, 往吉, 无不利. 象曰, 失得勿恤, 往有慶也.

후회가 없어지리니 잃고 얻음을 근심치 말라. 가면 길하여 이롭지 않

35. 화지진

음이 없으리라. 상왈, 잃고 얻음을 근심치 말라는 것은 가면 경사가 있게 됨이다.

지금 편안해도 앞날을 깊이 생각해 대비해야 평안하리라.
재운: 손재수. 욕심을 버리라. 봄과 초여름 불리. **관운**: 겸손하고 예의를 지키면 주위의 도움으로 성사. **학업**: 노력이 성과를 얻는다. **결혼**: 大吉. **질병**: 큰 문제 없고, 자녀는 서쪽에서 치료하라. **매매**: 東南 吉. 실리가 없다. **관재송사**: 재물을 많이 쓰고, 가을 겨울이 吉.

상구, 진기각, 유용벌읍, 여길무구, 정린. 상왈, 유용벌읍, 도
上九, 晉其角, 維用伐邑, 厲吉无咎, 貞吝. 象曰, 維用伐邑, 道
미광야.
未光也.

뿔로 나아가니 다만 읍을 정벌하면 위태로워도 길하여 허물이 없지만, 그대로 두면 안타깝게 되리라. 상왈, 오직 읍을 정벌함은 道가 빛나지 않음이다.

변동하는 운. 큰 욕심을 부리지 말고 작게 때에 알맞게 행하라.
재운: 노력보다 소득이 작다. 관재구설 주의. **관운**: 처음 곤란이 봄에 성공. **학업**: 자만하는 경향, 노력하면 결실을 얻는다. **결혼**: 처음은 불편해도 마침내 吉. **질병**: 별문제 없고, 자신이나 형제는 북쪽에서 치료하라. **매매**: 서로 원하니 吉. 봄이 유리. **관재송사**: 불리해지기 전에 화해하라.

36. 地火明夷 지화명이

명이, 이간정.
明夷, 利艱貞.

밝음이 사라질 때이니 어렵더라도 正道를 지켜야 이로우리라.

단왈, 명입지중, 명이. 내문명이외유순, 이몽대난, 문왕이지.
象曰, 明入地中, 明夷. 內文明而外柔順, 以蒙大難, 文王以之.
이간정, 회기명야, 내난이능정기지, 기자이지.
利艱貞, 晦其明也, 內難而能正其志, 箕子以之.

단왈, 밝음이 땅속으로 들어가는 것이 明夷의 현상이다. 안으로는 문명함을 지키고, 밖으로는 유순함을 드러내어 큰 어려움을 겪어내니 周文王이 주(紂)왕에게 잡혀 유리(羑里)의 감옥에 갇혔을 때 이처럼 하였다. 괴로워도 정도를 지켜야 이로움은 자신의 밝은 지혜를 감추는 것이다. 안으로 어려움을 당해도 그 뜻을 바르게 지킬 수 있었음은 箕子가 어려움을 당했을 때 이처럼 하였다.

상왈, 명입지중, 명이. 군자이리중, 용회이명.
象曰, 明入地中, 明夷. 君子以莅衆, 用晦而明.

상왈, 밝음이 땅속으로 들어가는 것이 明夷卦의 현상이니 군자는 이 현상을 살펴 정사로 백성에게 임할 때는 어리석은 듯 처신하여 밝은 덕성을 지킨다.

36. 지화명이

초구, 명이우비, 수기익. 군자우행, 삼일불식, 유유왕, 주인유
初九, 明夷于飛, 垂其翼. 君子于行, 三日不食, 有攸往, 主人有
언. 상왈, 군자우행, 의불식야.
言. 象曰, 君子于行, 義不食也.

밝음이 사라질 때 나니 그 날개를 늘어뜨린다. 군자가 감에 3일 동안 먹지 않는다. 갈 곳이 있고 사람들이 말을 하게 되리라. 상왈, 군자가 감에 義에 맞지 않아 먹지 않는 것이다.

욕심 버리고 正道 행하면 복이 오리라.
재운: 남을 믿지 말라. 1-2월은 小吉. **관운**: 수평 이동은 가능, 승진은 어렵다. **학업**: 욕심 버리고 수준에 맞게 선택하면 吉. **결혼**: 화합하지 못한다. 不吉. **질병**: 남편의 병은 서쪽에서 치료하라. **매매**: 문서와 실물을 확인하라. 봄은 小吉. **관재송사**: 법도를 지키면 처음은 복잡해도 뒤에는 승리하리라.

육이, 명이, 이우좌고, 용증마장, 길. 상왈, 육이지길, 순이칙야.
六二, 明夷, 夷于左股, 用拯馬壯, 吉. 象曰, 六二之吉, 順以則也.

밝음이 사라질 때 왼쪽 다리를 상하게 되니 건장한 말로 구원하면 길하리라. 상왈, 六二의 길함은 유순함을 법칙으로 삼음이다.

근심이 사라지고 운이 풀리지만 사고나 관재구설을 주의하라.
재운: 과욕 버리고 수분하라. **관운**: 때가 불리하니 근신하라. **학업**: 관심이 다른 곳에 있으니 무리하지 말라. **결혼**: 여자가 순수하지 않을 수 있다. 말띠와 결혼은 吉. **질병**: 시간이 걸린다. 남편의 병은 남쪽에서 치료하라. **매매**: 무소득. 속임수 주의. **관재송사**: 복잡해도 정도를 지키면 겨울이 吉.

36.지화명이

구삼, 명이우남수, 득기대수, 불가질정. 상왈, 남수지지, 내대
九三, 明夷于南狩, 得其大首, 不可疾貞. 象曰, 南狩之志, 乃大
득야.
得也.

밝음이 사라질 때 남쪽을 정벌하니 우두머리를 잡되 빨리 잡으면 안 되리라. 상왈, 남쪽을 정벌하는 뜻은 크게 얻음에 있다.

큰 욕심을 버리고 작은 소득에 만족하라. 西北은 不吉, 東南은 吉. **재운**: 사기나 손해 볼 수, 주의하라.. **관운**: 봄가을 小吉. **학업**: 먼저 곤란, 후반에 성과가 있다. **결혼**: 좋은 인연이다. 吉. **질병**: 큰 문제 없고, 형제는 급히 서쪽에서 치료하라. **매매**: 무소득, 손대지 말라. **관재송사**: 여름은 상대, 겨울 봄은 내가 이롭다.

육사, 입우좌복, 획명이지심, 우출문정. 상왈, 입우좌복, 획심
六四, 入于左腹, 獲明夷之心, 于出門庭. 象曰, 入于左腹, 獲心
의야.
意也.

왼쪽 배로 들어가서 밝음이 사라지는 마음을 얻어 문밖으로 나간다. 상왈, 왼쪽 배로 들어감은 마음의 뜻을 빼앗음이다.

때와 사람이 도와 순탄하나 남에게 손해가 없도록 하라.
재운: 노력하면 소득이 크다. **관운**: 正月·봄에 성공. **학업**: 점입가경, 노력하면 공이 크다. **결혼**: 不吉. 임신했을 가능성도 있다. **질병**: 오래지 않은 병은 효과, 오랜 병은 不吉. 형제는 서쪽에서 치료하라. **매매**: 외화내빈, 正道를 지켜라. **관재송사**: 승패 막론, 손해가 따르리라.

36. 지화명이

육오, 기자지명이, 이정. 상왈, 기자지정, 명불가식야.
六五, 箕子之明夷, 利貞. 象曰, 箕子之貞, 明不可息也.

기자가 밝은 지혜를 감춘 것이니 그처럼 굳게 지켜야 이롭다. 상왈, 기자가 굳게 지켰음은 밝은 지혜가 없어질 수 없음이다.

> 운이 비색하니 남 앞에 나서지 말고 겸손하며 손해를 줄이라.
> **재운**: 불리하니 내 것이나 지켜라. **관운**: 귀인이 도와 가을에 大吉. **학업**: 보통 성과. 노력으로 극복하라. **결혼**: 不吉. 파혼도 좋다. **질병**: 형제는 서쪽, 부인의 병은 동쪽에서 치료하라. **매매**: 大事不利, 小事小利. **관재송사**: 시간이 걸려 승리. 여름이 不吉.

상육, 불명회, 초등우천, 후입우지. 상왈, 초등우천, 조사국야. 후입우지, 실칙야.
上六, 不明晦, 初登于天, 後入于地. 象曰, 初登于天, 照四國也. 後入于地, 失則也.

주왕(紂王)이 현명하지 않고 어리석으니 처음은 하늘에 오르고 뒤에는 땅속으로 들어간다. 상왈, 처음에 하늘에 오름은 사방의 나라를 비춤이며, 뒤에 땅속으로 들어감은 법칙을 잃었기 때문이다.

> 처음은 길한 듯하나 하늘에 오른 후 떨어지듯 하리니 근신하라.
> **재운**: 小利를 따르면 손해가 온다. **관운**: 이롭지 않다. 근신하라. **학업**: 운과 실력이 충분, 영광이 있다. **결혼**: 앞서는 부유, 뒤에는 빈한해진다. **질병**: 별일 없으나 자녀는 동쪽에서 치료하라. 조상 묘에 손대지 말라. **매매**: 계약 파기나 서로 속셈이 다르니 수분하라. **관재송사**: 봄 여름 유리, 겨울과 서쪽 사람은 不吉.

37. 風火家人 풍화가인

가인, 이여정.
家人, 利女貞.

한집안 사람들은, 여자가 正道를 지켜야 이롭다.

단왈, 가인, 여정위호내, 남정위호외, 남녀정, 천지지대의야.
象曰, 家人, 女正位乎內, 男正位乎外, 男女正, 天地之大義也.
가인유엄군언, 부모지위야. 부부자자, 형형제제, 부부부부,
家人有嚴君焉, 父母之謂也. 父父子子, 兄兄弟弟, 夫夫婦婦,
이가도정. 정가이천하정의.
而家道正. 正家而天下定矣.

단왈, 家人은 여자가 안에서 위치를 바르게 하고 남자가 밖에서 위치를 바르게 해야 하니 남녀가 바른 것이 天地간의 큰 도리이다. 한집안의 사람들에겐 엄한 어른이 있어야 하니 부모를 말함이다. 아비가 아비답고 자식이 자식다우며, 형이 형답고 아우가 아우다우며, 남편이 남편답고 부인이 부인다워야 가도가 바르게 된다. 가도가 바로 서야 천하가 다스려지게 된다.

상왈, 풍자화출, 가인. 군자이언유물, 이행유항.
象曰, 風自火出, 家人. 君子以言有物, 而行有恒.

상왈, 바람이 불에서 나오는 것이 家人卦의 상징이니 군자는 이런 현상

37. 풍화가인

을 살펴 말을 실질적으로 하고 행동은 법도에 맞아 떳떳하게 한다.

초구, 한유가, 회망. 상왈, 한유가, 지미변야.
初九, 閑有家, 悔亡. 象曰, 閑有家, 志未變也.

家道가 문란해짐을 막아야 후회가 없으리라. 상왈, 家道가 문란해짐을 막음은 뜻이 아직 변하지 않았기 때문이다.

모든 일에 처음부터 문서나 인간관계를 확실히 하고 서둘지 말라.
재운: 손재수. 봄가을 不吉. 女子를 주의하라. **관운**: 남에게 빼앗기니 守分하라. **학업**: 노력만큼 결과도 吉. **결혼**: 좋은 인연, 가풍도 훌륭하다. **질병**: 초기거나 부모는 영양을 보충하라. 형제 자녀는 속효, 부인은 서쪽이 길하다. **매매**: 이익을 남이 가져가니 자중하라. **관재송사**: 재물을 써서 실패를 면할 운. 중간사람이나 변호사를 주의하라.

육이, 무유수, 재중궤, 정길. 상왈, 육이지길, 순이손야.
六二, 无攸遂, 在中饋, 貞吉. 象曰, 六二之吉, 順以巽也.

성취할 수 있는 바가 없으니 집안에서 음식이나 만들라. 그대로 해야 길하리라. 상왈, 六二가 길함은 유순하고 겸손하기 때문이다.

운이 약하니 행동반경을 작게 하고 근심하라. 먼 곳은 불길하다.
재운: 가정이나 사업에 근심이 있을 때. 봄과 여자를 주의하라. **관운**: 소득이 없다. 근신하라. **학업**: 형제 자녀는 순탄. 봄여름 吉. **결혼**: 각자 직업 있으면 더욱 좋다. **질병**: 남쪽에서 치료하라. 형제 자녀는 큰 문제 없다. **매매**: 물건과 서류를 챙기고 시비를 조심하라. **관재송사**: 불길하니 중간사람이나 변호사의 말을 믿지 말라.

37. 풍화가인

구삼, 가인학학, 회려길. 부자희희, 종린. 상왈, 가인학학, 미
九三, 家人嗃嗃, 悔厲吉. 婦子嘻嘻, 終吝. 象曰, 家人嗃嗃, 未
실야. 부자희희, 실가절야.
失也. 婦子嘻嘻, 失家節也.

집안사람에게 엄하게 하여 뉘우치면 괴로워도 길하지만 부녀자가 희희낙락하면 끝내 안타깝게 되리라. 상왈, 집안사람에게 엄하게 함은 가도를 잃지 않게 하려 함이며 부녀자가 희희낙락하는 것은 예절을 잃은 것이다.

일이 뜻대로 되지 않아 심란할 때이니 근신하고 안정하라.
재운: 처음은 곤란, 후일 유익하다. 관운: 사람 믿지 말고 때를 기다려라. 학업: 곤란. 노력하면 조금 진전된다. 결혼: 吉. 여자가 年下면 더욱 吉. 질병: 영양 보충과 휴식하라. 부모는 서쪽이 길하다. 매매: 여름 小利, 가을과 남쪽이 유리. 관재송사: 가을과 북쪽이 불길하다.

육사, 부가, 대길. 상왈, 부가대길, 순재위야.
六四, 富家, 大吉. 象曰, 富家大吉, 順在位也.

집안을 부유하게 하니 크게 길하리라. 상왈, 집안을 부유하게 하니 크게 길함은 유순함으로 바른 자리에 있기 때문이다.

명예와 재운에 이롭지만 자만하지 말고 겸손해야 유지되리라.
재운: 연전연승 여름 吉. 관운: 소망을 이룬다. 봄여름 大吉. 학업: 不利. 심기일전하면 가을부터 성과가 있다. 결혼: 大吉. 질병: 점차 치료된다. 부모는 서쪽에서 치료하라. 매매: 소득이 크고, 여름과 西南이 吉. 관재송사: 봄여름 不利, 가을부터 유리하다.

37. 풍화가인

구오, 왕격유가, 물휼길. 상왈, 왕격유가, 교상애야.
九五, 王假有家, 勿恤吉. 象曰, 王假有家, 交相愛也.

왕이 가정을 갖게 되었으니 근심하지 말라. 길하리라. 상왈, 왕이 가정을 갖게 됨은 사귀어 서로 사랑함이다.

허세를 부리면 허점이 많으니 남에게 속지 않도록 주의하라.
재운: 여름이 吉. 남에 관해 말을 삼가지 않으면 곤경에 처한다. 관운: 이롭지 않다. 守分하라. 학업: 곤란. 여름부터 호전되니 노력하라. 결혼: 大吉. 깊은 사이일 수도 있다. 질병: 타인은 쾌차, 자녀는 동쪽에서 치료하라. 매매: 여름과 남쪽이 吉하지만 여자를 주의하라. 관재송사: 여름까지 길하고 가을부터 불리하니 매듭 지을 준비를 하라.

상구, 유부위여, 종길. 상왈, 위여지길, 반신지위야.
上九, 有孚威如, 終吉. 象曰, 威如之吉, 反身之謂也.

성심이 있고 위엄이 있으면 마침내 길하리라. 상왈, 위엄이 있으면 길한 것은 자신을 반성함을 말한다.

군자는 운이 비색해도 당당하다. 근신하며 품위를 지키라.
재운: 도적이 노리고 있으니 근신하고 멀리 가지 말라. 관운: 퇴보운. 현상 유지에 노력하라. 학업: 不利. 형제 자녀는 吉. 결혼: 서두르면 不吉. 오랫동안 사귄 사이는 무방하나 예의를 잃으면 후회가 있다. 질병: 남쪽에서 치료하라. 매매: 무소득. 가진 것을 지켜라. 관재송사: 재정 손실이 크지만, 큰 실패는 면한다.

38. 火澤睽 화택규

규, 소사길.
睽, 小事吉.

어그러지니, 작은 일에는 길하다.

단왈, 규, 화동이상, 택동이하. 이녀동거, 기지부동행. 열이려
象曰, 睽, 火動而上, 澤動而下. 二女同居, 其志不同行. 說而麗
호명, 유진이상행, 득중이응호강, 시이소사길. 천지규이기사
乎明, 柔進而上行, 得中而應乎剛, 是以小事吉. 天地睽而其事
동야, 남녀규이기지통야. 만물규이기사류야. 규지시용대의재.
同也, 男女睽而其志通也. 萬物睽而其事類也. 睽之時用大矣哉.

단왈, 睽는 불이 움직여 위로 올라가고 못은 움직여 아래로 내려가며, 두 여자가 함께 살지만 그 뜻이 함께 행해지지 않는 것이다. 기뻐하며 밝음에 붙어 있으며 유함이 나아가 위로 올라가 가운데 자리를 얻어 剛에 응하므로 작은 일에는 길한 것이다. 천지가 다르지만 그 일은 같고, 남녀가 다르지만 그 뜻은 통하며, 만물이 다르지만 그 일이 같으니 睽의 때와 쓰임이 크도다.

상왈, 상화하택, 규, 군자이동이이.
象曰, 上火下澤, 睽, 君子以同而異.

상왈, 위에는 불이 있고 아래에 못이 있는 것이 睽卦의 상징이다. 군자

38.화택규

는 이러한 현상을 살펴 천하를 다스림에 이와 같은 이치로 각기 직분(職分)과 직책(職責)을 다르게 한다.

초구, 회망, 상마물축자복, 견악인무구. 상왈, 견악인, 이피구야.
初九, 悔亡, 喪馬勿逐自復, 見惡人无咎. 象曰, 見惡人, 以辟咎也.

후회가 없어지리니 말을 잃어도 좇지 않으면 스스로 돌아오리라. 악인을 만나도 허물이 없으리라. 상왈, 악인을 만남은 허물을 피하기 위해서이다.

허세와 허언 삼가고 세심히 생각하여 악인을 피하라.
재운: 실속 없으니 욕심을 내지 말라. 가을부터 小利. **관운**: 大事不可. 小事는 봄에 吉. **학업**: 소인배들과 시간 낭비하지 말라. 子女는 거처를 옮겨보라. **결혼**: 吉. **질병**: 시간이 걸린다. 西北에서 치료하라. **매매**: 의견대립으로 성사가 어렵다. **관재송사**: 불리하니 대비하라.

구이, 우주우항, 무구. 상왈, 우주우항, 미실도야.
九二, 遇主于巷, 无咎. 象曰, 遇主于巷, 未失道也.

군주를 골목에서 만나니 허물이 없으리라. 상왈, 군주를 골목에서 만남은 도를 잃지 않음이다.

교만치 말고 남과 경쟁이나 시비를 조심하라. 특히 말을 조심하라.
재운: 시운이 불길, 守分하라. **관운**: 나아갈 때가 아니라 물러설 때이다. **학업**: 마음이 산란하니 시간 낭비 말고 근면하라. **결혼**: 비정상적일 수 있고 不吉. **질병**: 문제없으나 형제는 시간이 걸린다. **매매**: 무소득. 사람을 믿지 말라. **관재송사**: 여름 이후 편안해진다.

38. 화택 규

육삼, 견여예, 기우체, 기인천차의, 무초유종. 상왈, 견여예,
六三, 見輿曳, 其牛掣, 其人天且劓, 无初有終. 象曰, 見輿曳,
위 부당야. 무초유종, 우강야.
位不當也. 无初有終, 遇剛也.

수레가 뒤로 끌려가고 소가 제지당하며 사람이 머리 깎기고 코 베이는 것을 본다. 처음은 없으나 끝은 있으리라. 상왈, 수레가 뒤로 끌려감은 위치가 부당하기 때문이며, 처음은 없고 끝이 있음은 강한 것을 만났기 때문이다.

초기 지출 많아 괴롭지만 후일의 경사가 되리라.
재운: 무소득. 봄가을은 손재수가 있다. 관운: 허사, 자중하라. 봄이 不吉. 학업: 노력이 아름다운 결실을 본다. 결혼: 처음에 남자 쪽에서 의심스럽게 여기나 후일 해소되어 吉. 질병: 치유된다. 부인의 병은 서쪽에서 치료하라. 매매: 장기적 안목의 매입은 吉, 매각은 不吉. 관재송사: 가을이 吉. 비용이 많이 든다.

구사, 규고, 우원부, 교부, 려무구. 상왈, 교부무구, 지행야.
九四, 睽孤, 遇元夫, 交孚, 厲无咎. 象曰, 交孚无咎, 志行也.

어그러져 외롭다. 훌륭한 사나이를 만나 사귀어 성심이 있으면 위태로워도 허물이 없으리라. 상왈, 서로 성심이 있어 허물이 없음은 뜻이 행해짐이다.

의논할 사람 없으니 윗사람이나 지인에게 성의를 보여라.
재운: 봄여름 小利, 가을은 유리. 관운: 성사되기 어려우니 절제하라. 학업: 순탄. 노력하면 大吉. 결혼: 재결합일 가능성이 크고 吉. 질병: 남편의 병은 서쪽에서 치료하라. 매매: 봄여름 불리, 가을 유리. 관재송사: 가을 이후 유리

38.화택규

육오, 회망, 궐종서부, 왕하구. 상왈, 궐종서부, 왕유경야.
六五, 悔亡, 厥宗噬膚, 往何咎. 象曰, 厥宗噬膚, 往有慶也.

후회가 없어지리니 종족들과 피부를 깨물듯 친근히 하면 감에 무슨 허물이 있으랴. 상왈, 종족들과 피부를 깨물 듯 함은 가면 경사가 있음이다.

주위 사람들에게 관대하고 관재나 사고를 조심하라.
재운: 무소득, 자중하라. **관운**: 성사되기 어려우니 욕심을 버려라. **학업**: 순조롭고 시기도 이로우니 경사라. **결혼**: 大吉. **질병**: 쾌유. 부인의 병은 서쪽에서 치료하라. **매매**: 남을 믿지 말고 먼 곳의 일을 손대지 말라. **관재송사**: 점차 해결, 가을이 吉.

상구, 규고, 견시부도, 재귀일거. 선장지호, 후탈지호, 비구혼
上九, 睽孤, 見豕負塗, 載鬼一車. 先張之弧, 後說之弧, 匪寇婚
구, 왕우우즉길. 상왈, 우우지길, 군의망야.
媾, 往遇雨則吉. 象曰, 遇雨之吉, 群疑亡也.

어그러져 외롭다. 돼지가 진흙을 쓰고 귀신이 수레에 가득 실린 것을 본다. 먼저는 활을 당겼다가 뒤에는 활을 벗어 놓는다. 도적이 아니라 혼인을 청하는 것이다. 가다 비를 만나면 길하리라. 상왈, 비를 만나 길함은 모든 의심이 사라짐이다.

능력 범위 내에서 행동하고 절제하라. 재운: 무소득, 내 것이나 지켜라. **관운**: 움직이면 역효과, 자중하라. **학업**: 안정된 마음이 부족해 결과 불순, 형제는 吉. **결혼**: 믿음이 회복되어 吉. **질병**: 형제는 쾌유. 다른 사람은 서쪽을 알아보라. **매매**: 능력에 벗어나는 일을 삼가라. **관재송사**: 괴로워도 가을이면 길하다.

39. 水山蹇 수산건

건, 이서남, 불리동북, 이견대인, 정길.
蹇, 利西南, 不利東北, 利見大人, 貞吉.

험난하니 서남이 이롭고 동북은 불리하며 대인을 만남에 이로우니 굳게 지켜야 길하리라.

단왈, 건, 난야, 험재전야. 견험이능지, 지의재. 건, 이서남,
彖曰, 蹇, 難也, 險在前也. 見險而能止, 知矣哉. 蹇, 利西南,
왕득중야. 불리동북, 기도궁야. 이견대인, 왕유공야. 당위정
往得中也. 不利東北, 其道窮也. 利見大人, 往有功也. 當位貞
길, 이정방야. 건지시용대의재.
吉, 以正邦也. 蹇之時用大矣哉.

단왈, 蹇은 어려움으로 험함이 앞에 있는 것이다. 험함을 보면 멈출 수 있어야 지혜로운 것이다. 험난하니 西南이 이로움은 앞으로 나아가면 中道를 얻어 거함이며, 東北이 불리함은 그 도가 막히기 때문이다. 대인을 만남에 이로움은 가면 공이 있음이며, 정당한 위치에서 굳게 지켜야 길함은 나라를 바로 잡음이니 험난함의 때와 쓰임이 크도다.

상왈, 산상유수, 건, 군자이반신수덕.
象曰, 山上有水, 蹇, 君子以反身修德.

상왈, 산 위에 물이 있는 것이 蹇卦의 상징이니 군자는 이를 살펴 자

39. 수산건

신을 반성하고 덕을 닦는다.

초육, 왕건, 내예. 상왈, 왕건내예, 의대야.
初六, 往蹇, 來譽. 象曰, 往蹇來譽, 宜待也.

가면 험난하고 오면 명예가 있으리라. 상왈, 가면 험난하고 오면 명예가 있음은 때를 기다려야 마땅한 것이다.

곤란함이 앞에 있으니 만용을 삼가고 근신하라.
재운: 과욕을 삼가야 실패를 면한다. **관운**: 사람 관계나 면접을 주의하라. **학업**: 결과가 불순하니, 노력으로 극복하라. **결혼**: 서둘지 말고 때를 기다리라. **질병**: 쾌차. 부모는 남쪽에서 치료하라. **매매**: 난관에 봉착하리니 근신하라. **관재송사**: 불리하고 가을 이후 유리해진다.

육이, 왕신건건, 비궁지고. 상왈, 왕신건건, 종무우야.
六二, 王臣蹇蹇, 匪躬之故. 象曰, 王臣蹇蹇, 終无尤也.

왕의 신하가 고생함은 자신을 위함이 아니다. 상왈, 왕의 신하가 고생함은 끝내 허물이 없어짐이다.

자신을 높이면 매사에 역효과니 겸손하고 말을 줄이라.
재운: 상황을 모르고 나서면 큰 손해. **관운**: 욕심은 재앙이 되니 자중하라. **학업**: 결과가 불리. 아랫사람이나 子女 건강을 살피라. **결혼**: 不吉. 후일 남편 생명이 위태롭다. **질병**: 서쪽에서 치료하고, 남편은 동쪽에서 치료하라. **매매**: 시기가 맞지 않으니 근신하라. **관재송사**: 여름은 불리, 가을 이후 유리.

39.수산건

구삼, 왕건, 내반. 상왈, 왕건내반, 내희지야.
九三, 往蹇, 來反. 象曰, 往蹇來反, 內喜之也.

가면 험난하고 오면 근심이 없으리라. 상왈, 가면 험난하고 오면 근심이 없음은 안에서 기뻐함이다.

> **부도덕한 사람을 멀리하고, 먼 곳에 가지 말라.**
> **재운**: 서둘지 말고 서서히 진행하고 투자하면 후일 소득이 있다. **관운**: 무소득, 자중하라. **학업**: 성과가 나지 않아 괴롭다. 子女는 吉. **결혼**: 헤어졌다 다시 만난 사이면 더욱 吉. **질병**: 서서히 치료되고, 부인은 북쪽에서 치료하라. **매매**: 不吉. 재검토하라. **관재송사**: 재물을 써야 겨울에 유리하다.

육사, 왕건, 내연. 상왈, 왕건내연, 당위실야.
六四, 往蹇, 來連. 象曰, 往蹇來連, 當位實也.

가면 험난하고 오면 동지와 연합하리라. 상왈, 가면 험난하고 오면 동지와 연합함은 있는 위치가 건실하기 때문이다.

> **일을 크게 벌이지 말고 가족 친지와 함께하면 발전한다.**
> **재운**: 소규모나 가족과 하는 일은 吉, 기타는 불길. **관운**: 움직이지 말고 자중하라. **학업**: 시운이 좋아 출중하리라. **결혼**: 吉. 겹사돈이면 더욱 吉. **질병**: 쾌유. 부인은 북쪽에서 치료하라. **매매**: 손재수니 자중하라. **관재송사**: 시간이 걸리고 여름 불리, 가을 겨울은 유리.

39.수산건

구오, 대건, 붕래. 상왈, 대건붕래, 이중절야.
九五, 大蹇, 朋來. 象曰, 大蹇朋來, 以中節也.

크게 험난하지만, 벗이 오리라. 상왈, 크게 험난하지만, 벗이 옴은 중용의 절도를 지킴이다.

> 험난에서 벗어나 발전하리니 서둘지 말고 시기를 기다리라.
> **재운**: 험난하니 근신하고 먼 곳을 조심하라. **관운**: 시기가 아니니 근신하라. **학업**: 순탄. 子女는 더욱 노력하라. **결혼**: 주위의 도움이 있으면 더욱 吉. **질병**: 타인은 속효. 자녀는 서쪽에서 치료하라. **매매**: 무소득. 먼 곳의 일은 더욱 주의하라. **관재송사**: 봄여름은 복잡하고 가을부터 유리하다.

상육, 왕건래석, 길. 이견대인. 상왈, 왕건래석, 지재내야. 이견대인, 이종귀야.
上六, 往蹇來碩, 吉. 利見大人. 象曰, 往蹇來碩, 志在內也. 利見大人, 以從貴也.

가면 험난하고 오면 큰 공이 있어 길하리라. 대인을 만남에 이롭다. 상왈, 가면 험난하고 오면 큰 공이 있음은 뜻이 안에 있기 때문이며 대인을 만남에 이로움은 귀함을 따르기 때문이다.

> 때가 오고 귀인이 도와 편안하지만, 교만한 마음을 갖지 말라.
> **재운**: 귀인이 도와 순조롭고 東北이 유리, 겨울은 大吉. **관운**: 욕심 버리고 현상 유지에 힘쓰라. **학업**: 노력만큼 성공을 거두니 경사가 있으리라. **결혼**: 귀한 결혼이다. **질병**: 타인은 쾌유. 남편은 동쪽에서 치료하라. **매매**: 적선의 결과로 귀인이 도와 겨울에 大吉. **관재송사**: 봄여름은 혼란, 가을 이후 유리해진다.

40. 雷水解 뇌수해

해, 이서남, 무소왕, 기래복길, 유유왕, 숙길.
解, 利西南, 无所往, 其來復吉, 有攸往, 夙吉.

풀리게 되니 西南이 이롭다. 갈 곳이 없으면 돌아와야 길하고, 갈 곳이 있으면 빨리 가야 길하리라.

단왈, 해, 험이동, 동이면호험, 해. 해이서남, 왕득중야. 기래복길, 내득중야. 유유왕숙길, 왕유공야. 천지해이뢰우작, 뇌우작이백과초목개갑탁. 해지시대의재.
象曰, 解, 險以動, 動而免乎險, 解. 解利西南, 往得眾也. 其來復吉, 乃得中也. 有攸往夙吉, 往有功也. 天地解而雷雨作, 雷雨作而百果草木皆甲坼. 解之時大矣哉.

단왈, 풀리는 것은 험한 가운데 움직이는 것이다. 움직여 험함에서 벗어나므로 풀린다고 한 것이다. 풀리니 서남이 이로움은 가면 무리를 얻기 때문이며, 돌아와야 길함은 가운데 자리를 얻었기 때문이다. 갈 곳이 있으면 빨리 가야 길함은 가면 공이 있음이다. 천지가 풀려 우레와 비가 일어나니, 우레와 비가 일어남에 온갖 과일과 초목이 모두 껍질이 터지고 움이 튼다. 풀리는 때의 뜻은 크도다.

상왈, 뇌우작, 해, 군자이사과유죄.
象曰, 雷雨作, 解, 君子以赦過宥罪.

40. 뇌수해

상왈, 우레와 비가 겹쳐 일어남이 解卦의 상징이니 군자는 이처럼 천지가 풀리는 것을 본받아 허물을 용서하고 죄인에게 관용을 베푼다.

초육, 무구. 상왈, 강유지제, 의무구야.
初六, 无咎. 象曰, 剛柔之際, 義无咎也.

허물이 없으리라. 상왈, 剛(九四)과 柔(初六)가 교제할 때는 뜻에 허물이 없기 때문이다.

운이 돌아오니 기쁨이 이어진다. 그러나 겸손을 잃지 말라.
재운: 손재수, 연초와 가을 겨울이 不吉. **관운**: 사람을 믿으면 해를 당하니 주의하라. **학업**: 본인은 봄 겨울이 불리, 형제 자녀는 吉. **결혼**: 무해 무득. **질병**: 타인은 쾌차. 부인은 남쪽이 길하다. **매매**: 不吉. 움직이지 말라. **관재송사**: 여름에 유리하지만 재물 손실이 크다.

구이, 전획삼호, 득황시, 정길. 상왈, 구이정길, 득중도야.
九二, 田獲三狐, 得黃矢, 貞吉. 象曰, 九二貞吉, 得中道也.

사냥하여 여우 세 마리를 잡고 누런 화살을 얻었으니 바르게 지켜야 길하리라. 상왈, 九二가 바르게 지켜야 길함은 중도를 얻었기 때문이다.

매사 길하고 해로움이 없으나 근신해야 행운이 이어진다.
재운: 봄에 大吉. 正道를 잃지 말라. **관운**: 봄은 유리하고 가을은 大吉. **학업**: 노력만큼 성과가 나지 않으니 거처를 옮겨보라. **결혼**: 황색은 정색(正色)이니 좋은 배필이다. **질병**: 타인은 호전. 부모는 서쪽에서 치료하라. **매매**: 때도 사람도 도와 봄부터 가을까지 유리. **관재송사**: 진행이 더디지만 겨울에 유리하리라.

40. 뇌수해

육삼, 부차승, 치구지, 정린. 상왈, 부차승, 역가추야, 자아치
六三, 負且乘, 致寇至, 貞吝. 象曰, 負且乘, 亦可醜也, 自我致
구, 우수구야.
寇, 又誰咎也.

짐 지고 수레를 탔으니 도적이 이르리니 그대로 하면 한탄하게 되리라. 상왈, 짐 지고 수레를 탐은 또한 추한 것이며, 나 스스로 도적을 이르게 했으니 또한 누구를 원망하랴.

매사에 서둘지 않고 차례로 진행하면 순탄하리라.
재운: 봄부터 가을까지 순조롭고 남쪽이 吉. 관운: 방해자가 있으니 근신하라. 학업: 점차 호전되며 겨울이 吉. 결혼: 상대에 관해 더 알아보라. 不吉. 질병: 타인은 점차 호전, 봄여름이 吉. 매매: 봄가을이 불길하고 여름과 남쪽은 이롭다. 관재송사: 봄 여름이면 문제가 해결되리라.

구사, 해이무, 붕지사부. 상왈, 해이무, 미당위야.
九四, 解而拇, 朋至斯孚. 象曰, 解而拇, 未當位也.

네 엄지발가락이 풀리면 벗이 와서 도우리라. 상왈, 엄지발가락이 풀려야 함은 陽이 陰位에 있어 위치가 합당치 않기 때문이다.

고난이 풀리니 매사가 순조로우나 사람에게 관대하라.
재운: 사람이 도와 봄부터 가을까지 순조롭다. 관운: 경쟁자가 있으나 서로 이득은 없다. 학업: 순탄하다. 노력하면 경사가 있고 겨울이 吉. 결혼: 중간사람 소개면 더욱 길하다. 질병: 걱정이 많은 편. 서둘러 치료하라. 매매: 正道로 움직이면 여름에 경사. 관재송사: 봄 여름이면 어려움이 풀리리라.

40. 뇌수해

육오, 군자유유해, 길, 유부우소인. 상왈, 군자유해, 소인퇴야.
六五, 君子維有解, 吉, 有孚于小人. 象曰, 君子有解, 小人退也.

군자만이 풀려서 길하고 소인에겐 징험(徵驗)이 있으리라. 상왈, 군자는 풀리고 소인은 물러가는 것이다.

> 근신하고 正道를 지키면 吉, 함부로 움직이면 화를 당한다.
> **재운**: 무소득, 지출을 줄이고 시비를 주의하라. **관운**: 겸손하면 봄과 가을에 이룬다. **학업**: 정신이 산란하여 성과가 부족, 심기일전하면 보통의 성과. **결혼**: 吉. **질병**: 걱정이 이어지고 형제는 급히 치료하라. **매매**: 무소득, 자중하라. **관재송사**: 사건과 서류를 미리 잘 검토해야 해가 없다.

상육, 공용석준우고용지상, 획지무불리. 상왈, 공용석준, 이해패야.
上六, 公用射隼于高墉之上, 獲之无不利. 象曰, 公用射隼, 以解悖也.

왕공이 높은 담장 위에서 새매를 쏘아 맞히니 그것을 잡으면 이롭지 않음이 없으리라. 상왈, 왕공이 새매를 쏘아 맞힘은 거스르는 것을 제거함이다.

> 매사 길하나 교만치 않아야 운이 이어지리라.
> **재운**: 귀인이 도와 소득, 여름 이후 남쪽이 吉. **관운**: 발전하고 봄가을에 성사, 겸손하라. **학업**: 포기하려는 경향이 있다. 노력을 지속하면 성과를 얻는다. **결혼**: 쏘아 맞히는 상, 吉. **질병**: 타인은 호전, 부모는 서쪽에서 치료하라. **매매**: 성사되고 소득도 크다. 욕심을 버리고 공평하라. **관재송사**: 배신당할 운. 여름이 불길하니 주의하라.

41. 山澤損 산택손

손, 유부, 원길, 무구, 가정, 이유유왕. 갈지용, 이궤가용향.
損, 有孚, 元吉, 无咎, 可貞, 利有攸往. 曷之用, 二簋可用享.

덜어냄은 믿음이 있게 해야 크게 길하여 허물이 없고 정도를 지킬 수 있으며 갈 곳이 있으면 이롭다. 어떻게 쓰겠는가? 두 그릇의 음식이면 제사를 올릴 수 있으리라.

단왈, 손, 손하익상, 기도상행, 손이유부, 원길, 무구, 가정,
象曰, 損, 損下益上, 其道上行, 損而有孚, 元吉, 无咎, 可貞,
이유유왕. 갈지용, 이궤가용향, 이궤응유시. 손강익유시,
利有攸往. 曷之用, 二簋可用享, 二簋應有時. 損剛益柔有時,
손익영허, 여시해행.
損益盈虛, 與時偕行.

단왈, 損은 아래를 덜어 위에 더해주는 것으로 그 도가 위로 행해지는 것이다. 덜어냄에는 믿음이 있게 해야 크게 길하여 허물이 없고 정도를 지킬 수 있으며 갈 곳이 있으면 이롭다. 어떻게 쓰겠는가? 두 그릇의 음식이면 제사를 올릴 수 있음은 두 그릇의 음식을 올림에도 마땅한 때가 있고, 剛을 덜어 柔에 보탬도 때가 있는 것이니 덜고 더하며 차고 비우는 것은 때에 알맞게 행해야 한다.

상왈, 산하유택, 손. 군자이징분질욕.
象曰, 山下有澤, 損. 君子以懲忿窒欲.

41. 산택 손

상왈, 산 아래 못이 있는 것이 損卦의 상징이니 군자는 이러한 현상을 살펴 자신의 분노를 징계(懲戒)하고 욕망을 막는다.

초구, 이사천왕, 무구, 작손지. 상왈, 이사천왕, 상합지야.
初九, 已事遄往, 无咎, 酌損之. 象曰, 已事遄往, 尙合志也.

일을 그만두고 빨리 가야 허물이 없으리니 짐작하여 덜어야 하리라. 상왈, 일을 그만두고 빨리 감은 뜻이 위와 합하는 것이다.

일은 순조롭고 자손으로 인한 기쁨이 있으리라.
재운: 무소득, 정도를 행하고 있는가 생각하라. **관운**: 貴人의 도움으로 봄 여름이 유리. **학업**: 순조롭다. 더욱 노력하라. **결혼**: 서로 원하니 吉. **질병**: 타인은 쾌유, 자녀의 병은 북쪽이 길하다. **매매**: 매입은 후일 유망. 파는 것은 불리. **관재송사**: 점차 유리해져 봄가을에 吉.

구이, 이정, 정흉, 불손익지. 상왈, 구이이정, 중이위지야.
九二, 利貞, 征凶, 弗損益之. 象曰, 九二利貞, 中以爲志也.

바르게 지켜야 이롭고 가면 흉하다. 덜지 말고 더해주라. 상왈, 九二가 바르게 지켜야 이로움은 중도를 뜻으로 삼음이다.

욕심 버리고 현상 유지에 노력하며 움직이지 말라.
재운: 무소득, 자중하라. **관운**: 퇴보운, 움직이지 말라. **학업**: 시간 낭비 말고 노력하면 가을부터 점차 전진. **결혼**: 양가의 생각이 같아 吉. **질병**: 타인은 무사, 남편은 북쪽을 알아보라. **매매**: 시운이 맞지 않아 무소득, 때를 기다리라. **관재송사**: 가을이면 이롭게 해결되니 인내하라.

41.산택 손

육삼, 삼인행, 즉손일인, 일인행, 즉득기우. 상왈, 일인행, 삼
六三, 三人行, 則損一人, 一人行, 則得其友. 象曰, 一人行, 三
즉의야.
則疑也.

세 사람(六三·六四·六五)이 가면 한 사람을 잃고 한 사람이 가면 벗을 얻으리라. 한 사람이 가야 함은 셋이면 시기하고 의심하는 마음이 생기기 때문이다.

혼란스러울 때이니 사람을 믿지 말고 원한을 사지 않도록 주의하라.
재운: 손재수, 움직이지 말고 守分하라. **관운**: 貴人이 아니라 해치려는 사람이니 자숙하라. **학업**: 노력하면 성과가 크고 가을 겨울 吉. **결혼**: '벗을 얻음'은 짝을 얻음. 吉. **질병**: 타인은 무사. 부인은 서쪽에서 치료하라. **매매**: 쌍방 불신으로 무소득, 욕심치 말라. **관재송사**: 가을이 유리, 재정 손해가 크다.

육사, 손기질, 사천유희, 무구. 상왈, 손기질역가희야.
六四, 損其疾, 使遄有喜, 无咎. 象曰, 損其疾亦可喜也.

질병을 더는 것은 빠르게 해야 기쁨이 있고 허물이 없으리라. 상왈, 질병을 더는 것은 역시 기뻐할 만한 것이다.

해를 끼치려는 사람이 있으니 믿지 말고 움직이지 말라.
재운: 욕심 버리고 손재를 예방하라. **관운**: 무소득, 움직이지 말라. **학업**: 노력만큼 성과를 거두니 기쁘리라. **결혼**: 初九와 六四가 음양 상응. 吉. **질병**: 부인의 병은 서쪽에서 치료하라. **매매**: 저가로 매입하는 것은 吉. 큰 욕심 내지 말고 적당한 이윤으로 매도하라. **관재송사**: 가을에 유리해지나 비용이 많이 든다.

41. 산택 손

육오, 혹익지십붕지구, 불극위, 원길. 상왈, 육오원길, 자상우야.
六五, 或益之十朋之龜, 弗克違, 元吉. 象曰, 六五元吉, 自上祐也.

누군가 더해주리니 신령스런 거북점도 어긋나지 않으리라. 크게 길하리라. 상왈, 六五가 크게 길함은 위에서 도와주기 때문이다.

貴人을 만나 도움을 받을 수 있으니 크게 길하리라.
재운: 봄여름은 불리, 가을 겨울은 吉. 관운: 타인의 영광이 되리니 자중하라. 학업: 결과가 부족하니 노력으로 극복하라. 결혼: 천상배필 吉. 질병: 부모는 겨울이, 부인은 여름이 불안하다. 매매: 봄여름은 소득이 적고 가을 이후 유리. 西北이 吉. 관재송사: 괴로움이 계속되니 얻고 버릴 것을 분명히 하라.

상구, 불손익지, 무구, 정길, 이유유왕, 득신무가. 상왈, 불손익지, 대득지야.
上九, 弗損益之, 无咎, 貞吉, 利有攸往, 得臣无家. 象曰, 弗損益之, 大得志也.

덜지 말고 더해주면 허물이 없으리니 그대로 하면 길하고 갈 곳이 있으면 이롭다. 신하를 얻으나 집이 없으리라. 상왈, 덜지 말고 더해줌은 크게 뜻을 얻음이다.

새로운 일에 착수하지 말고 해오던 일을 계속하는 것이 이롭다.
재운: 서둘면 허사. 서서히 진행하라. 관운: 봄여름은 吉, 가을 겨울 不吉. 학업: 진척되지 않아 괴롭다. 가까운 곳이 유리하다. 결혼: 초기에는 시련, 후일 발복. 질병: 서둘러 치료하라. 남편은 북쪽에서 치료하라. 매매: 소문만 무성하고 허사, 자중하라. 관재송사: 봄은 불리, 여름 이후 유리해지리라.

42. 風雷益 풍뢰익

익, 이유유왕, 이섭대천.
益, 利有攸往, 利涉大川.

더해줌에는 갈 곳이 있으면 이롭고 큰 냇물을 건넘에 이롭다.

단왈, 익, 손상익하, 민열무강. 자상하하, 기도대광. 이유유
彖曰, 益, 損上益下, 民說无疆. 自上下下, 其道大光. 利有攸
왕, 중정유경. 이섭대천, 목도내행. 익동이손, 일진무강. 천시
往, 中正有慶. 利涉大川, 木道乃行. 益動而巽, 日進无疆. 天施
지생, 기익무방. 범익지도, 여시해행.
地生, 其益无方. 凡益之道, 與時偕行.

단왈, 益은 위를 덜어 아래에 더해주는 것이니 백성의 기뻐함이 끝없으며 위에서 아래로 내려오니 그 도가 크게 빛난다. 갈 곳이 있으면 이로움은 중정하여 경사가 있음이며 큰 냇물을 건넘에 이로움은 木의 도가 행해지는 것이다. 더해주려 움직이지만 겸손하니 날로 진보함이 무궁하며 하늘이 베풀고 땅이 낳으니 그 더해줌이 일정한 방소에 국한되지 않는다. 무릇 더해주는 도는 때에 알맞게 행해야 한다.

상왈, 풍뢰익, 군자이견선즉천, 유과즉개.
象曰, 風雷益, 君子以見善則遷, 有過則改.

상왈, 바람과 우레가 서로 더해줌이 益卦의 상징이니 군자는 이러한 현상을 살펴 善을 보면 나의 덕성을 높여 이를 옮기고 내게 허물이 있

42. 풍뢰익

으면 그것을 고친다.

초구, 이용위대작, 원길무구. 상왈, 원길무구, 하불후사야.
初九, 利用爲大作, 元吉无咎. 象曰, 元吉无咎, 下不厚事也.

큰일을 함에 이롭고 크게 길하여 허물이 없으리라. 상왈, 크게 길하여 허물이 없음은 아랫사람은 후한 일을 할 수 없음이다.

> 행운이 오니 뜻을 이룬다. 남을 박대하지 말라.
> **재운**: 귀인이 도와 소득 있고 여름에 남쪽이 吉. **관운**: 효과가 없으니 허욕을 버려라. **학업**: 학업보다 다른 데 뜻이 있으니 성과를 얻기 어렵다. **결혼**: 元吉, 大吉. **질병**: 타인은 곧 치유, 부모의 병은 서쪽에서 치료하라. **매매**: 실익이 적다. 사람을 믿지 말라. **관재송사**: 시간 끌면 불리하니 속히 매듭지으라.

육이, 혹익지십붕지구, 불극위, 영정길. 왕용향우제, 길. 상
六二, 或益之十朋之龜, 弗克違, 永貞吉. 王用享于帝, 吉. 象
왈, 혹익지, 자외래야.
曰, 或益之, 自外來也.

누군가 더해주리니 신령스런 거북점도 어긋나지 않으리라. 길이 굳게 지켜야 길하다. 왕이 천제께 제사를 올리니 길하리라. 상왈, 누군가 더해줌은 밖으로부터 오는 것이다.

> 이 괘는 보통 사람에게는 이로울 바가 없다. 허상을 따르지 말라.
> **재운**: 손재수, 女子 조심하라. **관운**: 사람 믿지 말라. 남쪽 不吉. **학업**: 형제 자녀는 기쁨, 東北이 吉. **결혼**: 백년해로 大吉. **질병**: 타인은 시일이 걸리고 부인은 남쪽을 알아보라. **매매**: 손실운, 움직이지 말라. **관재송사**: 변호사나 중간사람을 주의하라. 재물이 나간 후 초거울부터 유리.

42. 풍뢰익

육삼, 익지용흉사, 무구, 유부중행, 고공용규. 상왈, 익용흉
六三, 益之用凶事, 无咎, 有孚中行, 告公用圭. 象曰, 益用凶
사, 고유지야.
事, 固有之也.

흉한 일로 이익되게 한다. 허물이 없어지려면 믿음이 있도록 중도로 행해야 하며, 홀을 들고 왕공에게 아뢰게 되리라. 상왈, 흉한 일로 이익되게 함은 六三이 위치를 얻지 못해 본래 있었던 일(凶事)을 더함이다.

> 남을 해롭게 하여 이득을 얻으면 흉한 일을 당하니 주의하라.
> **재운**: 이익을 탐해 남에게 고통 주지 말라. **관운**: 小事 吉, 大事 불리. 남 앞서려 하지 말라. **학업**: 성과가 나지 않으나 가을부터 전진. **결혼**: 不吉. **질병**: 타인은 무사, 부모의 병은 서쪽에서 치료하라. **매매**: 뜻이 맞지 않아 성사가 어렵다. 小事는 가을에 유리. **관재송사**: 가을부터 유리해진다.

육사, 중행, 고공종, 이용위의천국. 상왈, 고공종, 이익지야.
六四, 中行, 告公從, 利用爲依遷國. 象曰, 告公從, 以益志也.

중도로 행하고 왕공에게 아뢰어 따르게 할 수 있으니 의지하여 나라를 옮김에 이로우리라. 상왈, 왕공에게 아뢰어 따르게 함은 유익하게 하려는 뜻이다.

> 매사 순탄, 해이한 마음을 갖지 말고 中道로 공정히 행하라.
> **재운**: 소득이 많지만, 과욕을 삼가라. **관운**: 귀인의 도움으로 성사, 봄가을이 吉. **학업**: 노력이 부족하다. 가을 이후 조금 성과가 난다. **결혼**: 중매를 통한 결혼이면 길하다. **질병**: 타인은 곧 차도가 있으나, 부모의 병은 서쪽에서 치료하라. **매매**: 성사. 가을이 길하다. **관재송**

42. 풍뢰익

사: 여름 이후 이롭다.

구오, 유부혜심, 물문원길, 유부혜아덕. 상왈, 유부혜심, 물문
九五, 有孚惠心, 勿問元吉, 有孚惠我德. 象曰, 有孚惠心, 勿問
지의. 혜아덕, 대득지야.
之矣. 惠我德, 大得志也.

성심으로 은혜 베풀 마음이 있으니 묻지 않아도 크게 길하며, 성심이 있으면 나의 덕을 은혜로 여기리라. 상왈, 성심으로 은혜를 베풀 마음이 있음은 묻지 않아도 좋은 것이며, 나의 덕을 은혜로 여김은 크게 뜻을 얻음이다.

예상치 못한 일로 놀라게 돼도 큰일은 없으리라.
재운: 사고 주의하라. 겨울이 더 不吉. 관운: 불리. 사람 믿지 말고 근신하라. 학업: 부족하니 더 노력하라. 겨울과 북쪽 불리. 결혼: 오래 사귄 경우가 많고 大吉. 질병: 타인은 무사, 자녀의 병은 동쪽에서 치료하라. 매매: 겨울 봄 불리, 여름 가을 유리. 관재송사: 점차 불리해지니 타협점을 찾아보라.

상구, 막익지, 혹격지, 입심물항, 흉. 상왈, 막익지, 편사야.
上九, 莫益之, 或擊之, 立心勿恒, 凶. 象曰, 莫益之, 偏辭也.
혹격지, 자외래야.
或擊之, 自外來也.

도와주려는 사람이 없으면 공격하려는 사람이 있게 되리니 결심이 항구하지 않으면 흉하리라 상왈, 도와주려는 사람이 없음은 편벽되기 때문이란 말이며 공격하려는 사람이 있게 됨은 밖으로부터 오는 것이다.

42. 풍뢰익

正道를 지키고 인내하라. 가정의 우환을 조심하라.
재운: 무소득, 움직이지 말라. **관운**: 不可. 사람 믿지 말라. **학업**: 노력하면 겨울에 경사가 있다. **결혼**: 해로하기 어렵다. 不吉. **질병**: 타인은 쾌유, 부인의 병은 남쪽에서 치료하라. **매매**: 손재수, 움직이지 말라. 이사나 이동도 不吉. **관재송사**: 불길하니 손해를 적게 하고 속히 해결하라.

43. 澤天夬 택천쾌

쾌, 양우왕정, 부호유려, 고자읍, 불리즉융, 이유유왕.
夬, 揚于王庭, 孚號有厲, 告自邑, 不利即戎, 利有攸往.

처결하는 것은, 왕의 조정에서 선양(煽揚)하면 성심으로 외쳐도 위태로우니 자기 고을 사람에게 고해야 한다. 군대를 동원함에 불리하고 갈 곳이 있으면 이로우리라.

단왈, 쾌, 결야, 강결유야. 건이열, 결이화. 양우왕정, 유승오
象曰, 夬, 決也, 剛決柔也. 健而說, 決而和. 揚于王庭, 柔乘五
강야. 부호유려, 기위내광야. 고자읍, 불리즉융, 소상내궁야.
剛也. 孚號有厲, 其危乃光也. 告自邑, 不利即戎, 所尙乃窮也.
이유유왕, 강장내종야.
利有攸往, 剛長乃終也.

단왈, 夬는 처결하는 것으로 剛이 柔를 처결하는 것이다. 군세고 기뻐하며 처결하지만 부드럽게 한다. 왕의 조정에서 선양함은 柔가 다섯 개의 剛을 승강했기 때문이다. 성심으로 외쳐도 위태로움은 그 위태로움이 커지는 것이다. 자기 고을에 고해야 하고 군대를 동원함에 이롭지 않음은 숭상하는 것이 곧 다한다는 것이다. 갈 곳이 있음이 이로운 것은 剛의 자람이 곧 끝나기 때문이다.

상왈, 택상우천, 쾌, 군자이시록급하, 거덕즉기.
象曰, 澤上于天, 夬, 君子以施祿及下, 居德則忌.

43. 택천 쾌

상왈, 연못물이 증발하여 하늘로 올라가는 것이 夬卦의 상징이다. 군자는 이러한 현상을 살펴 녹을 베풂에 아래 백성에게 미치게 하고 자신의 덕으로 자처하는 것을 꺼린다.

초구, 장우전지, 왕불승위구. 상왈, 불승이왕, 구야.
初九, 壯于前趾, 往不勝爲咎. 象曰, 不勝而往, 咎也.

나아가는 발걸음이 씩씩하지만 가서 이기지 못하면 허물이 되리라. 상왈, 이길 수 없는데 가는 것이 허물이다.

여건이 불리하니 억지로 추진하지 말고 근신하라.
재운: 때도 사람도 불리, 가을부터 풀린다. **관운**: 봄에 小事는 小利, 大事 불성. **학업**: 순조롭고 성과도 커서 가을에 경사. **결혼**: 不吉. 결혼하면 후회가 있다. **질병**: 타인은 쾌유, 부인의 병은 서쪽에서 치료하라. **매매**: 무소득, 허욕을 버리라. **관재송사**: 시간이 지날수록 상대가 약해져 내게 유리해지리라.

구이, 척호, 모야유융, 물휼. 상왈, 유융물휼, 득중도야.
九二, 惕號, 莫夜有戎, 勿恤. 象曰, 有戎勿恤, 得中道也.

두려워 외치니, 밤중에 전쟁이 있어도 근심치 말라. 상왈, 전쟁이 있어도 근심치 말라는 것은 중도를 얻었기 때문이다.

밤중에 놀랄 일이 생겨도 사람을 박대하지 말고 보내라.
재운: 무소득, 관재와 시비를 주의하라. **관운**: 친한 척하는 사람을 믿지 말라. **학업**: 예상보다 성과가 부족하니 더 노력하라. **결혼**: 婚(昏)자에 莫夜의 상이 있다. 吉. **질병**: 타인은 쾌유. 형제는 남쪽에서 치료하라. **매매**: 속임수가 있다. 응하지 말고 다시 살피라. **관재송사**: 서로 비슷한 상황, 승패는 교섭력에 달려있다.

43. 택천쾌

구삼, 장우규, 유흉, 군자쾌쾌, 독행우우, 약유유온, 무구. 상
九三, 壯于頄, 有凶, 君子夬夬, 獨行遇雨, 若濡有慍, 无咎. 象
왈, 군자쾌쾌, 종무구야.
曰, 君子夬夬, 終无咎也.

용기가 광대뼈에 있으니 흉함이 있으리라. 군자가 결단을 쾌히 하면 홀로 가하다 비를 만나 젖에 노여운 기색이 있어도 허물이 없으리라. 상왈, 군자가 결단을 쾌히 함은 끝내 허물이 없음이다.

> **어떤 경우에도 인내심을 잃지 말고 시비를 조심하라.**
> **재운**: 확실치 않은 일에 투자하지 말고 守分하라. **관운**: 무소용, 현재를 지켜라. **학업**: 자신은 吉. 타인은 불리. **결혼**: 獨行, 좋은 짝이 아니다. **질병**: 자신과 가족은 서쪽, 형제는 남쪽을 알아보라. **매매**: 허황되니 근신하라. **관재송사**: 봄은 불리, 가을은 유리.

구사, 둔무부, 기행차저, 견양회망, 문언불신. 상왈, 기행차
九四, 臀无膚, 其行次且, 牽羊悔亡, 聞言不信. 象曰, 其行次
저, 위부당야. 문언불신, 총불명야.
且, 位不當也. 聞言不信, 聰不明也.

볼기에 살이 없어 가는 것이 더디다. 양을 끌고 가면 후회가 없지만 말을 들어도 믿지 않으리라. 상왈, 가는 것이 더딤은 위치가 부당하기 때문이며, 말을 들어도 믿지 않음은 귀가 밝지 못해서이다.

> **과욕을 부리면 손해이나 이 말을 듣지 않을 듯하다.**
> **재운**: 호운이니 기회를 잘 활용하고 과욕은 금물. **관운**: 貴人이 도우니 봄에 기회를 놓치지 말라. **학업**: 점차 발전. 子女는 경사, 가을 겨울 西北이 吉. **결혼**: 시간이 걸려 성혼, 吉 **질병**: 타인은 쾌유. 부모는 동쪽에서 급히 치료하라. **매매**: 중간에 사람을 넣으면 성사. **관재**

43. 택천 쾌

송사: 운이 들어와 가을에 유리하다.

구오, 현륙쾌쾌, 중행무구. 상왈, 중행무구, 중미광야.
九五, 莧陸夬夬, 中行无咎. 象曰, 中行无咎, 中未光也.

자리공을 꺾듯 쾌히 결단해도 중도로 행해야 허물이 없으리라. 상왈, 중도로 행해야 허물이 없음은 가운데 자리가 빛나지 않기 때문이다.

이로움은 없고 해될 사람뿐이니 감언이설과 속임수를 조심하라.
재운: 쇠퇴운, 사기나 절도를 주의하라. 관운: 전진은 不可, 퇴보를 조심하라. 학업: 퇴보운, 노력으로 극복하라. 결혼: 길하다. 질병: 타인은 쾌유. 자녀는 병원이나 거처를 옮겨보라. 매매: 小事는 小吉. 나태하면 백사불성. 관재송사: 가을이면 관재구설이 사라져 편하리라.

상육, 무호, 종유흉. 상왈, 무호지흉, 종불가장야.
上六, 无號, 終有凶. 象曰, 无號之凶, 終不可長也.

부르짖음이 없으니 마침내 흉함이 있으리라. 상왈, 부르짖음이 없어 흉함은 마침내 오래갈 수 없음이다.

사람의 말을 믿지 말고 사기나 속임수에 주의하라.
재운: 백사무성이니 守分하라. 관운: 무소득, 주제를 넘지 말라. 학업: 꾸준히 노력하면 성과가 크다. 결혼: 성사 어렵고 不吉. 질병: 타인은 쾌유. 부인은 서쪽에서 치료하라. 매매: 실체가 없으니 다시 살피고 正道를 지키라. 관재송사: 상하가 도와 유리하니 적극 전진하라.

44. 天風姤 천풍구

구, 여장, 물용취녀.
姤, 女壯, 勿用取女.

만남, 여자가 억세고 사나우니 그 여자를 취하지 말라.

단왈, 구, 우야, 유우강야. 물용취녀, 불가여장야. 천지상우,
彖曰, 姤, 遇也, 柔遇剛也. 勿用取女, 不可與長也. 天地相遇,
품물함장야. 강우중정, 천하대행야. 구지시의대의재.
品物咸章也. 剛遇中正, 天下大行也. 姤之時義大矣哉.

단왈, 姤는 만나는 것이니 柔가 剛을 만난 것이다. 그 여자를 취하지 말라는 것은 함께 오래 할 수 없기 때문이다. 하늘과 땅이 서로 만나니 만물이 모두 아름답고 剛이 중정의 덕을 만나 천하가 크게 행해지니 만나는 때의 뜻이 크도다.

상왈, 천하유풍, 구, 후이시명고사방.
象曰, 天下有風, 姤, 后以施命誥四方.

상왈, 하늘 아래 바람이 이는 것이 姤卦의 상징이니 임금은 이 괘상을 살피고 명령을 내려 사방의 백성에게 밝게 알린다.

초육, 계우금니, 정길, 유유왕견흉, 이시부척촉. 상왈, 계우금
初六, 繫于金柅, 貞吉, 有攸往見凶, 羸豕孚蹢躅. 象曰, 繫于金

44. 천풍구

니, 유도견야.
梔, 柔道牽也.

쇠고동목에 매어놓듯 그대로 있어야 길하고 갈 곳이 있으면 흉한 일을 당하리라. 야윈 돼지가 믿고 깡충거린다. 상왈, 쇠고동목에 매어놓음은 柔道를 견제함이다.

> 친구가 원수 되는 상이니 사람과 女子를 조심하라.
> **재운**: 소득 있고 正月과 가을이 吉. 여름은 不吉. **관운**: 貴人이 도와 봄여름이 吉, 가을은 不吉. **학업**: 순탄, 노력만큼 성과를 얻는다. **결혼**: 쇠고동목에 매어놓으니 吉. **질병**: 남쪽에서 치료하라. 점차 회복된다. **매매**: 正月이 吉하나 小事 吉, 大事는 不利. **관재송사**: 많은 도움으로 겨울이면 유리하리라.

구이, 포유어, 무구, 불리빈. 상왈, 포유어, 의불급빈야.
九二, 包有魚, 无咎, 不利賓. 象曰, 包有魚, 義不及賓也.

부엌에 생선이 있으니 허물이 없으나 손님 대접에는 이롭지 않으리라. 상왈, 부엌에 생선이 있음은 뜻이 손님에게 미치지 않음이다.

> 운이 회복되고 이로움도 이어진다. 남에게 후덕하게 대하라.
> **재운**: 소득이 있고 겨울이 吉. **관운**: 실력이 조금 부족하여 곤란, 1·4월 유리. **학업**: 목표가 뚜렷하고 성과도 따른다. 가까운 곳이 吉. **결혼**: 생선은 음물(陰物), 양으로 음을 싸니 吉. **질병**: 타인은 무난, 남편은 동쪽을 알아보라. **매매**: 1·5·9월 東南이 유리. **관재송사**: 화가 복이 되니 유리하고 빠르리라.

44. 천풍구

구삼, 둔무부, 기행차저, 여, 무대구. 상왈, 기행차저, 행미견야.
九三, 臀无膚, 其行次且, 厲, 无大咎. 象曰, 其行次且, 行未牽也.

볼기에 살이 없어 가는 것이 더디니 위태롭지만 큰 허물은 없으리라.
상왈, 가는 것이 더딤은 가는 것을 끌어주지 못하기 때문이다.

먼저는 불리하고 후에 길하다. 서둘지 말고 느긋이 행하라.
재운: 겨울 봄은 小吉, 가을은 不吉. 관운: 소용없으니 현상 유지에 힘쓰라. 학업: 자신은 보통수준, 형제 자녀는 불리. 결혼: 늦어야 이루어진다. 질병: 형제 자녀는 남쪽을 알아보라. 매매: 백사무익(百事無益), 허욕을 삼가라. 관재송사: 시간이 지나면 상대가 약해져 내게 유리하게 되리라.

구사, 포무어, 기흉. 상왈, 무어지흉, 원민야.
九四, 包无魚, 起凶. 象曰, 无魚之凶, 遠民也.

부엌에 생선이 없으니 흉한 일이 일어나리라. 상왈, 생선이 없어 흉함은 백성으로부터 멀어 짐이다.

괴로워도 서서히 호운으로 변화되니 때를 기다리라.
재운: 봄여름이 유리하고 가을은 불리, 절제하라. 관운: 봄에 시작하여 여름에 결실을 본다. 가을은 守分하라. 학업: 순탄하고 먼 곳이 이롭다. 결혼: 包无魚, 잉태하기 어렵다. 不吉. 질병: 부모는 곧 차도가 있고 자녀는 더디다. 매매: 소득있고 유리. 관재송사: 운과 사람이 도와 유리하게 되리라.

44.천풍구

^{구오, 이기포과, 함장, 유운자천. 상왈, 구오함장, 중정야. 유}
九五, 以杞包瓜, 含章, 有隕自天. 象曰, 九五含章, 中正也. 有
^{운자천, 지불사명야.}
隕自天, 志不舍命也.

버들잎으로 오이를 싸니 아름다움을 품는다면 하늘로부터 천명이 내려오리라. 상왈, 九五가 아름다움을 품음은 중정했기 때문이며, 하늘로부터 천명이 내려옴은 뜻이 천명을 버리지 않았기 때문이다.

지출 많아도 행운이 오고 집안에 경사가 있으리라.
재운: 무소득, 먼 곳과 가을은 不吉. **관운**: 재물만 허비하고 무소득, 여름 不吉. **학업**: 순탄하게 전진하니 기쁨이 있으리라. **결혼**: 오이를 싸는 상, 吉. **질병**: 타인은 치유, 부인은 東南을 알아보라. **매매**: 외화내빈. 불리하고 가을이 불길하다. **관재송사**: 가을 겨울에 유리, 돈을 많이 써야 하리라.

^{상구, 구기각, 린, 무구. 상왈, 구기각, 상궁린야.}
上九, 姤其角, 吝, 无咎. 象曰, 姤其角, 上窮吝也.

그 뿔에서 만나니 안타깝지만 허물이 없으리라. 상왈, 그 뿔에서 만남은 윗자리 궁극에 이르러 안타까운 것이다.

뿔 끝은 군자가 설 자리가 아니다. 과욕 버리고 사람을 믿지 말라.
재운: 먼저는 유리, 후에 손해. 사람 믿지 말라. **관운**: 수평 이동은 可. **학업**: 스트레스가 많고 지쳐 있으니 과욕을 버리고 작게 추진하라. **결혼**: 乾의 극에 있으니 나이 든 남자가 처를 구하는 상. 不吉. **질병**: 부모의 병은 빨리 널리 알아보라. **매매**: 실체와 다르니 凶. **관재송사**: 재정을 써서 가을 겨울에 유리.

45. 澤地萃 택지췌

췌, 형, 왕격유묘, 이견대인, 형, 이정, 용대생길, 이유유왕.
萃, 亨, 王假有廟, 利見大人, 亨, 利貞, 用大牲吉, 利有攸往.

모일 때이니 형통한다. 王(九五)이 종묘 제사에 이르니 大人(九二)을 만남에 이롭고 형통한다. 正道를 지켜야 이롭고 큰 희생을 바쳐야 길하며 갈 곳이 있는 것이 이롭다.

단왈, 췌, 취야. 순이열, 강중이응, 고취야. 왕격유묘, 치효향
象曰, 萃, 聚也. 順以說, 剛中而應, 故聚也. 王假有廟, 致孝享
야. 이견대인형, 취이정야. 이정, 용대생길, 이유유왕, 순천명
也. 利見大人亨, 聚以正也. 利貞, 用大牲吉, 利有攸往, 順天命
야. 관기소취, 이천지만물지정가견의.
也. 觀其所聚, 而天地萬物之情可見矣.

단왈, 萃는 모이는 것이다. 유순함으로 기뻐하며 剛(九五)이 가운데 자리를 잡고 上下가 응하므로 모이는 것이다. 왕이 종묘 제사에 이름은 효도로써 제사를 올리게 된 것이다. 대인을 만남에 이로워 형통하는 것은 正道로써 모이기 때문이다. 正道를 지켜야 이롭고 큰 희생을 써야 길하며 갈 곳이 있는 것이 이로움은 天命에 순응하는 것이다. 모여드는 것을 관찰하면 천지 만물의 정황을 알 수 있다.

상왈, 택상어지, 췌. 군자이제융기, 계불우.
象曰, 澤上於地, 萃. 君子以除戎器, 戒不虞.

45. 택지췌

상왈, 못이 땅 위에 있는 것이 萃卦의 상징이다. 군자는 이러한 현상을 살펴 병기를 수선하여 뜻하지 않은 사태에 대비한다.

초육, 유부부종, 내란내췌, 약호, 일악위소, 물휼, 왕무구. 상
初六, 有孚不終, 乃亂乃萃, 若號, 一握爲笑, 勿恤, 往无咎. 象
왈, 내란내췌, 기지란야.
曰, 乃亂乃萃, 其志亂也.

성심이 있으나 끝까지 지키지 못하면 어지럽기도 하고 모이기도 하리라. 만약 부르짖으면 움켜쥐고 웃으리니 근심치 말라 가면 허물이 없으리라. 상왈, 어지럽고 모여듦은 뜻이 어지럽기 때문이다.

이사나 이동을 삼가고 욕심을 버리면 괴로워도 후일 길하리라.
재운: 허욕을 버리면 편안하리라. 관운: 성사되지 않으니 守分하라.
학업: 집중이 어려우니 거처나 공부방을 서쪽으로 옮겨보라. 결혼: 처음은 어지럽고 후에는 편안하다. 질병: 타인은 속효, 자녀는 서쪽에서 치료하라. 매매: 무소득, 근신하라. 관재송사: 불리하니 작고 짧게 추진하라.

육이, 인길, 무구, 부내이용약. 상왈, 인길무구, 중미변야.
六二, 引吉, 无咎, 孚乃利用禴. 象曰, 引吉无咎, 中未變也.

이끌어 주면 길하여 허물이 없으리라. 성심이 있으면 간소한 제사를 올림이 이로우리라. 상왈, 이끌어 주면 길하여 허물이 없음은 중심이 변치 않음이다.

사람의 천성은 고칠 수가 없으니 가려서 교제하고 正道를 행하라.
재운: 小利, 욕심을 버리면 편안하다. 관운: 貴人이 도와 봄여름이

45. 택지췌

吉. 학업: 성과를 얻는다. 겨울은 子女의 기쁨이 있다. **결혼**: 2효와 5효가 정응으로 '引吉'이라고 했다. **吉. 질병**: 본인은 시간이 걸리고 형제는 북쪽을 알아보라. **매매**: 小利, 봄여름 東南吉. **관재송사**: 불리, 여름은 불길하니 근신하라.

육삼, 췌여차여, 무유리, 왕무구, 소린. 상왈, 왕무구, 상손야.
六三, 萃如嗟如, 无攸利, 往无咎, 小吝. 象曰, 往无咎, 上巽也.

모이다가 탄식하니 이로울 바가 없다. 가면 허물이 없지만 조금 안타깝게 되리라. 상왈, 가면 허물이 없음은 위에서 겸손하기 때문이다.

여우가 물을 건너다 빠지는 격. 곤란한 운이니 근신하고 노력하라.
재운: 손재수, 자중하라. **관운**: 재물만 허비하고 무소득. **학업**: 실력과 여건이 불리, 노력으로 극복하라. **결혼**: 서로 원한이 깊으리니 不吉. **질병**: 타인은 속효, 부인은 북쪽을 알아보라. **매매**: 손재수, 움직이지 말라. **관재송사**: 불리하고 손해가 커도 겨울이 유리하리라.

구사, 대길무구. 상왈, 대길무구, 위부당야.
九四, 大吉无咎. 象曰, 大吉无咎, 位不當也.

크게 길해도 허물이 없으리라. 상왈, 크게 길해도 허물이 없음은 위치가 부당하기 때문이다.

평소에 쌓은 공덕으로 곤란한 중이라도 귀인이 도와 행운이 온다.
재운: 인덕으로 상승운, 겨울 大吉. **관운**: 허망하니 현상 유지에 힘쓰라. **학업**: 소득이 따르니 경사가 있으리라. **결혼**: 4효와 초효가 정응하니 大吉. **질병**: 타인은 속효, 남편은 동쪽을 알아보라. **매매**: 貴人이 돕고 東北이 吉. **관재송사**: 유리, 겨울이면 大吉.

45. 택지췌

구오, 췌유위, 무구. 비부, 원영정, 회망. 상왈, 췌유위, 지미광야.
九五, 萃有位, 无咎. 匪孚, 元永貞, 悔亡. 象曰, 萃有位, 志未光也.

모여들어 지위가 있으면 허물이 없으리라. 성심이 없으면 길이 바르게 지켜야 후회가 없으리라. 상왈, 모여들어 지위가 있음은 뜻이 아직 빛나지 않음이다.

도움은 없고 해로운 자들뿐이니 상황 판단을 잘해야 무사하리라.
재운: 움직이면 손실뿐이니 守分하라. **관운**: 현상 유지에 주력하라. **학업**: 시기와 여건이 불리하니 작게 추진하라. **결혼**: 귀한 사윗감이다. 吉. **질병**: 부인은 북쪽, 형제는 동쪽을 알아보라. **매매**: 운이 없으니 자중하라. **관재송사**: 점차 불리해지니 속결하는 것이 이롭다.

상육, 재자체이, 무구. 상왈, 재자체이, 미안상야.
上六, 齎咨涕洟, 无咎. 象曰, 齎咨涕洟, 未安上也.

탄식하며 눈물을 줄줄 흘리니 허물이 없으리라. 상왈, 탄식하며 눈물을 줄줄 흘림은 윗자리가 편치 않기 때문이다.

사람을 가려서 사귀지 않으면 늑대를 피하다가 범을 만나는 격이라.
재운: 손해수, 근신하라. **관운**: 욕심이 커서 실패, 守分하라. **학업**: 불리, 형제는 기쁘리라. **결혼**: 이혼이나 사별의 상. **질병**: 타인은 속효, 자녀는 서쪽에서 치료하라. **매매**: 예상 밖의 사건이 생긴다. 사람 가리고 근신하라. **관재송사**: 점차 불리해지니 피해를 최소화하라.

46. 地風升 지풍승

승, 원형, 용견대인, 물휼, 남정길.
升, 元亨, 用見大人, 勿恤, 南征吉.

올라갈 때를 맞았으니 크게 형통한다. 대인(九二)을 구해 만남에 근심치 말라. 남쪽으로 가면 길하리라.

단왈, 유이시승, 손이순, 강중이응, 시이대형. 용견대인물휼,
象曰, 柔以時升, 巽而順, 剛中而應, 是以大亨. 用見大人勿恤,
유경야. 남정길, 지행야.
有慶也. 南征吉, 志行也.

단왈, 柔가 때를 만나 올라가서 겸손하고 순하며, 剛이 가운데서 응하므로 크게 형통하는 것이다. 대인을 구해 만남에 근심치 말라는 것은 경사가 있음이며, 남쪽으로 가면 길한 것은 뜻이 행해짐이다.

상왈, 지중생목, 승, 군자이순덕, 적소이고대.
象曰, 地中生木, 升, 君子以順德, 積小以高大.

상왈, 땅속으로부터 나무가 자라는 것이 升卦의 상징이니 군자는 이러한 현상을 살펴 근신하여 德을 닦아 작은 것을 쌓아 높고 크게 한다.

초육, 윤승, 대길. 상왈, 윤승대길, 상합지야.
初六, 允升, 大吉. 象曰, 允升大吉, 上合志也.

46. 지풍 승

진실한 마음으로 제사를 올리면 크게 길하리라. 상왈, 진실한 마음으로 제사를 올리면 크게 길함은 위와 뜻을 합함이다.

> **깊이 생각해 진퇴의 시기를 놓치지 않으면 행운. 질병은 서둘라.**
> **재운**: 순탄, 봄가을이 吉. **관운**: 貴人이 돕지만, 재물을 써야 성사. **학업**: 여건이 불리하니 힘쓰면 가을부터 성과. **결혼**: 두 마음이 진실로 합하니 大吉. **질병**: 늦으면 회복이 어려우니 급히 큰 병원으로 가서 검사하라. 특히 암(癌)인지 알아보라. **매매**: 속히 진행하면 의외의 소득이 있다. **관재송사**: 갈수록 이롭지 않으니 적당히 화해하라.

구이, 부내이용약, 무구. 상왈, 구이지부, 유희야.
九二, 孚乃利用禴, 无咎. 象曰, 九二之孚, 有喜也.

성심이 있으면 간소한 제사를 올림이 이롭고 허물이 없으리라. 상왈, 九二의 성심은 기쁨이 있음이다.

> **모든 것은 마음에 있으니 욕심을 버리고 자중하면 손해가 없으리라.**
> **재운**: 처음 얻은 것이 도로 나가니 守分하라. **관운**: 될듯하다 무산, 욕심내지 말라. **학업**: 발전하나 건강을 함께 돌보라. **결혼**: 두 사람의 덕이 합하니 크게 기쁘리라. **질병**: 타인은 속효, 자녀는 남쪽을 알아보라. **매매**: 무소득, 서로 경계하여 성사가 어렵고 소득도 적다. **관재송사**: 시간 끌면 손재수가 있으니 적당한 선에서 타협을 모색하라.

구삼, 승허읍. 상왈, 승허읍, 무소의야.
九三, 升虛邑. 象曰, 升虛邑, 无所疑也.

빈 고을로 올라가리라. 상왈, 빈 고을에 올라감은 의심할 바가 없는 것이다.

46.지풍승

노력하지 않고 얻어지는 것은 없으니 헛된 욕심 버리고 근신하라.
재운: 손재수, 守分하라. 여름에 小事 吉. **관운**: 얻기 어렵다. 자중하라. **학업**: 불리하니 노력으로 돌파하라. **결혼**: 허읍(虛邑)은 독수공방의 뜻. **질병**: 남편은 서쪽, 자녀는 동쪽이 길하다. **매매**: 小事는 봄에 길하고 大事는 不可. **관재송사**: 시기를 놓치지 말라. 봄여름은 유리하고, 가을은 불길하다.

육사, 왕용향향우기산, 길무구. 상왈, 왕용향우기산, 순사야.
六四, 王用亨(享)于岐山, 吉无咎. 象曰, 王用亨于岐山, 順事也.

왕(周文王)이 기산(西山)에서 제사를 올리니 길하여 허물이 없으리라. 상왈, 왕이 기산에서 제사 올림은 마땅히 해야 할 일에 따름이다(隨卦 上六에도 같은 내용이 있다.).

성심으로 정도를 지키면 이롭고, 큰 욕심과 허황한 생각은 금물.
재운: 매사 순조로우나 과욕을 버리라. **관운**: 과한 욕심이 아니면 봄여름에 성사. **학업**: 성적 부진으로 초조할 때, 심기일전하라. **결혼**: 확실한 감정이 없으니 기다리라. **질병**: 서둘러 서쪽에서 치료하라. **매매**: 봄 여름이 유익하다. **관재송사**: 점차 유리해지고 여름이 吉.

육오, 정길승계. 상왈, 정길승계, 대득지야.
六五, 貞吉升階. 象曰, 貞吉升階, 大得志也.

정도를 지키면 길하여 계단을 오르리라. 상왈, 정도를 지키면 길하여 계단을 오름은 크게 뜻을 얻음이다.

사람을 正道로 대하고 유순하지만 꾸준히 노력하면 吉하리라.

46. 지풍승

재운: 正道를 행하면 이롭고 과욕을 부리면 가을에 손재수. **관운**: 不可, 사람을 믿지 말라. **학업**: 여러 원인으로 저조하니 더욱 힘쓰라. **결혼**: 2효와 5효가 응하여 계단을 오르니 吉. **질병**: 타인은 쾌유, 부모는 서쪽에서 치료하라. **매매**: 손재수, 守分하라. **관재송사**: 쌍방이 곤란하니 타협점을 찾아보라.

상육, 명승, 이우불식지정. 상왈, 명승재상, 소불부야.
上六, 冥升, 利于不息之貞. 象曰, 冥升在上, 消不富也.

어둡게 올라가니 끊임없이 正道를 지켜야 이로우리라. 상왈, 어둡게 올라가 위에 있음은 소멸되고 부유하지 않은 것이다.

극에 이르면 내려오는 것이 이치, 과한 행동 하지 말고 근신하라.
재운: 손재수, 서쪽 사람과 女子에 관해 주의하라. **관운**: 소문만 무성, 실제가 없으리라. **학업**: 보통의 운, 자신의 노력에 달려있다. **결혼**: 해로하기 어렵다. **질병**: 서쪽을 알아보라. **매매**: 무소득, 중간에 결렬 운. **관재송사**: 처음은 유리, 가을 이후 불리하니 일찍 타협하라.

47. 澤水困 택수곤

곤, 형, 정. 대인길, 무구. 유언불신.
困, 亨, 貞. 大人吉, 无咎. 有言不信.

곤궁한 후에 형통하니 바르게 지켜야 하며 대인은 길하여 허물이 없으리라. 말을 해도 믿지 않으리라.

단왈, 곤, 강엄야, 험이열, 곤이부실기소형, 기유군자호. 정대
象曰, 困, 剛揜也, 險以說, 困而不失其所亨, 其唯君子乎. 貞大
인길, 이강중야. 유언불신, 상구내궁야.
人吉, 以剛中也. 有言不信, 尙口乃窮也.

단왈, 困은 剛이 가려진 것으로 험해도 기뻐하며 곤궁해도 그 형통할 도를 잃지 않는 것은 오직 군자일 것이다. 바르게 지키면 대인에게 길함은 剛이 득중했기 때문이다. 말을 해도 믿지 않는 것은 입을 숭상함이 곧 막히기 때문이다.

상왈, 택무수, 곤. 군자이치명수지.
象曰, 澤无水, 困. 君子以致命遂志.

상왈, 못에 물이 없는 것이 困卦의 상징이니 군자는 이러한 현상을 살펴 곤궁한 난세에 처하면 목숨을 바쳐 뜻을 이룬다.

초육, 둔곤우주목, 입우유곡, 삼세부적. 상왈, 입우유곡, 유불
初六, 臀困于株木, 入于幽谷, 三歲不覿. 象曰, 入于幽谷, 幽不

47. 택수곤

명 야.
明也.

엉덩이가 나뭇등걸에 걸려 괴로움을 당한다. 깊은 골짜기로 들어가니 3년 동안 볼 수 없으리라. 상왈, 깊은 골짜기로 들어감은 어둡고 밝지 않은 것이다.

깊은 골짜기에 들어가듯 곤경에 처하리니 악인을 조심하라.
재운: 신속히 추진하면 봄 겨울에 유리. **관운**: 貴人이 도와 성사, 나태하면 무산되니 서둘라. **학업**: 성과 부족, 더욱 노력하면 겨울이 吉. **결혼**: 함께 살기 어렵다. **질병**: 부모나 자녀는 서쪽을 알아보라. **매매**: 신속히 결정하면 이익이 이어진다. **관재송사**: 시간이 지나면 감정이 풀려 기회가 오리니 타협도 좋다.

구 이, 곤 우 주 식, 주 불 방 래, 이 용 형 사, 정 흉, 무 구. 상 왈, 곤 우
九二, 困于酒食, 朱紱方來, 利用亨祀, 征凶, 无咎. 象曰, 困于
주 식, 중 유 경 야.
酒食, 中有慶也.

술과 밥 먹기에 괴로움을 당한다. 朱色 인장 끈이 오려고 하니 제사를 올리면 이롭고 가면 흉하여 원망할 곳도 없으리라. 상왈, 술과 밥 먹기에 괴로움은 중도를 행해야 경사가 있게 됨이다.

과욕 버리고 중도를 행하며 음식과 음주를 절제하라.
재운: 소득이 있으나 후일 구설을 주의하라. **관운**: 貴人이 도와 봄여름에 성사. **학업**: 불리하니 더 노력하라. 형제는 경사. **결혼**: 예를 갖추고 상대 쪽에서 응해와야 吉. **질병**: 타인은 속효, 자녀는 서쪽을 알아보라. **매매**: 성사돼도 이익은 적다. 대인관계를 중시하라. **관재송사**: 괴롭지만 큰 해로움 없이 해결되리라.

47. 택수곤

육삼, 곤우석, 거우질려, 입우기궁, 불견기처, 흉, 상왈, 거우
六三, 困于石, 據于蒺藜, 入于其宮, 不見其妻, 凶. 象曰, 據于
질려, 승강야. 입우기궁, 불견기처, 불상야.
蒺藜, 乘剛也. 入于其宮, 不見其妻, 不祥也.

앞으로 나가면 바위에 막혀 괴로움을 당하고 물러서면 질려풀에 고통을 당한다. 집에 들어가도 그 처를 볼 수 없으니 凶하리라. 상왈, 질려풀에 의지함은 승강했기 때문이며 집에 들어가도 아내를 볼 수 없음은 상서롭지 않음이다.

고난이 연속되리니 함부로 움직이지 말고 때를 기다리라.
재운: 무소득, 과욕을 버려라. 관운: 모든 욕심을 버리고 守分하라. 학업: 진척이 되지 않아 괴로울 때, 작게 행하라. 결혼: 이혼이나 사별할 운. 질병: 타인은 속효, 형제는 북쪽에서 치료하라. 매매: 성사되면 후일 근심이 되니 움직이지 말라. 관재송사: 괴로움이 계속돼도 가을에 길하리라.

구사, 내서서, 곤우금거, 린유종. 상왈, 내서서, 지재하야. 수
九四, 來徐徐, 困于金車, 吝有終. 象曰, 來徐徐, 志在下也. 雖
불당위, 유여야.
不當位, 有與也.

천천히 오는 것은 쇠수레에 괴로움을 당하기 때문이다. 부끄럽지만 끝이 있으리라. 상왈, 천천히 오는 것은 뜻이 아래에 있기 때문이니 비록 위치가 부당해도 함께할 사람이 있음이다.

점차 풀려 편안해지리니 힘써 행하면 원하는 바를 이루리라.
재운: 순탄해지며 봄 겨울이 유리. 관운: 운이 부족하니 움직이지 말

47. 택수곤

라. **학업**: 큰 성과를 내리라. 겨울이 吉. **결혼**: 서서히 진행하면 성사. **질병**: 타인은 속효, 남편은 동쪽을 알아보라. **매매**: 소득 있고, 봄 겨울에 吉. **관재송사**: 정당하게 임하니 유리하리라.

구오, 의월, 곤우적불, 내서유열, 이용제사. 상왈, 의월, 지미
九五, 劓刖, 困于赤紱, 乃徐有說, 利用祭祀. 象曰, 劓刖, 志未
득야. 내서유열, 이중직야. 리용제사, 수복야.
得也. 乃徐有說, 以中直也. 利用祭祀, 受福也.

코와 발꿈치를 베이고 붉은 인장 끈에 괴롭지만 서서히 기쁨이 있게 되리니 제사를 올림에 이로우리라. 상왈, 코와 발꿈치를 베임은 아직 뜻을 얻지 못했음이며, 서서히 기쁨이 있게 됨은 중심이 곧기 때문이며, 제사를 올림에 이로움은 복을 받는 것이다.

내 뜻이 강하면 손해가 되니 남의 뜻을 존중해야 편안해지리라.
재운: 소용없으니 억지로 구하지 말라. **관운**: 욕심 버리고 현상 유지에 힘쓰라. **학업**: 자신은 더욱 힘쓰고 형제 자녀는 吉. **결혼**: 처음엔 뜻이 맞지 않고 후일 평안. **질병**: 타인은 속효. 부인은 북쪽, 형제는 서쪽을 알아보라. **매매**: 무소득, 守分하라. **관재송사**: 불리하니 실체를 파악하여 손해를 줄이라.

상육, 곤우갈류, 우얼올, 왈동회. 유회정길. 상왈, 곤우갈
上六, 困于葛藟, 于臲卼, 曰動悔. 有悔征吉. 象曰, 困于葛
류, 미당야. 동회유회, 길행야.
藟, 未當也. 動悔有悔, 吉行也.

칡넝쿨이 얽힌 곳에서 괴로움을 당하고 일이 어그러져 불안하다. 움직이면 후회하게 되리라. 후회가 있으면 가서 길하리라. 상왈, 칡넝쿨이 얽힌

48.수풍정

곳에서 괴로움을 당함은 六三의 위치가 부당해 응여가 없기 때문이며, 움직이면 후회하고, 후회가 있어야 마침내 吉함을 얻게 되는 것이다.

자신이 처한 입장과 시기를 알고 진퇴를 잘해야 후회가 없으리라. **재운**: 과욕 버리고 적당한 선에서 멈춰라. **관운**: 수평 이동과 명예는 吉. **학업**: 자신과 자녀는 더 노력하고, 형제는 吉. **결혼**: 처음엔 곤란, 후일 평안. **질병**: 자신과 자녀는 북쪽에서 치료하고, 부모 형제는 쾌차. **매매**: 성사돼도 실익은 부족, 봄이 유리. **관재송사**: 서로 괴로우니 타협을 모색하라.

48. 水風井 수풍정

정, 개읍불개정, 무상무득, 왕래정정. 흘지역미귤정, 이기병, 흉.
井, 改邑不改井, 无喪无得, 往來井井. 汔至亦未繘井, 羸其瓶, 凶.

우물이란, 고을은 옮길 수 있어도 우물은 옮길 수 없으니 잃는 것도 없고 얻는 것이 없어도 오고 가는 이가 우물을 우물로 쓰는 것이다. 거의 이른 두레박줄이 우물물에 닿기 전에 두레박이 깨어지니 흉하리라.

단왈, 손호수이상수, 정. 정양이불궁야. 개읍불개정, 내이강중야. 흘지역미귤정, 미유공야. 이기병, 시이흉야.
象曰, 巽乎水而上水, 井. 井養而不窮也. 改邑不改井, 乃以剛中也. 汔至亦未繘井, 未有功也. 羸其瓶, 是以凶也.

단왈, 두레박을 물속에 넣어 물을 퍼 올리는 것이 井이다. 우물은 만물을 기르지만 마르지 않는다. 고을은 옮겨도 우물을 옮길 수 없음은 곧 강중했기 때문이다. 거의 이른 두레박줄이 우물물에 닿지 못함은 공이 없음이며, 두레박이 깨어짐은 흉한 것이다.

상왈, 목상유수, 정. 군자이로민권상.
象曰, 木上有水, 井. 君子以勞民勸相.

상왈, 나무 위에 물이 있는 것이 井卦의 상징이니 군자는 이러한 현상을 살펴 백성이 힘써 일하고 서로 돕도록 권장한다.

48.수풍정

초육, 정니불식, 구정무금. 상왈, 정니불식, 하야. 구정무금,
初六, 井泥不食, 舊井无禽. 象曰, 井泥不食, 下也. 舊井无禽,
시사야.
時舍也.

우물이 흙탕물이므로 먹을 수 없으니 옛날부터 있는 우물이지만 새도 없다. 상왈, 우물이 흙탕물이므로 먹을 수 없음은 아래에 있기 때문이며, 옛날 우물에 새가 없음은 그 시기에 버려진 것이다.

사심을 버리고 正道를 행하면 행운이 오리라. 재운: 순탄. 봄 여름 남쪽이 吉. **관운**: 주위의 협력으로 봄에 유리, 여름은 권위를 얻는다. **학업**: 점차 성과, 가을 겨울 吉. **결혼**: 인품이 비루하면 오랜 사이라도 不成. **질병**: 부모는 서쪽에서, 남편은 여름에 치유. **매매**: 여름에 성과. **관재송사**: 처음은 유리 가을부터 불리, 적당히 타협하라.

구이, 정곡사부, 옹폐루. 상왈, 정곡사부, 무여야.
九二, 井谷射鮒, 甕敝漏. 象曰, 井谷射鮒, 无與也.

우물물이 골짜기의 붕어에게 이르니 두레박이 깨져 물이 새는 것이다. 상왈, 우물물이 골짜기의 붕어에게 이름은 九五의 응여가 없기 때문이다.

위의 도움이 없어 大事는 불가하고 小事는 점차 성사되리라.
재운: 욕심을 버리라. 남쪽 여자를 조심하라. **관운**: 小事 吉, 大事 不利. **학업**: 본인은 吉. 자녀는 더 노력하라. **결혼**: 정서 차이로 不吉. **질병**: 잔병치레가 많고, 자녀는 동쪽이 길하다. **매매**: 성사되기 어렵고 봄가을 小利. **관재송사**: 가을에 손해가 크니 미리 대비하라.

구삼, 정설불식, 위아심측, 가용급, 왕명병수기복. 상왈, 정설

48.수풍정

九三, 井渫不食, 爲我心惻, 可用汲, 王明幷受其福. 象曰, 井渫
불식, 행측야, 구왕명, 수복야.
不食, 行惻也, 求王明, 受福也.

우물이 맑아도 먹어주지 않으니 나의 마음 슬프다. 물을 길어 쓸 수 있으니 王이 현명하면 그 복을 천하가 함께 받으리라. 상왈, 우물이 맑아도 먹어주지 않음은 행함이 측은한 것이며 王의 밝은 지혜를 구함은 복을 받기 위해서다.

서둘지 말고 때를 기다리라. 가정에 근심이 생길 수 있다.
재운: 허욕을 버리고 때를 기다리라. **관운**: 될 듯해도 무산, 守分하라. **학업**: 나의 성심이 통하지 않아 괴롭다. 더 힘쓰면 통하리라. **결혼**: 5효에 이르러야 하니 2년 후에 가능. **질병**: 타인은 속효, 남편은 서쪽을 알아보라. **매매**: 무소득, 관재구설을 주의하라. **관재송사**: 점차 편안해지니 타협점이 있는지 알아보라.

육사, 정추, 무구. 상왈, 정추무구, 수정야.
六四, 井甃, 无咎. 象曰, 井甃无咎, 修井也.

우물에 벽돌을 쌓으니 허물이 없으리라. 상왈, 우물에 벽돌을 쌓아 허물이 없게 됨은 우물을 고치는 것이다.

조용히 正道를 행하며 때를 기다리면 머지않아 복이 오리라.
재운: 손재수, 먼 곳이 더 불리. **관운**: 사심을 버리면 봄 여름에 유망. **학업**: 정신이 맑고 노력도 향상, 성과가 크다. **결혼**: 좀 더 때를 기다리라. **질병**: 타인은 무난, 형제는 남쪽에서 치료하라. **매매**: 서로 믿음이 부족해 허사. **관재송사**: 재정 소모가 예상되니 중간사람이나 변호사 선택에 신중하라.

48. 수풍정

구오, 정렬, 한천식. 상왈, 한천지식, 중정야.
九五, 井洌, 寒泉食. 象曰, 寒泉之食, 中正也.

우물이 맑으니 찬 샘물을 먹으리라. 상왈, 찬 샘물을 먹음은 중정했기 때문이다.

그동안의 노력이 정당한 때를 만나 매사 순탄하고 기쁨이 오리라.
재운: 순조롭고 봄가을이 유리. 부동산에 吉. **관운**: 겸손하면 貴人이 도와 봄가을에 성사. **학업**: 전진이 느려 답답할 때. 더 노력하면 성과를 보리라. **결혼**: 가풍이 맑고 천생배필. **질병**: 타인은 속효, 부모는 서쪽을 알아보라. **매매**: 봄가을이 유리, 남쪽이 吉. **관재송사**: 봄여름은 유리하고 가을부터 불리하다.

상육, 정수물막, 유부원길. 상왈, 원길재상, 대성야.
上六, 井收勿幕, 有孚元吉. 象曰, 元吉在上, 大成也.

우물을 길어야 하니 덮지 말라. 성심이 있으면 크게 길하리라. 상왈, 위에 있어 크게 길함은 크게 이루는 것이다.

곤란해도 正道를 지키면 호운이 오리니 서둘지 말고 기다리라.
재운: 봄가을 손재수, 여름은 小利. **관운**: 불리, 지출을 줄여라. **학업**: 순탄. 건강을 돌보라. 북쪽이 吉. **결혼**: 上爻는 3효와 정응, 3효에 '井受其福'이라고 했으므로 吉. **질병**: 타인은 속효, 자녀는 동쪽을 알아보라. **매매**: 불리. 서류와 실물 검토를 다시 하라. **관재송사**: 시간이 지나 유리해지니 근심치 말라.

49. 澤火革 택화혁

혁, 이일내부, 원형이정, 회망.
革, 已日乃孚, 元亨利貞, 悔亡.

혁명이란, 천명이 이른 날이면 믿음이 있게 된다. 크게 형통하리니 곧게 나아가야 이롭고 후회가 없으리라.

단왈, 혁, 수화상식, 이녀동거, 기지불상득왈혁. 이일내부, 혁이신지. 문명이열, 대형이정, 혁이당, 기회내망. 천지혁이사시성, 탕무혁명, 순호천이응호인, 혁지시의대의재.
象曰, 革, 水火相息, 二女同居, 其志不相得曰革. 已日乃孚, 革而信之. 文明以說, 大亨以正, 革而當, 其悔乃亡. 天地革而四時成, 湯武革命, 順乎天而應乎人, 革之時義大矣哉.

단왈, 혁은 물과 불이 서로를 극하고 두 여자가 함께 살아도 그 뜻이 서로 맞지 않으므로 변혁한다고 한 것이다. 천명이 이른 날이면 믿음이 있게 된다는 것은 개혁하여 믿게 하는 것이다. 문명하게 해야 백성들이 기뻐하며 크게 형통하도록 해야 바르게 되어 혁명이 정당화 되고 뉘우침이 없어지는 것이다. 天地가 변하여 四時가 이루어지는 것처럼 湯·武가 혁명하여 천명에 따르고 백성에게 응하였으니 혁명의 때와 뜻이 크도다.

상왈, 택중유화, 혁. 군자이치력명시.
象曰, 澤中有火, 革. 君子以治歷明時.

49. 택화혁

상왈, 못 속에 불이 있어 서로 극하는 것이 革卦의 상징이니 군자는 이러한 현상을 살펴 역법(曆法)을 바로잡고 사시의 추이를 밝힌다.

초구, 공용황우지혁. 상왈, 공용황우, 불가이유위야.
初九, 鞏用黃牛之革. 象曰, 鞏用黃牛, 不可以有爲也.

황소 가죽으로 묶듯 굳건히 지키라. 상왈, 황소 가죽으로 묶음은 할 수 있는 것이 없게 함이다.

> 뜻대로 되기 어렵고 사람들이 믿기도 어려우니 작게 행하라.
> **재운**: 뜻이 변하지 않고 기밀 유지하면 봄이 吉. **관운**: 不可, 허욕을 버려라. **학업**: 성과 있으니 노력을 계속하라. 자녀는 경사가 있다. **결혼**: 너무 젊은 경우가 많고 3년 후가 吉. **질병**: 남편은 시간이 걸리고, 타인은 봄 겨울 유리. **매매**: 속히 진행하면 소득. **관재송사**: 봄 겨울이면 평안하리라.

육이, 이일내혁지, 정길, 무구. 상왈, 이일혁지, 행유가야.
六二, 已日乃革之, 征吉, 无咎. 象曰, 已日革之, 行有嘉也.

천명이 이른 날이면 혁명할 수 있으니 가면 길하여 허물이 없으리라. 상왈, 천명이 이른 날 혁명할 수 있음은 행하면 아름다운 경사가 있음이다.

> 운이 왔으나 서둘지 말고 정세 분석을 확실히 하고 근신하라.
> **재운**: 먼저는 곤란, 후일 소득이 크다. **관운**: 무소득, 욕심 버리고 守分하라. **학업**: 자신과 자녀는 吉, 형제는 곤란. **결혼**: 훌륭한 짝. 吉. **질병**: 남편은 서쪽을, 자녀는 시간이 걸린다. **매매**: 무소득, 지출 줄이고 자중하라. **관재송사**: 갈수록 불리하니 준비를 확실히 하라.

49. 택화혁

구삼, 정흉, 정려, 혁언삼취유부. 상왈, 혁언삼취, 우하지의.
九三, 征凶, 貞厲, 革言三就有孚. 象曰, 革言三就, 又何之矣.

가면 흉하고 그대로 있어도 위태로우니 혁명해야 한다는 말이 세 번 있은 후에야 믿음이 있게 되리라. 상왈, 혁명해야 한다는 말이 세 번 있으니 또한 어디로 가겠는가.

좋은 운이다. 진퇴의 시기를 놓치지 말라.
재운: 小事 유리, 여름과 東南 吉. **관운**: 작은 영광, 守分하라. **학업**: 심기일전하면 겨울에 유리, 형제는 불리. **결혼**: 세 사람을 만난 후 성사. **질병**: 타인은 속효, 형제는 서쪽을 알아보라. **매매**: 무소득, 관재구설 주의. **관재송사**: 가을 이후 편안해진다.

구사, 회망, 유부개명, 길. 상왈, 개명지길, 신지야.
九四, 悔亡, 有孚改命, 吉. 象曰, 改命之吉, 信志也.

뉘우침이 없어지리니 믿음이 있으면 혁명하여 고침이 길하리라. 상왈, 혁명하여 고침이 길함은 뜻을 믿음이다.

남의 협력을 얻어야 순조로우니 아집을 버리고 진심으로 대하라.
재운: 뜻과 현실이 달라 무소득, 守分하라. **관운**: 재물을 써야 유리, 봄가을이 吉. **학업**: 때와 기운도 이로우니 스스로 풀린다. **결혼**: 吉. 재혼도 길하다. **질병**: 의료기관을 잘 선택하면 속효. **매매**: 양측의 뜻이 합해 이롭다. **관재송사**: 후일 귀인의 도움으로 유리하리라.

49. 택화혁

구오, 대인호변, 미점유부. 상왈, 대인호변, 기문병야.
九五, 大人虎變, 未占有孚. 象曰, 大人虎變, 其文炳也.

大人이 범처럼 변하니 점을 치지 않아도 틀림없으리라. 상왈, 대인이 범처럼 변한다는 것은 그 문채가 빛남이다.

상황이 유동적이니 미리 대비하고 먼 곳의 일이나 여행을 삼가라.
재운: 신중히 행동하라. 급히 움직이면 손재. **관운**: 자신은 不可, 타인은 성사. **학업**: 결과가 미흡하니 먼 곳을 피하라. **결혼**: 여자가 다른 뜻이 있을 수 있다. 不吉. **질병**: 타인은 쾌차, 부모나 자녀는 먼 곳으로 가지 말라. **매매**: 계약 해지나 상대가 돌변해 무소득. **관재송사**: 괴로워도 가을부터 귀인이 도우리라.

상육, 군자표변, 소인혁면, 정흉, 거정길. 상왈, 군자표변, 기문위야. 소인혁면, 순이종군야.
上六, 君子豹變, 小人革面, 征凶, 居貞吉. 象曰, 君子豹變, 其文蔚也. 小人革面, 順以從君也.

군자가 표범처럼 변하고 소인이 안색을 고친다. 가면 흉하니 그대로 지키고 있어야 길하리라. 상왈, 군자가 표범처럼 변함은 그 문채가 아름다움이며 소인이 안색을 고침은 순종하여 임금을 따르는 것이다.

욕심을 버리고 正道를 행하라. 대인은 길하고 소인은 불길하다.
재운: 소득 없고 망신 당할 수 있으니 주의하라. **관운**: 먼 곳이 유리, 속히 움직이라. **학업**: 유리, 성과가 크리라. **결혼**: 응하는 3효에 '三就有孚'. 3번 구한 후 성사면 吉. **질병**: 타인은 속효, 본인과 형제는 서쪽에서 치료하라. **매매**: 무소득, 관재구설 주의. **관재송사**: 갈수록 불리하니 미리 준비하라.

50. 火風鼎 화풍정

정, 원길, 형.
鼎, 元吉, 亨.

솥으로 음식을 익히니 크게 길하여 형통하리라.

단왈, 정, 상야. 이목손화, 팽임야. 성인팽이향상제, 이대팽이
象曰, 鼎, 象也. 以木巽火, 亨飪也. 聖人亨以享上帝, 而大亨以
양성현. 손이이목총명, 유진이상행, 득중이응호강, 시이원형.
養聖賢. 巽而耳目聰明, 柔進而上行, 得中而應乎剛, 是以元亨.

단왈, 鼎은 솥의 형상이다. 나무로 불을 지펴 음식을 삶아 익힌다. 성인이 음식을 삶아 익혀 하느님께 제사 드리고 많은 음식을 삶아 성현을 기른다. 공손하며 보고 들음에 총명하고 유순하게 나아가 위로 올라가 得中하고 剛에 응하므로 크게 형통하는 것이다.

상왈, 목상유화, 정, 군자이정위응명.
象曰, 木上有火, 鼎, 君子以正位凝命.

상왈, 나무 위에 불이 있는 것이 鼎卦의 상징이니 군자는 이러한 현상을 살펴 지위를 단정히 하고 천명을 공고히 받들어 직위를 공고히 한다.

초육, 정전지, 이출비, 득첩이기자, 무구. 상왈. 정전지, 미패
初六, 鼎顚趾, 利出否, 得妾以其子, 无咎. 象曰. 鼎顚趾, 未悖

50. 화풍정

야. 이출비, 이종귀야.
也. 利出否, 以從貴也.

솥발이 뒤집혀 나쁜 것이 나오니 이롭다. 첩을 얻어 아들을 낳음에 허물이 없으리라. 상왈, 솥발이 뒤집혔으나 어그러진 것이 아니며 나쁜 것이 나와 이로움은 귀함을 따름이다.

> 당황하지 말라. 처음은 곤란해도 솥이 뒤집히듯 뒤에 행운이 오리라.
> **재운**: 점차 성운, 봄가을이 吉. **관운**: 때도 이롭고 貴人이 도와 봄가을이 吉. **학업**: 성과가 적으나 子女는 吉. **결혼**: 남자가 재혼이면 귀자를 낳는다. **질병**: 타인은 속효, 남편은 서쪽에서 치료하라. **매매**: 처음은 혼미, 후에 소득. **관재송사**: 봄부터 유리해진다.

구이, 정유실, 아구유질, 불아능즉, 길. 상왈, 정유실, 신소지
九二, 鼎有實, 我仇有疾, 不我能卽, 吉. 象曰, 鼎有實, 愼所之
야. 아구유질, 종무우야.
也. 我仇有疾, 終无尤也.

솥 안에 음식물이 있다. 내 원수에게 병이 있으니 내게 가까이하지 못하게 해야 길하리라. 상왈, 솥 안에 음식물이 있음은 가는 것을 삼가야 함이며, 내 원수에게 병이 있음은 마침내 허물이 없게 됨이다.

> 솥 안의 음식은 인사의 근본이니 신중히 다뤄야 안전하리라.
> **재운**: 무소득, 여름 不吉. 근신하라. **관운**: 승진 不可, 이동은 가능. **학업**: 본인은 성과가 미흡, 子女는 점차 호전. **결혼**: 서로 원수가 되리라. **질병**: 동쪽을 알아보라. **매매**: 사심을 버리라. 지출이 많다. **관재송사**: 서로 손해뿐, 타협을 주선해보라.

50. 화풍정

구삼, 정이혁, 기행색, 치고불식, 방우휴회, 종길. 상왈, 정이혁, 실기의야.
九三, 鼎耳革, 其行塞, 雉膏不食, 方雨虧悔, 終吉. 象曰, 鼎耳革, 失其義也.

솥 귀가 변해 행동이 막히니 맛있는 꿩고기를 먹지 못한다. 비가 내려야 후회가 사라져 마침내 길하리라. 상왈, 솥 귀가 변함은 그 뜻을 잃음이다.

솥 귀가 변하듯 변화가 유리하고, 주위와 협력하면 마침내 길하리라.
재운: 과욕은 실패, 正道를 지켜라. 여름 不吉. **관운**: 여건도 시기도 부족하니 근신하라. **학업**: 답보상태, 노력만큼 성과를 얻는다. **결혼**: 해로하기 어렵다. **질병**: 타인은 속효, 부인은 서쪽에서 치료하라. **매매**: 실익이 없으니 허욕을 버려라. **관재송사**: 봄여름이 유리하나 속히 매듭짓는 것만 못하다.

구사, 정절족, 복공속, 기형악, 흉. 상왈, 복공속, 신여하야.
九四, 鼎折足, 覆公餗, 其形渥, 凶. 象曰, 覆公餗, 信如何也.

솥 다리가 부러져 왕공의 음식을 엎었으니 그 형벌이 중하여 흉하리라. 상왈, 왕공의 음식을 엎었음은 신의가 어떠하냐는 것이다.

남과 신용을 중시하라. 근신하지 않으면 위태로우리라.
재운: 사심 버리고 正道 행하면 가을에 吉. **관운**: 貴人이 도와 성사. 봄여름이 吉. **학업**: 점차 순탄해져 결과도 좋다. **결혼**: 두 사람 모두 다리가 약하고, 不吉. **질병**: 타인은 속효, 부모는 북쪽에서 치료하라. **매매**: 점차 발전, 가을에 西北이 吉. **관재송사**: 불리하니 속히 매듭져야 손해가 적으리라.

50. 화풍정

육오, 정황이, 금현, 이정. 상왈, 정황이, 중이위실야.
六五, 鼎黃耳, 金鉉, 利貞. 象曰, 鼎黃耳, 中以爲實也.

솥에 누런 귀가 있으니 바르게 지켜야 이로우리라. 상왈, 솥의 누런 귀는 가운데 자리로 실함을 삼은 것이다.

솥의 금고리는 귀중한 것처럼 전진하는 운이나 正道를 잃지 말라.
재운: 소득도 유통도 가능, 가을에 吉. 관운: 때가 아니니 인간관계를 중시하라. 학업: 운이 부족하니 더 노력하라. 子女는 大吉. 결혼: '黃耳, 金鉉' 모두 귀하니 大吉. 질병: 타인은 속효, 남편은 서쪽을 알아보라. 매매: 서서히 진행하면 가을이 吉. 관재송사: 점차 광명해져 순조로우리라.

상구, 정옥현, 대길무불리. 상왈, 옥현재상, 강유절야.
上九, 鼎玉鉉, 大吉无不利. 象曰, 玉鉉在上, 剛柔節也.

솥에 옥으로 만든 귀고리가 있으니 크게 길하여 이롭지 않음이 없으리라. 상왈, 옥으로 만든 귀고리가 위에 있음은 剛과 柔가 조절됨이다.

매사 순조롭지만 실익보다 명예에 더욱 길하다.
재운: 무소득, 절약하라. 관운: 움직이면 구설만 있다. 근신하라. 학업: 나태한 면이 보이니 노력하면 성과. 결혼: 금과 옥이니 大吉. 질병: 본인은 동쪽, 부인은 서쪽이 이롭다. 매매: 무소득, 착수치 말라. 남쪽이 不吉. 관재송사: 가을 이후 불길하니 대비하라.

51. 震爲雷 진위뢰

진, 형, 진래혁혁, 소언아아, 진경백리, 불상비창.
震, 亨, 震來虩虩, 笑言啞啞, 震驚百里, 不喪匕鬯.

진동하여 형통한다. 우레가 진동하니 두려워하다가 하하하고 웃는다. 우레가 백 리까지 놀라게 해도 숟가락과 울창주를 잃지 않는다.

단왈, 진, 형. 진래혁혁, 공치복야. 소언아아, 후유칙야. 진경백리, 경원이구이야. 출가이수종묘사직, 이위제주야.
彖曰, 震, 亨. 震來虩虩, 恐致福也. 笑言啞啞, 後有則也. 震驚百里, 驚遠而懼邇也. 出可以守宗廟社稷, 以爲祭主也.

단왈, 震은 형통한다. 우레가 진동하니 두려워하는 것은 두려워해야 복이 오기 때문이다. 하하하고 웃는 것은 후에 법칙을 따를 수 있게 됨이다. 우레가 백 리를 놀라게 함은 멀리 있는 사람이 놀라고 가까이 있는 사람이 두려워하게 됨이다. 나아가 종묘사직을 지킬 수 있어야 제주가 될 수 있다.

상왈, 천뢰진, 군자이공구수성.
象曰, 洊雷震, 君子以恐懼修省.

상왈, 우레와 번개가 거듭되는 것이 震卦의 상징이니 군자는 이러한 현상을 살펴 두렵게 여기고 자신을 수양하고 반성한다.

초구, 진래혁혁, 후소언아아, 길. 상왈, 진래혁혁, 공치복야.

51. 진위뢰

初九, 震來虩虩, 後笑言啞啞, 吉. 象曰, 震來虩虩, 恐致福也.
소언아아, 후유칙야.
笑言啞啞, 後有則也.

우레가 진동하니 두려워하다가 뒤에는 하하하고 웃으니 길하리라. 상왈, 우레가 진동하니 두려워함은 두려워해야 복이 옴이며, 하하하고 웃음은 후에 법칙이 있게 됨이다.

자신의 한계를 알고 과욕을 버려야 화가 없다. 허세를 삼가라.
재운: 연초는 미미하고 봄부터 가을까지 吉. 관운: 봄은 불리, 여름이 유리. 학업: 집중력 부족, 가을부터 전진하리라. 결혼: 처음엔 곤란, 후에는 기쁘다. 질병: 타인은 속효, 부모는 서쪽에서 치료하라. 매매: 연초는 곤란, 늦봄부터 성과. 관재송사: 중반부터 불리, 아집을 버리고 해결책을 찾으라.

육이, 진래려, 억상패, 제우구릉, 물축칠일득. 상왈, 진래려,
六二, 震來厲, 億喪貝, 躋于九陵, 勿逐七日得. 象曰, 震來厲,
승강야.
乘剛也.

우레가 진동하니 위태로워 재물을 잃었다고 생각하고 높은 언덕으로 올라간다. 좇지 말라. 이레 만에 다시 얻으리라. 상왈, 우레가 진동해 위태로움은 승강했기 때문이다.

괴로움은 욕심에서 비롯되니 헛된 욕심을 버려야 吉하리라.
재운: 正道 지키고 守分하라. 관운: 구설만 생기니 움직이지 말라. 학업: 본인은 더 힘쓰고 형제 자녀는 吉. 결혼: 2효는 정응도 친비도 없다. 不吉. 질병: 타인은 속효, 부인은 남쪽을 알아보라. 매매: 손재수, 가을부터 小吉. 관재송사: 재물을 쓰면 승리. 여름 가을에 吉.

51. 진위뢰

육삼, 진소소, 진행무생. 상왈, 진소소, 위부당야.
六三, 震蘇蘇, 震行无眚. 象曰, 震蘇蘇, 位不當也.

우레가 다시 울리니 두려워하며 나아가야 재앙이 없으리라. 상왈, 우레가 다시 울림은 음효가 양위에 있어 자리가 마땅치 않기 때문이다.

大事는 불가하니 사심을 버리고 작은 범위로 행하라.
재운: 연초와 가을은 不吉, 봄여름은 吉. 관운: 木氣(3·8월)가 吉하니 참고하여 추진하라. 학업: 부진해도. 가을이면 吉. 결혼: 서로 마땅치 않다. 不吉. 질병: 타인은 속효, 부모는 서쪽을 알아보라. 매매: 시간 끌면 불리하고 남쪽이 吉. 관재송사: 봄은 유리, 가을은 불리. 속임수나 증거 조작을 경계하라.

구사, 진수니. 상왈, 진수니, 미광야.
九四, 震遂泥. 象曰, 震遂泥, 未光也.

우레가 마침내 가라앉는다. 상왈, 우레가 마침내 가라앉음은 아직 빛나지 않음이다.

때가 이르니 욕심 버리고 正道를 행하며 남을 관용하라.
재운: 소득이 크고 봄부터 가을까지 吉. 관운: 무소득, 움직이지도 말라. 학업: 노력과 성과가 같다. 봄부터 점차 진전. 결혼: 성격 차이로 해로가 어렵다. 질병: 타인은 속효, 남편은 서쪽에서 치료하라. 매매: 처음은 곤란, 후에 유리, 여름이 吉. 관재송사: 곤란이 가고 봄여름이면 유리해지리라.

51. 진위뢰

육오, 진왕래려, 억무상, 유사. 상왈, 진왕래려, 위행야. 기사
六五, 震往來厲, 億无喪, 有事. 象曰, 震往來厲, 危行也. 其事
재중, 대무상야.
在中, 大无喪也.

우레가 그쳤다가 다시 오니 위태로운 상이다. 크게 잃지는 않지만 괴로움은 있으리라. 상왈, 우레가 그쳤다가 다시 오니 위태로움은 위태로운 중에 행함이며, 일이 중도에 맞으므로 크게 잃지 않는 것이다.

신중하고 남에게 겸손하면 행운, 욕심 버리고 먼 곳의 일을 삼가라.
재운: 중간에 난관, 처음부터 일을 분명히 하라. **관운**: 봄여름 귀인이 도와 성사. **학업**: 노력 충분, 가을 겨울 성공이 크다. **결혼**: 결혼 후 장례 치를 일을 예방하라. 不吉. **질병**: 타인 속효, 부인은 西南, 형제는 북쪽에서 치료하라. **매매**: 무소득, 근신하라. **관재송사**: 점점 불리해지니 속히 매듭지을 준비를 하라.

상육, 진삭삭, 시확확, 정흉. 진불우기궁, 우기린, 무구, 혼구
上六, 震索索, 視矍矍, 征凶. 震不于其躬, 于其鄰, 无咎, 婚媾
유언. 상왈, 진삭삭, 중미득야. 수흉무구, 외린계야.
有言. 象曰, 震索索, 中未得也. 雖凶无咎, 畏鄰戒也.

우레가 이어져 놀라 두리번거리니 가면 흉하리라. 우레가 자신에게 이르지 않고 이웃에 이르니 허물이 없으리라. 혼인에는 말이 있으리라. 상왈, 우레가 이어짐은 중도를 얻지 못했기 때문이며, 비록 흉해도 허물이 없음은 이웃의 경계를 두려워함이다.

원한 사지 않도록 正道 지키고 남을 선의로 대하면 복이 오리라.
재운: 행운, 자만하지 말고 인정을 베풀라. **관운**: 인연으로 봄여름 성

51.진위뢰

사. **학업**: 곤란. 방향설정을 확실히하고 근면하라. **결혼**: 곧 결혼 이야기가 나오리라. 半吉. **질병**: 타인은 속효, 부모는 서쪽을 알아보라. **매매**: 겨울 봄은 무소득, 여름 가을과 남쪽이 吉. **관재송사**: 속히 진행하면 봄여름이 길하리라.

52. 艮爲山 간위산

간기배, 불획기신, 행기정, 불견기인, 무구.
艮其背, 不獲其身, 行其庭, 不見其人, 无咎.

그 등에 그쳐서 몸을 얻지 못한다. 뜰에 가도 그 사람을 볼 수 없어야 허물이 없으리라.

단왈, 간, 지야. 시지즉지, 시행즉행, 동정부실기시, 기도광명,
彖曰, 艮, 止也. 時止則止, 時行則行, 動靜不失其時, 其道光明
간기지, 지기소야. 상하적응, 불상여야. 시이불획기신, 행기
艮其止, 止其所也. 上下敵應, 不相與也. 是以不獲其身, 行其
정, 불견기인, 무구야.
庭, 不見其人, 无咎也.

단왈, 艮은 그치는 것이다. 그쳐야 할 때 그치고 행해야 할 때 행하며, 움직임과 고요함이 마땅한 때를 잃지 않아야 그 도가 밝게 빛나게 된다. 그쳐야 할 때 그침은 제자리를 지키는 것이다. 上下가 적응하므로 서로 응여하지 않는다. 그러므로 그 몸을 얻지 못하고 뜰에 가도 그 사람을 볼 수 없어야 허물이 없는 것이다.

상왈, 겸산간, 군자이사불출기위.
象曰, 兼山艮, 君子以思不出其位.

상왈, 두 개의 山이 나란히 있는 것이 艮卦의 상징이니 군자는 이러한

52. 간위산

현상을 살펴 그 지위를 벗어나지 않으려 생각한다.

초육, 간기지, 무구, 이영정. 상왈, 간기지, 미실정야.
初六, 艮其趾, 无咎, 利永貞. 象曰, 艮其趾, 未失正也.

발에서 그쳐야 허물이 없으리니 길이 굳게 지켜야 이로우리라. 상왈, 발에서 그침은 아직 正道를 잃지 않은 것이다.

때에 알맞게 행하고 사람에게 겸손 공평하라.
재운: 무소득, 자중하라. 겨울은 小吉. **관운**: 때가 아니니 굳건히 지키라. **학업**: 진전이 어렵고, 형제는 서쪽으로 옮겨보라. **결혼**: 백년해로에 잘못됨이 없다. **질병**: 타인은 속효, 형제는 서쪽에서 치료하라. **매매**: 건물은 吉, 토지는 不足, 東北 吉. 서쪽 凶. **관재송사**: 갈수록 불리하니 타협이 가능한지 알아보라.

육이, 간기비, 부증기수, 기심불쾌. 상왈, 부증기수, 미퇴청야.
六二, 艮其腓, 不拯其隨, 其心不快. 象曰, 不拯其隨, 未退聽也.

종아리에서 그친다. 들어 올리지 못하고 따르니 마음이 불쾌하리라. 상왈, 들어 올리지 못하고 따름은 멀리하지 않고 들어야 함이다.

욕심내지 말라. 大事는 불순, 小事는 吉.
재운: 大事不可, 小事는 西北이 小吉. **관운**: 재물만 허비하고 무소득. **학업**: 답답할 때이다. 근면하면 겨울부터 진전. **결혼**: 피하는 것이 좋다. **질병**: 타인은 경증, 부모는 서둘러 동쪽에서 치료하라. **매매**: 무소득, 서류 주의하고 근신하라. **관재송사**: 시간이 걸리지만 반드시 유리해지리라.

52. 간위산

구삼, 간기한, 열기인, 여훈심. 상왈, 간기한, 위훈심야.
九三, 艮其限, 列其夤, 厲薰心. 象曰, 艮其限, 危薰心也.

허리에서 그치니 등골을 벌려놓는다. 위태로움에 마음을 태우리라. 상왈, 허리에서 그침은 위태로움에 마음을 태움이다.

사람 믿지 말고 동업을 삼가라.
재운: 봄부터 가을까지 서쪽 吉, 남쪽은 不吉. **관운**: 퇴보운, 근신하라. **학업**: 본인은 불리, 자녀는 吉. **결혼**: 모든 것에 차이가 있어 不吉. **질병**: 타인은 쾌유, 자녀는 시간이 걸린다. **매매**: 서둘지 않으면 실패, 봄여름에 성공. **관재송사**: 귀인을 만나 유리해지리라.

육사, 간기신, 무구. 상왈, 간기신, 지저궁야.
六四, 艮其身, 无咎. 象曰, 艮其身, 止諸躬也.

그 몸에서 그치니 허물이 없으리라. 상왈, 그 몸에서 그침은 자신에게서 그침이다.

허욕 부리고 근신치 않으면 해가 있으리라.
재운: 움직일수록 불리, 자숙하라. **관운**: 사람도 때도 불리, 근신하라. **학업**: 최선 다하면 성과, 子女는 경사. **결혼**: 두 사람은 좋고, 주위의 축복이 부족하다. **질병**: 타인은 속효, 부인은 서쪽을 알아보라. **매매**: 손재수, 추진하지 말라. **관재송사**: 봄여름은 불리, 재물을 쓰면 가을에 유리하리라.

52. 간위산

육오, 간기보, 언유서, 회망. 상왈, 간기보, 이중정야.
六五, 艮其輔, 言有序, 悔亡. 象曰, 艮其輔, 以中正也.

광대뼈에서 그치니 말에 질서가 있어야 후회가 없어지리라. 상왈, 광대뼈에서 그침은 중정 해야 하기 때문이다.

호운으로 평안, 허언을 삼가고 겸손하라.
재운: 봄여름 불리, 가을 겨울은 소득. **관운**: 서둘러야 성공, 가을은 不吉. **학업**: 요행을 바라지 말고 노력해야 목표에 근접한다. **결혼**: 혼삿말만 있고 늦어진다. **질병**: 타인은 속효, 부모는 동쪽에서 치료하라. **매매**: 신속하라. 늦으면 무산될 수 있다. **관재송사**: 타협점을 찾으면 가을 겨울에 가능하다.

상구, 돈간, 길. 상왈, 돈간지길, 이후종야.
上九, 敦艮, 吉. 象曰, 敦艮之吉, 以厚終也.

돈독하게 그치니 길하리라. 상왈, 돈독하게 그쳐 길함은 중후하게 마침이다.

운이 불길하니 가정을 살피고 건강을 점검하라.
재운: 가정사나 건강으로 지출하게 될 수. 여름 不吉. **관운**: 때가 아니니 본분을 지키라. **학업**: 학업보다 건강을 살피라. 자녀는 무해. **결혼**: 서로 신뢰가 깊어 吉. **질병**: 타인은 문제없고, 남편은 여름이 不吉, 북쪽에서 서둘러 치료하라. **매매**: 무소득, 守分하라. **관재송사**: 연초는 불리, 여름은 유리.

53. 風山漸 풍산점

점, 여귀길, 이정.
漸, 女歸吉, 利貞.

점차 나아감은, 여자가 시집감에 길하니 그대로 해야 이로우리라.

단왈, 점지진야, 여귀길야. 진득위, 왕유공야. 진이정, 가이정
象曰, 漸之進也, 女歸吉也. 進得位, 往有功也. 進以正, 可以正
방야. 기위강득중야, 지이손, 동불궁야.
邦也. 其位剛得中也, 止而巽, 動不窮也.

단왈, 점차 나아가는 것은, 여자가 시집감에 길하다. 나아가면 지위 얻으니 가면 공이 있으리라. 나아감을 정도로 하면 나라를 바로잡을 수 있다. 그 지위에 剛이 중도를 얻었으며 머물러 공손하니 움직여도 막히지 않는 것이다.

상왈, 산상유목, 점, 군자이거현덕선속.
象曰, 山上有木, 漸, 君子以居賢德善俗.

상왈, 산 위에서 나무가 점차 자라나는 것이 漸卦의 상징이니 군자는 이러한 현상을 살펴 어진 덕성과 착한 풍속이 있는 지방에 산다.

초육, 홍점우간, 소자려, 유언, 무구. 상왈, 소자지려, 의무구야.
初六, 鴻漸于干, 小子厲, 有言, 无咎. 象曰, 小子之厲, 義无咎也.

53. 풍산점

기러기가 물가로 나아감이니 어린아이가 위태롭다. 말이 있어야 허물이 없으리라. 상왈, 어린아이가 위태로움은 뜻에 잘못이 없음이다.

근본이 부실하니 허욕을 버려야 화가 없다.
재운: 소득 없으니 허욕 버리고 자중하라. 관운: 도움 없으니 사람 믿지 말라. 학업: 지체, 형제는 불리, 子女는 발전. 결혼: 연상 女인 수가 많다. 기다려 결혼해야 유리. 질병: 타인은 무해, 부인은 가을 겨울에 치유, 형제는 東南을 알아보라. 매매: 무소득, 사람 믿지 말라. 관재송사: 가을에 유리하게 해결.

육이, 홍점우반, 음식간간, 길. 상왈, 음식간간, 불소포야.
六二, 鴻漸于磐, 飮食衎衎, 吉. 象曰, 飮食衎衎, 不素飽也.

기러기가 반석 위로 나아가니 먹고 마심이 즐거워 길하리라. 상왈, 먹고 마심이 즐거움은 헛되게 배불리 하지 않음이다.

공연히 바쁘기마 하고 실속이 없으니 正道를 지키라.
재운: 욕심 버리고 봄여름을 보내면 겨울에 吉. 관운: 모두 허황한 말이니 守分하라. 학업: 불리하나 노력을 계속하면 유리해진다. 결혼: 2효와 5효가 정응, 백년해로. 질병: 타인은 속효, 부모는 동쪽에서 치료하라. 매매: 성사가 안 되니 자중하라. 관재송사: 여름은 불리해도 가을부터는 유리해진다.

구삼, 홍점우륙, 부정불복, 부잉불육, 흉, 이어구. 상왈, 부정불복, 이군추야. 부잉불육, 실기도야. 이용어구, 순상보야.
九三, 鴻漸于陸, 夫征不復, 婦孕不育, 凶, 利御寇. 象曰, 夫征不復, 離群醜也. 婦孕不育, 失其道也. 利用御寇, 順相保也.

53. 풍산점

기러기가 뭍으로 나아가니 남편이 가면 돌아오지 않고 부인은 아이 배도 기르지 못하여 흉하리라. 도적을 막는 것이 이로우리라. 상왈, 남편이 가면 돌아오지 않음은 무리를 떠나 추한 것이며, 부인이 아이 배도 기르지 못함은 그 도를 잃은 것이다. 도적을 막음에 이로움은 순종해야 서로 보전함이다.

> **매사 불길, 근신하지 않으면 화가 있다.**
> **재운**: 연초는 불길, 여름부터 순탄. **관운**: 금년 운은, 오르지 못할 나무는 쳐다보지 말라는 격. **학업**: 불안하지만, 가을부터 정상궤도. **결혼**: 후일 결별 운. **질병**: 타인은 속효, 자녀는 봄에 서쪽에서 치료하라. **매매**: 사람도 물건도 믿지 말고 인내하라. **관재송사**: 봄여름은 불리, 가을이면 해소되리라

육사, 홍점우목, 혹득기각, 무구. 상왈, 혹득기각, 순이손야.
六四, 鴻漸于木, 或得其桷, 无咎. 象曰, 或得其桷, 順以巽也.

기러기가 나무 위로 오르니 혹 편안한 가지를 얻으면 허물이 없으리라. 상왈, 혹 편안한 가지를 얻음은 순종하고 겸손하기 때문이다.

> **운이 바뀌어 호시절이 오나 방심은 금물.**
> **재운**: 수성(守城)이 중요. 욕심치 말라. **관운**: 욕심을 버리고 현재를 고수하라. **학업**: 노력이 결실을 맺으니 경사, 가을이 吉. **결혼**: 상대의 결점이 보여 쉽지않다. **질병**: 타인은 속효, 부인은 북쪽을 알아보라. **매매**: 전혀 소득이 없다. 근신하라. **관재송사**: 귀인을 만나 봄이면 해결되리라.

구오, 홍점우릉, 부삼세불잉, 종막지승, 길. 상왈, 종막지승,
九五, 鴻漸于陵, 婦三歲不孕, 終莫之勝, 吉. 象曰, 終莫之勝,

53. 풍산점

길, 득소원야.
吉, 得所願也.

기러기가 언덕 위로 올라가니 부인이 삼 년 동안 아이 배지 못하다가 마침내 이루는 바를 막지 못하니 길하리라. 상왈, 마침내 이루는 바를 막지 못함은 원하는 바를 얻음이다.

> 아직 운이 열리지 않았다. 남에게 겸손하고 공정하라.
> **남쪽이 不吉. 재운:** 모두 허망하니 자중하라. **관운:** 시운이 없으니 守分하라. **학업:** 성과가 적으니 목표를 낮추라. 가까운 곳이 吉. **결혼:** 기다려 늦게 해야 吉. **질병:** 타인은 속효, 부모는 남쪽이 길하다. **매매:** 小事小吉, 大事不成. **관재송사:** 갈수록 불리하니 속히 타협하라.

상구, 홍점우규, 기우가용위의, 길. 상왈, 기우가용위의, 길, 불가란야.
上九, 鴻漸于逵, 其羽可用爲儀, 吉. 象曰, 其羽可用爲儀, 吉, 不可亂也.

기러기가 하늘로 날아가니 그 깃털을 의식에 쓸 수 있어 길하리라. 상왈, 그 깃털을 의식에 쓸 수 있어 길함은 어지럽힐 수 없는 것이다.

> 서서히 성운으로 향한다. 반드시 건강을 점검하라.
> **재운:** 무소득, 허욕버리고 관재구설 주의. **관운:** 유리하니 노력하라. 봄과 東北이 吉. **학업:** 지지부진, 근면하면 소득이 있으리라. **결혼:** 吉. **질병:** 타인은 속효, 형제 자녀는 서둘러 서쪽에서 치료하라. **매매:** 서둘면 실패, 천천히 추진하라. 북쪽이 吉. **관재송사:** 봄여름은 불리, 가을에 유리한 결말.

54. 雷澤歸妹 뇌택귀매

귀매, 정흉, 무유리.
歸妹, 征凶, 无攸利.

소녀가 시집가는 것은, 서둘러 나아가면 흉하여 이로울 바가 없다.

단왈, 귀매, 천지지대의야. 천지불교이만물불흥, 귀매, 인지종시야. 열이동, 소귀매야. 정흉, 위부당야. 무유리, 유승강야.
彖曰, 歸妹, 天地之大義也. 天地不交而萬物不興, 歸妹, 人之終始也. 說以動, 所歸妹也. 征凶, 位不當也. 无攸利, 柔乘剛也.

단왈, 소녀가 시집가는 것은 天地의 큰 뜻이다. 하늘과 땅이 교제하지 않으면 만물이 생성될 수 없으니 소녀가 시집가는 것은 사람의 마침과 시작인 것이다. 기뻐서 움직이니 소녀가 시집가는 것이다. 앞서 나아가면 흉한 것은 위치가 부당하기 때문이며, 이로울 바가 없음은 柔가 乘剛했기 때문이다.

상왈, 택상유뢰, 귀매. 군자이영종지폐.
象曰, 澤上有雷, 歸妹. 君子以永終知敝.

상왈, 연못 위에 우레가 있는 것이 歸妹괘의 상징이다. 군자는 이러한 현상을 살펴 영원히 마침을 아름답게 하고 천하의 폐해를 알아 예방하여 잘못됨이 없도록 한다.

54. 뇌택귀매

초구, 귀매이제, 파능이, 정길. 상왈, 귀매이제, 이항
야. 파능이길, 상승야.
初九, 歸妹以娣, 跛能履, 征吉. 象曰, 歸妹以娣, 以恒
也. 跛能履吉, 相承也.

누이동생을 시집보내며 몸종을 딸려 보내니 절름발이가 걸을 수 있는 것과 같다. 나아가면 길하리라. 상왈, 누이동생을 시집보내며 몸종을 딸려 보냄은 떳떳하게 살게 하기 위함이며 절름발이가 걸을 수 있어 길함은 서로 돕기 때문이다.

남과 협력에 이로우나 수화(水禍)를 조심하라.
재운: 점차 풀리니 봄여름 東南이 吉. 관운: 평소 적덕으로 성공. 학업: 본인은 성공, 형제 자녀는 미흡하다. 결혼: 吉. 재취로 가는 사람은 더욱 吉. 질병: 타인은 속효, 형제는 서쪽, 자녀는 북쪽을 알아보라. 매매: 합당한 일이면 여름과 남쪽이 吉. 관재송사: 貴人의 도움으로 점차 유리해지리라.

구이, 묘능시, 이유인지정. 상왈, 이유인지정, 미변상야.
九二, 眇能視, 利幽人之貞. 象曰, 利幽人之貞, 未變常也.

애꾸눈으로 보는 것이니 속세를 피해 사는 사람처럼 정도를 지켜야 이로우리라. 상왈, 속세를 피해 사는 사람처럼 정도를 지켜야 이로움은 아직 常道가 변치 않았기 때문이다.

때가 아니니 사람을 믿지 말고 正道를 행하라.
재운: 손재수, 근신하라. 1·7월 不吉. 관운: 재물만 허비하고 허사, 자중하라. 학업: 순리를 따라 노력하면 성과를 거둔다. 남쪽이 吉. 질병: 타인은 속효, 부인은 북쪽에서 치료하라. 매매: 움직이면 재물만 허비하니 守分하라. 관재송사: 지출이 많고 여름에 유리하리라.

54. 뇌택귀매

육삼, 귀매이수, 반귀이제. 상왈, 귀매이수, 미당야.
六三, 歸妹以須, 反歸以娣. 象曰, 歸妹以須, 未當也.

누이동생 시집보내기를 기다리지만 돌아와 첩으로 가야 하리라. 상왈, 누이동생 시집보내기를 기다림은 위치가 마땅치 않기 때문이다.

正道를 행하고 불순한 사람을 가까이 말라.
재운: 변동운. 집이나 직장 등의 이동수가 있다. 관운: 진출은 곤란, 명예와 이동은 吉. 학업: 좋은 성과가 있다. 子女는 부족하니 더욱 노력하라. 결혼: 정상적인 결혼이 아니다. 凶. 질병: 타인은 속효, 자녀는 북쪽에서 치료하라. 매매: 파는 것에 不利, 사는 것은 유리. 관재송사: 여름에 유리해진다.

구사, 귀매건기, 지귀유시. 상왈, 건기지지, 유대이행야.
九四, 歸妹愆期, 遲歸有時. 象曰, 愆期之志, 有待而行也.

누이동생 시집보낼 시기를 늦춘다. 늦게 시집보내는 것은 알맞을 때가 있기 때문이다. 상왈, 시기를 늦추는 뜻은 때를 기다려 행하는 것이다.

매사를 천천히하고 여성은 더 기다려야 한다.
재운: 도움 될 일이 없으니 자중하라. 관운: 正道면 주위 도움으로 성공. 학업: 조금 늦지만 성취, 子女는 더욱 노력하라. 결혼: 시기를 기다리거나 취소. 질병: 타인은 속효, 형제는 북쪽을 알아보라. 매매: 실체가 없다. 여름은 관재구설을 주의하라. 관재송사: 귀인을 만나 여름에 길하리라.

육오, 제을귀매, 기군지메, 불여기제지메량, 월기망, 길. 상왈, 제을귀매, 불여기제지메량야. 기위재중, 이귀행야.
六五, 帝乙歸妹, 其君之袂, 不如其娣之袂良, 月幾望, 吉. 象曰, 帝乙歸妹, 不如其娣之袂良也. 其位在中, 以貴行也.

54. 뇌택귀매

曰, 帝乙歸妹, 不如其娣之袂良也. 其位在中, 以貴行也.

帝乙이 누이동생을 시집보냄에 정실로 가는 이의 옷소매가 몸종으로 가는 이의 옷소매만큼 좋지 못하다. 달이 보름에 가까울 때 행해야 길하리라. 상왈, 帝乙이 누이동생을 시집보냄에 몸종의 옷소매만큼 좋지 않게 한 것은 중도를 지켜야하는 지위에서 고귀하게 행한 것이다.

무모한 것 탐하지 말고 자신의 노력으로 성취하라.
재운: 무소득, 허욕을 버리라. **관운**: 경쟁자가 나보다 강하니 守分하라. **학업**: 이롭지 않으니 더욱 노력하라. 형제 자녀는 吉. **결혼**: 더 기다려서 하면 吉. **질병**: 타인은 속효, 부인은 속히 북쪽에서 치료하라. **매매**: 무소득, 과욕버리고 시비 주의. **관재송사**: 갈수록 불리하니 타협을 모색하라.

상육, 여승광무실, 사규양무혈, 무유리. 상왈, 상육무실, 승허광야.

上六, 女承筐无實, 士刲羊无血, 无攸利. 象曰, 上六无實, 承虛筐也.

여자가 받든 광주리에 담긴 것이 없고 남자가 양을 찔렀으나 피가 없으니 이로울 바가 없으리라. 상왈, 上六에서 담긴 것이 없음은 빈 광주리를 받든 것이다.

모두 허사니 근신하고 건강이나 살펴보라. 재운: 될 듯해도 끝내 무산, 자중하라. **관운**: 실속 없는 명예는 可, 기타는 불가. **학업**: 비교적 순행, 子女는 먼 곳을 피하라. **결혼**: 不吉. **질병**: 타인은 속효, 자녀는 서쪽에서 치료하라. **매매**: 소득이 적고 가을은 불리하다. **관재송사**: 점차 유리해져 겨울에 해결되리라.

55. 雷火豊 뇌화풍

풍, 형, 왕격지, 물우, 의일중.
豐, 亨, 王假之, 勿憂, 宜日中.

豐卦는 형통하지만 王者만이 이에 이를 수 있다. 근심하지 말라. 해가 중천에 이르면 좋으리라.

단왈, 풍, 대야. 명이동, 고풍. 왕격지, 상대야. 물우의일중,
象曰, 豐, 大也. 明以動, 故豐. 王假之, 尙大也. 勿憂宜日中,
의조천하야. 일중즉측, 월영즉식, 천지영허, 여시소식, 이황
宜照天下也. 日中則昃, 月盈則食, 天地盈虛, 與時消息, 而況
어인호, 황어귀신호.
於人乎, 況於鬼神乎.

단왈, 豐은 큰 것이다. 밝음으로서 움직이므로 豐이라고 한 것이다. 王者만이 이를 수 있음은 큰 것을 숭상함이다. 해가 중천에 있으면 좋으니 근심치 말라는 것은 천하를 밝게 비춰야 함이다. 해는 중천에 오르면 기울고 달은 차면 이지러진다. 하늘과 땅의 차고 비움은 때에 알맞게 자라나고 사그라지니 하물며 사람에게 있어서랴, 하물며 귀신에게 있어서랴.

상왈, 뇌전개지, 풍. 군자이절옥치형.
象曰, 雷電皆至, 豐. 君子以折獄致刑.

55. 뇌화풍

상왈, 우레와 번개가 함께 이르는 것이 豊卦의 상징이다. 군자는 이러한 현상을 살펴 옥사를 처결하고 형벌을 집행한다.

초구, 우기배주, 수순무구, 왕유상. 상왈, 수순무구, 과순재야.
初九, 遇其配主, 雖旬无咎, 往有尙. 象曰, 雖旬无咎, 過旬災也

짝이 되는 주인을 만났으니 비록 열흘이라도 잘못됨이 없어 가면 功이 있으리라. 상왈, 비록 열흘이라도 잘못됨이 없음은 열흘을 지나면 재앙이 있게 됨이다.

貴人이 도와 소득 있게 되니 서둘라.
재운: 계획대로 진행되고 봄여름과 東南이 吉. 관운: 봄은 불리 가을 겨울은 유리하다. 학업: 기회가 왔으니 더욱 전진하면 경사. 결혼: 빨리 추진하면 성사, 늦으면 무산된다. 질병: 불리하니 서둘러 남쪽을 알아보라. 매매: 주위에서 도와 소득있고 東南이 吉. 관재송사: 초지일관이면 마침내 길하리라.

육이, 풍기부, 일중견두, 왕득의질, 유부발약, 길. 상왈, 유부발약, 신이발지야.
六二, 豐其蔀, 日中見斗, 往得疑疾, 有孚發若, 吉. 象曰, 有孚發若, 信以發志也.

덮어 가리는 것을 풍성하게 하니 한낮에도 북두성을 본다. 가면 의심과 미움을 사리니 성심이 있어 밖으로 드러나면 길하리라. 상왈, 성심이 있어 밖으로 드러남은 믿음으로 뜻을 드러냄이다.

남을 앞서면 의심받고 구설이 있고 守分하면 무사하리라.

55. 뇌화풍

재운: 허욕버리고 小事는 천천히 추진하라. **관운**: 사고나 관재구설 주의, 근신하라. **학업**: 노력하면 小事는 성취. **결혼**: 처음은 의심스럽고, 끝내 화합. **질병**: 타인은 속효, 남편은 남쪽, 자녀는 서쪽을 알아보라. **매매**: 저쪽에서 의심하니 서둘지 말고 기다리라. **관재송사**: 증거와 증인 준비하면 유리.

구삼, 풍기패, 일중견매, 절기우굉, 무구. 상왈, 풍기패, 불가
九三, 豐其沛, 日中見沬, 折其右肱, 无咎. 象曰, 豐其沛, 不可
대사야. 절기우굉, 종불가용야.
大事也. 折其右肱, 終不可用也.

장막으로 가리는 것을 풍성하게 하니 한낮에도 작은 별을 본다. 우측 팔을 꺾였으나 허물이 없으리라. 상왈, 장막으로 가리는 것을 풍부하게 함은 큰일을 할 수 없음이며 우측 팔을 꺾임은 끝내 쓸 수 없음이다.

사람을 믿지 말고 특히 女子를 조심하라.
재운: 무소득, 가진 것을 지키라. **관운**: 노력하면 봄에 유리하다. **학업**: 결실을 거둔다. 형제 자녀는 더 노력하게 하라. **결혼**: 不吉. **질병**: 타인은 속효, 형제는 서쪽에서 치료하라. **매매**: 무소득, 小事는 여름에 可. **관재송사**: 원인과 과정을 다시 살펴 대처하면 유리하리라.

구사, 풍기부, 일중견두, 우기이주, 길. 상왈, 풍기부, 위부당
九四, 豐其蔀, 日中見斗, 遇其夷主, 吉. 象曰, 豐其蔀, 位不當
야. 일중견두, 유불명야. 우기이주, 길행야.
也. 日中見斗, 幽不明也. 遇其夷主, 吉行也.

장막으로 가리는 것을 풍성하게 하니 한낮에도 북두성을 본다. 짝이 되는 주인을 만나니 길하리라. 상왈, 장막으로 가리는 것을 풍성하게

55. 뇌화풍

함은 위치가 부당함이며, 한낮에 북두성을 봄은 어두워 밝지 않은 것이며, 짝이 되는 주인을 만남은 길하게 나아감이다.

> 大事에 욕심치 말고 守分하면 유리해진다.
> **재운**: 때도 이롭고 貴人이 도와 봄 여름에 성공. **관운**: 貴人이 도와 봄여름에 성사. **학업**: 난관을 타개하고 성취하리라. **결혼**: 좋은 인연으로 吉. **질병**: 타인은 속효, 부모는 서둘러 북쪽에서 치료하라. **매매**: 순차적으로 진전, 봄여름이 吉. **관재송사**: 매우 불리하고 손해가 크리라.

육오, 내장, 유경예, 길. 상왈, 육오지길, 유경야.
六五, 來章, 有慶譽, 吉. 象曰, 六五之吉, 有慶也.

아름다운 덕과 문채를 지닌 사람이 오면 경사와 영예가 있어 길하리라. 상왈, 六五의 길함은 경사가 있음이다.

> 덕성과 인품을 지닌 사람을 만나면 吉하리라.
> **재운**: 순탄하고 봄여름과 東南이 吉. **관운**: 계획이 확실하면 봄여름에 성사. **학업**: 뜻을 이루고 성과도 크다. **결혼**: 천생배필, 부유한 가정이 된다. **질병**: 타인은 점차 회복, 자녀는 북쪽에서 속히 치료하라. **매매**: 노력대로 이루어지며 여름 겨울이 吉. **관재송사**: 나태하지 않으면 유리해지리라.

상육, 풍기옥, 부기가, 규기호, 격기무인, 삼세부적, 흉. 상
上六, 豐其屋, 蔀其家, 闚其戶, 闃其无人, 三歲不覿, 凶. 象
왈, 풍기옥, 천제상야. 규기호, 격기무인, 자장야.
曰, 豐其屋, 天際翔也. 闚其戶, 闃其无人, 自藏也.

55. 뇌화풍

집을 크게 짓고 집안을 가린다. 문을 엿보니 고요하고 사람이 없어서 3년 동안 볼 수 없다. 흉하리라. 상왈, 집을 크게 지음은 하늘가에 날아감과 같음이며, 문을 엿보니 고요하고 사람이 없는 것은 스스로를 감추기 때문이다.

전화위복, 자신을 드러내지 않고 겸손하면 행운이 찾아온다.
재운: 성운. 먼 곳과 봄여름이 吉. 관공서 일이면 더욱 吉. **관운**: 때가 이르고 貴人이 도와 성공. **학업**: 노력이 결실, 경사. **결혼**: 凶. **질병**: 타인은 점차 회복, 형제는 속히 서쪽에서 치료하라. **매매**: 서로 뜻이 맞아 성사, 부동산이면 더욱 吉. **관재송사**: 시일이 걸리지만 마침내 유리하리라.

56. 火山旅 화산려

여, 소형, 여정길.
旅, 小亨, 旅貞吉.

나그네가 조금 형통하니, 나그네가 마음을 바르게 가져야 길하리라.

단왈, 여, 소형, 유득중호외, 이순호강, 지이려호명, 시이소형, 여정길야. 여지시의대의재.
彖曰, 旅, 小亨, 柔得中乎外, 而順乎剛, 止而麗乎明, 是以小亨, 旅貞吉也. 旅之時義大矣哉.

단왈, 旅가 조금 형통하는 것은, 柔가 外卦에서 得中하여 剛에 순종하였으며 머물러 밝음에 붙어 있으므로 조금 형통하는 것이다. 나그네가 마음을 바르게 가져야 길하니 旅卦를 얻은 때의 뜻은 크도다.

상왈, 산상유화, 여. 군자이명신용형, 이불류옥.
象曰, 山上有火, 旅. 君子以明愼用刑, 而不留獄.

상왈, 산 위에 불이 있는 것이 旅卦의 현상이니 군자는 이를 살펴 지혜를 밝게 하고 근신하여 형벌을 시행하며 옥사를 남겨두지 않는다.

초육, 여쇄쇄, 사기소취재. 상왈, 여쇄쇄, 지궁재야.
初六, 旅瑣瑣, 斯其所取災. 象曰, 旅瑣瑣, 志窮災也.

56. 화산려

나그네가 외람되고 비루하면 이것이 재앙을 부르는 것이다. 상왈, 나그네가 외람되고 비루함은 뜻이 궁하여 재앙을 당함이다.

正心과 의연함을 갖고 남의 일에 끼어들지 말고 건강을 유의하라. 재운: 무소득, 근신하라. 관운: 근본이 부족하니 욕심치 말라. 학업: 결과가 불순, 다음을 기약하라. 결혼: 凶. 질병: 작은 병이라도 확실히 검진을 받고, 남쪽에서 치료하라. 매매: 매사 불리, 가을에 小吉. 관재송사: 근심스러우나 결과는 유리하리라.

육이, 여즉차, 회기자, 득동복정. 상왈, 득동복정, 종무우야.
六二, 旅即次, 懷其資, 得童僕貞. 象曰, 得童僕貞, 終无尤也.

나그네가 숙소에 들어간다. 여비가 있고 정직한 어린 종을 얻으리라. 상왈, 정직한 어린 종을 얻음은 마침내 허물이 없게 됨이다.

타인의 도움으로 위기에서 벗어날 수. 아랫사람의 의견을 수렴하라. 재운: 실익이 적다. 가을과 서쪽이 吉. 관운: 이롭지 않으니 말실수를 조심하고 근신하라. 학업: 이롭지 않으니 더욱 노력하라. 子女는 순탄. 결혼: 부유한 집안이 된다. 질병: 타인은 점차 회복, 형제는 동쪽에서 치료하라. 매매: 불리함 뿐이니 근신하라. 관재송사: 고난을 벗어나는 운, 봄여름이 吉.

구삼, 여분기차, 상기동복정, 려. 상왈, 여분기차, 역이상의.
九三, 旅焚其次, 喪其童僕貞, 厲. 象曰, 旅焚其次, 亦以傷矣.
이려여하, 기의상야.
以旅與下, 其義喪也.

나그네의 숙소가 불타고 정직한 어린 종을 잃었으니 위태로우리라. 상

56. 화산려

왈, 나그네의 숙소가 불탐은 상실함이며, 나그네가 아랫사람과 함께함은 의리를 잃은 것이다.

때가 이롭지 않고 시련이 오리니 굳센 마음으로 견디라.
재운: 매사를 확실히 파악하고 근신하면 가을부터 순조롭다. **관운**: 小事는 봄여름에 유리. **학업**: 막히는 일이 많으나 근면하면 복이 되리라. **결혼**: 해로하기 어렵다. **질병**: 타인은 쾌차, 부모는 북쪽에서 치료하라. **매매**: 노력하면 여름에 소득있다. **관재송사**: 신명이 도와 유리하고 여름이 吉.

구사, 여우처, 득기자부, 아심불쾌. 상왈, 여우처, 미득위야.
九四, 旅于處, 得其資斧, 我心不快. 象曰, 旅于處, 未得位也.
득기자부, 심미쾌야.
得其資斧, 心未快也.

나그네가 거처에 들르고 여비와 도끼를 얻었으나 나의 마음이 불쾌하다. 상왈, 나그네가 거처에 들름은 지위를 얻지 못했음이며, 여비와 도끼를 얻음은 마음이 아직 유쾌하지 못한 것이다.

시련이 있어도 사심 버리고 正道 행하면 마침내 길하리라.
재운: 빨리 추진하면 성과, 가을이 吉. **관운**: 신속히 추진하고 가까운 곳이 이롭다. **학업**: 미흡하니 더욱 노력하면 유리해지리라. **결혼**: 시간을 갖고 결정하라. 정실이 아닐 수도 있다. **질병**: 타인은 속효, 부모는 북쪽을 알아보라. **매매**: 순조롭고 가을이 吉. **관재송사**: 여름이 吉. 경비가 많이 든다.

56.화산려

육오, 석치, 일시망, 종이예명. 상왈, 종이예명, 상체야.
六五, 射雉, 一矢亡, 終以譽命. 象曰, 終以譽命, 上逮也.

꿩을 쏘아 맞히고 화살 하나를 잃었으나 마침내 영예와 복록이 있으리라. 상왈, 마침내 영예와 복록이 있음은 위로 미치는 것이다.

투자와 지출이 처음은 애석해도 후일 소득이 되리라.
재운: 투자해야 소득을 얻으며 여름 가을이 吉. **관운**: 때가 맞지 않으니 현재를 고수하라. **학업**: 순행하여 성취, 가까운 곳이 이롭다. **결혼**: 아름다운 짝이다. 吉. **질병**: 타인은 속효, 부모는 동쪽을 알아보라. **매매**: 성심으로 행하면 여름 가을에 성공. **관재송사**: 공들여 추진하면 승리하리라. 여름이 吉.

상구, 조분기소, 여인선소후호도, 상우우이, 흉. 상왈, 이여재
上九, 鳥焚其巢, 旅人先笑後號咷, 喪牛于易, 凶. 象曰, 以旅在
상, 기의분야. 상우지흉, 종막지문야.
上, 其義焚也. 喪牛之凶, 終莫之聞也.

새가 그 둥지를 태우니, 나그네가 먼저는 웃다가 뒤에는 울부짖는다. 소를 쉽게 잃으니 흉하리라. 상왈, 나그네로서 윗자리에 있음은 그 뜻이 불타는 것이며 소를 잃어 흉함은 끝내 들을 수 없게 됨이다.

새 둥지가 불타는 격, 正道를 지키고 분수를 지켜야 화가 없다.
재운: 이롭지 않으니 자중하라. **관운**: 사람을 믿지 말고 근신하라. **학업**: 마음을 안정하면 전진, 子女는 기쁘고 南北 吉. **결혼**: 먼저는 기쁘고 뒤에는 슬프니 凶. **질병**: 타인은 속효, 형제는 속히 동쪽에서 치료하라. **매매**: 성사가 어려우니 착수치 말라. **관재송사**: 여름에 승리, 경비가 많이 든다.

57. 巽爲風 손위풍

손, 소형, 이유유왕, 이견대인.
巽, 小亨, 利有攸往, 利見大人.

겸손하면 조금 형통하며 갈 곳이 있으면 이롭고 대인을 만남에 이롭다.

단왈, 중손이신명, 강손호중정이지행. 유개순호강, 시이소형,
象曰, 重巽以申命, 剛巽乎中正而志行. 柔皆順乎剛, 是以小亨,
이유유왕, 이견대인.
利有攸往, 利見大人.

단왈, 거듭 겸손하여 사명을 반복하니 剛이 중정의 자리에서 겸손하므로 뜻이 행해진다. 柔가 모두 剛에게 순종하므로 조금 형통하며 갈 곳이 있으면 이롭고 대인을 만남에 이로운 것이다.

상왈, 수풍, 손. 군자이신명행사.
象曰, 隨風, 巽. 君子以申命行事.

상왈, 바람이 바람을 따르는 것이 巽괘의 상징이니 군자는 이 현상을 살펴 사명을 거듭하여 일을 행하려고 한다.

초육, 진퇴, 이무인지정. 상왈, 진퇴, 지의야. 이무인지정, 지치야.
初六, 進退, 利武人之貞. 象曰, 進退, 志疑也. 利武人之貞, 志治也.

57. 손위풍

治也.

나아가기도 하고 물러가기도 하니 武人이 정도(正道)를 지켜야 이로우리라. 상왈, 나아가기도 하고 물러가기도 하는 것은 뜻이 의심스럽기 때문이며, 무인이 正道를 지켜야 이로움은 뜻이 다스려짐이다.

상황 판단이 서툴러 위험하니 행동을 신중히 하고 正道를 행하라.
재운: 무소득, 正道 행하면 여름에 小利. 관운: 小事는 가을에 유리.
학업: 먼저는 곤란, 가을 이후 순탄. 결혼: 결정되지 않았으니 재검토하라. 질병: 영양 보충과 체력 관리하면 서서히 회복된다. 매매: 의견이 맞지 않아 무소득. 관재송사: 민사적 문제는 서로 손해가 많다. 중개인과 변호사를 주의하라.

구이, 손재상하, 용사무분약, 길, 무구. 상왈, 분약지길, 득중야.
九二, 巽在牀下, 用史巫紛若, 吉, 无咎. 象曰, 紛若之吉, 得中也.

제상 아래서 공손하니 사관과 무당을 많이 쓰면 길하여 허물이 없으리라. 상왈, 사관과 무당을 많이 써야 길함은 득중했기 때문이다.

시기와 상황에 어두워 어려운 격, 서둘지 말고 형세를 살피라.
재운: 무소득, 허욕을 버려라. 관운: 효과가 없으니 현상 유지에 힘쓰라. 학업: 점차 순조롭고 성과도 크다 西北이 吉. 결혼: 吉. 질병: 본인과 형제는 남쪽, 자녀는 동쪽에서 치료하라. 매매: 될 듯해도 끝내 무산, 사람을 믿지 말라. 관재송사: 봄 겨울에 타협될 수 있으니 기회를 놓치지 말라.

구삼, 빈손린. 상왈, 빈손지린, 지궁야.
九三, 頻巽吝. 象曰, 頻巽之吝, 志窮也.

57. 손위풍

자주 공손해하니 부끄러우리라. 상왈, 자주 공손해하니 부끄러움은 뜻이 막힘이다.

시기도 사람도 이롭지 않으니 주위에 겸손하고 사람을 믿지 말라.
재운: 과욕은 화가 되니 자중하라. **관운**: 퇴보운, 움직이면 화가 되니 守分하라. **학업**: 노력하면 가을부터 호전되리라. **결혼**: 서로 수준이 맞지 않아 不吉. **질병**: 타인은 점차 쾌유, 남편은 서쪽을 알아보라. **매매**: 매사가 불순, 서쪽이 不吉. **관재송사**: 아랫사람으로 인해 곤경에 처할 운수, 가을이 不吉.

육사, 회망, 전획삼품. 상왈, 전획삼품, 유공야.
六四, 悔亡, 田獲三品. 象曰, 田獲三品, 有功也.

뉘우침이 없어지고 사냥을 나가 삼품을 잡으리라. 상왈, 사냥을 나가 삼품을 잡음은 공이 있음이다.

곤난이 풀려 점차 순탄하고 주위의 도움으로 성공이 많다.
재운: 지출 많은 만큼 소득 많고 사방이 이롭다. **관운**: 여름부터 유리, 명예도 얻는다. **학업**: 혼란하나 가을부터 호운. **결혼**: 大吉. **질병**: 타인은 쾌유, 부모는 서쪽이 이롭다. **매매**: 여름이 유리, 부동산에 吉. 겨울은 불리. **관재송사**: 봄여름이 유리하고 가을은 불리, 중개자나 변호사를 주의하라.

구오, 정길, 회망, 무불리. 무초유종, 선경삼일, 후경삼일, 길.
九五, 貞吉, 悔亡, 无不利. 无初有終, 先庚三日, 後庚三日, 吉
상왈, 구오지길, 위정중야.
象曰, 九五之吉, 位正中也.

57. 손위풍

바르게 지켜야 길하고 뉘우침이 없어져 이롭지 않음이 없으리라. 처음은 없고 끝은 있으리니 庚日의 삼일 전에 시작하여 庚日의 삼일 후에 마쳐야 길하리라. 상왈, 九五의 길함은 지위가 바르게 중도에 있기 때문이다.

> **자신의 능력에 맞게 正道로 행하고 여자를 조심하라.**
> **재운**: 봄은 길하고 여름부터 不吉. **관운**: 전혀 소득이 없으니 守分하라. **학업**: 노력하면 가을부터 호운, 먼 곳은 不吉. **결혼**: 水와 火가 배합되니 吉. **질병**: 타인은 속효, 자녀는 속히 동쪽에서 치료하라. **매매**: 성사 없으니 사람과 서류를 조심하라. **관재송사**: 점차 순탄해지고 봄여름이 吉.

상구, 손재상하, 상기자부, 정흉. 상왈, 손재상하, 상궁야. 상기자부, 정호흉야.
上九, 巽在牀下, 喪其資斧, 貞凶. 象曰, 巽在牀下, 上窮也. 喪其資斧, 正乎凶也.

제상 아래서 공손해 하지만 자본과 도끼를 잃었으니 바르게 지켜도 흉하리라. 상왈, 제상 아래서 공손해 함은 윗자리에서 궁극에 이르렀기 때문이며, 자본과 도끼를 잃음은 곧 흉해짐이다.

> **위태로우니 망동 말고 근신하며 여자를 주의하라.**
> **재운**: 무소득, 남쪽과 여자를 주의하라. **관운**: 불리, 사람 말을 믿지 말고 守分하라. **학업**: 형제 자녀는 순탄하고 먼 곳도 이롭다. **결혼**: 해로하기 어렵다. **질병**: 타인은 쾌유, 부인은 서쪽이 이롭다. **매매**: 손재수, 특히 女子와 東南을 주의하라. **관재송사**: 재물을 써야 하고 봄 겨울 東北 吉

58. 兌爲澤 태위택

태, 형, 이정.
兌, 亨, 利貞.

기뻐 형통하니 마음을 바르게 가져야 이롭다.

단왈, 태, 열야. 강중이유외, 열이이정, 시이순호천이응호인.
彖曰, 兌, 說也. 剛中而柔外, 說以利貞, 是以順乎天而應乎人.
열이선민, 민망기로. 열이범난, 민망기사, 열지대, 민권의재.
說以先民, 民忘其勞. 說以犯難, 民忘其死, 說之大, 民勸矣哉.

단왈, 兌는 기뻐함이다. 剛이 가운데 자리를 얻고 柔가 밖에 있으며, 기뻐하며 마음을 바르게 가져야 이롭다. 이런 까닭으로 하늘에 순종하고 사람에게 순응한다. 기쁜 마음으로 백성보다 솔선하면 백성이 자신들의 노고를 잊고, 기쁜 마음으로 난관에 대처하면 백성이 자신들의 죽음을 잊으니 기뻐함이 크면 백성이 권면한다.

상왈, 여택, 태. 군자이붕우강습.
象曰, 麗澤, 兌. 君子以朋友講習.

상왈, 연못이 나란히 붙어 있는 것이 兌卦의 상징이니 군자는 이러한 현상을 살펴 벗들과 강론하고 익힌 지식을 전습(傳習)한다.

58. 태위택

초구, 화태, 길. 상왈, 화태지길, 행미의야.
初九, 和兌, 吉. 象曰, 和兌之吉, 行未疑也.

화목하여 기뻐하니 길하리라. 상왈, 화목하여 기뻐하니 길함은 행함에 의심이 없기 때문이다.

주위와 화목하고 남의 성의를 잘 판단하면 이 큰 힘이 되리라.
재운: 사람이 도와 풀리며 봄여름이 吉. **관운**: 평소의 신망으로 봄여름에 성공. **학업**: 시기가 이로워 순행, 子女는 더욱 노력하라. **결혼**: 화목한 가정이 되리라. **질병**: 타인은 쾌유, 형제는 북쪽을 알아보라. **매매**: 성사되어 기쁘고 봄여름이 吉. **관재송사**: 점차 유리해지고 봄여름이 吉.

구이, 부태, 길, 회망. 상왈, 부태지길, 신지야.
九二, 孚兌, 吉, 悔亡. 象曰, 孚兌之吉, 信志也.

성심이 있어 기뻐하니 길하여 후회가 없으리라. 상왈, 성심이 있어 기뻐함은 뜻을 믿음이다.

우레가 연못에 잠기는 상이니 함부로 움직이지 말고 근신하라.
재운: 손재수, 가을은 더욱 不吉. **관운**: 매사 불성, 현상 유지에 힘쓰라. **학업**: 결실을 거둬 경사, 子女는 노력하라. **결혼**: 2효와 5효는 서로 성심이 있으니 吉. **질병**: 타인은 속효. 부인은 서쪽을 알아보라. **매매**: 매입은 吉, 매출은 不吉. **관재송사**: 재물을 써서 여름이면 유리하리라.

육삼, 내태, 흉. 상왈, 내태지흉, 위부당야.
六三, 來兌, 凶. 象曰, 來兌之凶, 位不當也.

58. 태 위 택

와서 기뻐하니 흉하리라. 상왈, 와서 기뻐하니 흉함은 위치가 부당하기 때문이다.

사심 버리고 正道를 행하며 이성을 주의하라.
재운: 小事可, 大事不可, 봄이 吉. 관운: 노력하면 역경을 극복하리라. 학업: 순탄, 子女는 더욱 노력하라. 결혼: 끝내 이별하는 상. 질병: 타인은 쾌유, 자녀는 서쪽이 吉. 매매: 大事不可, 小事小吉. 관재송사: 타협을 모색하라.

구사, 상태미녕, 개질유희. 상왈, 구사지희, 유경야.
九四, 商兌未寧, 介疾有喜. 象曰, 九四之喜, 有慶也.

헤아려 기뻐하지만 아직 편안치 않다. 신념을 가지고 사악함을 미워해야 기쁨이 있으리라. 상왈, 九四의 기쁨은 경사가 있음이다.

발전하는 운의 시작이나 환경을 파악하고 겸손하라.
재운: 귀인이 도와 성공, 봄 겨울이 吉. 관운: 운이 불리하니 자중하라. 학업: 성과, 子女는 더욱 경사가 있으리라. 결혼: 처음엔 미흡, 마침내 성사 吉. 질병: 타인은 쾌유, 남편은 동쪽을 알아보라. 매매: 점차 발전, 겨울 봄이 吉. 관재송사: 유리해져 가을이면 吉.

구오, 부우박, 유려. 상왈, 부우박, 위정당야.
九五, 孚于剝, 有厲. 象曰, 孚于剝, 位正當也.

박탈하려는 자를 믿으니 위태로움이 있으리라. 상왈, 박탈하려는 자를 믿음은 위치가 곧 이에 해당하기 때문이다.

58. 태위 택

양호우환(養虎憂患) 격, 해치려는 자와 배신을 주의하라.
재운: 손재수, 사람 믿지 말고 절약하라. **관운**: 무소득, 守分하라. **학업**: 순행, 자녀는 더욱 노력하라. **결혼**: 일시적이다. 不吉. **질병**: 타인은 점차 회복, 형제 자녀는 서쪽에서 치료하라. **매매**: 손재수, 허욕을 버리라. **관재송사**: 결과는 양쪽 모두 손해니 타협을 모색해보라.

상육, 인태. 상왈, 상육인태, 미광야.
上六, 引兌. 象曰, 上六引兌, 未光也.

이끌어 기쁘게 한다. 상왈, 上六이 이끌어 기쁘게 하는 것은 아직 빛나지 않음이다.

시기가 맞지 않으니 이이과 해될 사람을 가리고 분수를 잃지 말라.
재운: 운이 부족하니 허욕을 버리라. **관운**: 명예는 재물로 可, 기타는 不可. **학업**: 운이 와서 기쁨이 있으나. 자녀는 노력하라. **결혼**: 미혹에 빠졌다. 부부의 예가 아니다. **질병**: 타인은 점차 쾌유, 자녀는 서쪽이 吉. **매매**: 성사돼도 무소득, 자중하라. **관재송사**: 승리. 쌍방 입장이 같으니 타협을 모색해보라.

59. 風水渙 풍수환

환, 형. 왕격유묘, 이섭대천, 이정.
渙, 亨. 王假有廟, 利涉大川, 利貞.

흩어지니 형통한다. 왕이 지성(至誠)을 올려 神의 도움을 받기 위해 종묘에 이르렀으니 큰 냇물을 건넘에 이롭고 正道를 지켜야 이로우리라.

단왈, 환, 형. 강래이불궁, 유득위호외이상동. 왕격유묘, 왕내재중야. 이섭대천, 승목유공야.
彖曰, 渙, 亨. 剛來而不窮, 柔得位乎外而上同. 王假有廟, 王乃在中也. 利涉大川, 乘木有功也.

단왈, 흩어지니 형통하는 것은 剛이 와도 곤궁하지 않으며, 柔가 밖에서 지위를 얻고 위와 뜻을 같이하기 때문이다. 王이 至誠을 올려 神의 도움을 받기 위해 종묘에 이르렀다는 것은 王이 중앙의 자리에 있음을 말하며, 큰 냇물을 건넘에 이로움은 나무를 타서 功이 있음이다.

상왈, 풍행수상, 환. 선왕이향우제입묘.
象曰, 風行水上, 渙. 先王以享于帝立廟.

상왈, 바람이 수면 위에 부는 것이 渙卦의 상징이다. 선왕이 이러한 현상을 살펴 천제께 제사하고 종묘를 세웠다.

59. 풍수환

초육, 용증마장, 길. 상왈, 초육지길, 순야.
初六, 用拯馬壯, 吉. 象曰, 初六之吉, 順也.

굳센 말로서 구조하면 길하리라. 상왈, 初六의 길함은 순종하기 때문이다.

사람을 제대로 파악하고 기밀을 유지하지 않으면 손해가 크리라.
재운: 곤란해도 가까운 사람에게 도움을 요청해보라. 관운: 불리, 상황을 제대로 파악하라. 학업: 吉. 子女는 영양 상태를 살피라. 결혼: 남자의 재력이나 능력이 뛰어나면 吉. 아니면 不吉. 질병: 타인은 속효. 자녀는 서쪽을 알아보라. 매매: 손재수, 남을 믿지 말라. 관재송사: 증거를 잘 챙기면 봄여름이 길하다.

구이, 환분기궤, 회망. 상왈, 환분기궤, 득원야.
九二, 渙奔其机, 悔亡. 象曰, 渙奔其机, 得願也.

곤란함이 흩어질 때이니 책상으로 달려가야 후회가 없으리라. 상왈, 곤란함이 흩어질 때이니 책상으로 달려가야 함은 원하는 바를 얻음이다.

도움받아 곤란에서 벗어날 운, 서둘지 말고 정세 판단을 잘하라.
재운: 貴人의 도움으로 성사, 봄가을이 吉. 관운: 시운이 부족하니 守分하라. 학업: 자신은 불리, 자녀는 전진한다. 결혼: 吉, 여성이 연상일 수 있다. 질병: 타인은 점차 쾌유, 남편은 동쪽이 吉. 매매: 성사돼도 이익이 적다. 봄가을이 小吉. 관재송사: 점차 유리해지고 봄여름에 吉.

육삼, 환기궁, 무회. 상왈, 환기궁, 지재외야.
六三, 渙其躬, 无悔. 象曰, 渙其躬, 志在外也.

59. 풍수환

자신의 사사로운 마음을 씻으면 후회가 없으리라. 상왈, 자신의 사사로운 마음을 씻음은 뜻이 밖에 있음이다.

> 사심 버리고 正道 행하며 이성을 주의하라.
> 재운: 무소득, 허황한 일을 삼가라. 관운: 욕심이 크면 허망함도 크리니 守分하라. 학업: 중간 정도의 성적, 子女는 吉. 결혼: 渙其躬은 몸이 흩어짐이니 凶. 질병: 타인은 속효, 부인은 북쪽을 알아보라. 매매: 손재수, 守分하라. 관재송사: 결과가 유리하나 재물을 많이 쓰게 된다.

육사, 환기군, 원길. 환유구, 비이소사. 상왈, 환기군원길, 광대야.
六四, 渙其群, 元吉. 渙有丘, 匪夷所思. 象曰, 渙其群元吉, 光大也.

그 무리가 흩어지니 크게 길하며 흩어져 언덕에 있으니 보통사람은 생각지 않았던 바이다. 상왈, 그 무리가 흩어지니 크게 길함은 빛남이 큰 것이다.

> 전화위복, 덕을 베풀면 후일 경사가 있으리라.
> 재운: 추진해온 일이 성공, 가을이 吉. 관운: 사람의 말을 믿지 말고 守分하라. 학업: 순탄하니 노력을 배가하라. 결혼: 무리가 흩어짐이니 不吉. 질병: 타인은 쾌차, 남편은 서쪽에서 치료하라. 매매: 결실, 가을과 西北이 吉. 관재송사: 처음은 불리하나 점차 유리해지리라.

구오, 환한기대호, 환왕거, 무구. 상왈, 왕거무구, 정위야.
九五, 渙汗其大號, 渙王居, 无咎. 象曰, 王居无咎, 正位也.

큰 호령으로 땀을 씻어내며 왕의 거처를 씻어내니 허물이 없으리라.

59. 풍수환

상왈, 왕의 거처에 허물이 없음은 위치가 바른 것이다.

> 소문만 무성, 실익 없으니 먼 곳을 피하고 守分하며 건강을 살피라. **재운**: 손재수, 지출 줄이라. 가을 겨울이 不吉. **관운**: 매사가 불리하니 근신하라. **학업**: 불리하나 근면하면 해됨은 없으리라. 북쪽이 不吉. **결혼**: 훌륭한 남편이다. **질병**: 부모와 자녀는 우환없고, 본인과 형제는 동쪽에서 치료하라. **매매**: 무소득, 착수치 말라. **관재송사**: 불리하니 타협하라.

상구, 환기혈거적출, 무구. 상왈, 환기혈, 원해야.
上九, 渙其血去逖出, 无咎. 象曰, 渙其血, 遠害也.

피를 씻고 두려움에서 멀어져야 허물이 없으리라. 상왈, 피를 씻음은 해로움을 멀리하는 것이다.

> 서둘지 말고 상황을 주시하며 중도를 지키면 화가 없으리라. **재운**: 불리, 욕심 버리고 근신하라. **관운**: 재물을 쓰면 명예는 있고, 승진 불가. **학업**: 순행으로 점진, 子女는 東北을 피하라. **결혼**: 멀리 시집가는 상 吉. **질병**: 타인은 우환 없고, 자녀는 서쪽을 알아보라. **매매**: 허명뿐 실익 없으니 자중하라. **관재송사**: 처음은 불리, 마침내 유리하고 봄여름이 吉.

60. 水澤節 수택절

절, 형, 고절, 불가정.
節, 亨, 苦節, 不可貞.

절제해야 형통하지만 괴로운 절제는 正道를 지킬 수 없다.

단왈, 절, 형, 강유분이강득중. 고절불가정, 기도궁야. 열이행험, 당위이절, 중정이통. 천지절이사시성, 절이제도, 불상재불해민.
彖曰, 節, 亨, 剛柔分而剛得中. 苦節不可貞, 其道窮也. 說以行險, 當位以節, 中正以通. 天地節而四時成, 節以制度, 不傷財不害民.

단왈, 절제해야 형통함은 剛과 柔가 나뉘고 剛이 득중했기 때문이며 괴로운 절제는 正道를 지킬 수 없음은 그 道가 막히기 때문이다. 기뻐하며 험한 것을 행하고 마땅한 지위에서 절제하며 중정한 도로써 통한다. 天地에는 절기가 있으므로 사시가 이루어지니 절제로써 제도해야 재물을 잃지 않고 백성에게 해를 끼치지 않게 된다.

상왈, 택상유수, 절. 군자이제수도, 의덕행.
象曰, 澤上有水, 節. 君子以制數度, 議德行.

상왈, 못에 물이 있는 것이 節卦의 상징이니 군자는 이 현상을 살펴 도량형(度量衡)의 數와 법도를 제정하고 덕행을 논의한다.

60. 수택절

초구, 불출호정, 무구. 상왈, 불출호정, 지통색야.
初九, 不出戶庭, 无咎. 象曰, 不出戶庭, 知通塞也.

집 뜰에도 나가지 않아야 허물이 없으리라. 상왈, 집 뜰에도 나가지 않음은 시운의 통함과 막힘을 알기 때문이다.

사람이 돕고 시기도 이로워 大吉. 그러나 자만하지는 말라.
재운: 주위의 도움으로 봄여름에 東南이 吉. **관운**: 늦으면 와해, 서둘러 시행하면 성사. **학업**: 곤란하나 노력으로 극복하라. **결혼**: 초효는 4효와 정응, 4효에 형통함이 있으므로 吉. **질병**: 타인은 무사, 부모는 속히 북쪽에서 치료하라. **매매**: 봄여름과 東南에서 소득. **관재송사**: 봄은 유리, 가을은 불리.

구이, 불출문정, 흉. 상왈, 불출문정, 실시극야.
九二, 不出門庭, 凶. 象曰, 不出門庭, 失時極也.

문밖으로 나가지 않으면 흉하리라. 상왈, 문밖으로 나가지 않으면 흉함은 때를 놓치면 운이 막히기 때문이다.

희망과 현실이 달라 여의치 않으나 시기를 놓치지 말고 추진하라.
재운: 신속하면 小利, 늦으면 무소득. **관운**: 小事吉, 大事不吉. **학업**: 이롭지 않으니 더욱 근면하라. **결혼**: 끝내 원망을 면키 어렵다. 凶. **질병**: 타인은 쾌차, 자녀는 북쪽을 알아보라. **매매**: 서둘러 추진하고 경비를 쓰면 吉. **관재송사**: 불리할 뿐, 타협이 가능한지 알아보라.

육삼, 부절약, 즉차약, 무구. 상왈, 부절지차, 우수구야.
六三, 不節若, 則嗟若, 无咎. 象曰, 不節之嗟, 又誰咎也.

60. 수택절

절제하지 않으면 탄식하게 될 것이니 원망할 곳이 없으리라. 상왈, 절제하지 않아 탄식하는 것이니 또한 누구를 원망하랴.

> 절약하고 正道를 지키며 순서대로 진행하면 형통하리라.
> **재운**: 소문만 무성, 실리가 없다. **관운**: 귀인이 도와 봄에 성사. **학업**: 점진적으로 진행하면 성과가 크리라. **결혼**: 앞서는 기쁘고 뒤에는 슬픈 상. **질병**: 부모는 무사, 타인은 동쪽을 알아보라. **매매**: 기대 이하, 매매보다 교환에 吉. **관재송사**: 불리하니 타협점을 찾으라.

육사, 안절, 형. 상왈, 안절지형, 승상도야.
六四, 安節, 亨. 象曰, 安節之亨, 承上道也.

절제를 편히 여겨야 형통하리라. 상왈, 절제를 편히 여겨 형통함은 윗사람의 도를 계승함이다.

> 평안하고 행운이 이어지나 남의 의견을 듣고 신중히 판단하라.
> **재운**: 실리 없으나 봄여름은 小吉. **관운**: 수평 이동은 가능, 여름에 小事吉. **학업**: 등용문의 상이 비치니 노력하고, 자녀는 더욱 근면케 하라. **결혼**: 가정이 평안하니 吉. **질병**: 타인은 점차 쾌유, 자녀는 남쪽이 이롭다. **매매**: 소득이 작으니 과욕 버리라. **관재송사**: 현재 상태를 유지하면 점차 해결되리라.

구오, 감절, 길. 왕유상. 상왈, 감절지길, 거위중야.
九五, 甘節, 吉. 往有尙. 象曰, 甘節之吉, 居位中也.

절제를 달게 여기니 길하여 가면 높임을 받으리라. 상왈, 절제를 달게 여겨 길한 것은 있는 위치가 중정했기 때문이다.

60. 수택절

> 과욕 버리고 절약하며 차근차근 진행하면 길하리라.
> **재운**: 허영을 자제하라. 봄여름 小吉. 가을 겨울 不吉. **관운**: 순탄하고 봄가을 吉. **학업**: 순행, 성과가 크리라. **결혼**: 백년해로의 상吉. **질병**: 타인은 속효, 형제는 동쪽을 알아보라. **매매**: 소득 얻으나 문서를 잘 챙겨야 후회가 없다. 관재송사: 상대도 피로를 느끼니 진솔하게 타협해보라.

상육, 고절, 정흉, 회망. 상왈, 고절정흉, 기도궁야.
上六, 苦節, 貞凶, 悔亡. 象曰, 苦節貞凶, 其道窮也.

괴로운 절제를 계속하면 흉하리니 후회가 없도록 하라. 상왈, 괴로운 절제를 계속하여 흉함은 그 도가 막히기 때문이다.

> 곤란이 닥치니 무리하게 일을 추진하지 말고 근신해야 화가 없다.
> **재운**: 무소득, 守分하라. **관운**: 功이 타인에게 가니 놀라지 말하라. **학업**: 근면으로 타개하라. 형제 자녀는 순탄. **결혼**: 不吉. **질병**: 타인은 무사, 부인은 동쪽이 이롭다. **매매**: 손재수, 움직이지 말라. **관재송사**: 초반은 불리, 후반에 성공.

61. 風澤中孚 풍택중부

중부, 돈어길, 이섭대천, 이정.
中孚, 豚魚吉, 利涉大川, 利貞.

마음속의 성심(誠心)은 돼지와 물고기에 가지 미쳐야 길하며 큰 냇물을 건너는데 이롭고 正道를 지킴에 이롭다.

단왈, 중부, 유재내이강득중, 열이손, 부내화방야. 돈어길, 신급돈어야. 이섭대천, 승목주허야. 중부이이정, 내응호천야.
象曰, 中孚, 柔在內而剛得中, 說而巽, 孚乃化邦也. 豚魚吉, 信及豚魚也. 利涉大川, 乘木舟虛也. 中孚以利貞, 乃應乎天也.

단왈, 中孚는 柔가 안에 있고 剛이 득중했으며 기뻐하고 겸손하니 성심이 나라를 감화시킨다. 돼지와 물고기가 길하다는 것은 신뢰가 돼지와 물고기에 까지 미침이며 큰 냇물을 건넘에 이로움은 나무를 타고 배를 비웠기 때문이다. 성심으로 바르게 지켜야 이로움은 천명에 응하는 것이다.

상왈, 택상유풍, 중부, 군자이의옥완사.
象曰, 澤上有風, 中孚, 君子以議獄緩死.

상왈, 연못 위에 바람이 부는 것이 中孚卦의 상징이니 군자는 이 현상을 살펴 옥의 실상(實像)을 의논하고 사형을 늦춘다.

61. 풍택중부

초구, 우길, 유타불연. 상왈, 초구우길, 지미변야.
初九, 虞吉, 有他不燕. 象曰, 初九虞吉, 志未變也.

헤아려야 길하고 다른 마음이 있으면 편치 않으리라. 상왈, 初九가 헤아려야 길함은 뜻이 변치 않아야 하기 때문이다.

> 기회가 왔으니 초지일관 목적을 달성하라.
> 재운: 손재수, 구설 주의하고 자중하라. 관운: 小事는 가능, 과욕은 불가하다. 학업: 순탄하게 결실. 子女는 부족하니 근면케 하라. 결혼: 吉. 질병: 타인은 속효, 자녀는 서쪽에서 치료하라. 매매: 손재수, 움직이지 말라. 관재송사: 점점 불리하니 해결책을 찾으라.

구이, 명학재음, 기자화지. 아유호작, 오여이미지. 상왈, 기자화지, 중심원야.
九二, 鳴鶴在陰, 其子和之. 我有好爵, 吾與爾靡之. 象曰, 其子和之, 中心願也.

그늘에서 학이 울면 그 새끼가 화답하듯 내게 좋은 작위가 있으니 나와 네가 함께하리라. 상왈, 그 새끼가 화답하는 것은 속마음으로 원하기 때문이다.

> 고난이 끝나고 행운이 오리라. 재운: 무소득, 과욕을 삼가라. 먼 곳의 일이 吉. 관운: 이동에 吉, 승진이나 명예에는 不吉. 학업: 大事는 불가, 거처나 공부방을 옮겨보라. 결혼: 부창부수 吉. 질병: 타인은 무사, 남편은 북쪽을 알아보라. 매매: 무소득, 허욕을 버리라. 관재송사: 점차 유리해지고 가을이 吉.

육삼, 득적, 혹고혹파, 혹읍혹가. 상왈, 혹고혹파, 위부당야.

61.풍택중부

六三, 得敵, 或鼓或罷, 或泣或歌. 象曰, 或鼓或罷, 位不當也.

적을 만났으니 북을 치기도 하고 그치기도 하며 울기도 하고 노래 부르기도 하리라. 상왈, 북을 치기도 하고 그치기도 하는 것은 위치가 마땅치 않기 때문이다.

> 허욕과 사심을 가지면 후회가 있다. 근신하고 정도로 행하라.
> **재운**: 용두사미, 허망을 버려라. **관운**: 움직이면 퇴보, 守分하라. **학업**: 큰 진전은 없으니 무해, 형제 자녀는 吉. **결혼**: 성사되기 어렵다. **질병**: 타인은 쾌차, 부인의 병은 시간이 걸린다. **매매**: 실체가 없으니 다시 살피라. **관재송사**: 봄여름은 불리, 가을 겨울은 유리. 중개자나 변호사를 조심하라.

육사, 월기망, 마필망, 무구. 상왈, 마필망, 절류상야.
六四, 月幾望, 馬匹亡, 无咎. 象曰, 馬匹亡, 絶類上也.

달이 보름에 가까운데 말이 짝을 잃었으나 허물이 없으리라. 상왈, 말이 짝을 잃음은 동류와 절교하고 위로 올라가는 것이다.

> 행운이니 正道면 길하다. 타인이나 처가의 청탁을 거절하라.
> **재운**: 무소득, 正道로 행하라. **관운**: 경쟁자가 이롭다. 후일을 기약하라. **학업**: 서광이 비치니 더욱 노력하라. **결혼**: 짝을 잃는 상. 不吉. **질병**: 타인은 쾌유, 부인은 서쪽에서 치료하라. **매매**: 성사가 없고 이익도 없다. 자중하라. **관재송사**: 비용이 많이 들어 승리해도 실익이 없다. 사람 믿지 말라.

구오, 유부련여, 무구. 상왈, 유부련여, 위정당야.
九五, 有孚攣如, 无咎. 象曰, 有孚攣如, 位正當也.

61. 풍택중부

성심이 있어 서로 이끌어 주니 허물이 없으리라. 상왈, 성심이 있어 서로 이끌어 줌은 위치가 정당하기 때문이다.

남과 협력에 吉하고 正道로 행하면 貴人이 돕는다.
재운: 무소득, 욕심 버리면 후회가 없다. **관운**: 움직이면 허사니 守分하라. **학업**: 큰 발전은 없어도 노력만큼 성과를 얻는다. **결혼**: 일심동체의 상. 吉. **질병**: 타인은 무사, 부모는 동쪽을 알아보라. **매매**: 이롭지 않다. 사람을 믿지 말라. **관재송사**: 서로 입장이 비슷하니 화해를 모색해보라.

상구, 한음등우천, 정흉. 상왈, 한음등우천, 하가장야.
上九, 翰音登于天, 貞凶. 象曰, 翰音登于天, 何可長也.

날갯소리가 하늘로 올라가니 곧고 바르다 해도 흉하리라. 상왈, 날갯소리가 하늘로 올라가니 어찌 장구할 수 있겠는가.

하향하는 운이니 더 이상 욕심내지 말고 근신하며 건강을 점검하라.
재운: 억지로 구하면 손해만 보리라. **관운**: 봄가을 성사, 대인관계에 신중하라. **학업**: 순행, 좋은 결과. **결혼**: 해로하기 어렵다. **질병**: 속히 남쪽에서 치료하라. **매매**: 늦으면 허사, 서둘러 처리하면 이롭다. **관재송사**: 不吉, 타협하라.

62. 雷山小過 뇌산소과

소과, 형, 이정. 가소사, 불가대사, 비조유지음, 불의상, 의하
小過, 亨, 利貞. 可小事, 不可大事, 飛鳥遺之音, 不宜上, 宜下
대길.
大吉.

작은 일이 지난 후 형통하니 그대로 지키고 있어야 이롭고 작은 일은 가능해도 큰일은 불가하다. 나는 새가 남긴 소리이니 올라감에는 마땅치 않고 내려가는 것이 마땅하고 크게 길하리라.

단왈, 소과, 소자과이형야. 과이이정, 여시행야. 유득중, 시이
象曰, 小過, 小者過而亨也. 過以利貞, 與時行也. 柔得中, 是以
소사길야. 강실위이부중, 시이불가대사야. 유비조지상언, 비조
小事吉也. 剛失位而不中, 是以不可大事也. 有飛鳥之象焉, 飛鳥
유지음, 불의상, 의하, 대길. 상역이하순야.
遺之音, 不宜上, 宜下, 大吉. 上逆而下順也.

단왈, 小過는 작은 것이 지난 후 형통한다. 지나갈 때는 굳게 지켜야 이롭고 때에 알맞게 행해야 한다. 柔가 득중했으므로 작은 일에 길하며 剛이 제자리를 잃어 가운데 자리를 얻지 못했으므로 큰일은 불가한 것이다. 나는 새의 상이 있으니 나는 새가 남긴 소리는 올라감에 마땅치 않고 내려가는 것이 마땅하고 크게 길하니, 올라가는 것은 거스르는 것이며 내려가는 것은 순응하는 것이기 때문이다.

62. 뇌산소과

상왈, 산상유뢰, 소과, 군자이행과호공, 상과호애, 용과호검.
象曰, 山上有雷, 小過, 君子以行過乎恭, 喪過乎哀, 用過乎儉.

상왈, 산 위에 우레가 있는 것이 小過卦의 상징이다. 군자는 이 현상을 살펴 천지를 진동시키는 큰일은 불가함을 깨달아 행하는 것은 공손함으로 지내고 喪事는 슬퍼함으로 치루며 쓰는 것은 검약함으로 지낸다.

초육, 비조이흉. 상왈, 비조이흉, 불가여하야.
初六, 飛鳥以凶. 象曰, 飛鳥以凶, 不可如何也.

나는 새가 높이 올라가니 흉하리라. 상왈, 나는 새가 높이 올라가 흉함은 어찌할 수 없음이다.

새로운 일에 착수하지 말고 남에게 의지할 생각은 버려라.
재운: 시기가 이르니 겸손하고 때를 기다려라. **관운**: 퇴보하는 운, 자중하라. **학업**: 정신이 산란하니 결과도 불순, 일심 노력하라. **결혼**: 不吉. **질병**: 타인은 점차 치유, 부모는 남쪽을 알아보라. **매매**: 성사가 어려우니 욕심 내지 말라. **관재송사**: 서로 이롭지 않으니 타협점을 찾으라.

육이, 과기조, 우기비, 불급기군, 우기신, 무구. 상왈, 불급기군, 신불가과야.
六二, 過其祖, 遇其妣, 不及其君, 遇其臣, 无咎. 象曰, 不及其君, 臣不可過也.

할아버지를 지나 할머니를 만나며 임금에게 미치지 못하고 신하를 만난다. 허물이 없으리라. 상왈, 임금에게 미치지 못함은 신하를 지나칠 수 없음이다.

62. 뇌산소과

큰 욕심을 버리고 小事에 만족하라.
재운: 소득이 작으니 자중하라. **관운**: 사람도 시기도 불리, 자숙하라.
학업: 성과가 부족하니 작게 구하라. **결혼**: 정상적인 결혼이 아닐 수 있다. 不吉. **질병**: 남편은 동쪽, 자녀는 북쪽을 알아보라. **매매**: 매사 불리, 안정하라. **관재송사**: 중간에 일이 잘못될 수 있다. 타협할 수 있는지 알아보라.

구삼, 불과방지, 종혹장지, 흉. 상왈, 종혹장지, 흉여하야.
九三, 弗過防之, 從或戕之, 凶. 象曰, 從或戕之, 凶如何也.

방비하지 않고 지나가면 혹 그에게 해를 당할 수 있으니 흉하리라. 상왈, 혹 해를 당할 수 있음은 흉함이 어떠하냐는 것이다.

가까운 사람이 나를 해치려 하니 주의하라. **재운**: 매사 불길, 욕심치 말라. **관운**: 불리, 남을 도우면 적덕이 되리라. **학업**: 성과가 부족하니 노력하라. 子女는 순탄. **결혼**: 서로 원수가 된다. 凶. **질병**: 타인은 쾌차, 부모는 남쪽 부인은 북쪽이 유리하다. **매매**: 매사 불리, 손대지 말라. **관재송사**: 복잡하고 결과도 이롭지 않으니 속히 정리하라.

구사, 무구, 불과우지, 왕여필계, 물용영정. 상왈, 불과우지,
九四, 无咎, 弗過遇之, 往厲必戒, 勿用永貞. 象曰, 弗過遇之,
위부당야, 왕여필계, 종불가장야.
位不當也, 往厲必戒, 終不可長也.

허물이 없어지려면 지나치지 않고 만나야 한다. 가면 위태로우니 반드시 경계하고 쓰지 말라. 길이 굳게 지켜야 하리라. 상왈, 지나치지 않고 만나야 함은 위치가 합당치 않기 때문이며, 가면 위태로우니 반

62.뇌산소과

드시 경계함은 끝내 오래갈 수 없음이다.

남에게 원망 사지 말고, 움직이면 깊이 빠지니 근신하라.
재운: 의견이 맞지 않아 무소득. **관운**: 소득이 있으면 후환이 두렵다. 자중하라. **학업**: 지구력 부족, 성과가 작다. **결혼**: 좋은 인연, 서서히 진행하라. **질병**: 타인은 쾌유, 본인과 형제는 북쪽이 유리. **매매**: 사심 버리고 손대지 말라. 여름 不吉. **관재송사**: 불리, 여름이 不吉하니 대비하라.

육오, 밀운불우, 자아서교, 공익취피재혈. 상왈, 밀운불우, 이
六五, 密雲不雨, 自我西郊, 公弋取彼在穴. 象曰, 密雲不雨, 已
상야.
上也.

구름이 빽빽해도 비가 내리지 않으니 우리의 서쪽들에서 시작되리라. 왕공이 주살로 구덩이 속에 있는 것을 쏘아 잡으리라. 상왈, 구름이 빽빽해도 비가 내리지 않음은 이미 올라갔기 때문이다.

때가 이롭지 않으니 자중하고, 손아랫사람과 의논해보라.
재운: 매사 불리, 움직이지 말라. **관운**: 不吉, 현재를 고수하라. **학업**: 본인은 성과가 작고 형제 자녀는 공이 크다. **결혼**: 정상적이지 않을 수 있고, 때도 이르다. **질병**: 타인은 쾌차, 부인은 북쪽이 유리하다. **매매**: 손재수, 욕심을 버리라. **관재송사**: 점점 불리해지니 해결책을 찾아라.

상육, 불우과지, 비조이지, 흉, 시위재생. 상왈, 불우과지, 이
上六, 弗遇過之, 飛鳥離之, 凶, 是謂災眚. 象曰, 弗遇過之, 已
항야.

62. 뇌산소과

亢也.

만나지 않고 지나가니 나는 새가 그물에 걸리니 흉하다. 이를 재앙이라고 이른다. 상왈, 만나지 않고 지나감은 이미 지나치게 높이 올랐기 때문이다.

후퇴하는 운, 억지로 추진하면 해가 되리라.
재운: 무소득, 사람에게 속지 말라. **관운**: 귀인도 시운도 없으니 守分하라. **학업**: 성과 부진, 정신을 집중해 다시 시작하라. **결혼**: 간교한 계획을 방비하라. 不吉. **질병**: 타인은 속효, 본인은 동쪽 자녀는 서쪽이 이롭다. **매매**: 사기나 속임수 조심하라. **관재송사**: 불리, 속히 매듭지어야 손해가 작다.

63. 水火旣濟 수화기제

기제, 형소, 이정, 초길종란.
旣濟, 亨小, 利貞, 初吉終亂.

이미 일을 이룬 후이므로 형통함이 작으니 正道를 지켜야 이롭다. 처음은 길해도 경계하고 근신하지 않으면 끝내 혼란스러워지리라.

단왈, 기제형. 소자형야. 이정, 강유정이위당야. 초길, 유득중야. 종지즉란, 기도궁야.
彖曰, 旣濟亨. 小者亨也. 利貞, 剛柔正而位當也. 初吉, 柔得中也. 終止則亂, 其道窮也.

단왈, 旣濟가 형통함은 작은 것이 형통함이다. 正道를 지켜야 이로움은 剛과 柔 모두가 바르게 정당한 위치에 있기 때문이다. 처음이 길함은 柔(六二)가 得中했기 때문이며 끝에 이르러 혼란스러운 것은 그 道가 곤궁해지기 때문이다.

상왈, 수재화상, 기제. 군자이사환이예방지.
象曰, 水在火上, 旣濟. 君子以思患而預防之.

상왈, 물이 불 위에 있는 것이 旣濟괘의 상징이니 군자는 이러한 현상을 살펴 환란을 생각하고 그것을 미리 방비한다.

초구, 예기륜, 유기미, 무구. 상왈, 예기륜, 의무구야.

63. 수화기제

初九, 曳其輪, 濡其尾, 无咎. 象曰, 曳其輪, 義无咎也.

수레바퀴를 뒤로 끌며 그 꼬리를 적시니 허물이 없으리라. 상왈, 수레바퀴를 뒤로 끄는 것은 뜻에 허물이 없음이다.

해오던 일을 하고 정상적으로 움직이면 매우 길하리라.
재운: 貴人이 도와 봄여름에 유리. 관운: 허사니 근신하라. 학업: 본인은 부진하니 더욱 노력하고 子女는 순탄. 결혼: 火水가 짝을 이루니 초혼에 吉. 질병: 타인은 속효, 남편은 서쪽이 유리하다. 매매: 무익, 침착히 진행하라. 관재송사: 점차 유리해져 결과가 길하리라.

육이, 부상기불, 물축, 칠일득. 상왈, 칠일득, 이중도야.
六二, 婦喪其茀, 勿逐, 七日得. 象曰, 七日得, 以中道也.

부인이 그 수레의 포장을 잃었으나 찾지 말라. 7일 만에 얻으리라. 상왈, 7일 만에 얻음은 중도이기 때문이다.

지체되면 일이 무산되니 속히 진행하라.
재운: 유통되지 않으니 억지로 구하지 말라. 여름이 吉. 관운: 불리하니 근신하라. 학업: 성과가 미흡하니 작게 추진하라. 결혼: 빠르면 7개월, 늦으면 7년 후 성혼. 질병: 타인은 속효, 남편은 남쪽 자녀는 동쪽에서 치료하라. 매매: 힘만 허비, 자중하라. 관재송사: 봄에는 유리하고 겨울이면 편안하리라.

구삼, 고종벌귀방, 삼년극지, 소인물용. 상왈, 삼년극지, 비야.
九三, 高宗伐鬼方, 三年克之, 小人勿用. 象曰, 三年克之, 憊也

고종이 북쪽 흉노를 정벌한 지 3년 만에 이겼으니 소인은 쓰지말라.

63. 수화기제

상왈, 3년 만에 이김은 고달픈 것이다.

> **새로운 일은 불리, 시비 구설을 주의하라.**
> **재운**: 손재수, 가을이 不吉. **관운**: 귀인이 아니니 사람 믿지 말고 주의하라. **학업**: 성과가 작으니 더욱 노력하라. **결혼**: 성사되기 어렵고, 3년 후에 가능. **질병**: 타인은 속효, 형제는 서쪽을 알아보라. **매매**: 실체가 없으니 허욕을 버리고 안정하라. **관재송사**: 불리하니 화해나 타협점을 찾아보라.

육사, 수유의여, 종일계. 상왈, 종일계, 유소의야.
六四, 繻有衣袽, 終日戒. 象曰, 終日戒, 有所疑也.

해진 옷을 촘촘히 기우며 종일 경계하라. 상왈, 종일 경계함은 의심스러운 바가 있기 때문이다.

> **성실한 덕을 펼치면 두루 평안하리라.**
> **재운**: 남을 믿지 말고 내 힘으로 구하라. **관운**: 허사, 실속없는 명예는 가을이 吉. **학업**: 운이 와서 성과가 크다. 子女는 더욱 힘쓰라. **결혼**: 시간 지나야 신뢰가 생겨 성사. **질병**: 타인은 속효, 자녀는 북쪽을 알아보라. **매매**: 小事는 吉, 봄여름과 서쪽이 이롭다. **관재송사**: 화해를 주선하면 결말이 이롭다.

구오, 동린살우, 불여서린지약제, 실수기복. 상왈, 동린살우,
九五, 東鄰殺牛, 不如西鄰之禴祭, 實受其福. 象曰, 東鄰殺牛,
불여서린지시야. 실수기복, 길대래야.
不如西鄰之時也. 實受其福, 吉大來也.

동쪽 이웃이 소를 잡는 것이 서쪽 이웃이 간소한 제사를 올려 진실로 복

63. 수화기제

을 받음만 못하리라. 상왈, 동쪽 이웃이 소를 잡는 것이 서쪽 이웃이 때 맞춰 올리는 제사 만 못하다. 진실로 복을 받음은 길함이 크게 옴이다.

허욕이 화가 되니 正道를 지키고 분수에 맡게 행하라.
재운: 통하지 않으니 무리하지 말라. 먼 곳이 不吉. **관운**: 유리하지만, 후환을 주의하라. **학업**: 능률이 오르지 않아 성과가 미흡하리라. **결혼**: 서쪽 사람이 吉. **질병**: 타인은 속효, 본인과 형제는 서쪽이 이롭다. **매매**: 무소득, 지족하라. 西北이 不吉. **관재송사**: 불리하니 손해를 최대한 줄이라.

상육, 유기수, 려. 상왈, 유기수려, 하가구야.
上六, 濡其首, 厲. 象曰, 濡其首厲, 何可久也.

머리를 적시니 위태로우리라. 상왈, 머리를 적셔 위태로우니 어찌 장구할 수 있겠느냐.

새로운 일 착수 말고 건강과 시비를 조심하라. **재운**: 매사 불성, 근신이 최선. **관운**: 허사, 실없는 명예는 가능. **학업**: 성과가 크고 子女는 경사. **결혼**: 不吉. **질병**: 타인은 무사, 부인은 동쪽을 알아보라. **매매**: 진전이 없으니 守分하라. **관재송사**: 비용을 많이 쓰면 유리하다.

64. 火水未濟 화수미제

미제, 형, 소호흘제, 유기미, 무유리.
未濟, 亨, 小狐汔濟, 濡其尾, 无攸利.

아직 일을 완성하지 않았으므로 끝내는 완성하여 형통하리라. 어린 여우가 물을 거의 건너다 꼬리를 적시니 얻는 것보다 잃는 것이 많으므로 이로울 바가 없으리라.

단왈, 미제형, 유득중야. 소호흘제, 미출중야. 유기미, 무유리,
象曰, 未濟亨, 柔得中也. 小狐汔濟, 未出中也. 濡其尾, 无攸利,
불속종야. 수부당위, 강유응야.
不續終也. 雖不當位, 剛柔應也.

단왈, 未濟가 형통함은 柔(六五)가 得中했기 때문이며 어린 여우가 물을 거의 건넘은 아직도 험난 가운데서 벗어나지 못한 것이다. 꼬리를 적시니 이로운 바가 없다는 것은 계속 전진하여 일을 성공하지 못했기 때문이다. 비록 6爻 모두 不正位했으나 剛과 柔가 서로 응하므로 끝내 형통하리라.

상왈, 화재수상, 미제, 군자이신변물거방.
象曰, 火在水上, 未濟, 君子以愼辨物居方.

상왈, 불이 물 위에 있는 것이 未濟卦의 상징이니 군자는 이 현상을 살펴 신중하게 사물을 분변하며 道에 머문다.

64. 화수미제

초육, 유기미, 린. 상왈, 유기미, 역부지극야.
初六, 濡其尾, 吝. 象曰, 濡其尾, 亦不知極也.

陰爻가 陽位에 있고 未濟의 때이므로, 물을 건너지 못하고 꼬리를 적셨으니 부끄러운 일이다. 상왈, 꼬리를 적심은 事理의 極을 몰라 건널 수 없음에도 억지로 건너려 한 것이다.

익숙치 않은 일에 손대지 말고 윗사람의 의견을 경청하라.
재운: 매사 불리, 봄여름 不吉. 관운: 내 功이 남에게 가니 守分하라.
학업: 순행, 큰 성과. 子女는 더욱 노력하라. 결혼: 성사 어렵고, 해도 不吉. 질병: 타인은 무사, 자녀는 남쪽이 吉. 매매: 허망한 일이니 자중하라. 가을은 小利. 관재송사: 봄여름은 길하나 가을 이후 不吉. 조속히 매듭지으라.

구이, 예기륜, 정길. 상왈, 구이정길, 중이행정야.
九二, 曳其輪, 貞吉. 象曰, 九二貞吉, 中以行正也.

수레바퀴가 뒤로 끌리니 정도를 지켜야 길하리라. 상왈, 九二의 정도를 지켜야 길함은 중도로써 바르게 행함이다.

감언이설을 조심하고 새로운 일은 분석을 철저히 해야 길하리라.
재운: 正道를 행하고 서둘지 말라. 봄가을이 吉. 관운: 처음은 미흡하고 후에 성공, 여름이 吉. 학업: 무난하게 성과, 子女는 경사. 결혼: 어진 처를 얻는다. 吉. 질병: 타인은 쾌차, 남편은 서쪽을 알아보라. 매매: 순조롭고 西北이 吉. 관재송사: 점차 유리하고 봄여름이 吉.

육삼, 미제, 정흉, 이섭대천. 상왈, 미제정흉, 위부당야.

64.화수미제

六三, 未濟, 征凶, 利涉大川. 象曰, 未濟征凶, 位不當也.

陰爻가 陽位에 있어 未濟의 때에, 건널 수 없음에도 억지로 나아갔으므로 흉하지만 더 노력하여 큰 냇물을 건너면 이로우리라. 상왈, 未濟의 때에 나아가 흉함은 위치가 부당하기 때문이다.

금년은 곤란하니 근신하고 내년부터 호전되리라.
재운: 남에게 속거나 사기를 조심하라. **관운**: 도움이 없으리니 믿지 말고 守分하라. **학업**: 노력 만큼 결실, 자녀는 吉. **결혼**: 냇물을 건너듯 피하는 것이 좋다. **질병**: 타인은 속효, 부인은 북쪽이 吉. **매매**: 허사, 실체가 있는지 확인하라. **관재송사**: 경비를 많이 써서 유리, 봄 여름 吉, 가을 겨울은 不吉.

주사, 정길, 회망, 진용벌귀방, 삼년, 유상우대국. 상왈, 정길
九四, 貞吉, 悔亡, 震用伐鬼方, 三年, 有賞于大國. 象曰, 貞吉
회망, 지행야.
悔亡, 志行也.

굳세게 행해야 길하고 후회가 없어지리라. 위엄을 떨쳐 귀방을 정벌하여 3년 후에야 큰 나라로부터 상을 받으리라. 상왈, 굳세게 행해야 길하고 후회가 없어짐은 뜻이 행해짐이다.

사심이 있으면 후회가 있고 正道를 지키면 길하지만 때를 기다리라.
재운: 환경이 조성된 후 움직이라. 가을이 吉. **관운**: 지체된 후 성공, 봄가을 유리. **학업**: 성과가 미흡, 근면하라. **결혼**: 늦게 성사 吉. **질병**: 타인은 무사, 부모는 북쪽을 알아보라. **매매**: 대체로 봄은 不利, 여름에 시작한 것은 가을이 吉. **관재송사**: 가을 이후 불리하니 손해 줄일 방안을 강구하라.

64. 화수미제

육오, 정길, 무회. 군자지광, 유부, 길. 상왈, 군자지광, 기휘
六五, 貞吉, 无悔. 君子之光, 有孚, 吉. 象曰, 君子之光, 其暉
길야.
吉也.

바르게 지켜야 길하여 후회가 없어지리라. 군자의 덕성이 빛나니 성심이 있어야 길하리라. 상왈, 군자의 덕성이 빛남은 그 빛남이 길한 것이다.

貴人이 돕고 운도 풀려 경사가 오리라.
재운: 먼저는 곤란, 인내심으로 일을 성공시킨다. 여름 가을이 吉. **관운**: 시운이 늦으니 가을 겨울에 성사. **학업**: 성과가 크고 자녀는 경사. **결혼**: 군자가 좋은 짝을 얻는다. **질병**: 타인은 쾌유, 남편은 서쪽이 유리. **매매**: 늦어야 성사. 가을 겨울과 西北이 吉. **관재송사**: 시종 유리하고 봄여름이 吉.

상구, 유부우음주, 무구, 유기수, 유부실시. 상왈, 음주유수,
上九, 有孚于飮酒, 无咎, 濡其首, 有孚失是. 象曰, 飮酒濡首,
역부지절야.
亦不知節也.

술을 마심에 성심이 있다면 허물이 없으리라. 머리를 적시면 성심이 있어도 정도를 잃으리라. 상왈, 술을 마시고 머리를 적심은 또한 절제를 모르기 때문이다.

음주를 절제하고 절차에 따라 순리대로 행동하라.
재운: 허욕 버리고 안정하면 화가 없다. **관운**: 허사, 현상 유지에 힘쓰라. **학업**: 성과가 부족하니 작게 행하라. 자녀는 吉. **결혼**: 성사, 서

64.화수미제

로 예절을 지키라. **질병**: 점차 호전되고 큰 근심은 없다. **매매**: 손재수, 행하지 말라. 여름 不吉. **관재송사**: 시간이 걸려 유리해지며 봄·여름이 이롭다.

계사상전

繫辭上傳 계사상전

第 一 章 제 1장

천존지비, 건곤정의. 비고이진, 귀천위의. 동정유상, 강유단의.
天尊地卑, 乾坤定矣. 卑高以陳, 貴賤位矣. 動靜有常, 剛柔斷矣.
방이류취, 물이군분, 길흉생의. 재천성상, 재지성형, 변화현의.
方以類聚, 物以群分, 吉凶生矣. 在天成象, 在地成形, 變化見矣.

하늘은 위에서 존귀하고 땅은 아래서 낮고 비천하므로 乾은 하늘이 되고 높음이 되고 陽이 되었으며, 坤은 땅이 되고 낮음이 되고 陰이 되어 易의 상징이 정해졌다. 만물은 아래의 낮은 데서 위의 높은 데로 자라며 뒤섞이고 배열되므로 易에서도 여섯 효의 귀천에 따라 爻位와 순서가 정해졌다. 만사 만물은 움직임이 극에 달하면 고요해지고, 고요함이 극에 달하면 다시 움직여 動靜의 일정한 상태가 있게 되므로 陽剛陰柔가 정해졌다. 사람은 각기 그 道를 따라 무리 지어 같은 류끼리 모이고 사물은 각기 무리 지어 그 종류를 따라 나뉘었으며, 군자와 같고 선한 것은 吉하고, 소인과 같고 악한 것은 凶하므로 吉凶이 생겨났다. 하늘에서 日月 · 성신(星辰) · 주야 · 명암의 현상이 이루어지고 땅에서 산천과 바다 · 동식물 · 높고 낮음 등의 형태가 이루어졌으며, 만사 만물이 섞여 복잡한 변화가 나타나게 되었다.

시고강유상마, 팔괘상탕. 고지이뢰정, 윤지이풍우, 일월운행,
是故剛柔相摩, 八卦相盪. 鼓之以雷霆, 潤之以風雨, 日月運行,
일한일서. 건도성남, 곤도성녀. 건지대시, 곤작성물.
一寒一暑. 乾道成男, 坤道成女. 乾知大始, 坤作成物.

계사상전

우주 사이에서 陽의 굳셈과 陰의 부드러움 두 기운이 끊임없이 절차탁마(切磋琢磨)하고 변화함으로써 팔괘가 천지의 8종 기본 물질을 상징하게 되었다. 우레와 번개의 기운이 만물이 태어날 수 있게 고동시키고 바람과 비가 만물이 성장하도록 윤택하게 적셔주며, 해와 달이 주야(晝夜)와 한서(寒暑)가 교차하도록 했다. 乾의 도는 하늘이 되고 아버지가 되고 陽이 되어 남성을 상징하게 되고 坤의 도는 땅이 되고 어머니가 되고 陰이 되어 여성을 상징하게 되었다. 乾은 하늘로서 시간적 개념을 나타내니 天地의 시초를 알 수 있고, 坤은 땅으로써 공간적 개념을 나타내니 만물이 성장하게 했다.

건이이지, 곤이간능, 이즉이지, 간즉이종. 이지즉유친, 이종즉
乾以易知, 坤以簡能, 易則易知, 簡則易從. 易知則有親, 易從則
유공, 유친즉가구, 유공즉가대, 가구즉현인지덕, 가대즉현인지
有功, 有親則可久, 有功則可大, 可久則賢人之德, 可大則賢人之
업. 이간이천하지리득의, 천하지리득, 이성위호기중의.
業. 易簡而天下之理得矣, 天下之理得, 而成位乎其中矣.

乾은 하늘의 도이니 주야를 나누어 운행하므로 사람들이 알기 쉽게 하고, 坤은 땅의 도이니 서로 섞여 만물이 변화 성장하므로 그 공덕과 능력을 알기 쉽게 했다. 쉬우면 알기 쉽고 간단하면 따르기 쉽다. 알기 쉬우면 친근할 수 있고 따르기 쉬우면 행하여 공이 있게 되니, 친근하면 오래 갈 수 있고 공이 있으면 위대한 사업을 창조할 수 있다. 오래 갈 수 있는 것은 현인의 덕택(德澤)이며 위대함을 이룰 수 있는 것은 현인의 사업이다. 《易經》의 도리는 이처럼 간단하지만 천하의 도리를 포함할 수 있고, 천하의 도리를 알 수 있으면 천지와 더불어 그 안에서 지위를 이룰 수 있다.

계사상전

第 二 章 제 2장

성인설괘, 관상계사언이명길흉, 강유상추이생변화. 시고길흉
聖人設卦, 觀象繫辭焉而明吉凶, 剛柔相推而生變化. 是故吉凶
자, 실득지상야. 회린자, 우우지상야. 변화자, 진퇴지상야. 강
者, 失得之象也, 悔吝者, 憂虞之象也. 變化者, 進退之象也, 剛
유자, 주야지상야. 육효지동, 삼극지도야.
柔者, 晝夜之象也. 六爻之動, 三極之道也.

성인이 천지 만사 만물의 법칙과 현상을 살펴 64괘를 설치하고 象을 관찰하여 괘사와 384효의 효사를 달아 吉凶을 밝히셨다. 剛한 양효와 柔한 음효가 서로 변천하여 변화가 생기게 되었다. 그러므로 吉凶은 성공 또는 실패(得失)의 현상이며 뉘우침과 부끄러워함(悔吝)은 근심과 지난 일을 돌이켜 생각하는 현상이다. 변화는 전진 또는 퇴보하는 현상이고 剛(陽)과 柔(陰)는 낮과 밤의 현상이며 여섯 爻의 움직임은 天·人·地 三才의 지극한 법칙을 표현하는 것이다.

시고군자소거이안자, 역지서야, 소락이완자, 효지사야.
是故君子所居而安者, 易之序也, 所樂而玩者, 爻之辭也.
시고군자거즉관기상이완기사, 동즉관기변이완기점, 시이
是故君子居則觀其象而玩其辭, 動則觀其變而玩其占, 是以
자천우지, 길무불리.
自天祐之, 吉无不利.

그러므로 군자가 편안히 거처하고 안정할 수 있는 것은 《易經》의 질서를 알기 때문이며 즐거워하고 완미(玩味)할 수 있는 것은 爻辭이다. 그러므로 군자가 편안히 있을 때는 괘상을 살피고 효사의 吉凶을 완미

계사상전

하며 행동해야 할 바가 있으면 爻의 변화를 살피고 점의 吉凶을 완미한다. 그러므로 「하늘로부터 도우니 길하여 이롭지 않음이 없는 것이다.(大有 上九의 爻辭)」

第 三 章 제 3장

단자, 언호상자야, 효자, 언호변자야. 길흉자, 언호기실득야.
象者, 言乎象者也, 爻者, 言乎變者也. 吉凶者, 言乎其失得也.
회린자, 언호기소자야, 무구자, 선보과야.
悔吝者, 言乎其小疵也, 无咎者, 善補過也.

象(괘사)은 전괘(全卦)의 도리와 현상을 설명한 것이며 爻辭는 각 효의 변화를 설명한 것이다. 吉凶은 성공(得) 또는 실패(失)를 설명한 것이며, 悔吝은 작은 결점을 설명한 것이며 无咎는 과실을 잘 보완하라는 뜻이다.

시고열귀천자존호위, 제소대자존호괘, 변길흉자존호사.
是故列貴賤者存乎位, 齊小大者存乎卦, 辨吉凶者存乎辭.
우회린자존호개, 진무구자존호회. 시고괘유소대, 사유험
憂悔吝者存乎介, 震无咎者存乎悔. 是故卦有小大, 辭有險
이, 사야자, 각지기소지.
易, 辭也者, 各指其所之.

그러므로 六爻의 貴賤을 나누는 것은 爻位에 있고, 각 괘에 포함된 일의 크고 작음을 분별하는 것은 각 괘의 괘상으로 알 수 있으며 吉凶을 분별하는 것은 괘사와 효사로 알 수 있다. 悔吝을 근심하는 것은 미세

계사상전

한 결점의 시초를 살핌에 있고 움직여 허물이 없는(无咎) 것은 근심하고 반성함에 있다. 그러므로 卦에는 작은 것과 큰 것이 있고 괘사 효사에는 험난한 것과 평탄한 것이 있다. 괘사 효사는 그 가야 할 바를 가리킨 것이다.

第 四 章 제 4장

역여천지준, 고능미륜천지지도. 앙이관어천문, 부이찰어
易與天地準, 故能彌綸天地之道. 仰以觀於天文, 俯以察於
지리, 시고지유명지고. 원시반종, 고지사생지설, 정기위
地理, 是故知幽明之故. 原始反終, 故知死生之說, 精氣爲
물, 유혼위변, 시고지귀신지정상.
物, 遊魂爲變, 是故知鬼神之情狀.

역리(易理)는 天地에 준거하였으므로 天地 간의 모든 도리를 포괄할 수 있다. 우러러 하늘의 日月·星辰의 현상을 살피고 구부려 대지와 산하(山河)·만물의 이치를 살핀다. 그러므로 주야·光明·어둡고 밝음의 도리를 안다. 만사 만물 시종(始終)의 근원을 헤아리므로 죽고 사는 순환의 도리를 안다. 정신과 기질이 합하여 생물(生物)이 되고 영혼이 떠돌아 변(變)을 이루므로 귀(鬼)·신(神)의 정상을 안다.

역여천지상사, 고불위, 지주호만물, 이도제천하, 고불과. 방행이
易與天地相似, 故不違, 知周乎萬物, 而道濟天下, 故不過. 旁行而
불류, 낙천지명, 고불우, 안토돈호인, 고능애. 범위천지지화이
不流, 樂天知命, 故不憂, 安土敦乎仁, 故能愛. 範圍天地之化而
불과, 곡성만물이불유, 통호주야지도이지, 고신무방이역무체.
不過, 曲成萬物而不遺, 通乎晝夜之道而知, 故神无方而易无體.

계사상전

《易經》과 天地의 道는 서로 같아 어긋남이 없으므로 만물의 정황을 두루 알며 그 道는 널리 천하를 제도하기에 족하며 지나침이 없다. 널리 행해도 폐단으로 흐르지 않으며, 天道의 마땅한 바를 즐겨 행하고 天命의 조화를 알므로 근심치 않는다. 자신이 처한 경계를 편안히 여기고 仁을 돈독하게 행하니 천하를 널리 사랑할 수 있다. 天地의 모든 변화를 포괄해도 잘못됨이 없고, 만물을 곡진(曲盡)히 해도 빠뜨림이 없으며 주야와 음양의 도리에 밝게 통하여 그 道를 모두 안다. 그러므로 神의 오묘함은 측정하기 어려워 추구할 방소가 없고 易理는 일정한 형체가 없이 모든 방향과 작용이 포함되는 것이다.

第五章 제 5장

일음일양지위도. 계지자선야, 성지자성야. 인자견지위지인, 지
一陰一陽之謂道. 繼之者善也, 成之者性也. 仁者見之謂之仁, 知
자견지위지지, 백성일용이부지, 고군자지도선의.
者見之謂之知, 百姓日用而不知, 故君子之道鮮矣.

한번은 陰이고 한번은 陽으로 서로 미루어 生하며 끊임없이 운행하여 우주 만사 만물의 성쇠(盛衰)와 존망(存亡)의 근본을 이루는 것을 道라고 하고, 陰陽의 도를 지속하여 우주 만사 만물을 낳는 것이 善이며, 만사 만물을 이루는 것이 천명(天命)의 性이다. 仁者는 이 道를 보면 仁이라고 생각하고, 智者는 이 道를 보면 智라고 생각하며, 백성들은 날마다 이 道와 이 性을 따라 살면서도 그것을 알지 못한다. 그러므로 君子의 道는 우주에 존재하는 모든 것을 포괄하여 만물의 근본이 되지

계사상전

만 그것을 아는 자가 지극히 적은 것이다.

현저인, 장저용, 고만물이불여성인동우. 성덕대업지의재.
顯諸仁, 藏諸用, 鼓萬物而不與聖人同憂. 盛德大業至矣哉.
부유지위대업, 일신지위성덕. 생생지위역, 성상지위건, 효
富有之謂大業, 日新之謂盛德. 生生之謂易, 成象之謂乾, 效
법지위곤. 극수지래지위점, 통변지위사, 음양불측지위신.
法之謂坤. 極數知來之謂占, 通變之謂事, 陰陽不測之謂神.

易道는 仁道로 드러나 실행되고 쓰임(用)에 잠재되어 만물의 생명을 고무시키지만, 성인이 도를 체득하여 그것을 실용에 옮기려고 항상 근심하는 것과 같지는 않다. 성대한 덕성을 세우고 위대한 사업을 할 수 있음은 얼마나 지극한가! 만사 만물을 부유하게 하는 것을 위대한 사업이라고 하고, 날로 새롭고 새로워지는 것을 성대하고 밝은 덕행이라고 한다. 낳고 낳는 작용의 쉼이 없고 변화 전진이 끊임없는 것을 易이라고 한다. 하늘이 드러낸 象을 이룸을 乾卦라고 하고 땅의 법도를 본받은 것을 坤卦라고 한다. 數를 극진히 하여 다가올 변화를 아는 것을 占이라고 하고 변화의 도에 통달함을 事라고 하며, 陰陽의 도를 운용할 수 있어서 신기오묘(神奇奧妙)하고 변화막측(變化莫測)의 경지에 이른 것을 神이라고 한다.

第 六 章 제 6장

부역광의대의, 이언호원즉불어. 이언호이즉정이정, 이언
夫易廣矣大矣, 以言乎遠則不禦. 以言乎邇則靜而正, 以言
호천지지간즉비의.

계사상전

乎天地之間則備矣.

《易經》의 도는 넓고 크도다. 먼 것으로 말하면 끝이 없고 가까운 것으로 말하면 고요하고 단정하게 우리 앞에 있으며, 天地 사이를 말하면 일체의 만사 만물의 도리가 갖추어져 있다.

부건, 기정야전, 기동야직, 시이대생언. 부곤, 기정야흡, 기동
夫乾, 其靜也專, 其動也直, 是以大生焉. 夫坤, 其靜也翕, 其動
야벽, 시이광생언. 광대배천지, 변통배사시, 음양지의배일월,
也闢, 是以廣生焉. 廣大配天地, 變通配四時, 陰陽之義配日月,
이간지선배지덕.
易簡之善配至德.

저 乾卦의 여섯 획은 모두 陽이므로 순양(純陽) 강건하여 변화가 없을 때는 고요하게 한결같지만, 움직여 변화할 때는 강직하여 어지럽지 않다. 그러므로 광대한 우주가 乾卦의 주관으로 탄생한다. 저 坤卦의 여섯 획은 모두 陰이므로 유순하고 돈후(敦厚)하여 변화가 없을 때는 고요히 깊이 감춰져 있지만, 움직여 변화할 때는 넓게 열리고 펼쳐져 만물이 모두 坤卦에서 탄생한다. 易理는 넓고 커서 天地와 배합하고 變하고 通함은 사계절과 배합하며, 陰陽의 뜻은 日月과 배합하고 평이하고 간단함의 훌륭한 것은 지극한 덕성과 배합한다.

第七章 제 7장

자왈, 역기지의호, 부역, 성인소이숭덕이광업야. 지숭례비, 숭
子曰, 易其至矣乎, 夫易, 聖人所以崇德而廣業也. 知崇禮卑, 崇

계사상전

<small>효천, 비법지. 천지설위, 이역행호기중의. 성성존존, 도의지문.</small>
效天, 卑法地. 天地設位, 而易行乎其中矣. 成性存存, 道義之門.

공자께서 말씀하셨다. "《易經》의 道理는 지극히 위대하도다. 저 《易經》은 성인께서 이를 써서 덕을 숭상하고 생업을 넓히신 것이다. 智惠는 숭고함에 이른 후 멈추어야 하고, 예절(禮節)은 스스로 겸손하여 자신을 낮춤에 있으니 숭고함은 天道를 본받은 것이며 겸손하여 낮춤은 地道를 본받은 것이다. 하늘과 땅의 위치가 갖추어졌으므로 《易經》의 道도 그 사이에서 행해지게 되었다. 숭고 광대한 선성(善性)이 이루어지고 끊임없이 이어지니 이것이 道義가 생겨나는 문호인 것이다."

第 八 章 제 8장

<small>성인유이견천하지색, 이의저기형용, 상기물의, 시고위지상.</small>
聖人有以見天下之賾, 而擬諸其形容, 象其物宜, 是故謂之象.
<small>성인유이견천하지동, 이관기회통, 이행기전례, 계사언이</small>
聖人有以見天下之動, 而觀其會通, 以行其典禮, 繫辭焉以
<small>단기길흉. 시고위지효. 언천하지지색, 이불가오야, 언천</small>
斷其吉凶, 是故謂之爻. 言天下之至賾, 而不可惡也, 言天
<small>하지지동이불가란야.</small>
下之至動而不可亂也.

성인께서 천하 만사 만물의 심오함을 보시고 그 형용을 모의(模擬)하여 8개의 괘에 귀결시킴으로 만사 만물의 마땅한 바를 상징했으니 이를 象이라고 한다. 성인께서 천하의 모든 것이 움직여 변화하는 것과

계사상전

모이고 통하는 道를 살펴 64괘 384효를 만들어 모든 움직임의 체계를 나타내고, 말씀을 붙여 吉凶을 정했으니 이를 爻라고 한다. 천하의 지극히 심오함에 관해 말씀했으나 나쁘다고 할 수 없었으며, 384효로서 천하 모든 움직임을 상징했으므로 천하가 불안했음에도 易爻를 관찰하여 어지러움에 이르지 않게 하셨다.

의지이후언, 의지이후동, 의의이성기변화. 명학재음, 기자화지,
擬之而後言, 議之而後動, 擬議以成其變化. 鳴鶴在陰, 其子和之,
아유호작, 오여이미지. 자왈, 군자거기실, 출기언선, 즉천리지
我有好爵, 吾與爾靡之. 子曰, 君子居其室, 出其言善, 則千里之
외응지, 황기이자호. 거기실, 출기언불선, 즉천리지외위지. 황
外應之, 況其邇者乎. 居其室, 出其言不善, 則千里之外違之, 況
기이자호. 언출호신, 가호민, 행발호이, 현호원. 언행, 군자지
其邇者乎. 言出乎身, 加乎民, 行發乎邇, 見乎遠. 言行, 君子之
추기. 추기지발, 영욕지주야, 언행, 군자지소이동천지야, 가불
樞機. 樞機之發, 榮辱之主也, 言行, 君子之所以動天地也, 可不
신호.
愼乎.

팔괘의 상과 384효의 효사는 모의(模擬)한 후 얻어진 말씀이므로 세상일에 대처하고 사물에 응하는 것도 그를 본떠 의논한 후 움직이셨으니 모의하고 의론이 변화의 도를 이루었다. 「학이 그늘에서 울면 그 새끼가 화답하듯 내게 좋은 작위가 있으니 나와 네가 함께하리라.(中孚 九二)」라고 한 것에 대해 공자께서 말씀하셨다. "군자가 집에 있으면서 하는 말이 착하면 천 리 밖에서도 그에 호응하는데 하물며 가까이 있는 사람이랴? 집에 있으면서 하는 말이 착하지 않으면 천 리 밖에서도 떠나가는데 하물며 가까이 있는 사람이랴? 말은 자신에게서 나오지만 백성에게 가해지

계사상전

며, 행동은 가까운 곳에서 발하여 먼 곳에 나타난다. 말과 행동은 군자에게 중요한 기틀이니, 기틀의 발로가 영광과 치욕을 주관하게 된다. 말과 행동은 군자가 천지를 움직이는 것이니 신중히 하지 않을 수 있겠는가?"

동인, 선호도이후소. 자왈, 군자지도, 혹출혹처, 혹묵혹어.
同人, 先號咷而後笑. 子曰, 君子之道, 或出或處, 或黙或語.
이인동심, 기리단금, 동심지언, 기취여란.
二人同心, 其利斷金, 同心之言, 其臭如蘭.

「함께한 사람들이 처음에는 울부짖고 뒤에는 웃는다.(同人 九五)」라고 한 것에 대해 공자께서 말씀하셨다. "군자의 도는 나아가 천하를 위해 일하기도 하고 물러나 은거하며 독선기신(獨善其身: 자기 자신의 선(善)을 추구함) 하기도 하며, 침묵하기도 하고 자신의 경륜을 말하기도 한다. 두 사람의 마음이 같으면 예리하기가 쇠를 끊고 마음이 같은 말은 난초처럼 향기롭다."

초육, 자용백모, 무구. 자왈, 구조저지이가의, 자지용모,
初六, 藉用白茅, 无咎. 子曰, 苟錯諸地而可矣, 藉之用茅,
하구지유, 신지지야. 부모지위물박, 이용가중야. 신사술
何咎之有, 愼之至也. 夫茅之爲物薄, 而用可重也. 愼斯術
야이왕, 기무소실의.
也以往, 其无所失矣.

「초육의 흰 띠풀로 깔개를 하였으니 허물이 없으리라.(大過 初六)」라고 한 것에 대해 공자께서 말씀하셨다. "진실로 제물을 땅 위에 놓아도 되거늘 띠풀로 깔개를 하였으니 무슨 허물이 있겠는가. 신중함이 지극한 것이다. 저 띠풀은 하찮은 물건이지만 중요하게 쓰일 수 있으

계사상전

니 신중하게 이와 같은 방법이라면 나아가도 과실이 없게 될 것이다."

노겸, 군자유종, 길. 자왈, 노이불벌, 유공이부덕, 후지지야.
勞謙, 君子有終, 吉. 子曰, 勞而不伐, 有功而不德, 厚之至也.
어이기공하인자야. 덕언성, 예언공, 겸야자, 치공이존기위자
語以其功下人者也. 德言盛, 禮言恭, 謙也者, 致恭以存其位者
야.
也.

「공로가 있고도 겸손하니 군자는 유종의 미가 있어 길하리라.(謙卦 九三)」라고 한 것에 대해 공자께서 말씀하셨다. "공로가 있고도 자랑하지 않고, 공적을 세우고도 자신의 덕이라고 하지 않으니 돈후함이 지극한 것이다. 공로가 있지만 오히려 남에게 몸을 낮춤을 말한 것이다. 덕은 성대하고 밝은 덕행을 말하고 예는 공경함을 말하니 謙은 공경함을 드러내어 그 지위를 보존하려는 것이다."

항룡유회. 자왈, 귀이무위, 고이무민, 현인재하위이무보, 시이
亢龍有悔. 子曰, 貴而无位, 高而无民, 賢人在下位而无輔, 是以
동이유회야.
動而有悔也.

「높이 오른 용이니 후회가 있다.(乾卦 上九)」라고 한 것에 대해 공자께서 말씀하셨다. "귀하지만 지위가 없고 높이 있어도 백성이 없으며, 어진 이가 아랫자리에 있지만 도와주는 이가 없다. 그러므로 움직이면 뉘우침이 있게 되는 것이다."

불출호정, 무구. 자왈, 난지소생야, 즉언어이위계. 군불밀즉실

계사상전

不出戶庭, 无咎. 子曰, 亂之所生也, 則言語以爲階. 君不密則失
신, 신불밀즉실신, 기사불밀즉해성. 시이군자신밀이불출야.
臣, 臣不密則失身, 幾事不密則害成. 是以君子愼密而不出也.

「집 뜰에도 나가지 않아야 허물이 없으리라.(節卦 初九)」라고 한 것에 대해 공자께서 말씀하셨다. "환란이 생기는 것은 말로부터 점차 커지는 것이다. 군주가 기밀을 지키지 않으면 신하를 잃고 신하가 기밀을 지키지 않으면 목숨을 잃게 되니, 기밀을 지켜야 할 일을 기밀을 지키지 않으면 해로움이 생기게 된다. 그러므로 군자가 신중히 기밀을 지키기 위해 밖으로 나가지 않는 것이다."

자왈, 작역자기지도호. 역왈, 부차승, 치구지. 부야자, 소
子曰, 作易者其知盜乎. 易曰, 負且乘, 致寇至. 負也者, 小
인지사야, 승야자, 군자지기야. 소인이승군자지기, 도사
人之事也, 乘也者, 君子之器也. 小人而乘君子之器, 盜思
탈지의. 상만하포, 도사벌지의. 만장회도, 야용회음. 역
奪之矣. 上慢下暴, 盜思伐之矣. 慢藏誨盜, 冶容誨淫. 易
왈, 부차승, 치구지, 도지초야.
曰, 負且乘, 致寇至, 盜之招也.

공자께서 말씀하셨다. "《易經》을 지은 사람은 도적이 생기는 까닭을 알았을 것이다. 《易經》에 이르기를 「짐 지고 수레를 탔으니 도적이 오리라.(解卦 六三)」고 했는데 짐을 지는 것은 소인의 일이며 수레는 본래 군자가 치국평천하(治國平天下)하기 위해 타는 기구이다. 소인이 군자의 기구를 훔쳐서 탔으니 이것은 정당한 일이 아니므로 도적이 그것을 빼앗을 생각을 하게 되는 것이다. 군주가 오만하고 신하가 백성에게 난폭하면 도적이 반드시 그 나라를 침범할 생각을 하게 된다. 재

계사상전

물을 잘 간수해야 할 것을 게을리함은 도적에게 도적질을 가르치는 것이며 용모를 천하고 요염하게 꾸미는 것은 악인에게 와서 능욕하라고 부르는 것이다. 易에 이른 「짐 지고 수레를 탔으니 도적이 오리라.」고 한 것은 도적 부름을 말한 것이다."

第 九 章 제 9장

대연지수오십, 기용사십유구. 분이위이이상양, 괘일이상삼, 설
大衍之數五十, 其用四十有九. 分而爲二以象兩, 掛一以象三, 撲
지이사이상사시. 귀기어륵이상윤, 오세재윤, 고재륵이후괘.
之以四以象四時. 歸奇於扐以象閏, 五歲再閏, 故再扐而後掛.

大衍 천지의 수로 복서(卜筮: 점을 침)를 하는데 50가지의 시초(蓍草)를 사용한다. 그 가운데 49가지만을 사용한다. 두 무더기로 나누어 양의(兩儀)를 상징하고 우측 손에서 한 가지를 덜어내어 좌측 손 무명지와 새끼손가락 사이에 끼어 삼재(三才)를 상징하며, 4가지씩 세어 사계절의 운행을 상징한다. 우측 손으로 좌측 손의 시초를 취하여 4개씩 덜어내고 남은 것을 중지와 무명지 사이에 끼워 3년마다 있는 윤달을 상징한다. 좌측 손으로 우측 손의 서죽을 취해 4가지씩 덜어내고 남을 것을 중간 손가락과 식지(食指) 사이에 끼워 5년마다 윤달이 2번 드는 것을 상징하므로 두 번 손가락 사이에 끼워 거는 것이다.

천일, 지이, 천삼, 지사, 천오, 지육, 천칠, 지팔, 천구, 지십.
天一, 地二, 天三, 地四, 天五, 地六, 天七, 地八, 天九, 地十.
천수오, 지수오, 오위상득이각유합, 천수이십유오, 지수삼십,
天數五, 地數五, 五位相得而各有合, 天數二十有五, 地數三十,
범천지지수오십유오. 차소이성변화이행귀신야.

계사상전

凡天地之數五十有五. 此所以成變化而行鬼神也.

천수는 1, 지수는 2, 천수 3, 지수 4, 천수 5, 지수 6, 천수 7, 지수 8, 천수 9, 지수 10이다. 천수가 5개이며 지수가 5개로 이들이 5개의 위치를 얻어 각각 배합되어 천수의 합이 25, 지수의 합이 30이다. 무릇 천지의 수는 55이다. 이것이 변화를 이루고 鬼·神을 운행한다.

〈계사상전·제 9장〉의 내용은 시초(蓍草: 서죽)로 점을 치는 근거를 설명한 것이다. 이 내용을 근거로 한나라 시기 공자의 11대손 공안국(孔安國, BC156?-BC74)이 〈하도〉와 〈낙서〉를 그렸다고 전해온다. 〈하도〉와 〈낙서〉에서 天數(흰 점) 1·3·5·7·9의 합이 25이고, 地數(검은 점) 2·4·6·8·10의 합은 30으로 천수와 지수의 합은 55이다.

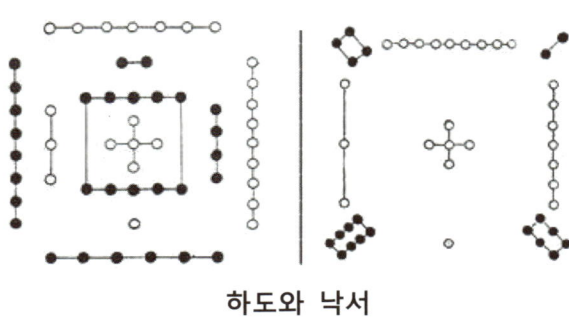

하도와 낙서

그러나 점을 칠 때는 이 천수와 지수의 합인 55를 쓰지 않고 50개를 쓰는 이유를 〈하도〉·〈낙서〉 중앙에 숫자 5를 넣어 설명했다. 숫자 5는 태극의 자리이므로 점을 칠 때 빼어놓고 50개의 시초만 쓰는 것이다.

건지책이백일십유육, 곤지책백사십유사, 범삼백유육십, 당기
乾之策二百一十有六, 坤之策百四十有四, 凡三百有六十, 當期
지일. 이편지책, 만유일천오백이십, 당만물지수야.
之日. 二篇之策, 萬有一千五百二十, 當萬物之數也.

乾의 책수는 216이며 坤의 책수는 144이므로 합하면 360으로 1년의 일수에 해당한다. 상하 2편 64괘의 책수는 11,520으로 만물(모든 일)

계사상전

에 해당하는 숫자이다.

위 내용을 설명하면 다음과 같다.
① 四象(⚌ ⚍ ⚎ ⚏)은 팔괘를 낳는 본체로서 4개씩의 양효와 음효를 포함하고 있다.
② 노양의 수는 9이므로 사상에 포함된 양의 수는 9×4=36이며, 노음의 수는 6이므로 6×4=24이다.
③ 한 괘는 6효이므로 양의 책수는 36×6=216, 음의 책수는 24×6=144이며, 음양의 책수를 합하면 360이다.
④ 64괘는 384효이며 음양효는 각각 192개씩이다. 이에 사상이 포함된 음양의 수를 곱하면 양의 수는 36×192=6,912이며 음의 수는 24×192=4,608이다. 이를 합한 수는 11,520이다.
⑤ 11,520은 384효×30과 같은 수이며, 384개의 점괘는 각각 30분야의 문제에 해답을 줄 수 있다는 의미이기도 하다.

시고사영이성역, 십유팔변이성괘, 팔괘이소성. 인이신지,
是故四營而成易, 十有八變而成卦, 八卦而小成. 引而伸之,
촉류이장지, 천하지능사필의. 현도신덕행, 시고가여수작,
觸類而長之, 天下之能事畢矣. 顯道神德行, 是故可與酬酢,
가여우신의. 자왈, 지변화지도자, 기지신지소위호.
可與祐神矣. 子曰, 知變化之道者, 其知神之所爲乎.

그러므로 4개씩 세어 운영하여 易 서수(筮數: 점대 숫자)의 변화를 이루고, 3변하여 1개 효를 이루니 괘에 6효가 있으므로 18번 변하여 한 괘를 이룬다. 성인께서 《易經》을 만드실 때 팔괘로써 만사 만물의 상을 담으셨으나 그것은 조금 이룬 것이었을 뿐이다. 다시 팔괘를 인용하여 펼치고 類에 따라 추구하고 증가시켜 나가면 64괘 384효를 이

계사상전

루어 천하의 모든 일이 《易經》 안으로 들어오게 된다. 그러므로 《易經》의 道로써 천하의 덕행을 신묘하게 하고, 덕행을 신묘하게 하므로 세상의 일에 알맞게 응하여 신명의 도움을 받을 수 있는 것이다. 공자께서 말씀하셨다. "변화의 道를 아는 자는 神이 하려는 바를 알 것이다."

第 十 章   제 10장

역유성인지도사언, 이언자상기사, 이동자상기변, 이제기자상
易有聖人之道四焉, 以言者尙其辭, 以動者尙其變, 以制器者尙
기상, 이복서자상기점.
其象, 以卜筮者尙其占.

《易經》에 성인의 道 네 가지(辭·變·象·占)가 있으니 내용을 논하는 사람은 괘사·효사를 숭상하고, 움직임으로 일하는 사람은 그 변화를 숭상하며, 기구를 만드는 사람은 象을 숭상하고 입서(立筮)하여 괘를 세우는 사람은 占을 숭상한다.

시이군자장유위야, 장유행야, 문언이이언, 기수명야여향,
是以君子將有爲也, 將有行也, 問焉而以言, 其受命也如嚮(響),
무유원근유심, 수지래물. 비천하지지정, 기숙능여어차.
无有遠近幽深, 遂知來物. 非天下之至精, 其孰能與於此.

그러므로 군자가 장차 무엇을 하려거나 장차 행동하려 할 때 입서(立筮)하여 《易經》에 물으면 64괘 384효 점사(占辭)로 응답한다. 立筮하여 얻은 吉凶의 辭, 易道가 가리켜 이끄는 것이 소리의 울림과 같아서

계사상전

멀고 가까움과 그윽하고 깊음의 구별 없이 마침내 미래 사물의 변화를 알 수 있으니 천하의 지극히 정묘한 道가 아니면 누가 이처럼 할 수 있으랴!

삼오이변, 착종기수, 통기변, 수성천지지문, 극기수, 수정천하
參伍以變, 錯綜其數, 通其變, 遂成天地之文, 極其數, 遂定天下
지상. 비천하지지변, 기숙능여어차.
之象. 非天下之至變, 其孰能與於此.

3번 섞고 나누면 한 爻의 음양 변화가 있고 그 숫자를 번갈아 종합하여 易의 변화에 통하여 마침내 천지 음양 수의 신묘함(文)을 이룬다. 그 숫자의 변화를 극진히 살펴 마침내 천하의 나아갈 바인 象을 정할 수 있으니 천하의 지극한 변화가 아니라면 누가 이처럼 할 수 있으랴!

역무사야, 무위야, 적연부동, 감이수통천하지고. 비천하지
易无思也, 无爲也, 寂然不動, 感而遂通天下之故. 非天下之
지신, 기숙능여어차.
至神, 其孰能與於此.

《易經》 자체는 사려(思慮)가 없고 작위(作爲)가 없으며 고요하고 움직임도 없다. 사람이 감응하여 운용할 수 있으면 마침내 천하의 모든 일에 통달할 수 있으니 천하의 지극한 신묘함이 아니라면 그 누가 이처럼 할 수 있으랴!

부역, 성인지소이극심이연기야, 유심야. 고능통천하지지,
夫易, 聖人之所以極深而硏幾也, 唯深也. 故能通天下之志,
유기야, 고능성천하지무, 유신야. 고부질이속, 불행이지.

계사상전

唯幾也, 故能成天下之務, 唯神也. 故不疾而速, 不行而至.
자왈, 역유성인지도사언자, 차지위야.
子曰, 易有聖人之道四焉者, 此之謂也.

저 《易經》은 성인께서 극진하고 심오하게 일이 진행되는 근본적 미묘함(幾)을 연구하신 것으로 사리(事理)가 심오(深奧)하다. 그러므로 천하 사람의 뜻에 통할 수 있으니 일의 미묘함을 알므로 천하의 모든 일을 이룰 수 있다. 오직 신묘하므로 서둘지 않아도 빠르고 가보지 않아도 목적에 이를 수 있다. 공자께서 "《易經》에는 辭・變・象・占, 성인께서 응용하는 방법 4가지가 포함되어 있다."라고 하신 것이 이것을 말씀하신 것이다.

第 十一 章 제 11장

자왈, 부역하위자야. 부역개물성무, 모천하지도, 여사이이자
子曰, 夫易何爲者也. 夫易開物成務, 冒天下之道, 如斯而已者
야. 시고성인이통천하지지, 이정천하지업, 이단천하지의.
也. 是故聖人以通天下之志, 以定天下之業, 以斷天下之疑.

공자께서 말씀하셨다. "《易經》은 무엇인가? 무릇 《易經》은 만물을 개창(開創)하고 일을 이루어 천하의 모든 道를 포괄하니 이와 같은 학문일 뿐이다. 그러므로 성인께서 천하 모든 사람의 마음에 통달함으로써 천하의 사업을 정했으며 천하의 의심스러운 바를 결단하셨다."

시고시지덕원이신, 괘지덕방이지, 육효지의역이공. 성인이차
是故蓍之德圓而神, 卦之德方以知, 六爻之義易以貢. 聖人以此

계사상전

_{세심, 퇴장어밀. 길흉여민동환. 신이지래, 지이장왕. 기숙능여}
洗心, 退藏於密. 吉凶與民同患. 神以知來, 知以藏往. 其孰能與
_{어차재. 고지총명예지, 신무이불살자부. 시이명어천지도, 이찰}
於此哉. 古之聰明叡知, 神武而不殺者夫. 是以明於天之道, 而察
_{어민지고, 시흥신물이전민용, 성인이차재계, 이신명기덕부.}
於民之故, 是興神物以前民用, 聖人以此齋戒, 以神明其德夫.

그러므로 시초 점서(占筮)의 덕성은 모든 일에 빠짐없이 통달하고 신묘하며, 64괘의 덕성은 방정하고 지혜로우며 괘마다 있는 여섯 효의 뜻은 變易으로 吉凶을 알려준다. 성인께서 《易經》의 3가지 공능(功能. 蓍之德·卦之德·六爻之義)으로 자신의 마음을 씻고 물러가 정밀한 天道 속에 감췄다가 백성과 함께 길흉을 근심하셨다. 《易經》의 신묘함은 미래 변화의 이치를 알기에 족하고, 지혜는 과거의 지식과 경험을 포괄하기에 족하니 누가 이처럼 할 수 있으랴! 오직 옛날 총명하고 밝은 지혜와 신비한 무용(武勇)을 지녔음에도 사람 죽이는 것을 좋아하지 않았던 자가 이처럼(夫) 할 수 있었을 뿐이다. 그러므로 하늘의 도를 밝게 알고 백성의 사정을 살펴 신묘한 占筮(神物)를 만들어 백성이 행동하기 전 미래를 판단하고 추길피흉(趨吉避凶) 할 수 있게 하셨다. 성인께서 占筮하실 때 반드시 먼저 재계하시고 《易經》의 공덕을 더욱 神明하게 하셨다.

_{시고합호위지곤, 벽호위지건, 일합일벽위지변, 왕래불궁위지}
是故闔戶謂之坤, 闢戶謂之乾, 一闔一闢謂之變, 往來不窮謂之
_{통, 현내위지상, 형내위지기, 제이용지위지법, 이용출입, 민함}
通, 見乃謂之象, 形乃謂之器, 制而用之謂之法, 利用出入, 民咸
_{용지위지신.}
用之謂之神.

《易經》은 六爻로써 變易하여 吉凶을 알려준다. 그에는 陰·陽·變·通·

계사상전

象·器·法·神 8가지 도리가 포함되어있다. 예를 들어, 문을 닫으면(闔) 그윽하고 고요하고 그늘지고 어두우며, 안으로 감추고 포용한다. 이것이 坤卦이고 陰이다. 문을 열면(闢) 빛이 밝고 밖으로 나가 적극적으로 행동하게 된다. 이것을 乾卦라고 하고 陽이라고 한다. 이처럼 문이 닫히고 열림에 따라 陰이 되거나 陽이 되어 생겨나는 것이 變이다. 음양변화가 무궁무진한 것이 通이며, 變通의 결과가 밖으로 드러난 것이 象이다. 象으로 인해 일정한 형상이 생기는 것이 器이다. 기물을 사용하는 법칙을 제정하는 것을 法이라고 하고 사람이 기물을 출입문처럼 사용하여 법칙을 준수하지만, 알지 못하는 것이 神이다.

시고역유태극, 시생양의, 양의생사상, 사상생팔괘, 팔괘정길
是故易有太極, 是生兩儀, 兩儀生四象, 四象生八卦, 八卦定吉
흉, 길흉생대업.
凶, 吉凶生大業.

그러므로 易에 태극이 있으니 태극은 陰陽이 나뉘기 전이고 天地와 시간이 혼재되어 있던 것이다. 태극에서 陰·陽·시간이 분리되고 천지가 형성되었으니 이것이 陽(—)과 陰(--) 兩儀를 낳고 兩儀가 서로 조합하여 노양(老陽⚌) · 노음(老陰⚏) · 소양(少陽⚎) · 소음(少陰⚍) 四象을 낳고 四象이 天 · 地 · 水 · 火 · 風 · 雷 · 山 · 澤을 상징하는 팔괘를 낳았다. 팔괘로써 우주의 만상을 포괄하고 이로써 吉凶을 단정하게 되었으니 피흉추길(避凶趨吉)하는 위대한 사업이 탄생하였다.

시고법상막대호천지, 변통막대호사시, 현상저명막대호일월,
是故法象莫大乎天地, 變通莫大乎四時, 縣象著明莫大乎日月,
숭고막대호부귀. 비물치용, 입성기이위천하리, 막대호성인,
崇高莫大乎富貴. 備物致用, 立成器以爲天下利, 莫大乎聖人,

계사상전

탐색색은, 구심치원, 이정천하지길흉, 성천하지미미자, 막
探賾索隱, 鉤深致遠, 以定天下之吉凶, 成天下之亹亹者, 莫
대호시구.
大乎蓍龜.

그러므로 法을 취하는 현상으로는 天地보다 더 위대한 것이 없었고 변화와 통달할 수 있는 것으로는 사철보다 더 위대한 것이 없었으며, 물상(物象)을 매달아 밝음을 드러내는 것으로는 日月보다 더 위대한 것이 없었다. 사람의 가장 숭고한 사업은 부귀보다 더 위대한 것이 없었고, 필수적인 기물을 구비하여 인류가 운용하고 완비된 기구를 설립하여 천하를 이익되게 함으로는 성인보다 더 위대한 사람이 없었다. 번잡한 현상을 탐구하고 은밀한 이치를 찾으며 심원한 법칙을 찾아내어 원대한 성취를 이뤄 천하의 吉凶을 단정하여 천하 사람이 근면 노력하도록 한 것으로는 시초(蓍草)와 구갑(龜甲)을 사용하는 점복(占卜)보다 더 위대한 것이 없었다.

시고천생신물, 성인칙지, 천지변화, 성인효지, 천수상, 현길흉,
是故天生神物, 聖人則之, 天地變化, 聖人效之, 天垂象, 見吉凶
성인상지, 하출도, 낙출서, 성인칙지. 역유사상, 소이시야, 계
聖人象之, 河出圖, 洛出書, 聖人則之. 易有四象, 所以示也, 繫
사언, 소이고야, 정지이길흉, 소이단야.
辭焉, 所以告也, 定之以吉凶, 所以斷也.

그러므로 하늘이 신기한 蓍草와 龜甲을 내자 성인께서 점복의 법칙을 세우시고, 天地가 각종 변화를 보이시자 성인께서 본받아 《易經》의 원리로 삼으셨다. 하늘이 風雨와 가뭄·일식·월식·혜성 등 天象을 드리워 吉凶의 전조를 드러내 보이자 성인께서 본받아 점단(占斷)의 길흉으로 삼으셨다. 黃河에서 등에 도형을 진 용마(龍馬)가 나오고 洛

계사상전

水에서 등에 도형을 진 신구(神龜)가 나오자 성인이 이를 본받아 하도(河圖)와 낙서(洛書)를 그리고 占卜의 원리로 삼았다. 《易經》에 신물(神物)·변화·天象·하도낙서 四象이 있음은 지혜의 원천을 보여주는 것이며 문사(文辭: 괘사와 효사)를 단 것은 지혜의 철리(哲理)를 알려주는 것이다. 吉凶의 징조를 정한 것은 人事의 화복(禍福)을 판단케 하려 함이었다.

第 十二 章 제 12장

역왈, 자천우지, 길무불리. 자왈, 우자, 조야. 천지소조자, 순
易曰, 自天祐之, 吉无不利. 子曰, 祐者, 助也. 天之所助者, 順
야, 인지소조자, 신야. 이신사호순, 우이상현야, 시이자천우
也, 人之所助者, 信也. 履信思乎順, 又以尙賢也, 是以自天祐
지, 길무불리야.
之, 吉无不利也.

《易經》에 이르길 「하늘이 도우니 길하여 이롭지 않음이 없다.(大有上九.)」라고 한 것에 대해 공자께서 말씀하셨다. "祐란 돕는 것이니 하늘이 돕는 것은 순응하기 때문이며, 사람이 돕는 것은 믿음이 있기 때문이다. 믿음 있게 행하고 天道에 순응하려 생각하며 또한 어진 이를 숭상하므로 하늘이 도우니 길하여 이롭지 않음이 없는 것이다."

자왈, 서부진언, 언부진의. 연즉성인지의기불가견호. 자왈, 성
子曰, 書不盡言, 言不盡意. 然則聖人之意其不可見乎. 子曰, 聖
인입상이진의, 설괘이진정위, 계사언이진기언, 변이통지이진
人立象以盡意, 設卦以盡情僞, 繫辭焉以盡其言, 變而通之以盡

계사상전

리, 고지무지이진신.
利, 鼓之舞之以盡神.

공자께서 말씀하셨다. "글이 자신이 말할 수 있는 바를 모두 표현할 수 있는 것이 아니고, 말이 자기 뜻을 모두 표현할 수 있는 것이 아니다. 그렇다면 성인의 뜻을 우리가 이해할 수 없단 말인가?" 공자께서 말씀하셨다. "성인께서 상징적 규범을 세워 모두 표현할 수 없었던 뜻을 극진히 표현하시고, 64卦를 만들어 우주 만사 만물의 참됨과 거짓을 나타내셨으며 文辭를 달아 말로 표현할 수 없었던 바를 극진히 표현하셨다. 變과 通으로 그 이로운 바를 극진히 표현하셨으며 고동(鼓動시키고 고무시켜 신묘함을 일깨우셨다.

건곤, 기역지온야. 건곤성렬, 이역입호기중의, 건곤훼즉무
乾坤, 其易之縕邪. 乾坤成列, 而易立乎其中矣, 乾坤毀則无
이현역, 역불가현, 즉건곤혹기호식의.
以見易, 易不可見, 則乾坤或幾乎息矣.

乾卦와 坤卦는 《易經》의 정미하고 깊은 근본인가? 乾坤이 上下로 배열하니 《易經》은 천지조화를 상징함으로 그 가운데 성립할 수 있었다. 그러므로 만약 乾坤 양괘가 훼멸(毀滅)하면 천지 질서가 파괴되는 것이므로 《易經》의 작용도 사라져 드러낼 수 없게 것이다. 《易經》의 작용이 드러나지 않으면 천지 음양의 변화도 종식될 것이다.

시고형이상자위지도, 형이하자위지기, 화이재지위지변, 추이
是故形而上者謂之道, 形而下者謂之器, 化而裁之謂之變, 推而
행지위지통, 거이조지천하지민, 위지사업.
行之謂之通, 擧而措之天下之民, 謂之事業.

계사상전

그러므로 형체를 뛰어넘어 추상적(形而上, metaphysics)인 것(事理·도리·방법·방향·과정 등의 개념)을 道라고 하고, 형체를 볼 수 있는 구체적(形而下)인 것(기구·물건·공구 등 물질)을 器라고 하며, 추상적 道理와 구체적 器具가 함께 변화하여 알맞게 조화를 이루는 것을 變이라고 하고, 그것이 더 진보하여 변화의 추이를 추론(推論)하고 결론이나 예측을 끌어내는 것을 通, 즉 通達이라고 하는데 이치를 꿰뚫어 자세히 이해하는 것이다. 그런 다음 사람들을 이끌어(擧) 천하 백성이 사용할 수 있도록 설치하는 것을 事業이라고 한다.

시고부상, 성인유이견천하지색, 이의저기형용, 상기물의, 시고
是故夫象, 聖人有以見天下之賾, 而擬諸其形容, 象其物宜, 是故
위지상. 성인유이견천하지동, 이관기회통, 이행기전례, 계사언
謂之象. 聖人有以見天下之動, 而觀其會通, 以行其典禮, 繫辭焉
이단기길흉, 시고위지효. 극천하지색자존호괘, 고천하지동자
以斷其吉凶, 是故謂之爻. 極天下之賾者存乎卦, 鼓天下之動者
존호사, 화이재지존호변, 추이행지존호통, 신이명지, 존호기
存乎辭, 化而裁之存乎變, 推而行之存乎通, 神而明之, 存乎其
인, 묵이성지, 불언이신, 존호덕행.
人, 黙而成之, 不言而信, 存乎德行.

그러므로 《易經》에서 말하는 象이란 성인께서 천하의 번잡한 變易현상(賾)을 보시고 형용을 모의(模擬)하여 알맞게 상징한 것이므로 象이라고 한 것이다. 성인께서 천하의 모든 움직임과 모이고 관통하는 법칙을 관찰하고 일정한 吉凶의 규범(典禮)을 귀납(歸納: 개별적인 특수한 사실이나 원리로부터 일반적이고 보편적인 명제 및 법칙을 유도해 냄)하고 그에 설명하는 文辭를 달아 吉凶을 단정했으므로 이를 爻라고 한 것이다. 천하의 모든 번잡한 현상은 모두 64卦에 있고, 천하

계사하전

의 모든 활동을 고동시켜 생업에 종사하도록 하는 것은 모두 爻辭에 있으며, 변화하여 알맞게 조화를 이루어 작용을 일으키는 것은 모두 變化에 있고, 변화의 추이를 추론(推論)하고 실행하는 것은 貫通함에 있다. 그 가운데 신비 오묘한 도를 밝게 살펴 효능을 발휘할 수 있는 것은 사람이 운용함에 있으니, 묵묵히 그것을 성취하고 설명하지 않아도 사람들이 믿을 수 있게 하는 것은 덕행을 두텁게 함에 있다.

繫辭下傳 계사하전

第 一 章 제 1장

<small>팔괘성렬, 상재기중의, 인이중지, 효재기중의, 강유상추, 변재</small>
八卦成列, 象在其中矣. 因而重之, 爻在其中矣. 剛柔相推, 變在
<small>기중의, 계사언이명지, 동재기중의, 길흉회린자, 생호동자야.</small>
其中矣. 繫辭焉而命之, 動在其中矣. 吉凶悔吝者, 生乎動者也.
<small>강유자입본자야, 변통자취시자야.</small>
剛柔者立本者也. 變通者趣時者也.

八卦가 정연하게 서열을 이루니 우주 만물의 現象은 그 속에 포함되었다. 그러나 팔괘만으로는 우주 삼라만상을 포용하기에 부족하므로 팔괘를 중첩하여 64괘를 이루고 6효의 미묘한 심비(深秘)가 그 안에 포용되었다. 剛(양효)과 柔(음효)가 서로 변화하고 섞여 우주의 모든 변화가 그 안에 포함되었다. 爻辭를 달아 吉凶의 징조를 명시함으로 우주의 모든 활동이 그 안에 포함되었다. 吉凶悔吝의 판단은 모든 활동의 결과로 생겨나고, 剛(양효)과 柔(음효)는 우주 만물 變易의 근본을 추연(推演)하는 것이며, 剛爻와 柔爻의 변화와 유통(流通)은 모든 활동의 알맞은 시기에 응함을 말한 것이다.

<small>길흉자, 정승자야. 천지지도, 정관자야. 일월지도, 정명자야.</small>
吉凶者, 貞勝者也. 天地之道, 貞觀者也. 日月之道, 貞明者也.
<small>천하지동, 정부일자야.</small>
天下之動, 貞夫一者也.

시기에 吉凶이 있거나, 처한 곳이 吉利 혹은 凶險해도 안정하고 바르

계사하전

게 지키면 반드시 승산이 있게 된다. 天地의 운행은 언제나 바르게 그 규범을 보여주니 日月은 대칭을 이루지만 항상 밝다는 본성을 잃지 않는 것처럼 천하 만물의 활동도 善하면 吉하고 惡하면 凶하다는 하나같은 이치이다.

부건, 확연시인이의. 부곤, 퇴연시인간의. 효야자, 효차자
夫乾, 確然示人易矣. 夫坤, 隤然示人簡矣. 爻也者, 效此者
야. 상야자, 상차자야. 효상동호내, 길흉현호외. 공업현호
也. 象也者, 像此者也. 爻象動乎內, 吉凶見乎外. 功業見乎
변. 성인지정현호사.
變. 聖人之情見乎辭.

乾卦의 법칙은 평이(平易)한 도리를 명확하게 보여주고, 坤卦의 법칙은 유순하고 간단하며 편리한 도리를 보여준다. 爻는 天地의 平易하고 간단한 법칙을 본받아 만들어진 것이며, 象은 천지의 형상을 모방하여 만들어진 것이다. 卦에서 爻와 象이 變動하여 밖으로 吉凶을 보여주니 알맞은 시기를 택하여 운용하면 공덕과 사업이 變通 중에 나타나게 된다. 성인께서 백성을 仁으로 대하고 만물을 사랑하는 眞情은 괘사와 효사로 드러난다.

천지지대덕왈생, 성인지대보왈위. 하이수위왈인. 하이취인왈
天地之大德曰生, 聖人之大寶曰位. 何以守位曰仁. 何以聚人曰
재. 이재정사금민위비왈의.
財. 理財正辭禁民爲非曰義.

天地의 위대한 덕행은 만물의 낳고 낳음이 끝없는 것이며, 성인 최대의 보물은 숭고한 지위이다. 어떻게 지위를 지킬 수 있는가? 仁(博愛:

계사하전

모든 사람을 널리 사람 함)으로 할 수 있다. 무엇으로 사람이 모여들게 할 것인가? 財富로 할 수 있다. 재물을 이치에 맞게 관리하고 언행을 단정하게 하며 백성들이 바른 것과 바르지 않은 것, 善惡을 분별하여 불의를 행하지 않게 하는 것을 道義라고 한다.

第 二 章 제 2장

고자포희씨지왕천하야, 앙즉관상어천, 부즉관법어지, 관조
古者包犧氏之王天下也, 仰則觀象於天, 俯則觀法於地, 觀鳥
수지문여지지의, 근취저신, 원취저물, 어시시작팔괘, 이통
獸之文與地之宜, 近取諸身, 遠取諸物, 於是始作八卦, 以通
신명지덕, 이류만물지정.
神明之德, 以類萬物之情.

옛날 포희씨가 천하를 다스릴 때 우러러 日月星辰 등 하늘의 현상을 살피고 몸을 구부려 大地의 높고 낮음과 각종 법칙을 살폈으며, 새와 짐승의 문양과 山川·초목·金石 등 땅의 이로운 바를 관찰했으며, 가깝게는 인체의 형상을 취하고 멀리서는 만물의 형상을 모방하여 이로써 비로소 八卦를 만들어 神明의 조화와 덕행에 관통하고 만물의 정황에 따라 분류하게 되었다.

작결승이위망고, 이전이어, 개취저리.
作結繩而爲罔罟, 以佃以漁, 蓋取諸離.

노끈을 맺어 그물을 만들어 사람들이 짐승을 사냥하고(佃) 물고기를 잡게 했으니 이는 모두 離卦의 형상을 취한 것이다.

계사하전

☲ 離는 가운데가 비어있어 그물눈의 형상이며, 괘를 중첩한 ䷝는 그물코를 서로 연결한 형상으로 세로로 세우면 ䷝ 그물을 치고 양쪽에 고정시킨 형태가 된다. 離卦의 離는 麗(려)로 '붙어있음'의 뜻이다. 따라서 離卦의 형상과 뜻을 본받아 그물을 부착하여 짐승과 물고기를 잡는 것을 상징한다.

포 희 씨 몰, 신 농 씨 작, 착 목 위 사, 유 목 위 뢰, 뢰 누 지 리, 이 교
包犧氏沒, 神農氏作, 斲木爲耜, 揉木爲耒, 耒耨之利, 以敎
천 하, 개 취 저 익.
天下, 蓋取諸益.

포희씨가 죽고 신농씨가 나와 나무를 깎아 쟁기를 만들고 나무를 휘어 쟁기 자루를 만들어, 풀을 제거하고 농사짓는 이로움을 천하에 가르쳤으니 이는 益괘의 형상을 취한 것이다.

상고시대에는 철기가 없었으므로 나무를 사용했다. ䷩ 益卦 위의 2양효는 쟁기 자루를 잡은 두 손이고, 가운데 3개의 음효는 구부러진 쟁기 자루, 아래의 양효는 쟁기 끝 보습이다. 상괘 巽은 나무와 사람, 하괘 震은 움직임이며, 중간의 3개 음효는 坤土이다. 나무로 만든 쟁기가 땅속에서 움직이는 것으로 밭을 가는 것을 상징한다.

일 중 위 시, 치 천 하 지 민, 취 천 하 지 화, 교 역 이 퇴, 각 득 기 소,
日中爲市, 致天下之民, 聚天下之貨, 交易而退, 各得其所,
개 취 저 서 합.
蓋取諸噬嗑.

한낮에 시장을 열어 천하 백성이 이르고 천하의 재화를 모이게 하여 서로 교역하고 돌아가 각기 필요한 물품을 얻게 하였으니 이는 噬嗑괘의 형상을 취한 것이다.

계사하전

☲☳ 噬嗑 상괘 離는 태양, 하괘 震은 움직임으로 태양이 중천에 있을 때의 활동, 시장을 상징한다. 양효인 상효와 초효는 시장 양쪽에 있는 관문이고 3개의 음효는 시장에서 교역하는 사람들이며 중간의 양효인 4효는 시장을 관리하는 관리를 상징한다.

신농씨몰, 황제요순씨작, 통기변, 사민불권, 신이화지, 사
神農氏沒, 黃帝堯舜氏作, 通其變, 使民不倦, 神而化之, 使
민의지. 역궁즉변, 변즉통, 통즉구, 시이자천우지, 길무불
民宜之. 易窮則變, 變則通, 通則久, 是以自天祐之, 吉无不
리. 황제요순수의상이천하치, 개취저건곤.
利. 黃帝堯舜垂衣裳而天下治, 蓋取諸乾坤.

신농씨가 죽고 황제·요·순씨가 天子의 자리를 계승하는 동안 사회가 진보하고 번영했으므로 태고의 질박한 문물제도로는 백성들을 만족시킬 수가 없었다. 이들은 시대의 필요에 따라 생활 방법을 변화시켜 백성들이 권태롭지 않게 했으며 신묘하게 변화를 이루어 백성들이 편안할 수 있었다. 易의 도리는 궁극에 이르면 변화하고 변화하면 통달할 수 있고, 통달할 수 있으면 오래 갈 수 있다. 그러므로 「하늘이 도우니 길하여 이롭지 않음이 없으리라(大有 上九).」고 한 것이다. 황제·요·순이 문물제도를 설립하고 백관의 직분을 가려 각기 힘써 일하게 했으므로 의상(衣裳)을 드리우고 앉아 있어도 천하가 다스려진 것은 乾卦와 坤卦의 법도를 취한 것이다.

고목위주, 염목위즙, 주즙지리이제불통, 치원이리천하,
剖木爲舟, 剡木爲楫, 舟楫之利以濟不通, 致遠以利天下,
개취저환.
蓋取諸渙.

계사하전

나무를 뚫어 배를 만들고 나무를 깎아 노를 만들어 배와 노의 이로움으로 통하지 못하던 곳을 건너 먼 곳까지 이르게 함으로써 천하를 이롭게 하였으니 이는 渙卦의 법도를 취한 것이다.

☴☵ 渙卦의 상괘 巽은 나무, 하괘 坎은 물이다. 나무가 물 위에 있어서 배와 노의 편리함을 상징한다. 가운데 3효와 4효 2개의 음효는 속이 비어 배(船)를 상징하며, 위의 5효와 상효는 양효로서 노(楫)를 상징한다. 아래의 음효인 3·4효는 물에 해당한다.

복우승마, 인중치원, 이리천하, 개취저수.
服牛乘馬, 引重致遠, 以利天下, 蓋取諸隨.

소를 길들이고 말을 타 무거운 물건을 이끌어 먼 곳에 이르게 하여 천하를 이롭게 하였으니 이는 隨卦의 법을 취한 것이다.

☱☳ 隨卦에는 따른다는 뜻이 있다. 상괘 兌는 기뻐함이고 하괘 震은 움직임이다. 소와 말이 사람에게 복종하여 기쁘게 따르는 상이 있다.

중문격탁, 이대폭객, 개취저예.
重門擊柝, 以待暴客, 蓋取諸豫.

중문(重門)을 달게 하고 딱딱이를 쳐 경계하여 포악한 나그네에 대비토록 하였으니 이는 豫卦의 법을 취한 것이다.

☳☷ 豫卦는 예방한다는 뜻이 있고, 상괘 震은 우레이므로 딱딱이를 쳐 소리 내는 것에 해당한다. 豫卦의 5개 음효는 여러 겹의 문이고 가운데 양효인 4효는 밤에 순찰하는 사람이다.

계사하전

단목위저, 굴지위구, 구저지리, 만민이제, 개취저소과.
斷木爲杵, 掘地爲臼, 臼杵之利, 萬民以濟, 蓋取諸小過.

나무토막을 잘라 공이를 만들고 땅을 파 절구를 만들어 절구와 공이의 이로움으로 만민을 구제하였으니 이는 小過의 법을 취한 것이다.

☷ 小過의 위아래 4개의 음효는 절구 구멍, 양효인 3·4효는 곡식을 찧는 공이이다. 하괘 艮은 머무름이며 상괘 震은 움직임으로 절구통은 움직이지 않고 공이가 위에서 움직여 찧는 상이 있다.

현목위호, 염목위시, 호시지리, 이위천하, 개취저규.
弦木爲弧, 剡木爲矢, 弧矢之利, 以威天下, 蓋取諸睽.

활시위를 나무에 매어 활을 만들고 나무를 깎아 화살을 만들어 활과 화살의 예리한 기물로 천하의 惡人을 위압하였으니 이는 睽卦의 법을 취한 것이다.

☲ 睽卦의 상효 離는 火로 위협적이고 하괘 兌는 기뻐함이다. 윗자리에 있는 사람이 위엄을 갖추고 아랫사람은 기쁘게 복종하는 상이 있다. 양효인 2효와 상효는 활의 재료이며, 음효인 3·5효는 활의 구부러짐, 양효인 4효는 활, 초효는 화살에 해당한다.

상고혈거이야처, 후세성인, 역지이궁실, 상동하우, 이대풍우, 개취저대장.
上古穴居而野處, 後世聖人, 易之以宮室, 上棟下宇, 以待風雨, 蓋取諸大壯.

상고시대에 겨울에는 굴에 숨어 살고 여름에는 들에 살았으나 후세의 성인이 홍수와 맹수의 침범을 방지하도록 백성들에게 궁실을 짓는 법

계사하전

을 가르쳤으며, 위에는 용마루를 세우고 아래에는 서까래와 처마를 놓아 風雨에 대비하게 했으니 이는 大壯卦의 법을 취한 것이다.

☰ 大壯卦의 상괘 震은 우레이며, 하괘 乾은 강건함이다. 하늘에 우레와 비가 내려도 아래의 굳건한 집이 風雨를 막는 상이 있다. 아래 4개 양효는 기둥이며 위의 5·上 음효는 그 위에 얹은 서까래와 위를 덮는 띠풀이다.

고지장자, 후의지이신, 장지중야, 불봉불수, 상기무수, 후세성인, 역지이관곽, 개취저대과.
古之葬者, 厚衣之以薪, 葬之中野, 不封不樹, 喪期无數, 後世聖人, 易之以棺槨, 蓋取諸大過.

고대의 장례는 섶으로 시신을 두텁게 싸서 들에 장사지내고 봉분을 하지 않고 나무도 심지 않았으며 상기도 기일이 없었다. 후세의 성인이 이를 바꾸어 관곽을 쓰도록 했으니 이는 大過卦의 법을 취한 것이다.

☱ 大過卦 상괘 兌는 굳세고 짠물이 스민 땅(剛鹵강로), 즉 낮은 지대인 평야의 땅이며, 하괘 巽은 나무로서 땅 아래 관(棺)이 들어 있는 상이다. 중간의 4개 양효는 관곽(棺槨)에 해당하고 상하 음효는 土이다. 흙속에 매장한 것을 상징한다.

상고결승이치, 후세성인, 역지이서계, 백관이치, 만민이찰, 개취저쾌.
上古結繩而治, 後世聖人, 易之以書契, 百官以治, 萬民以察, 蓋取諸夬.

상고시대에는 문자가 없었으므로 노끈을 매어 일을 기록했으나 후세 성인이 문자를 발명하여 문서로 바꾸어 백관이 이로 다스리고 만민이 생각한 바를 살피게 되었으니 이는 夬卦의 법을 취한 것이다.

계사하전

☰ 夬卦의 5개 양효가 음효인 上爻를 결단하려고 하는데 하나를 둘로 나누는 부신(符信)을 상징한다. 符信은 곧 문자이다. 상괘 兌는 언어(口舌구설)이고 언어로부터 문자가 발전하게 되었다. 하괘 乾은 강건함이며 문자로 사물을 표시하는 상징이다.

第 三 章 제 3장

시고역자, 상야. 상야자, 상야. 단자, 재야. 효야자, 효천하지
是故易者, 象也. 象也者, 像也. 彖者, 材也. 爻也者, 效天下之
동자야. 시고길흉생이회린저야.
動者也. 是故吉凶生而悔吝著也.

그러므로 《易經》의 내용은 상징함(象)에 있고, 상징(象)은 우주 만물의 형상을 모의(模擬:像)하는 것이다. 彖(괘사)은 전괘(全卦)의 뜻과 구조를 설명한 것이며 爻(六爻의 변화)는 천하의 뒤섞이고 복잡 미묘한 變動을 본뜬 것이다. 그러므로 吉凶이 생겨나고 悔吝이 나타나는 것이다.

第 四 章 제 4장

양괘다음, 음괘다양, 기고하야. 양괘기, 음괘우, 기덕행하야.
陽卦多陰, 陰卦多陽, 其故何也. 陽卦奇, 陰卦耦, 其德行何也.
양일군이이민, 군자지도야. 음이군이일민, 소인지도야.
陽一君而二民, 君子之道也. 陰二君而一民, 小人之道也.

팔괘에서 陽卦에는 陰爻가 많고 陰卦에는 陽爻가 많으니 그것은 무슨

계사하전

까닭인가? 陽卦는 홀수(奇)이며 陰卦는 짝수(偶)이기 때문이다. 그 덕행은 무엇이 다른가. 양괘는 한 君主에 두 백성이므로 君子의 道에 합당하며, 음괘는 두 君主에 한 백성이므로 小人의 道에 해당한다.

양괘: 震(☳) · 坎(☵) · 艮(☶). 양괘는 모두 획수가 5개인 홀수이다. 음괘: 巽(☴) · 離(☲) · 兌(☱). 음괘는 모두 획수가 4개인 짝수이다.

第五章 제 5장

역왈, 동동왕래, 붕종이사. 자왈, 천하하사하려. 천하동귀
易曰, 憧憧往來, 朋從爾思. 子曰, 天下何思何慮. 天下同歸
이수도, 일치이백려, 천하하사하려.
而殊塗, 一致而百慮, 天下何思何慮.

《易經》에 이르기를 「마음이 안정되지 않아 왔다 갔다 하니 행하는 바가 있으면 벗이 너의 생각을 따르리라.(咸卦 九四)」고 한 것에 대해 공자께서 말씀하셨다. "천하 사람들의 생각은 무엇이고 근심은 무엇인가? 천하의 道理는 하나의 이상(理想)으로 귀결(歸結)되지만, 그에 이르는 방법은 다르고, 그 理想에 이르더라도 사람에 따라 생각은 백 가지일 수 있으니 천하 사람들의 생각은 무엇이고 근심은 무엇인가?

일왕즉월래, 월왕즉일래, 일월상추이명생언, 한왕즉서래,
日往則月來, 月往則日來, 日月相推而明生焉. 寒往則暑來,
서왕즉한래, 한서상추이세성언. 왕자굴야, 내자신야, 굴신
暑往則寒來, 寒暑相推而歲成焉. 往者屈也, 來者信也, 屈信
상감이이생언.
相感而利生焉.

계사하전

해가 지면 달이 뜨고 달이 지면 해가 뜨니 해와 달이 서로 교체하여 밝은 빛이 생긴다. 추위가 가면 더위가 오고 더위가 가면 추위가 오니 추위와 더위가 서로 교체하여 춘하추동 四時 질서가 순환하고 한 해가 이루어진다. 간다고 하는 것은 한번 가고 돌아오지 않는 것이 아니라 잠시 물러가는(屈) 것이며, 온다고 하는 것은 영원히 존재하는 것이 아니라 잠시 펴고 뻗치는(信은 伸의 古字) 것에 불과하니 屈伸이 서로 감응하여 그 안에서 이익(利益)이 생겨난다.

척확지굴, 이구신야. 용사지칩, 이존신야. 정의입신, 이치용야. 이용안신, 이숭덕야.
尺蠖之屈, 以求信也. 龍蛇之蟄, 以存身也. 精義入神, 以致用也. 利用安身, 以崇德也.

자벌레가 몸을 굽히고 오그라드는 것은 힘과 기세를 길러 몸을 펼치기 위한 준비이며, 용과 뱀이 동면(蟄)하는 것은 생명을 보전(保全)하기 위해서다. 정성껏 오묘한 이치를 연구하여 도리(道理)와 사리에 통달하면 마음이 하고자 하는 바를 따라 신묘한 경계에 들어가 쓰임에 이를 수 있다. 이것이 지식을 이롭게 사용하고 자기 마음을 편안히 다스리며 덕성(德性)을 숭상하는 길이다.

과차이왕, 미지혹지야. 궁신지화, 덕지성야.
過此以往, 未之或知也. 窮神知化, 德之盛也.

이와 같은 경계를 초월하여 易理가 드러내 보이는 지극히 미묘한 경계에 진입하는 것은, 이에 이르지 못한 사람이 이해할 수 없는 것이다. 우주의 오묘한 비밀을 궁구(窮究)하고 만물 변화의 법칙을 이해하는

계사하전

것은 오직 성인만이 갖출 수 있는 성대한 덕행이다."

이상이 공자께서 咸卦 九四의 爻辭에 대해 설명하신 내용이다.

역왈, 곤우석, 거우질려, 입우기궁, 불견기처, 흉. 자왈, 비소
易曰, 困于石, 據于蒺藜, 入于其宮, 不見其妻, 凶. 子曰, 非所
곤이곤언, 명필욕. 비소거이거언, 신필위. 기욕차위, 사기장
困而困焉, 名必辱. 非所據而據焉, 身必危. 旣辱且危, 死期將
지, 처기가득견야.
至, 妻其可得見邪.

《易經》에 이르기를 「앞으로 나가면 바위에 막혀 괴로움을 당하고 물러서면 질려풀에 고통을 당한다. 집에 들어가도 그 처를 볼 수 없으니 凶하리라.(困 六三)」고 한 것에 대해 공자께서 말씀하셨다. "자기가 겪지 않을 곤경인데도 곤경에 처했으니 명성에 반드시 욕됨이 있을 것이며, 물러나지 않아야 할 곳으로 물러나 있으니 몸이 반드시 위태로울 것이다. 이미 욕되고 위태로워 죽을 때가 이를 텐데 그 처를 볼 수 있겠는가?"

역왈, 공용석준우고용지상, 획지, 무불리. 자왈, 준자, 금야.
易曰, 公用射隼于高墉之上, 獲之, 无不利. 子曰, 隼者, 禽也.
궁시자, 기야. 사지자, 인야. 군자장기어신, 대시이동, 하불리
弓矢者, 器也. 射之者, 人也. 君子藏器於身, 待時而動, 何不利
지유. 동이불괄, 시이출이유획, 어성기이동자야.
之有. 動而不括, 是以出而有獲, 語成器而動者也.

《易經》에 이르기를 「왕공이 높은 담장 위에서 새매를 쏘아 맞혔으니 그것을 잡으면 이롭지 않음이 없으리라.(解 上六)」고 한 것에 대해

계사하전

공자께서 말씀하셨다. "새매는 날짐승이고 활과 화살은 수렵하는 이기(利器)이며 쏘아 맞히는 것은 사람이다. 군자가 넓고 큰 재주와 기량을 몸에 갖추고 시기가 오기를 기다렸다가 움직이면 어떻게 이롭지 않음이 있겠는가? 행동할 때는 막힘이 없어야 한다. 그러므로 나아가면 반드시 획득하게 되니 평소 넓고 큰 재주와 기예를 쌓은 후 때에 맞게 행동하면 획득하지 못할 것이 없음을 말한 것이다."

자왈, 소인불치불인, 불외불의, 불견리불권, 불위부징. 소징이
子曰, 小人不恥不仁, 不畏不義, 不見利不勸, 不威不懲. 小懲而
대계, 차소인지복야. 역왈 구교멸지, 무구. 차지위야.
大誡, 此小人之福也. 易曰, 屨校滅趾, 无咎. 此之謂也.

공자께서 말씀하셨다. "소인은 不仁한 것을 부끄러워하지 않고 不義를 두려워하지 않으며 이익을 보지 않으면 勸勉하지 않고 법률로 위협하지 않으면 두려워할 줄 모른다. 그러므로 작은 잘못을 범했을 때 크게 벌을 주고 훈계하여 큰 잘못을 범하지 않도록 하는 것이 소인에게 복이 되는 것이다. 《易經》에 이르기를 「발에 차꼬를 채우고 발꿈치를 상하니 허물이 없으리라.(噬嗑 初九)」고 한 것이 이를 이른 것이다.

선부적부족이성명, 악부적부족이멸신, 소인이소선위무익이
善不積不足以成名, 惡不積不足以滅身, 小人以小善爲无益而
불위야, 이소악위무상이불거야, 고악적이불가엄, 죄대이불
弗爲也, 以小惡爲无傷而弗去也, 故惡積而不可掩, 罪大而不
가해. 역왈, 하교멸이, 흉.
可解. 易曰, 何校滅耳, 凶.

善行이 쌓이지 않으면 천하에 명성을 이루기에 부족하고 罪惡이 쌓이

계사하전

지 않으면 자신이 멸망 당하기에 부족하다. 小人은 작은 선행이 이익 될 것이 없다고 생각하여 행하지 않고, 작은 잘못을 하는 것은 해로울 것이 없다고 생각하여 고치지 않는다. 그러므로 惡行이 쌓여 가릴 수 없고 범죄가 커져 해소(解消)할 수 없게 되는 것이다. 그러므로 《易經》에 이른 「목에 칼을 씌우고 귀를 없애니 흉하리라.(噬嗑 上九)」고 한 것이다."

자왈, 위자, 안기위자야, 망자, 보기존자야, 란자, 유기치자야.
子曰, 危者, 安其位者也, 亡者, 保其存者也, 亂者, 有其治者也.
시고군자안이불망위, 존이불망망, 치이불망란. 시이신안이국
是故君子安而不忘危, 存而不忘亡, 治而不忘亂. 是以身安而國
가가보야. 역왈, 기망기망, 계우포상.
家可保也. 易曰, 其亡其亡, 繫于苞桑.

孔子께서 말씀하셨다. "목숨이 위태로움에 처한 자는 그 지위가 안전하리라고 생각했던 자이며, 멸망한 국가는 영원히 존속할 줄 알았던 국가이며, 혼란한 국가는 잘 다스려질 것이라고 안일(安逸)에 빠졌던 국가이다. 그러므로 군자는 편안할 때 위태로움에 대비할 것을 잊지 않고, 존속할 때 멸망할 수 있음을 잊지 않으며, 잘 다스려질 때 혼란에 빠질 수 있음을 잊지 않는다. 이처럼 근신(謹愼)하고 경계해야 자신이 안전하고 국가를 보위할 수 있다. 그러므로 《易經》에 이르길 「망할까 망할까 하여 뽕나무 그루터기에 매어 놓는다.(否 九五)」라고 한 것이다."

자왈, 덕박이위존, 지소이모대, 역소이임중, 선불급의. 역왈,
子曰, 德薄而位尊, 知小而謀大, 力小而任重, 鮮不及矣. 易曰,
정절족, 복공속, 기형악, 흉. 언불승기임야.

계사하전

鼎折足, 覆公餗, 其形渥, 凶. 言不勝其任也.

孔子께서 말씀하셨다. "德行이 천박함에도 지위는 존귀하고, 지혜가 작고 견문이 좁음에도 큰일을 도모하며, 역량이 부족함에도 중임을 맡으면 禍가 미치지 않음이 드물다. 《易經》에 이르길 「솥 다리가 부러져 왕공의 음식을 엎었으니 그 형벌이 중하다. 흉하리라.(鼎 九四)」고 한 것은 재능과 지혜가 부족해 그 임무를 감당하지 못함을 말한 것이다."

자왈, 지기기신호. 군자상교불첨하교부독, 기지기호. 기자, 동
子曰, 知幾其神乎. 君子上交不諂下交不瀆, 其知幾乎. 幾者, 動
지미, 길지선현자야. 군자견기이작, 불사종일. 역왈, 개우석,
之微, 吉之先見者也. 君子見幾而作, 不俟終日. 易曰, 介于石,
부종일, 정길. 개여석언, 영용종일, 단가식의. 군자지미지창,
不終日, 貞吉. 介如石焉, 寧用終日, 斷可識矣. 君子知微知彰,
지유지강, 만부지망.
知柔知剛, 萬夫之望.

孔子께서 말씀하셨다. "미리 정세(情勢)의 미묘함(幾)을 알 수 있다면 신묘한 경계에 도달할 수 있을 것이다. 군자는 지위가 높은 사람과 사귀어도 아첨하지 않고, 아랫사람과 사귀어도 오만하지 않으므로 正道를 지키고 사리를 분별하여 위험에 빠지지 않으니 그것이 정세의 미묘함을 아는 것이다. 幾는 동기(動機: 일이나 행동을 일으키게 하는 계기)의 미묘한 變化로 吉凶의 징조가 먼저 드러나는 것이다. 군자는 動機의 미묘한 변화를 간파하고 일어나 종일 기다리지 않고 신속히 대응하여 일을 처리해야 한다. 《易經》에 「바윗돌에 막혀있으나 하루도 못가니 정도를 지켜야 길하리라.(豫 六二)」고 했는데, 바윗돌에 막혀있는데 어찌 종일토록

계사하전

기다리겠는가, 당연히 다른 길을 선택해야지. 군자가 사리(事理)에 미묘하게 숨겨진 변화를 알고 명백히 드러난 정황을 알며 柔弱과 剛强의 變化에 통달한다면 모든 사람이 존경하여 우러러보게 될 것이다."

자왈, 안씨지자, 기태서기호. 유불선, 미상부지, 지지, 미상부
子曰, 顔氏之子, 其殆庶幾乎. 有不善, 未嘗不知, 知之, 未嘗復
행야. 역왈, 불원복, 무지회, 원길.
行也. 易曰, 不遠復, 无祗悔, 元吉.

공자께서 말씀하셨다. "顔氏의 아들이 거의 道를 통함에 가깝구나. 과실(過失)이 있으면 깨닫지 못한 적이 없었고, 깨달은 후에는 다시 행하는 일이 없었다. 이것이 《易經》에서 이른 「머지않아 되돌아오므로 후회가 없고 크게 길하리라.(復 初九)」이다.

천지인온, 만물화순, 남녀구정, 만물화생. 역왈, 삼인행, 즉손
天地絪縕, 萬物化醇, 男女構精, 萬物化生. 易曰, 三人行, 則損
일인, 일인행, 즉득기우. 언치일야.
一人, 一人行, 則得其友. 言致一也.

하늘 땅의 기운이 얽히고 서로 작용하여 변화가 생겨나고 만물이 완전하게 되었다. 남녀 음양의 정이 교접하여 변화가 생겨나고 만물이 태어나게 했다. 《易經》에 「세 사람이 가면 한 사람을 잃고 한 사람이 가면 벗을 얻으리라.(損 六三)」고 한 것은 천하 도리는 하나로 귀결됨을 말한 것이다."

자왈, 군자안기신이후동, 이기심이후어, 정기교이후구, 군자수
子曰, 君子安其身而後動, 易其心而後語, 定其交而後求, 君子脩

차삼자, 고전야. 위이동, 즉민불여야. 구이어, 즉민불응야.
此三者, 故全也. 危以動, 則民不與也. 懼以語, 則民不應也.
무교이구, 즉민불여야. 막지여, 즉상지자지의. 역왈, 막익지,
无交而求, 則民不與也. 莫之與, 則傷之者至矣. 易曰, 莫益之,
혹격지, 입심물항, 흉.
或擊之, 立心勿恒, 凶.

공자께서 말씀하셨다. "군자는 먼저 자신의 몸을 안정한 후 행동하고, 마음을 평온히 한 후 말하며, 사람을 성신(誠信)으로 대해 사귐이 굳건해진 후 요구한다. 군자는 이 세 가지를 수양하므로 사람들과 더불어 화목하고 일 처리가 완벽하여 잘못됨이 없는 것이다. 자신이 위태로움에도 행동하려 하면 백성이 따르지 않고, 두려워하며 말하면 백성이 호응하지 않으며, 사귐이 굳건하지 않음에도 요구하면 백성이 함께하지 않는다. 백성이 함께하지 않으면 해치려는 자가 오게 된다. 《易經》에 이르기를 「도와주려는 사람이 없으면 공격하려는 사람이 있게 되리니 결심이 항구하지 않으면 흉하리라.(益 上九)」고 하였다.

第 六 章 제 6장

자왈, 건곤, 기역지문야. 건, 양물야, 곤, 음물야. 음양합덕이
子曰, 乾坤, 其易之門邪. 乾, 陽物也, 坤, 陰物也. 陰陽合德而
강유유체, 이체천지지찬, 이통신명지덕.
剛柔有體, 以體天地之撰, 以通神明之德.

공자께서 말씀하셨다. "易理의 변화는 乾·坤괘에서 시작하므로 乾·坤괘는 《易經》이 나오는 문과 같다. 乾卦는 陽性의 물질이며 坤卦는 陰

계사하전

性의 물질이니 陰陽이 서로 교류하고 덕성이 배합하여 각 괘의 陽剛과 陰柔가 교착(交錯)하는 형상이 갖추어 졌다. 형상이 갖추어짐으로 천지가 창조한 모든 것이 구체적으로 상징되고 이로써 神明의 德에 통달하게 되었다.

기칭명야, 잡이불월. 어계기류, 기쇠세지의야.
其稱名也, 雜而不越. 於稽其類, 其衰世之意邪.

《易經》에는 만사 만물의 명칭이 있고 그 명칭은 번잡하지만 천지 창조의 범위와 事理를 벗어나지 않는다. 수록된 일들을 보면 은(殷)나라 말기 주(周)나라 초기 쇠미하고 혼란했던 시대를 상징하는 뜻이 들어 있다.

부역, 창왕이찰래, 이미현천유. 개이당명, 변물정언, 단사
夫易, 彰往而察來, 而微顯闡幽. 開而當名, 辨物正言, 斷辭
즉비의.
則備矣.

《易經》의 요지는 과거의 일을 밝혀 이를 거울삼아 미래를 살피며, 미세한 이치를 드러내어 우주의 오묘한 신비를 밝히는 것이다. 卦와 爻의 명칭은 적당하지 않음이 없고, 천하 사물의 형태를 변별하는 말씀은 바르지 않음이 없으며 吉凶과 變化를 판단하는 文辭가 완비되어 있다.

기칭명야소, 기취류야대, 기지원, 기사문, 기언곡이중, 기사사
其稱名也小, 其取類也大, 其旨遠, 其辭文, 其言曲而中, 其事肆
이은. 인이이제민행, 이명실득지보.
而隱. 因貳以濟民行, 以明失得之報.

계사하전

문사에서 가리키는 명칭은 비록 작지만 상징하는 사물의 종류는 넓고 크며 뜻이 깊고 원대하다. 文辭의 글은 고아(高雅)하고 자세하고 정성스러우며 事理에 맞아 정곡을 찌르지 않음이 없다. 사물에 대한 서술은 합당하고 깊은 뜻이 감춰져 있다. 吉凶(貳)의 도리를 통해 백성의 행동을 제도하여 善惡과 득실(得失)의 응보를 밝혔다."

第 七 章 제 7장

역지흥야, 기어중고호. 작역자, 기유우환호.
易之興也, 其於中古乎. 作易者, 其有憂患乎.

《易經》이 일어난 것은 중고시대 殷나라 말기였을 것이며, 《易經》을 지은 사람은 근심과 걱정이 있는 사람이었을 것이다.

周文王이 유리(羑里)에 갇혀있었을 때 근심과 걱정을 방지하려는 뜻에서 괘사를 지었다고 전한다.

시고이, 덕지기야. 겸, 덕지병야. 복, 덕지본야. 항, 덕지고야.
是故履, 德之基也. 謙, 德之柄也. 復, 德之本也. 恒, 德之固也.
손, 덕지수야. 익, 덕지유야. 곤, 덕지변야. 정, 덕지지야. 손,
損, 德之脩也. 益, 德之裕也. 困, 德之辨也. 井, 德之地也. 巽,
덕지제야.
德之制也.

그러므로 《易經》이 계시하는 것은 德行을 수양하고 근심 걱정을 방

- 360 -

계사하전

지하는 방법이다. 履卦는 예의를 가르치니 덕행의 기틀이 되고, 謙卦는 겸손을 가르치니 덕행의 실천이며 復卦는 사물이 본성으로 돌아올 것을 가르치니 덕행의 근본이다. 恒卦는 변하지 않을 것을 가르치니 덕행의 견고함이며, 損卦는 욕망을 억제할 것을 가르치니 덕행의 수양이며, 益卦는 善을 행할 것을 가르치니 덕행의 여유이다. 困卦는 곤경에서도 덕행을 밝게 분별할 것을 가르치고 井卦는 우물이 영원히 움직일 수 없고 한 곳에 있는 것처럼 한결같아야 함을 가르치고, 巽卦는 시기의 이로움(時利)을 이끌어 덕행의 알맞음을 가르친다.

이, 화이지. 겸, 존이광. 복, 소이변어물. 항, 잡이불염. 손,
履, 和而至. 謙, 尊而光. 復, 小而辨於物. 恒, 雜而不厭. 損,
선난이후이. 익, 장유이불설. 곤, 궁이통. 정, 거기소이천. 손,
先難而後易. 益, 長裕而不設. 困, 窮而通. 井, 居其所而遷. 巽,
칭이은.
稱而隱.

履卦는 예절이니 화합함으로 지극함에 이를 수 있고, 謙卦는 겸손이니 존경받고 품격이 더욱 빛나게 하며, 復卦는 아래의 양효가 하나뿐이니 陽氣가 작지만 분별을 명확히 한다. 恒卦는 변함없는 떳떳한 마음이니 번잡한 환경에서도 善을 지킴에 싫증 내지 않는다. 損卦는 자기를 극복함이니 도덕 수양의 첫걸음으로 처음은 곤란해도 뒤에는 쉽게 풀림이며, 益卦는 덕행의 성장이니 날로 이로워져 허위 조작이 없음이며, 困卦는 곤궁함에도 자신을 굳게 지켜 마침내 형통하게 됨이다. 井卦는 우물의 위치가 고정된 것처럼 타인에게 혜택을 베풀 수 있는 것이며, 巽卦는 때에 알맞게 판단하고 마음에 간직하며 드러내지 않는 것이다.

이이화행, 겸이제례, 복이자지, 항이일덕, 손이원해, 익이흥

계사하전

履以和行, 謙以制禮, 復以自知, 恒以一德, 損以遠害, 益以興
리, 곤이과원, 정이변의, 손이행권.
利, 困以寡怨, 井以辯義, 巽以行權.

履卦는 사람들과 함께 길상하게 조화하며 움직임이고, 謙卦는 예절로 자신을 극복하고 제어함이며, 復卦는 自我를 반성하여 본성을 회복함이다. 恒卦는 덕행을 한결같이 하여 마침내 관철함이며, 損卦는 욕망을 줄이고 제어하여 해로움에서 멀어짐이다. 益卦는 덕행의 자라남이니 자연히 이롭게 됨이며, 困卦는 곤궁한 시련을 견디고 단련하여 하늘과 사람의 원망을 적게 하는 것이며, 井卦는 움직임 없이 사람들이 필요한 물을 공급하는 것처럼 도의를 밝게 변별함이다. 巽卦는 자신이 행사할 권한을 제어하여 지위에 합당하게 처신하는 것이다.

第 八 章 제 8장

역지위서야, 불가원. 위도야누천, 변동불거, 주류육허, 상하무
易之爲書也, 不可遠. 爲道也屢遷, 變動不居, 周流六虛, 上下无
상, 강유상역, 불가위전요, 유변소적.
常, 剛柔相易, 不可爲典要, 唯變所適.

《易經》은 인류 일상생활과 밀접히 연관되어 있으므로 멀리할 수 없는 책이다. 그 법칙(道)은 항상 변천(變遷)하며, 이러한 變動은 일정한 형식에 구애됨이 없이 卦의 여섯 爻位 사이를 두루 유통한다. 올라가기도 하고 내려가기도 하므로 일정한 규칙이 없으며 剛爻(陽爻)와 柔爻(陰爻)가 서로 變易한다. 일정한 법칙에 구속되지도 않으니 그 변화를 살필 수 있으면 時空에 알맞게 응용할 수 있다.

계사하전

기출입이도, 외내사지구. 우명어우환여고, 무유사보, 여임부
其出入以度, 外內使知懼. 又明於憂患與故, 无有師保, 如臨父
모. 초솔기사, 이규기방, 기유전상. 구비기인, 도불허행.
母. 初率其辭, 而揆其方, 旣有典常. 苟非其人, 道不虛行.

《易經》은 進退에 절도가 있어야 하고 안과 밖으로 근신하고 두려워할 줄 알아야 한다고 가르친다. 또한 근심과 우환의 원인을 밝게 살펴 스승의 보살핌이 없어도 부모가 앞에 계시는 듯하다. 먼저 괘사와 효사에 의거해 《易經》의 법칙을 미루어 보면 변화에 일정한 규율이 있음을 발견할 수 있다. 진실로 《易經》의 이치를 깨달은 사람에 의해서가 아니라면 《易經》의 법칙은 근거 없이 행해질 수 없다.

第 九 章 제 9장

역지위서야, 원시요종, 이위질야. 육효상잡, 유기시물야. 기초
易之爲書也, 原始要終, 以爲質也. 六爻相雜, 唯其時物也. 其初
난지, 기상이지, 본말야, 초사의지, 졸성지종. 약부잡물선덕,
難知, 其上易知, 本末也, 初辭擬之, 卒成之終. 若夫雜物撰德,
변시여비, 즉비기중효불비.
辨是與非, 則非其中爻不備.

《易經》은 시초의 근원을 추구하여 종말로 귀납되며 사물의 본질을 탐구한다. 六爻가 서로 섞여 복잡해도 어떤 사물이나 어떤 시간을 보여주는 상징일뿐이다. 初爻의 뜻은 알기 어렵고 上爻의 뜻은 알기 쉬우니 初爻는 사물의 근본이며 上爻는 사물의 말단으로 사물의 근본을 이해하

계사하전

기는 어려워도 사물의 말단은 이해하기 쉽기 때문이다. 陰陽이 섞여 있으면 陰陽의 덕성을 찾아내어(撰) 옳고 그른 시기를 판별하고 중간 효가 아니면 구비할 수 없으니 2·3·4·5효의 효사를 따라 위로 올라가며 종합적으로 관찰하고 판단해야만 그에 포함된 뜻을 완벽히 이해할 수 있다.

희, 역요존망길흉, 즉거가지의. 지자관기단사, 즉사과반의.
噫, 亦要存亡吉凶, 則居可知矣. 知者觀其彖辭, 則思過半矣.

아! 존망 길흉의 큰 줄거리를 알고자 하면 집 안에 있으면서도 六爻 가운데서 추구하여 알 수 있다. 총명 현달한 사람은 彖辭(卦辭)를 보고도 卦義를 거의 알 수 있을 것이다.

이여사동공이이위, 기선부동, 이다예, 사다구, 근야. 유지위 도, 불리원자, 기요무구, 기용유중야.
二與四同功而異位, 其善不同, 二多譽, 四多懼, 近也. 柔之爲道, 不利遠者, 其要无咎, 其用柔中也.

2효와 4효의 爻位는 모두 陰位이므로 작용도 같으나 위치가 달라 좋고 나쁨도 다르다. 2효는 하괘의 중앙에 있고 군위(君位)인 5효와 멀리 있어 견제가 적고 성과를 내기 쉬우므로 영예가 많지만, 4효가 두려움이 많은 것은 君位인 5효 가까이 있기 때문이다. 柔의 도는 君位에서 멀면 이롭지 않다. 柔가 허물이 없으려면 柔順으로 중앙의 자리에서 중용의 도를 지켜야 한다.

삼여오동공이이위, 삼다흉, 오다공, 귀천지등야. 기유위, 기강
三與五同功而異位, 三多凶, 五多功, 貴賤之等也. 其柔危, 其剛

계사하전

승야.
勝邪.

3효와 5효의 爻位는 모두 陽位이므로 작용도 같으나 위치가 다르다. 3효는 하괘의 극으로 신하의 위치에 있어 흉함이 많다. 5효가 공이 많은 것은 귀천의 차등으로 5효는 上卦의 중앙 君位에 있으므로 공적도 많을 수 있기 때문이다. 반드시 柔陰은 위태롭고 剛陽은 우수하고 앞서는가? 그것은 각爻의 존귀 비천과 시위(時位)를 봐야 한다. 반드시 陽剛이 길하고 陰柔가 흉한 것은 아니다.

第 十 章 제 10장

역지위서야, 광대실비, 유천도언, 유인도언, 유지도언. 겸삼재
易之爲書也, 廣大悉備, 有天道焉, 有人道焉, 有地道焉. 兼三才
이양지, 고육, 육자비타야, 삼재지도야.
而兩之, 故六, 六者非它也, 三才之道也.

《易經》은 내용이 넓고 커서 모든 도리가 구비되어있다. 天道가 있고 人道가 있으며 地道가 있다. 괘에는 3획이 있어 天人地를 상징하고, 3획괘를 2개로 겹치면 여섯이 되니 6효는 다른 것이 아니라 三才之道이다.

도유변동, 고왈효. 효유등, 고왈물. 물상잡, 고왈문. 문부당,
道有變動, 故曰爻. 爻有等, 故曰物. 物相雜, 故曰文. 文不當,
고길흉생언.
故吉凶生焉.

계사하전

이들 天道·人道·地道에는 모두 변동이 있으므로 이것을 본받은 것을 爻라고한다. 爻에 차등이 있는 것은 만물에게 귀천과 유별이 다른 것과 같으므로 物이라고 하게 되었다. 여섯 효의 음양과 위치가 서로 섞여있는 것이 만물이 서로 섞여있는 것과 같은 문채(文彩)였으므로 文이라고 하게 되었으며, 文의 구성이 陰陽의 자리에 마땅하지 만은 않으므로 吉凶의 상징이 생겨났다.

第 十一 章 제 11장

역지흥야, 기당은지말세, 주지성덕야. 당문왕여주지사야.
易之興也, 其當殷之末世, 周之盛德邪. 當文王與紂之事邪.
시고기사위. 위자사평, 이자사경, 기도심대, 백물불폐. 구
是故其辭危. 危者使平, 易者使傾, 其道甚大, 百物不廢. 懼
이종시, 기요무구, 차지위역지도야.
以終始, 其要无咎, 此之謂易之道也.

《易經》이 일어난 것은 殷나라 말기, 周나라 文王의 덕이 융성하던 시기였을까? 周文王과 은나라 紂王 사이의 일이 있던 시기였을까? 그로 인해 文辭 가운데 경계하고 염려하고 두려워하는 뜻이 포함되어 있을 것이다. 위험에 처한 자는 경계하고 두려워할 줄 알아야 평안해질 수 있고, 안정한 가운데 위태로움을 잊고 태만한 자는 반드시 기울어지게 하니 《易經》의 도리는 넓고 커서 모든 사물이 이 원칙에서 벗어날 수가 없다. 근신하고 두려움으로 始終 나태하지 않음은 허물이 없기를 바라기 때문이니 이것이 《易經》의 도이다.

계사하전

第 十二 章 제 12장

부건, 천하지지건야, 덕행항이이지험. 부곤, 천하지지순야, 덕
夫乾, 天下之至健也, 德行恒易以知險. 夫坤, 天下之至順也, 德
행항간이지조.
行恒簡以知阻.

乾卦는 하늘의 공능이니 천하의 지극히 강건함이다. 그 덕행은 항구하고 平易함을 나타내며, 험난한 곳이 있음을 알고 경솔하게 전진하지 않아야 한다는 것이다. 坤卦는 땅의 공능으로 천하의 지극한 유순함이다. 그 덕행은 항구하고 간단·편리함을 나타내며 장애가 있음을 알아 경계하고 대비해야 한다는 것이다.

능열저심, 능연저후지려, 정천하지길흉, 성천하지미미자.
能說諸心, 能研諸侯之慮, 定天下之吉凶, 成天下之亹亹者.
시고변화운위, 길사유상. 상사지기, 점사지래.
是故變化云爲, 吉事有祥. 象事知器, 占事知來.

《易經》의 도리는 容易하고 簡易하므로 心身을 기쁘게 할 수 있고 易經의 공능을 연구하면 천하의 吉凶悔吝의 事理를 단정(斷定)하여 천하를 근면하게 하여 사업을 성공하게 한다. 그러므로 천지간 일체 변화와 사람의 언행 중에 길상한 일에는 먼저 길상한 징조가 나타난다. 사물의 변화과정을 이해하여 각가지 일을 형상하며 기물을 알고 아직 드러나지 않은 일은 점을 쳐 미래를 알게 한다.

천지설위, 성인성능, 인모귀모, 백성여능. 팔괘이상고, 효단이

계사하전

天地設位, 聖人成能, 人謀鬼謀, 百姓與能. 八卦以象告, 爻象以
정언, 강유잡거, 이길흉가견의.
情言, 剛柔雜居, 而吉凶可見矣.

하늘이 존엄하게 위에, 땅이 자신을 낮춰 아래에 위치를 갖추니 우주의 모든 사물이 일정한 법칙과 위치를 갖게 되었다. 성인께서 천지의 공능을 본받아 《易經》의 저작을 완성하셨으니, 행동하려 할 때 먼저 생각하고, 다음으로 주위 사람과 의논하며, 미래의 정황을 알 수 없으면 占卜으로 鬼·神의 계시를 얻어 백성이 이 방법을 통해 천지조화의 공능에 참여할 수 있게 되었다. 팔괘로 상징하는 사물의 형상을 알려주고, 爻辭와 象辭로 만물 실체의 변화를 설명했다. 剛爻와 柔爻가 여섯 위 가운데서 서로 섞여 그 형상으로 吉凶을 볼 수 있게 되었다.

변동이이언, 길흉이정천, 시고, 애오상공이길흉생, 원근상
變動以利言, 吉凶以情遷, 是故, 愛惡相攻而吉凶生, 遠近相
취이회린생, 정위상감이리해생. 범역지정, 근이불상득즉
取而悔吝生, 情僞相感而利害生. 凡易之情, 近而不相得則
흉, 혹해지, 회차린.
凶, 或害之, 悔且吝.

각 괘는 變動으로 형성되므로 變動으로 利害를 설명하고 각 爻의 뜻은 서로 달라 吉凶이 변천(變遷)을 따르게 되었다. 그러므로 위아래 爻 사이는 陰陽의 성질이 다르면 서로 끌어당기고, 성질이 같으면 서로 배척하여 愛와 惡가 서로 부딪히는 것에서 吉凶이 생겨났다. <u>멀고 가깝고 서로 취하는 바에 따라 悔吝이 생겨났다.</u>1) 위아래 爻 사이에 호의(好意)가 있는가 또는 참된 것인가 거짓인가로 서로 감응하는 가운데 利害가 생겨났다. 《易經》은 이웃한 두 爻가 서로 친근할 수 없으면

계사하전

凶險하고 해로워서 후회와 치욕을 면키 어렵다.

1) 초효와 4효 · 2효와 5효 · 3효와 上爻는 서로 상응(相應)하거나 불응(不應)하고, 서로 가까이에 있는 위아래 효는 서로 친비(親比)하거나 불비(不比)함에서 悔吝이 생겨났다.
*이웃한 爻는 서로 親比하고 멀리 있는 爻끼리는 상응(相應)하는 것이 중요하다.

장반자기사참, 중심의자기사지, 길인지사과, 조인지
將叛者其辭慙, 中心疑者其辭枝, 吉人之辭寡, 躁人之
사다, 무선지인기사유, 실기수자기사굴.
辭多, 誣善之人其辭游, 失其守者其辭屈.

爻辭의 뜻을 나타냄은 각 爻에 담긴 뜻의 변화에 따라 다르다. 이것은 사람의 말이 뜻의 변화에 따라 다른 것과 같다. 배반할 것을 생각하는 사람은 말을 할 때 표정이 부끄럽고, 마음속에 의심이 있는 사람은 마음과 정신이 안정되지 않아 그 말이 혼란스럽고 일치되지 않으며 명확하지 않다. 수양하여 길한 사람은 참되고 정직하므로 말이 적고, 경솔하고 조급한 사람은 말이 가볍고 들떠서 말을 많이 하는 것을 좋아한다. 선량한 척하는 사람은 마음이 불안하여 말이 정성스럽지 않고 내용이 일관되지 않다. 지조를 잃은 사람은 말하는 내용이 왜곡되고 떳떳하지 않다.

설괘전

說卦傳 설괘전

第 一 章 제 1장

석 자 성 인 지 작 역 야,　유 찬 어 신 명 이 생 시,　삼 천 양 지 이 의 수,　관 변
昔者聖人之作易也, 幽贊於神明而生蓍, 參天兩地而倚數, 觀變
어 음 양 이 입 괘,　발 휘 어 강 유 이 생 효,　화 순 어 도 덕 이 리 어 의,　궁 리
於陰陽而立卦, 發揮於剛柔而生爻, 和順於道德而理於義, 窮理
진 성 이 지 어 명.
盡性以至於命.

옛날 성인이 《易經》을 만드신 뜻은 그윽하고 깊으며 명확하지 않은 도리를 神明의 도움을 얻어 시초(蓍草) 占에 쓰기 위한 것이었다. 기수(奇數: 홀수)의 1은 하늘을 대표하고, 우수(偶數: 짝수)의 2는 땅을 대표한다. 하늘을 대표하는 奇數 1이 땅을 대표하는 偶數 2를 포용하여 3이 되어 하늘을 대표하게 되었다. 그러므로 卦에서 응용되는 숫자는 3天 2地의 숫자에서 오게 되었다. 7은 少陽· 8은 少陰· 9는 老陽· 6은 老陰인데, 2와 2에 3을 더하면 7이 되고, 3과 3에 2를 더하면 8이 되며, 3이 3개면 9가 되고, 3개의 2는 6이 된다. 天地 陰陽의 變化를 관찰하고 법도를 본받아 卦를 세웠으며, 陽剛과 陰柔의 작용이 발현되어 爻가 생겨났다. 天道가 계시하는 것에 순종한 것이 人道이며, 때에 알맞게 변화하는 이치가 사물의 미묘한 변화를 이루었으니 이러한 이치는 義에 맞는 합당한 것이었다. 천하 모든 사물의 도리를 극진히 연구하여 그 본성을 발굴함으로써 모든 행위가 天道의 목적에 부합하지 않음이 없었다.

설괘전

第二章 제 2장

석자성인지작역야, 장이순성명지리. 시이입천지도왈음여양,
昔者聖人之作易也, 將以順性命之理. 是以立天之道曰陰與陽,
입지지도왈유여강, 입인지도왈인여의.
立地之道曰柔與剛, 立人之道曰仁與義.

옛날 성인께서 《易經》을 만드신 뜻은 우주 만물의 본성을 탐구하여 우주 자연법칙에 일관하는 眞理를 발굴하기 위한 것이었다. 그러므로 하늘의 법칙을 본떠 세운 것이 陰陽이며, 땅의 법칙을 본떠 세운 것이 柔剛이며, 사람의 법칙을 본떠 세운 것이 仁과 義라고 한다.

겸삼재이양지, 고역육획이성괘, 분음분양, 질용유강, 고역육위
兼三才而兩之, 故易六畫而成卦, 分陰分陽, 迭用柔剛, 故易六位
이성장.
而成章.

음양은 기체(氣體)이나 응결되고 모여들어 柔와 剛의 형체가 이루어졌다. 이 가운데 仁은 柔和한 덕성이며 義는 剛直한 덕성이다. 그러므로 팔괘에는 天人地 三才의 도리가 겸비되어 있다. 따라서 3획 두 개로 팔괘가 되고, 팔괘를 중첩하여 6획의 64괘가 되었으며, 6획은 陰位와 陽位로 나뉘게 되었다. 柔와 剛이 교차함으로 《易經》의 여섯 爻位는 법도를 이루게 되었다.

설괘전

第 三 章 제 3장

천지정위, 산택통기, 뇌풍상박, 수화불상석, 팔괘상착. 수왕자
天地定位, 山澤通氣, 雷風相薄, 水火不相射, 八卦相錯. 數往者
순, 지래자역, 시고역역수야.
順, 知來者逆, 是故易逆數也.

乾卦가 하늘을 상징하고 坤卦가 땅을 상징하니, 乾坤 兩卦가 하늘과 땅처럼 위치를 정했다. 艮卦는 山을 상징하고 兌卦는 연못을 상징하니, 산 위의 물이 아래로 흘러내려 연못이 되었다. 연못의 물이 증발하여 올라가 구름이 되고 번갈아 영향을 미쳐 上下 공기가 유통되게 했다. 震卦는 우레를 상징하고, 巽卦는 바람을 상징하니, 우레의 격동이 바람에 미쳐 풍속(風速)이 증가하고, 바람의 영향으로 우레는 더욱 격동되었다. 坎卦는 물을 상징하고 離卦는 불을 상징하니, 두 가지 상반(相反)된 성질이 상호작용하며 서로를 극(剋: 이김)하려 하지 않았다. 이처럼 팔괘가 서로 번갈아 영향을 미치고 교환하며 겹쳐 64괘를 이룸으로 천하 만물을 상징하고 삼라만상이 갖춰져 과거 事理를 이해하여 미래를 예지(豫知)할 수 있게 되었다. 지나간 事理는 발전해온 순서를 따라 이해하므로 順이라고 하고, 미래는 이미 알고 있는 事理로 미루어 예지하게 되므로 逆이라고 한다. 《易經》의 卦爻로 미래의 吉凶悔吝을 판단하므로 《易經》을 逆數라고 하는 것이다.

송나라 신유학자들은 위 내용을 근거로 〈선천팔괘도(先天八卦圖)〉를 그렸는데 이것을 〈복희팔괘도(伏羲八卦圖)〉라고도 한다. 그들 가운데 소옹(邵雍, 1011-1077)은 이처럼 설명했다. '乾은 남방이고 坤은 북방이며, 離는 동방 坎은 서방, 震은 동북, 巽은 서남, 兌는 동남, 艮은 서북방이다. 震에서 乾까지

설괘전

는 順이고, 巽에서 坤까지는 逆이다(乾南坤北, 離東坎西, 震東北, 巽西南, 兌東南, 艮西北. 自震至乾爲順, 自巽至坤爲逆).'

우주의 운행은 멈춤이 없고 순환 또한 되풀이된다. 우주의 회전은 시계 반대 방향으로 운행한다. 따라서 乾(1)에서 震(4)까지의 회전은 우주의 회전과 일치하므로 順이 되고, 巽(5)에서 坤(8)까지의 회전은 우주의 회전과 반대되므로 逆이 된다. 〈선천팔괘도〉에서 서로 마주 대하고 있는 괘들은 음효와 양효가 반대되는 괘로 이것을 착괘(錯卦)라고 하고 방통(旁通)이라고도 한다. 마주한 괘의 숫자를 더하면 각기 9가 된다.

第 四 章 제 4장

뇌이동지, 풍이산지, 우이윤지, 일이훤지, 간이지지, 태이열
雷以動之, 風以散之, 雨以潤之, 日以晅之, 艮以止之, 兌以說
지, 건이군지, 곤이장지.
之, 乾以君之, 坤以藏之.

震卦(☳)는 하나의 양기가 2개의 음기 아래에 있고 우레를 상징하며 만물을 고동(鼓動)시킨다. 巽卦(☴)는 하나의 음기가 강건한 양기 아래 있고 바람을 상징하며 흩어지게 하는 작용을 한다. 坎卦(☵)는 강건한 양기가 유순한 음기 사이에 있으므로 내강외유(內剛外柔)한 성질을 가지며 물을 상징하므로 비(雨)는 만물을 적셔 윤택하게 해준다. 離卦(☲)는 양기가 밖에 있고 안에 음기가 있으므로 속으로 공허(空虛)한 성질을 지니며 태양(日)을 상징한다. 태양은 빛을 비춰 만물을 말려주고 따뜻하게 해준다. 艮卦(☶)는 강건한 양기가 음기의 상승을 막고 있으며 山을 상징하며 만물이 행동하는 것을 억제한다. 兌卦(☱)는 단단

한 양기가 음기의 영향으로 부드러워져 연못을 상징하며 만물을 화합하고 기쁘게 한다. 乾卦(☰)는 하늘을 상징하며 만물을 주재한다. 坤卦(☷)는 땅을 상징하며 만물을 포용하고 저장한다.

第 五 章 제 5장

<small>제출호진, 제호손, 상현호이, 치역호곤, 열언호태, 전호건, 노</small>
帝出乎震, 齊乎巽, 相見乎離, 致役乎坤, 說言乎兌, 戰乎乾, 勞
<small>호감, 성언호간.</small>
乎坎, 成言乎艮.

천제(天帝: 우주 조화와 만물)는 진동(震動)에 의해 탄생한다. 震卦는 東方이며 봄이다. 태양은 東方에서 떠올라 만물을 비추고, 봄은 만물이 시작되는 계절이다. 巽卦에 이르면 만물을 질서 있게 정돈해주니 巽은 東南의 괘이며 태양이 이미 하늘에 올라 만물을 선명하게 비추고 생장(生長)시킨다. 계절로는 봄과 여름 사이이다. 離卦는 광명을 상징하니 태양이 중천에 오른 것과 남방과 여름을 대표한다. 만물을 비춰 확연히 드러나게 하고 성장시켜 뻗어 나가게 한다. 성인께서 제위(帝位)에 올라 南方을 마주하고 앉으셔서 천하를 다스리셨으니 離卦의 법도를 취하신 것이다. 坤卦는 땅을 상징하니 만물을 양육하는 사명을 땅에 준 것이다. 西南의 괘이며 여름과 가을의 중간 계절이다. 兌卦는 가을을 상징하니 결실을 거두어 만물이 기뻐하는 계절이며 西方의 괘이다. 乾卦는 만사 만물이 서로 투쟁하는 시간으로 西北方의 괘이다. 태양은 이 방위에서 서쪽으로 지고 밝음과 어둠, 양과 음이 서로 교차한다. 계절로는 가을과 겨울 사이다. 坎卦는 물을 상징하니 멈추지 않고 흘러 작용하므로 노고(勞苦)의 형상이며 만물이 노고 한 후 들어가 휴식하

설괘전

는 시기이며 北方과 겨울의 괘이다. 艮卦는 東北方의 괘이며 겨울과 봄 사이의 괘이다. 東北方에서 여명이 밝아오고, 이 시기에 만물이 기지개를 켜며 새로운 시작을 알린다. 그러므로 艮卦가 모든 일을 완성한다고 한 것이다.

위 문장은 팔괘의 작용을 개설(槪說)한 것을 역주자 전용원이 부연 설명한 것이며, 아래 문장은 위 문장을 부연 설명한 것이다.

만물출호진, 진동방야, 제호손, 손동남야, 제야자, 언만물지결
萬物出乎震, 震東方也, 齊乎巽, 巽東南也, 齊也者, 言萬物之潔
제야. 이야자, 명야, 만물개상현, 남방지괘야, 성인남면이청천
齊也. 離也者, 明也, 萬物皆相見, 南方之卦也, 聖人南面而聽天
하, 향명이치, 개취저차야.
下, 嚮明而治, 蓋取諸此也.

만물은 震卦에서 나왔으니 震卦는 東方의 괘이다. 巽卦에 이르러 만물이 질서있게 정돈되니 巽卦는 동남의 괘이다. 齊는 만물이 질서 있게 정돈됨이다. 離卦는 밝음이다. 만물이 모두 형상을 드러내니 남방의 괘이다. 성인께서 南方을 마주하여 천하의 사정을 듣고 밝은 곳을 향하여 앉아 다스리시니 이것을 취하신 것이다.

곤야자, 지야, 만물개치양언, 고왈치역호곤. 태, 정추야, 만물
坤也者, 地也, 萬物皆致養焉, 故曰致役乎坤. 兌, 正秋也, 萬物
지소열야, 고왈열언호태.
之所說也, 故曰說言乎兌.

坤卦는 땅으로 만물이 모두 길러지므로 坤卦를 힘들여 일한다고 한 것

이다. 兌卦는 곧 가을로 만물이 기뻐하는 때이므로 兌卦를 기뻐한다고 한 것이다.

전호건, 건서북지괘야, 언음양상박야. 감자, 수야, 정북방지괘
戰乎乾, 乾西北之卦也, 言陰陽相薄也. 坎者, 水也, 正北方之卦
야, 노괘야, 만물지소귀야, 고왈로호감.
也, 勞卦也, 萬物之所歸也, 故曰勞乎坎.

乾卦에서 싸운다는 것은 乾卦가 西北의 괘이니 陰과 陽이 서로 교차함을 말한 것이다. 坎卦는 물이며 바로 北方의 괘이니 노고하는 괘이며 만물이 돌아가는 괘이므로 坎卦를 노고라고 한 것이다.

간동북지괘야, 만물지소성종이소성시야, 고왈성언호간.
艮東北之卦也, 萬物之所成終而所成始也, 故曰成言乎艮.

艮卦는 東北의 괘이니 만물은 마침이 있어야 시작이 있게 되므로 艮卦를 성취한다고 한 것이다.

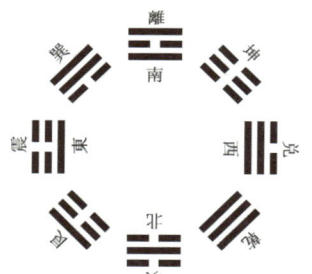

후천팔괘도

송나라의 신유학자들은 위 내용에 근거하여 팔괘의 방위를 정한 〈후천팔괘도(後天八卦圖)〉를 제작했는데, 이것을 실용을 나타내는 그림으로 보고 〈문왕팔괘도(文王八卦圖)〉라고도 한다.

第 六 章 제 6장

설괘전

신야자, 묘만물이위언자야. 동만물자막질호뢰. 요만물자
神也者, 妙萬物而爲言者也. 動萬物者莫疾乎雷. 橈萬物者
막질호풍, 조만물자막한호화, 열만물자막열호택, 윤만물
莫疾乎風, 燥萬物者莫熯乎火, 說萬物者莫說乎澤, 潤萬物
자막윤호수, 종만물시만물자막성호간. 고수화상체, 뇌풍
者莫潤乎水, 終萬物始萬物者莫盛乎艮. 故水火相逮, 雷風
불상패, 산택통기, 연후능변화기성만물야.
不相悖, 山澤通氣, 然後能變化旣成萬物也.

神明이란 유형(有形) 가운데 무형(無刑)으로 존재하여 만물을 신묘하게 변화 생성시키는 것을 말한다. 만물을 고동시키는 것은 우레보다 더 격렬한 것이 없으니 震卦는 우레를 상징한다. 만물을 요동치게 하는 것은 바람보다 심한 것이 없으니 巽卦는 바람을 상징한다. 만물을 건조하는 것은 불보다 더 마르게 하는 것이 없으니 離卦는 불을 상징한다. 만물을 기쁘게 하는 것은 연못보다 더 기쁘게 하는 것이 없으니 兌卦는 연못을 상징한다. 만물을 적셔 윤택하게 하는 것은 물보다 윤택하게 하는 것이 없으니 坎卦는 물을 상징한다. 만물이 종결되고 다시 시작되게 하는 것은 그침(止)보다 더 성대한 것이 없으니 艮卦는 山과 그침을 상징한다. 이런 것이 神明의 오묘한 작용이다. 그러므로 물과 불이 상호 작용하고, 우레와 바람의 작용이 서로 어그러지지 않으며, 산과 연못이 서로 氣를 통한다. 그런 후에야 변화가 생겨나 만물이 생성되게 하는 것이다.

第 七 章 제 7장

건 건야 곤 순야 진 동야 손 입야 감 함야 이 려야
乾, 健也, 坤, 順也, 震, 動也, 巽, 入也, 坎, 陷也, 離, 麗也,
간 지야 태 열야
艮, 止也, 兌, 說也.

乾卦(☰)는 하늘의 운행이 끊임없이 강건함을 상징하고, 坤卦(☷)는 땅이 天道에 순종함을 상징한다. 震卦(☳)는 두 陰 아래 하나의 陽이 나타났으므로 활동함을 상징하며, 巽卦(☴)는 하나의 陰이 두 陽 아래 엎드려 있어서 겸손으로 사람의 마음으로 들어감을 상징한다. 坎卦(☵)는 하나의 陽이 두 陰 속에 빠져있으므로 험난에 빠짐을 상징한다. 離卦(☲)는 하나의 陰이 두 陽 사이에서 의지하고 있으므로 붙어있음과 의지함을 상징한다. 艮卦(☶)는 하나의 양이 두 陰을 억제하고 있으므로 멈춤(止)을 상징한다. 兌卦(☱)는 하나의 陰이 두 陽에게 영합하므로 기쁨을 상징한다.

第 八 章 제 8장

건위마, 곤위우, 진위용, 손위계, 감위시, 이위치, 간위구, 태
乾爲馬, 坤爲牛, 震爲龍, 巽爲雞, 坎爲豕, 離爲雉, 艮爲狗, 兌
위양
爲羊.

乾卦는 말이고 坤卦는 소이며, 震卦는 용이고 巽卦는 닭이다. 坎卦는 돼지이고 離卦는 꿩이며 艮卦는 개이고 兌卦는 양이다.

第 九 章 제 9장

건위수, 곤위복, 진위족, 손위고, 감위이, 이위목, 간위수, 태
乾爲首, 坤爲腹, 震爲足, 巽爲股, 坎爲耳, 離爲目, 艮爲手, 兌
위구.
爲口.

乾卦는 머리이고 坤卦는 배이며, 震卦는 발이고 巽卦는 다리이며, 坎卦는 귀이고 離卦는 눈이며, 艮卦는 손이고 兌卦는 입이다.

第 十 章 제 10장

건, 천야, 고칭호부, 곤, 지야, 고칭호모, 진일색이득남, 고위
乾, 天也, 故稱乎父, 坤, 地也, 故稱乎母, 震一索而得男, 故謂
지장남, 손일색이득녀, 고위지장녀. 감재색이득남, 고위지중
之長男, 巽一索而得女, 故謂之長女. 坎再索而得男, 故謂之中
남, 이재색이득녀, 고위지중녀, 간삼색이득남, 고위지소남, 태
男, 離再索而得女, 故謂之中女, 艮三索而得男, 故謂之少男, 兌
삼색이득녀, 고위지소녀.
三索而得女, 故謂之少女.

乾卦는 하늘을 상징하므로 아버지라고 하고, 坤卦는 땅을 상징하므로 어머니라고 한다. 天地가 만물을 낳는 것은 부모와 같다. 震卦(☳)는 乾卦의 양을 처음으로 구하여 男(陽卦)을 이루었으므로 長男이라고 하고, 巽卦(☴)는 坤卦의 음을 처음으로 구하여 女(陰卦)를 이루었으므로 長女라고 했다. 坎卦(☵)는 양을 두 번째 구하여 陽卦를 얻었으므로 中男이라고 하고, 離卦(☲)는 두 번째 구하여 陰卦를 얻었으므로 中女라

설괘전

고 했다. 艮卦(☶)는 양을 구해 세 번째 얻었으므로 少男이라고 하고, 兌卦(☱)는 음을 세 번째 구하여 음괘를 얻었으므로 少女라고 했다.

위 내용을 도표로 그린 것이 〈문왕팔괘차서도(文王八卦次序圖)〉이다

第 十一 章 제 11장

건위천, 위환, 위군, 위부, 위옥, 위금, 위한, 위빙, 위대적,
乾爲天, 爲圜, 爲君, 爲父, 爲玉, 爲金, 爲寒, 爲冰, 爲大赤,
위량마, 위노마, 위척마, 위박마, 위목과.
爲良馬, 爲老馬, 爲瘠馬, 爲駁馬, 爲木果.

乾卦는 하늘을 상징하며 하늘은 둥글다. 하늘은 만물을 주재하니 사람들의 군왕과 부친에 해당한다. 乾卦는 강건하므로 玉과 금속 등의 물질을 상징한다. 乾卦의 방위는 西北이므로 춥고 얼음이 어는 방위이다. 乾卦는 순양(純陽)하므로 큰 적색을 상징하고, 좋은 말이 굳건하게 가는 것이며, 시간이 지나 늙은 말(老馬)로 변화하고, 신체적으로는 야윈 말이고 얼룩말이다. 나무에 열린 과일이다.

곤위지, 위모, 위포, 위부, 위인색, 위균, 위자모우, 위대여,
坤爲地, 爲母, 爲布, 爲釜, 爲吝嗇, 爲均, 爲子母牛, 爲大輿,
위문, 위중, 위병, 기어지야위흑.
爲文, 爲衆, 爲柄, 其於地也爲黑.

坤卦는 땅을 상징하니, 만물은 땅에서 태어나고 사람은 모친에게서 태어난다. 坤卦의 성질은 유순하고 온화하여 덕을 펼치는 것(布)도 부드럽다. 坤卦는 음에 속하므로 자신을 비우는 것도 쉬워 솥에 해당한다. 양이 강개함에 비해 坤卦는 아끼는 것이 강하다(吝嗇). 땅이 만물을 낳음은 치우치지 않고 고르다(均). 소는 유순한 동물이며 낳고 낳음에 끝이 없으므로 새끼와 어미 소이다. 대지는 만물을 싣고 있으므로 큰 수레이다. 땅은 만물을 낳으니 문채도 화려하고 무리를 이루며, 만물을 다루므로 자루(손잡이)와 같다. 陰은 어두우므로 흑색이다.

진위뢰, 위용, 위현황, 위부, 위대도, 위장자, 위결조, 위창랑
震爲雷, 爲龍, 爲玄黃, 爲旉, 爲大塗, 爲長子, 爲決躁, 爲蒼筤
죽, 위추위.
竹, 爲萑葦.

震卦는 우레와 용을 상징한다. 하늘은 검고 땅은 황색이다. 널리 보시함이며, 봄의 괘이니 만물이 싹트고 생장하는 大道(큰길)이다. 처음으로 陽을 얻어 長子가 되고, 움직임을 상징하니 조속히 결단함이며 푸른 대나무이고 갈대다.

기어마야위선명, 위주족, 위작족, 위적상, 기어가야위반생, 기
其於馬也爲善鳴, 爲馵足, 爲作足, 爲的顙, 其於稼也爲反生, 其
구위건, 위번선.
究爲健, 爲蕃鮮.

震卦는 움직임이므로 잘 움직이고 기뻐서 잘 우는 말이며, 좌측 뒷다리가 백색인 말(馵足)과 빨리 달리는 말(作足)이며 이마가 흰말(的顙)

이다. 농사에는 새싹이 돋아남이고 마침내 강건하게 됨이며 번성하여 빛나게 됨이다.

손위목, 위풍, 위장녀, 위승직, 위공, 위백, 위장, 위고, 위진
巽爲木, 爲風, 爲長女, 爲繩直, 爲工, 爲白, 爲長, 爲高, 爲進
퇴, 위불과, 위취. 기어인야위과발, 위광상, 위다백안, 위근리
退, 爲不果, 爲臭. 其於人也爲寡髮, 爲廣顙, 爲多白眼, 爲近利
시삼배, 기구위조괘.
市三倍, 其究爲躁卦.

巽卦는 자신을 낮춰 타인의 마음으로 들어가는 괘이다. 나무는 유연해야 각종 형상을 만들 수 있다. 처음으로 陰을 얻어 長女가 되고, 먹줄을 튕긴 듯 곧음이며, 솜씨이고 흰색·긴 것·높음이다. 바람이므로 일정한 방향이 없어 진퇴가 일정하지 않고 과감하지도 않은 것이다. 냄새도 바람에 날려가 버린다. 사람으로는 머리숱이 적음이고 넓은 이마·흰자위가 많은 눈이다. 장사하여 세배의 이익이 있게 됨이며 마침내 조급하게 움직임을 상징하는 괘이다.

감위수, 위구독, 위은복, 위교유, 위궁륜, 기어인야위가우, 위
坎爲水, 爲溝瀆, 爲隱伏, 爲矯輮, 爲弓輪, 其於人也爲加憂, 爲
심병, 위이통, 위혈괘, 위적. 기어마야위미척, 위극심, 위하수,
心病, 爲耳痛, 爲血卦, 爲赤. 其於馬也爲美脊, 爲亟心, 爲下首,
위박제, 위예, 기어여야위다생, 위통, 위월, 위도, 기어목야위
爲薄蹄, 爲曳, 其於輿也爲多眚, 爲通, 爲月, 爲盜, 其於木也爲
견다심.
堅多心.

坎卦는 물이다. 개천과 도랑에 있을 때는 땅 밑으로 숨어 엎드림이다.

휜 것을 바로잡음이고 활 테이다. 사람으로는 근심을 보탬이고 마음의 병이며 귀가 아픔이다. 피를 상징하는 괘이며 붉은 것이다. 말로는 등이 아름다운 말이고 마음이 급함·머리를 내림·발굽이 얇음·끄는 말이다. 수레로는 재앙이 많음이고 통함이며 달이고 도적이다. 나무로는 속이 매우 단단한 나무이다.

이위화, 위일, 위전, 위중녀, 위갑주, 위과병, 기어인야위대복,
離爲火, 爲日, 爲電, 爲中女, 爲甲冑, 爲戈兵, 其於人也爲大腹,
위건괘, 위별, 위해, 위나, 위방, 위귀, 기어목야위과상고.
爲乾卦, 爲鱉, 爲蟹, 爲蠃, 爲蚌, 爲龜, 其於木也爲科上槁.

離卦는 불이다. 해이며 번개이고 가운데 딸이며 갑옷과 투구이며 창과 무기이다. 離卦는 속이 비었으므로 사람으로는 큰 배이다. 건조한 괘(乾卦)이고 자라·게·소라·조개·거북이다. 나무로는 속이 비고 위가 마른 나무이다.

간위산, 위경로, 위소석, 위문궐, 위과라, 위혼사, 위지, 위구,
艮爲山, 爲徑路, 爲小石, 爲門闕, 爲果蓏, 爲閽寺, 爲指, 爲狗,
위서, 위검훼지속, 기어목야위견다절.
爲鼠, 爲黔喙之屬, 其於木也爲堅多節.

艮卦은 山이다. 산 위의 지름길이며 작은 돌이 많음이다. 궁궐 같은 문이 山처럼 높은 형상이다. 나무 과일이 자라남이고 밭 과일이 자라남이다. 관청의 문지기이며 후궁의 환관이다. 손가락이고, 개이고 쥐이며 검은 주둥이의 동물들이다. 나무로는 단단하고 마디가 많은 나무이다.

태위택, 위소녀, 위무, 위구설, 위훼절, 위부결, 기어지야위강

설괘전

兌爲澤, 爲少女, 爲巫, 爲口舌, 爲毁折, 爲附决, 其於地也爲剛
로, 위첩, 위양.
鹵, 爲妾, 爲羊.

兌卦는 못이고, 소녀이며 무당이다. 음효가 밖에 있으므로 밖에서 생기는 구설이다. 가을의 괘이므로 초목이 헐고 꺾이며 나무에 달린 과실이 떨어지는 것이다. 땅으로는 단단하고 소금기 있는 땅이다. 兌卦는 少女이므로 첩이 되는 상이 있다. 기뻐함이므로 동물로는 羊의 상이 있다.

序卦傳 서괘전

上篇 상편

유천지연후만물생언. 영천지지간자유만물, 고수지이준, 준자
有天地然後萬物生焉. 盈天地之間者唯萬物, 故受之以屯, 屯者
영야, 준자물지시생야. 물생필몽, 고수지이몽, 몽자몽야, 물지
盈也, 屯者物之始生也. 物生必蒙, 故受之以蒙, 蒙者蒙也, 物之
치야. 물치불가불양야, 고수지이수, 수자음식지도야. 음식필유
穉也. 物穉不可不養也, 故受之以需, 需者飮食之道也. 飮食必有
송, 고수지이송. 송필유중기, 고수지이사.
訟, 故受之以訟. 訟必有衆起, 故受之以師.

乾卦는 하늘을 상징하고 坤卦는 땅을 상징하므로 하늘과 땅이 있은 후 만물이 탄생하였으니 하늘과 땅 사이를 채우는 것은 만물뿐이다. 그러므로 屯卦로 이어진 것이다. 屯은 가득 찬 것이며 만물이 처음 탄생한다는 뜻이다. 만물이 갓 창조되었을 때는 반드시 몽매하므로 蒙卦로 이어진 것이다. 蒙은 몽매함이니 미숙하다는 뜻이다. 만물이 미숙하면 기르지 않을 수 없으므로 需卦로 이어진 것이다. 需는 마시고 먹는 도리이다. 마시고 먹고 난 후에는 반드시 서로 다투고 송사하게 되므로 訟卦로 이어진 것이다. 서로 다투고 송사할 때는 반드시 무리를 짓게 되므로 師卦로 이어진 것이다.

사자중야. 중필유소비, 고수지이비, 비자비야. 비필유소축, 고
師者衆也. 衆必有所比, 故受之以比, 比者比也. 比必有所畜, 故
수지이소축. 물축연후유례, 고수지이리. 리이태연후안, 고수지
受之以小畜. 物畜然後有禮, 故受之以履. 履而泰然後安, 故受之

서괘전

이태, 태자통야. 물불가이종통, 고수지이비. 물불가이종비, 고수지이동인.
以泰, 泰者通也. 物不可以終通, 故受之以否. 物不可以終否, 故受之以同人.

師는 무리를 이룬다는 뜻이다. 무리를 이루면 반드시 서로 친근해지게 되므로 比卦로 이어진 것이다. 比는 친근하다는 뜻이다. 친근하고 서로 도우면 반드시 쌓이는 것(蓄積)이 있게 되므로 小畜卦로 이어진 것이다(畜과 蓄은 같은 뜻이다). 물질이 축적된 후에야 예의(禮儀)와 절제가 있게 되므로 履卦로 이어진 것이니 履는 禮의 뜻이다. 禮儀가 있은 후 편안해질 수 있으므로 泰卦로 이어진 것이니 泰는 막힘없이 통한다는 뜻이다. 만물은 시종일관 막힘없이 통할 수만은 없으므로 否卦로 이어진 것이니 否는 무너지고 막힌다는 뜻이다. 만물은 시종일관 막힐 수만은 없으므로 同人卦로 이어진 것이다.

여인동자, 물필귀언, 고수지이대유. 유대자불가이영, 고수지이겸. 유대이능겸필예, 고수지이예. 예필유수, 고수지이수. 이희수인자필유사, 고수지이고, 고자사야.
與人同者, 物必歸焉, 故受之以大有. 有大者不可以盈, 故受之以謙. 有大而能謙必豫, 故受之以豫. 豫必有隨, 故受之以隨. 以喜隨人者必有事, 故受之以蠱, 蠱者事也.

남과 화목하고 함께 하면 만물이 반드시 귀의(歸依)하게 되므로 大有卦로 이어진 것이다. 위대한 사업을 성취한 사람이 자만하지 않고 겸허(謙虛)할 수 있으면 반드시 안락(安樂)하게 되므로 豫卦로 이어진 것이다. 사람들을 安樂하게 하면 반드시 모두 와서 따르므로 隨卦로 이어진 것이다. 기뻐하며 남을 따르는 사람이 안일(安逸)함에 빠지면 반

서괘전

드시 폐단의 일이 있게 되므로 蠱卦로 이어진 것이다. 蠱는 폐단으로 발생하는 일의 뜻이다.

유사이후가대, 고수지이임, 임자대야. 물대연후가관, 고수지이
有事而後可大, 故受之以臨, 臨者大也. 物大然後可觀, 故受之以
관. 가관이후유소합, 고수지이서합, 합자합야. 물불가이구합이
觀. 可觀而後有所合, 故受之以噬嗑, 嗑者合也. 物不可以苟合而
이, 고수지이비.
已, 故受之以賁.

사단(事端)이 발생한 후에야 大事業을 펼칠 수 있으므로 臨卦로 이어진 것이다. 臨은 군림(君臨), 큰 것이 작은 것을 다스림이니 크다는 뜻이다. 커진 후에야 바라볼 수 있는 조건을 갖추게 되므로 觀卦로 이어진 것이며, 바라볼 수 있는 조건을 갖춰 사람들이 우러러볼 수 있게 한 후에 합해지므로 噬嗑卦로 이어진 것이다. 嗑은 합한다는 뜻이다. 만물은 진실로 합해 있을 수만은 없으므로 賁卦로 이어진 것이다.

비자식야. 치식연후형즉진의, 고수지이박, 박자박야. 물불가이
賁者飾也. 致飾然後亨則盡矣, 故受之以剝, 剝者剝也. 物不可以
종진, 박궁상반하, 고수지이복. 복즉불망의, 고수지이무망.
終盡, 剝窮上反下, 故受之以復. 復則不妄矣, 故受之以无妄.

賁는 겉모양을 꾸민다는 뜻이다. 꾸밈이 극에 달한 후 형통하면 한계에 이르므로 剝卦로 이어진 것이다. 剝은 무너지고 깎인다는 뜻이다. 만물은 시종 깎여 없어질 수만은 없으므로 剝卦의 위로 올라 끝에 이르면 아래로 회복(回復)되어 復卦로 이어진 것이다. 回復되면 허망하지 않으므로 无妄卦로 이어진 것이다.

서괘전

유무망연후가축, 고수지이대축. 물축연후가양, 고수지이이, 이
有无妄然後可畜, 故受之以大畜. 物畜然後可養, 故受之以頤, 頤
자양야. 불양즉불가동, 고수지이대과. 물불가이종과, 고수지이
者養也. 不養則不可動, 故受之以大過. 物不可以終過, 故受之以
감. 감자함야. 함필유소려, 고수지이리, 이자려야.
坎. 坎者陷也. 陷必有所麗, 故受之以離, 離者麗也.

허망한 정신이 없어진 후에야 크게 쌓을 수 있으므로 大畜卦로 이어진 것이다. 물자가 쌓인 후에야 양육(養育)할 수 있으므로 頤卦로 이어진 것이다. 頤는 양육한다는 뜻이다. 양육하지 않으면 움직일 수 없으니 양육하는 시기를 지나야 하므로 大過卦로 이어진 것이다. 만물은 시종(始終) 과도할 수만은 없으므로 坎卦로 이어진 것이다. 坎은 빠져 떨어진다는 뜻이다. 빠져 떨어지면 반드시 붙어 의지해야 할 것이 있어야 하므로 離卦로 이어진 것이다. 離는 붙어 의지한다는 뜻이다.

下篇 하편

유천지연후유만물, 유만물연후유남녀, 유남녀연후유부부, 유
有天地然後有萬物, 有萬物然後有男女, 有男女然後有夫婦, 有
부부연후유부자, 유부자연후유군신, 유군신연후유상하, 유상
夫婦然後有父子. 有父子然後有君臣, 有君臣然後有上下, 有上
하연후례의유소착. 부부지도불가이불구야, 고수지이항, 항자
下然後禮義有所錯. 夫婦之道不可以不久也, 故受之以恒, 恒者
구야. 물불가이구거기소, 고수지이돈.
久也. 物不可以久居其所, 故受之以遯.

天地가 있고 난 뒤 만물이 있을 수 있고 만물이 있고 난 뒤 男女(雌雄: 자웅)가 있을 수 있으며, 男女가 있고 난 뒤 夫婦가 있을 수 있고 夫婦가 있고 난 뒤 父子가 있을 수 있다. 父子가 있고 난 뒤 君臣이 있을 수 있고 君臣이 있고 난 뒤 높은 자리와 낮은 자리가 정해질 수 있으며, 높고 낮은 자리가 있고 난 뒤 禮와 義가 행해질 수 있다. 咸卦는 夫婦의 道이니 夫婦의 도는 오래가지 않으면 안 되므로 恒卦로 이어진 것이다. 恒은 항구(恒久)하다는 뜻이다. 만물은 변화가 발생하지 않고 본래의 상태를 장구(長久)히 유지할 수 없으므로 遯卦로 이어진 것이다.

돈자퇴야. 물불가이종돈, 고수지이대장. 물불가이종장, 고수지
遯者退也. 物不可以終遯, 故受之以大壯. 物不可以終壯, 故受之
이진, 진자진야. 진필유소상, 고수지이명이, 이자상야. 상어외
以晉, 晉者進也. 進必有所傷, 故受之以明夷, 夷者傷也. 傷於外
자필반기가, 고수지이가인. 가도궁필괴, 고수지이규.
者必反其家, 故受之以家人. 家道窮必乖, 故受之以睽.

遯은 물러가고 피한다는 뜻이다. 만물은 시종 물러가고 피할 수만은 없으므로 大壯卦로 이어진 것이다. 壯은 흥성(興盛)의 뜻이니 大壯은 크게 興盛하다는 뜻이다. 만물은 시종 장대(壯大)할 수만은 없으므로 晉卦로 이어진 것이다. 晉은 전진한다는 뜻이다. 전진하면 반드시 다치게(傷)되므로 明夷卦로 이어진 것이다. 夷는 상처·다침의 뜻이다. 밖에서 다친 자는 반드시 집으로 돌아오므로 家人卦로 이어진 것이다. 가정의 도가 막히면 반드시 집안이 어그러지므로 睽卦로 이어진 것이다.

규자괴야. 괴필유난, 고수지이건, 건자난야. 물불가이종난, 고
睽者乖也. 乖必有難, 故受之以蹇, 蹇者難也. 物不可以終難, 故

서괘전

수지이해, 해자완야, 완필유소실, 고수지이손, 손이불이필익,
受之以解, 解者緩也. 緩必有所失, 故受之以損. 損而不已必益,
고수지이익, 익이불이필결, 고수지이쾌.
故受之以益. 益而不已必決, 故受之以夬.

睽는 어그러진다는 뜻이다. 家道가 어그러지면 반드시 재난(災難)을 만나게 되므로 蹇卦로 이어진 것이다. 蹇은 재난의 뜻이다. 만물에겐 시종 재난만 있을 수가 없으므로 解卦로 이어진 것이다. 解는 풀린다·해제(解除)된다는 뜻이다. 풀리면 반드시 손실이 있게 되므로 損卦로 이어진 것이다. 손실이 계속되다가 더는 손실을 보지 않을 때에 이르면 반드시 더해짐이 있게 되므로 益卦로 이어진 것이다. 더하기만 하고 그치지 않으면 반드시 터지게 되므로 夬卦로 이어진 것이다.

쾌자결야, 결필유소우, 고수지이구, 구자우야, 물상우이후취,
夬者決也. 決必有所遇, 故受之以姤, 姤者遇也. 物相遇而後聚,
고수지이췌, 췌자취야, 취이상자위지승, 고수지이승, 승이불이
故受之以萃. 萃者聚也. 聚而上者謂之升, 故受之以升. 升而不已
필곤, 고수지이곤, 곤호상자필반하, 고수지이정.
必困, 故受之以困. 困乎上者必反下, 故受之以井.

夬는 터진다는 뜻이다. 터진 후에는 반드시 만나게 되므로 姤卦로 이어진 것이다. 姤는 기약하지 않고 만난다는 뜻이다. 만물은 서로 만난 뒤 모여들게 되므로 萃卦로 이어진 것이다. 萃는 무리를 이룬다·모여든다는 뜻이다. 모여들면 점차 올라갈 수 있는 것을 升이라고 하니 升卦로 이어진 것이다. 올라가기만 하고 그치지 않으면 반드시 진퇴할 수 없는 곤경에 처하게 되므로 困卦로 이어진 것이다. 상승해서 곤경에 처하면 반드시 아래로 내려오게 되므로 井卦로 이어진 것이다.

서괘전

정도불가불혁, 고수지이혁. 혁물자막약정, 고수지이정. 주기자
井道不可不革, 故受之以革. 革物者莫若鼎, 故受之以鼎. 主器者
막약장자, 고수지이진, 진자동야. 물불가이종동, 지지, 고수지
莫若長子, 故受之以震, 震者動也. 物不可以終動, 止之, 故受之
이간.
以艮.

우물을 사용하는 원칙(道)은 항상 청결하지 않으면 혼탁해지므로 혁신(革新)이 필요해 革卦로 이어진 것이다. 물질을 혁신하는 것으로는 솥보다 더한 것이 없으니 음식을 익혀 맛을 혁신하므로 鼎卦로 이어진 것이다. 솥은 고대의 제사에 사용되던 기물(器物)이다. 선조에게 제사하는 것은 長子의 책임이므로 震卦로 이어진 것이다. 震卦는 長子를 상징하고 震은 움직인다는 뜻이다. 만물은 시종 움직일 수만은 없으니 멈추고 쉬어야 하므로 艮卦로 이어진 것이다.

간자지야. 물불가이종지, 고수지이점, 점자진야. 진필유소귀,
艮者止也. 物不可以終止, 故受之以漸, 漸者進也. 進必有所歸,
고수지이귀매. 득기소귀자필대, 고수지이풍.
故受之以歸妹. 得其所歸者必大, 故受之以豐.

艮은 멈춘다는 뜻이다. 만물은 시종 멈춰있을 수만은 없으므로 漸卦로 이어진 것이다. 漸은 점차 나아간다는 뜻이다. 나아가면 반드시 돌아오게 되므로 歸妹卦로 이어진 것이다. 좋은 귀착지(歸着地)를 얻으면 반드시 성대(盛大)해질 수 있으므로 豐卦로 이어진 것이다.

풍자대야. 궁대자필실기거, 고수지이려. 여이무소용, 고수지이

서괘전

豐者大也. 窮大者必失其居, 故受之以旅. 旅而无所容, 故受之以
손, 손자입야. 입이후열지, 고수지이태, 태자열야. 열이후산
巽, 巽者入也. 入而後說之, 故受之以兌, 兌者說也. 說而後散
지, 고수지이환.
之, 故受之以渙.

豐은 성대하다는 뜻이다. 성대함이 극에 이르면 반드시 원래의 지위가 불안해지게 되므로 旅卦로 이어진 것이다. 여행은 몸을 의탁할 곳을 찾지 못하면 들어갈 방법이 없으므로 巽卦로 이어진 것이다. 巽은 들어간다는 뜻이다. 들어간 뒤에는 기뻐할 수 있으므로 兌卦로 이어진 것이다. 兌는 기뻐한다는 뜻이다. 기쁨은 사람의 근심을 흩어지게 하므로 渙卦로 이어진 것이다.

환자리야. 물불가이종리, 고수지이절. 절이신지, 고수지이중
渙者離也. 物不可以終離, 故受之以節. 節而信之, 故受之以中
부. 유기신자필행지, 고수지이소과. 유과물자필제, 고수지이기
孚. 有其信者必行之, 故受之以小過. 有過物者必濟, 故受之以旣
제. 물불가궁야, 고수지이미제종언.
濟. 物不可窮也, 故受之以未濟終焉.

渙은 떠나고 흩어진다는 뜻이다. 만물은 시종 떠나고 흩어질 수만은 없으므로 節卦로 이어진 것이다. 절제는 사람들이 서로 믿을 수 있게 하므로 中孚卦로 이어진 것이다. 孚는 성신(誠信: 성의와 믿음)의 뜻이다. 誠信이 있는 사람은 반드시 실행할 수 있으므로 小過卦로 이어진 것이다. 過는 초월한다는 뜻이다. 상정(常情: 누구에게나 있는 보통의 인정)을 초월할 수 있는 사람은 대사(大事)의 성공이 족하므로 旣濟卦로 이어진 것이다. 만물은 끝에 이르러 없어질 수가 없으므로 未濟卦

서괘전

로 이어져 마치게 된 것이니, 天道의 순환이 그칠 수 없고 사람의 일이 끝과 다함이 없음을 상징한 것이다.

잡괘전

雜卦傳 잡괘전

〈잡괘전〉은 64괘의 순서를 따르지 않고 섞여 있으므로 〈잡괘전〉이라고 한 것이다. 64괘를 성격이 상반된 종괘(綜卦), 음양이 반대된 착괘(錯卦: 방통괘)를 나란히 설명하여 괘에 담긴 뜻을 간단명료하게 해석한 특징이 있다.

건강곤유, 비낙사우, 임관지의, 혹여혹구.
乾剛坤柔, 比樂師憂, 臨觀之義, 或與或求.

乾卦(☰)는 純陽의 강건함이며 坤卦(☷)는 純陰의 유순함이다(양효와 음효가 반대된 錯卦). 比卦(䷇)는 친근하여 즐거워함이며 師卦(䷆)는 전쟁이니 근심함이다(상하괘가 상반된 綜卦). 臨卦(䷒)와 觀卦(䷓)의 뜻은 내가 주거나 구하는 것이다(綜卦).

준현이부실기거, 몽잡이저. 진기야, 간지야.
屯見而不失其居, 蒙雜而著. 震起也, 艮止也.

屯卦(䷂)는 곤란함이 드러나지만, 몸을 안전하게 할 장소를 잃지 않음이며 蒙卦(䷃)는 몽매함을 깨우치기 위해 번잡해도 효과가 드러남이다 (綜卦). 震卦(䷲)는 일어남이며 艮卦(䷳)는 멈춤이다(綜卦).

손익성쇠지시야. 대축시야, 무망재야.
損益盛衰之始也. 大畜時也, 无妄災也.

損卦(䷨)와 益卦(䷩)는 盛衰의 시작이다(綜卦). 大畜卦(䷙)는 많이 쌓을 때 시기 파악의 중요함이며 无妄卦(䷘)는 재앙이 있게 됨이다(綜

잡괘전

卦).

췌취이승불래야, 겸경이예태야. 서합식야, 비무색야.
萃聚而升不來也, 謙輕而豫怠也. 噬嗑食也, 賁无色也.

萃卦(䷬)는 모여듦이며 升卦(䷭)는 상승만 생각하고 돌아오지 않음이다(綜卦). 謙卦(䷎)는 자신을 낮춤이며 豫卦(䷏)는 즐거움으로 태만해짐이다(綜卦). 噬嗑卦(䷔)는 깨물어 합함, 먹는다는 뜻이며 賁卦(䷕)는 꾸밈이니 본질을 가리지 않아야 하므로 无色이라고 한 것이다(綜卦).

태현이손복야. 수무고야, 고즉칙야. 박란야, 복반야.
兌見而巽伏也. 隨无故也, 蠱則飭也. 剝爛也, 復反也.

兌卦(䷹)는 음효가 윗자리에 있어 기쁨이 드러남이며 巽卦(䷸)는 음효가 아래에 있어 자신을 낮춤이다(綜卦). 隨卦(䷐)는 목적 없이 따름이며 蠱卦(䷑)는 목적에 따라 사물을 정돈함이다(綜卦). 剝卦(䷖)는 과실이 익어 떨어져 문드러짐이며 復卦(䷗)는 떨어진 과실이 땅에서 싹을 틔우듯 되돌아옴이다(綜卦).

진주야, 명이주야, 정통이곤상우야. 함속야, 항구야.
晉晝也, 明夷誅也, 井通而困相遇也. 咸速也, 恒久也.

晉卦(䷢)는 아래 坤이 있고 위에 離(태양)가 있으므로 태양이 솟아오른 대낮이며 明夷卦(䷣)는 반대로 빛이 소멸되어 손상됨이다(綜卦). 井卦(䷯)는 물 길음이 끝없듯 잘 통함이며 困卦(䷮)는 아래의 陽卦가 위의 陰卦에게 막혀있고, 九二 陽爻가 감험(坎險) 가운데 있으므로 음양이

잡괘전

만나 곤란이 생김이다(綜卦). 咸卦(☷)는 순간 서로 감응하므로 신속함이며 恒卦(☳)는 항구(恒久)할 수 있음이다(綜卦).

환이야, 절지야, 해완야, 건난야, 규외야, 가인내야.
渙離也, 節止也. 解緩也. 蹇難也. 睽外也, 家人內也.

渙卦(☴)는 흩어지고 떠남이며 節卦(☱)는 절제와 그침의 뜻이다(綜卦). 解卦(☵)는 곤란이 풀려 느슨해짐이며, 蹇卦(☶)는 곤란(困難)에 처함이다(綜卦). 睽卦(☲)는 어긋나고 서로 소외함이며, 家人卦(☴)는 안으로 모이고 집안을 다스리는 것이다(綜卦).

비태반기류야.
否泰反其類也.

否卦(☰)는 막힘이고 泰卦(☷)는 통함으로 서로 위아래가 상반된 종류이다(綜卦이며 錯卦).

대장즉지, 돈즉퇴야. 대유중야, 동인친야.
大壯則止, 遯則退也. 大有衆也, 同人親也.

大壯卦(☳)는 강성할 때 진퇴를 알아야 함이고, 遯卦(☶)는 물러갈 때를 알아 물러감이다(綜卦). 大有卦(☲)는 陰爻가 五爻(군위)에 得中했으므로 유순함으로 무리를 얻음이며, 同人卦(☰)는 陰爻가 二爻에 得中했으므로 친구들과 서로 친함이다(綜卦).

혁거고야, 정취신야, 소과과야, 중부신야.
革去故也, 鼎取新也. 小過過也, 中孚信也.

잡괘전

革卦(䷰)는 혁신하려고 낡은 것을 버림이며 鼎卦(䷱)는 음식을 익힘이니 새로운 것을 취함에 끝없음이다(綜卦). 小過卦(䷽)는 陰氣가 많고 陽氣가 적으니 정도(程度)가 지나침이며 中孚卦(䷼)는 마음을 겸허하게 하여 誠信이 있음이다(錯卦).

풍다고야, 친과여야, 이상이감하야.
豐多故也, 親寡旅也, 離上而坎下也.

豐卦(䷶)는 풍성함이 극에 이르면 일이 많게 됨이며, 親友가 적음은 밖에서 여행하기 때문(旅卦䷷)이다(綜卦). 離卦(䷝)는 불이 위로 타오름이며 坎卦(䷜)는 물이 아래로 흐름이다(錯卦).

소축과야, 이불처야. 수부진야, 송불친야.
小畜寡也, 履不處也. 需不進也, 訟不親也.

小畜卦(䷈)는 四爻에 一陰이 得正하여 上下의 陽氣를 기르기에 힘이 부족하므로 寡(적다)라고 한 것이며 履卦(䷉)는 一陰이 陽位(三爻)에 있으므로 불안하여 그 자리에서 나가고자 함이다(綜卦). 需卦(䷄)는 上卦에 坎(험함)이 있어 앞으로 나아가지 않음이며 訟卦(䷅)는 하늘이 위에 있고 물은 아래로 흘러 서로 친밀하지 않음이다(綜卦).

이하 괘들은 서로 대칭되는 내용이 없고, 서로 綜卦나 錯卦 관계도 아니다.

대과전야, 구우야, 유우강야. 점여귀대남행야. 이양정야.
大過顛也, 姤遇也, 柔遇剛也. 漸女歸待男行也. 頤養正也.

잡괘전

大過卦(䷛)는 上下의 음기가 약해 전복됨이며, 姤卦(䷫)는 만남이니 柔(一陰)가 剛(五陽)을 만나는 것으로 음란함을 상징한다. 漸卦(䷴)는 점차 나아감이니 여자가 남자를 기다려 시집가는 것이며 頤卦(䷚)는 입(口)과 기름(養)이니 목적이 정당해야 함을 상징한다.

기제정야. 귀매여지종야, 미제남지궁야.
旣濟定也. 歸妹女之終也, 未濟男之窮也.

旣濟卦(䷾)는 여섯 효가 正位하여 爻位가 안정됨이며 歸妹卦(䷵)는 시집감이니 여자가 종신토록 지켜야 할 도리이다. 未濟卦(䷿)는 3개 양효가 모두 陰位에 있어서 不正位했으므로 남자가 궁지에 빠짐이다.

쾌결야, 강결유야, 군자도장, 소인도우야.
夬決也, 剛決柔也, 君子道長, 小人道憂也.

夬卦(䷪)는 5개의 양이 一陰을 결단함이니 군자가 처세하는 원칙(道)이 자라나고 소인은 처세하는 원칙이 사그라져 근심스러운 것이다.

잡괘전

서죽과
서죽통

서죽
서대
산목

문의 02)2264-0258 월간역학